Lipp · Der Honig

Handbuch der Bienenkunde

Herausgegeben von Dr. Friedrich Karl Böttcher

Haltung und Zucht der Biene
Begründet von Prof. Dr. E. Zander
Neubearbeitet von Dr. F. K. Böttcher

Der Honig
Begründet von Prof. Dr. E. Zander und Prof. Dr. A. Koch
Neubearbeitet von Dr. J. Lipp

Die Bienenweide
Begründet von Prof. Dr. E. Zander
Neubearbeitet von Dr. B. Schick und A. Spürgin

Krankheiten der Biene
Begründet von Prof. Dr. E. Zander
Neubearbeitet von Dr. F. K. Böttcher u. a.

Der Honig

Begründet von
Prof. Dr. Enoch Zander und Prof. Dr. Albert Koch

Neubearbeitet von
Dr. Josef Lipp

Mit Beiträgen von Prof. Dr. Günther Vorwohl
und Gabriele Lipp

3., völlig neubearbeitete
und erweiterte Auflage

66 Abbildungen, 8 Farbtafeln
und 30 Tabellen

Die Deutsche Bibliothek – CIP-Einheitsaufnahme

Handbuch der Bienenkunde / hrsg. von Friedrich Karl
Böttcher. – Stuttgart : Ulmer.
NE: Böttcher, Friedrich Karl [Hrsg.]

Zander, Enoch: Der Honig. – 1994

Zander, Enoch:
Der Honig : 30 Tabellen / begr. von Enoch Zander und Albert
Koch. – 3., völlig neubearb. und erw. Aufl. / Neubearb.
von Josef Lipp. Mit Beitr. von Günther Vorwohl und Gabriele
Lipp. – Stuttgart : Ulmer, 1994
    (Handbuch der Bienenkunde)
    ISBN 3-8001-7417-0
NE: Koch, Albert:; Lipp, Josef [Bearb.]

Das Werk einschließlich aller seiner Teile ist
urheberrechtlich geschützt. Jede Verwertung
außerhalb der engen Grenzen des Urheberrechts-
gesetzes ist ohne Zustimmung des Verlages
unzulässig und strafbar. Das gilt insbesondere
für Vervielfältigungen, Übersetzungen,
Mikroverfilmungen und die Einspeicherung
und Verarbeitung in elektronischen Systemen.

© 1994 Eugen Ulmer GmbH & Co.
Wollgrasweg 41, 70599 Stuttgart (Hohenheim)
Printed in Germany
Lektorat: Dr. Steffen Volk, Silvia Langer
Herstellung: Jürgen Sprenzel
Einbandgestaltung: Alfred Krugmann, Freiberg am Neckar
Mit Fotos von Armin Spürgin (links),
    Hans Reinhard (rechts oben) und Franz Lampeitl (rechts unten)
Satz: CSF · ComputerSatz GmbH, Freiburg im Breisgau
Druck: Gulde Druck, Tübingen

Vorwort

In Dankbarkeit meinen Eltern gewidmet.

Der vorliegende Band im „Handbuch der Bienenkunde" erschien zum erstenmal im Jahre 1927. Die Verfasser waren Prof. Dr. Enoch Zander, Erlangen, und Prof. Dr. Albert Koch, Celle. Nach langer Pause erhielt „Der Honig" seine Fortführung nämlich im Jahre 1975 durch Dr. Anna Maurizio, Liebefeld-Bern, unter Mitarbeit von Dr. Herwarth Duisberg, Bremen, Dr. Joachim Evenius, Celle, Elida Focke, Celle, und Dr. Günther Vorwohl, Stuttgart-Hohenheim.

Es war im Jahre 1988, als mich der Verleger Herr Roland Ulmer während meiner Dissertation, die über Inhaltsstoffe und Erkennung von Verfälschungen des Honigs handelte, an der Technischen Universität München besuchte und mich fragte, ob ich den Honig überarbeiten wolle. Ich sagte gerne zu, merkte jedoch bald, daß zur fachgemäßen Fortsetzung der guten Tradition des Buches eine bloße Überarbeitung nicht ausreichen würde. Hat sich doch gerade in den 70er Jahren sehr viel auf dem Honigsektor getan! So schickte ich mich an, sämtliche Teile völlig neu zu bearbeiten und neue Teile einzufügen, wobei ich mich, trotz vertrauter Thematik, in einige Gebiete tiefer einarbeiten mußte. Außerdem wandte ich mich an Herrn Prof. Vorwohl, der sich gern bereit erklärte, seinen Beitrag zu dieser Neuauflage zu leisten.

Das Werk will sowohl die biologisch-chemisch-physikalischen Eigenschaften des Honigs darstellen, als auch den Honig vom Standpunkt des Menschen aus schildern. Gerade heute, da allzuviele opportunistische Meinungen und Irrlehren in die Welt gesetzt werden, woran zu einem guten Teil das verloren gegangene Wissen oder bewußte Nicht-Wissen vom Wesen und Wert des Honigs die Schuld tragen, erscheint das nötiger denn je. Das Buch wurde jedoch nicht nur geschrieben, um den Honigerzeugern und Verbrauchern zu dienen, sondern es soll auch den Forschern in Wissenschaft und Industrie ein Bild vom gegenwärtigen Stand unseres Wissens über den Honig geben. Es wurde darauf geachtet, eine allgemein verständliche Darstellung der inneren Bedeutung der einzelnen Honigreaktionen zu bieten und so auch dem „Laienchemiker" Verständnis für die Honigchemie zu vermitteln.

Außer den namentlich genannten Mitverfassern haben einige „stille Helfer" wesentlich zum Gelingen des Werkes beigetragen. Mein besonderer Dank gilt Herrn Prof. Dr. H. Ziegler von der TU München und Herrn Dr. D. Mautz von der Landesanstalt für Bienenzucht in Erlangen, die mir in wichtigen fachlichen Fragen stets mit Rat und Tat zur Seite standen. Weiterhin möchte ich Herrn Dr. E. Conrady von der Firma Dr. August Oetker, Bielefeld, für die Beschaffung wichtiger Literatur herzlich danken; die systematische Ordnung derselben hat mir sehr geholfen. Für die prompte Belieferung mit aktuellem Zahlenmaterial zum Honighandel und zur Honigproduktion möchte ich mich bei Herrn Löffler, Firma Adolf Determann, sowie bei Frau Hartwig und Herrn Müller vom Statistischen Bundesamt in Wiesbaden und Berlin herzlich bedanken. Herr Henrich von der Firma Langnese in Bargteheide stellte die Palette der Honigfarben zusammen. Die Firma Chr. Graze, Bienenzuchtgeräte, Endersbach, unterstützte mich bei der Zusammenstellung der Illustration. Vielen Dank dafür!

Rettenbach, Frühjahr 1994   Dr. Josef Lipp

Inhaltsverzeichnis

Vorwort 5

1 Allgemeines über den Honig 10
1.1   Zur Geschichte des Honigs 10
1.2   Der Begriff Honig 12
1.2.1 Definition 12
1.2.1.1 Geographische Unterschiede 12
1.2.1.2 Pflanzliche Unterschiede 13
1.2.1.3 Unterschiede nach Entstehung und Gewinnung 15
1.2.1.4 Unterschiede nach der Erntezeit 16
1.3   Die grobsinnlich wahrnehmbaren Eigentümlichkeiten des Honigs 17
1.3.1 Farbe 17
1.3.2 Konsistenz 17
1.3.3 Geruch und Geschmack 18
1.4   Produktion und Handel 19
1.4.1 Honigmarkt weltweit 19
1.4.2 Honigmarkt in der Bundesrepublik Deutschland 22
1.4.3 Honigmarkt in Österreich und der Schweiz 27

2 Die Rohstoffe des Honigs 28
2.1   Der Siebröhrensaft (Phloemsaft) 28
2.2   Der Nektar 31
2.2.1 Extraflorale Nektarien 31
2.2.2 Florale Nektarien 33
2.2.3 Nektarsekretion 34
2.2.4 Nektarzusammensetzung 34
2.2.5 Attraktivität des Nektars für die Biene 37
2.2.6 Nektarproduktion 37
2.3   Der Honigtau 40
2.3.1 Honigtau-Erzeuger 40
2.3.2 Honigtau-Ausscheidung 41
2.3.3 Honigtau-Zusammensetzung 43
2.3.4 Attraktivität des Honigtaus für die Biene 45
2.4   Pollen 45

3	**Rohstoffsammeln und Honigbereitung**	47
3.1	Organe der Honigbiene	47
3.1.1	Sammelorgane	47
3.1.2	Drüsen	49
3.2	Rohstoffaufnahme und Honigbereitung	50
3.2.1	Futterkette	50
3.2.2	Reifungsprozeß	51
3.2.3	Chemische Vorgänge bei der Honigreifung	52
4	**Gewinnung und Behandlung des Honigs durch den Imker**	55
4.1	Entnahme der Waben aus dem Volk	55
4.2	Entdeckeln und Schleudern	60
4.3	Gewinnung des Heidehonigs	63
4.4	Klären, Rühren und Abfüllen	63
4.5	Honiglagerung und Verkauf	68
5	**Physikalische und chemische Eigenschaften des Honigs**	70
5.1	Säuregehalt und pH-Wert in Blüten- und Honigtauhonig	70
5.2	Oxidations- und Reduktionseigenschaften	70
5.3	Geschmack und Geruch	70
5.4	Konsistenz	72
5.5	Viskosität	74
5.6	Farbe	75
5.7	Dichte	76
5.8	Spezifische Wärmekapazität	77
5.9	Wärmeleitfähigkeit	78
5.10	Oberflächenspannung	78
5.11	Lichtbrechung	79
5.12	Verhalten im polarisierten Licht	79
5.13	Elektrische Leitfähigkeit	80
5.14	Radioaktivität	82
6	**Inhaltsstoffe des Honigs**	87
6.1	Wasser	87
6.2	Kohlenhydrate	90
6.2.1	Monosaccharide: Glucose, Fructose (und Galactose)	90
6.2.2	Disaccharide	91
6.2.2.1	Maltose	91
6.2.2.2	Saccharose (Rohrzucker)	91
6.2.2.3	Isomaltose	91
6.2.2.4	Kojibiose, Turanose, Maltulose, Nigerose	92
6.2.2.5	Trehalose	92
6.2.2.6	Gentiobiose, Laminaribiose	92
6.2.3	Trisaccharide	92
6.2.3.1	Erlose	92

6.2.3.2	Melezitose	93
6.2.3.3	Maltotriose, Panose, Isopanose, Isomaltotriose, Theanderose, Centose 3-α-Isomaltosylglucose	93
6.2.3.4	1-Kestose	93
6.2.4	Tetra- und Pentasaccharide	93
6.2.4.1	3-α-Isomaltosylsucrose, 3-α-Maltosylsucrose	93
6.2.4.2	Isomaltotetraose, Isomaltopentaose	94
6.2.5	Polysaccharide	94
6.2.6	Aminozucker	94
6.3	Proteine	94
6.3.1	Enzyme	95
6.3.1.1	Saccharase (Invertase)	95
6.3.1.2	Amylase	96
6.3.1.3	Glucoseoxidase	97
6.3.1.4	Katalase	99
6.3.1.5	Saure Phosphatasen	99
6.3.2	Kolloidale Proteine	100
6.4	Aminosäuren	100
6.5	Hormone	102
6.5.1	Tierische Hormone: Acetylcholin und Cholin	102
6.5.2	Pflanzliche Hormone: Abscisinsäure	103
6.6	Säuregehalt und pH-Wert	103
6.7	Aromastoffe	104
6.7.1	Honigtypisches Aroma	104
6.7.2	Trachttypisches Aroma	106
6.8	Mineralstoffe und Schwermetalle	108
6.9	Vitamine	110
6.10	Lipide (Fettsubstanzen)	110
6.11	Farbstoffe	111

7 Grundzüge der Honiguntersuchung und -beurteilung
(G. Vorwohl) . . . 112

7.1	Mikroskopische Honiguntersuchungen	112
7.1.1	Allgemeines	112
7.1.2	Untersuchungsmethoden, Anfertigung mikroskopischer Präparate	113
7.1.3	Erstellung eines Pollenspektrums und Notierung anderer geformter Bestandteile	114
7.1.4	Die Bestimmung der botanischen Herkunft	122
7.1.5	Geographische Herkunftsbestimmung	128
7.2	Sinnenprüfung und äußere Beschaffenheit	130
7.2.1	Konsistenz	130
7.2.2	Geschmack und Geruch	131
7.2.3	Farbe	132
7.2.4	Sauberkeit	132
7.3	Messung des Wassergehaltes	133
7.4	Nachweis von Wärme und Lagereinflüssen	137
7.4.1	Nachweis von Hydroxymethylfurfural (HMF)	137
7.4.2	Messung der Diastaseaktivität	139

7.4.3	Invertasemessung	139
7.5	Nachweis der verschiedenen Zucker im Honig	142
7.6	Sonstige Untersuchungen	142

8 Nachweis von Honigverfälschungen 145

8.1	Verfälschung mit Kunsthonig	145
8.2	Zusatz von Rohrzucker (Saccharose)	146
8.3	Zusatz von konventionell hergestelltem Stärkesirup und von Hochfructosesirup (Invertzuckersirup)	146
8.4	Zusatz von Melasse	149
8.5	Zuckerfütterung	149
8.6	Zusatz von Salzen, Alkali und Säuren	150
8.7	Farbzusätze	151
8.8	Zusatz von Wasser	151
8.9	Verschleierung von Verfälschungen	151

9 Substanzveränderungen von Honig während der Lagerung und unter Hitzeeinwirkungen 153

10 Honig in der Medizin (G. Lipp) 155

10.1	Vorbemerkungen zur richtigen Beurteilung der medizinischen Wirkungen	155
10.2	Die antibakterielle Wirkung des Honigs	155
10.2.1	Wundbehandlung	156
10.2.2	Erkältungskrankheiten	157
10.2.3	Harnwegs- und Darminfektionen	157
10.3	Honig und Karies	158
10.4	Wirkungen auf menschliche Organe und Blutbildung	158

11 Wert und Verwendung des Honigs (G. und J. Lipp) 159

11.1	Diäten für Kinder und ältere Menschen	160
11.2	Honig und Diabetes	160
11.3	Honig als Nahrungsmittel	160
11.3.1	Ein Met-Rezept	161
11.4	Andere Verwendungsmöglichkeiten	162

12 Gesetzliche Bestimmungen über Honig 163

12.1	Deutsche Honigverordnung und Bestimmungen des Deutschen Imkerbundes (DIB)	163
12.2	Schweizerische Honigverordnung (Auszug)	174
12.3	Österreichische Honigverordnung (Auszug)	176
12.4	Der EU-Honigstandard	177

Literaturverzeichnis	183
Wichtige Anschriften	199
Bildquellen	200
Sachregister	201

1 Allgemeines über den Honig

1.1 Zur Geschichte des Honigs

*„Es krönt der Honig Attikas
die Festestafel,
Er gibt dem Gastmahl wahrhaft
königlichen Glanz."* (Archestratos)

Dieser Spruch ist einem gastronomischen Reiseführer (um 330 v. Chr.) für Gelehrte der griechisch-römischen Epoche entnommen, in der Honig als Genuß- und Nahrungsmittel in Gebrauch war (LERNER 1963). Dagegen wurde er, eine der ersten Süßigkeiten des Menschen, in älteren Zivilisationen als Substanz mit magisch-religiösem Charakter und als Medizin angesehen (z. B. CRANE 1976). Früheste Darstellungen lassen Honigjäger auf Felszeichnungen in Ostspanien erkennen, die auf etwa 10 000 v. Chr. datiert werden (HERNANDEZ-PACHECO 1924). Die Abbildung 1 zeigt eine Höhlenmalerei in den Cuevas de la Araña bei Bicorp (Prov. Valencia), welche einen Honigjäger darstellt, der Waben aus einem Bienennest in einer Felshöhlung herausbricht. Diese Art der Honiggewinnung wird heute noch von den Honigjägern in Nepal angewandt (Abb. 2). Zum Schutz vor Bienenstichen hat sich der Mann einen Sack über den Kopf gestülpt.

Vergleicht man das Dokument der Steinzeit mit demjenigen aus der Neuzeit, erkennt man, daß unsere Ahnen wahrscheinlich ebenfalls einen Sack zum Schutz vor den Bienen über den Kopf stülpten. Die anstrengende und gefährliche Arbeit des Honigsammelns verrichteten also damals ebenfalls Männer, auch wenn der Sack in Abb. 1 als „Haarschopf" eines zierlichen Mädchens gedeutet werden könnte (vgl. CRANE 1976, LERNER 1963).

Im Irak wurden Honigrezepte für Salben und Heilmittel auf Tontafeln entdeckt, die auf 2000 bis 2100 v. Chr., in die Zeit der Sumerer datiert werden. Es handelt sich um die ersten bekannten Schriften über Honig (CRANE 1976). Honig wurde in dieser Zeit auch häufig zu Kultzwecken und religiösen Zeremonien z. B. als Grabbeigabe verwendet. Die Römer und Griechen waren es dann, die die Verwendung des Honigs als Nahrungsmittel einführten und den ausgedehnten Handel mit Bienenprodukten organisierten.

Erste naturwissenschaftliche Beobachtungen über Bienen und Honig sind von Aristoteles in seiner „Natürlichen Geschichte" (344 bis 342 v. Chr.) beschrieben: „Die Biene sammelt die Säfte der Blüten mit ihrer Zunge und trägt sie in den Stock . . . Honig wird in den Mägen der Bienen gesammelt und von ihnen in die Wachszellen wieder ausgespuckt. Anfangs ist der Honig wie Wasser, erreicht aber im Laufe von 20 Tagen seine Konsistenz. Seine Quelle kann aus seinem Geschmack erkannt werden" (Aristoteles). Um 1600 n. Chr. führten Siedler die Honigbiene (*Apis mellifera*) in der Neuen Welt ein. Erst 1822 wurde die Biene nach Australien, 1842 nach Neuseeland gebracht. In Amerika waren bis dahin nur Melliponinae (stachellose Bienen) einheimisch, die weit weniger Honig als *Apis mellifera* produzieren.

Im Mittelalter (1450 bis 1750) war Honig um ein Vielfaches billiger als Rohrzucker, welcher zu dieser Zeit nur als Gewürz und Medikament benutzt wurde. Der Zuckerrübenbau und damit die Gewinnung von Rübenzucker wurde

Zur Geschichte des Honigs 11

Abb. 1. Honigjäger. Steinzeitliche Felsmalerei in der spanischen Araña-Höhle. Unter Verwendung von Seilen, die vielleicht in Form einer Strickleiter (siehe Abb. 2) verknüpft waren, steigt ein Sammler mit einem großen Gefäß, das einen seitlichen, wohl zum Umhängen bestimmten großen Henkel hat, zu dem in einer schmalen Felshöhlung gelegenen Nistplatz der Wildbienen empor. Zum Schutz vor den Bienen hat sich der Jäger wahrscheinlich einen Sack über den Kopf gestülpt (siehe auch Abb. 2) (nach CRANE 1976).

Abb. 2. Honigjäger in Zentralnepal. Zeitgenössische Photographie. Mit Hilfe einer Strickleiter steigt der Sammler zum Nest der Wildbienen (*Apis laboriosa*, größte honigerzeugende Biene der Welt) empor und bricht mit einer Stange die Waben des Honig- und Brutraumes heraus. Während die Honigwaben im mitgebrachten Gefäß gesammelt werden, wird der Brutraum mit an Seilen befestigten Haken versehen und nach oben weggezogen. Zum Schutz vor den Bienen hat sich der Jäger einen Sack über den Kopf gestülpt (aus VALLI und SUMMERS 1988).

12　Allgemeines über den Honig

in Deutschland seit 1747 durch A. S. Marggraf stark gefördert (KOLBE 1986). Die drastische Verbilligung erfuhr der Zucker mit der im Zuge der industriellen Revolution stark anwachsenden Zucker- und Stärkeindustrie vor etwa 150 Jahren. Seit dieser Zeit geriet der Honig als Süßungs- und Nahrungsmittel gegenüber dem billigeren Zucker ins Abseits. Allerdings bevorzugt der Verbraucher in letzter Zeit wieder etwas mehr das Naturprodukt Honig. So steigerte sich der Pro-Kopf-Verbrauch an Honig von 1975 bis 1991 von 0,9 auf 1,2 kg (Tab. 6), womit zur Zeit die Bundesrepublik Deutschland neben Österreich (etwa 1,3 kg) und der Schweiz (etwa 1,2 kg), weltweit die Rangliste anführt (Deutsche Gesellschaft für Ernährung 1984, Bundesministerium für Ernährung, Landwirtschaft und Forsten 1988 und 1992, International Trade Centre 1986).

1.2　Der Begriff Honig

1.2.1　Definition

Bereits in früher Zeit wurde das Wort „Honig" mit allerlei süßen Stoffen verbunden, die niemals Kontakt zu einer Biene hatten. So vermutet ISRAEL (1972), daß der „Honig", der in der Bibel und im Talmud als Ware im Überfluß erwähnt wird, ein Gebräu aus Datteln darstellte, während echter Bienenhonig rar und teuer war. Herodot (482 bis 428 v. Chr.) beschreibt „Bienenhonig" und „Honig", der vom Menschen z. B. aus den Früchten der Tamariske erzeugt wurde (CRANE 1976). Die chinesische Enzyklopädie berichtet von einem Honig der Bienen und einem Honig des Holzes. Letzterer stellt den süßen Saft aus Datteln, Zuckerrohr o. ä. dar (Chinese Encyclopaedia 1727).

Durch Dioskorides (etwa 50 n. Chr.) und Plinius (23 bis 79 n. Chr.) wurden erstmals Qualitätsanforderungen an guten Honig schriftlich niedergelegt (FORBES 1966).

Seit Honig nicht mehr in der Wabe verkauft wird, besteht die Möglichkeit, diesen mit minderwertigeren Süßungsmitteln zu mischen und als „Honig" anzubieten. In der deutschen Honigverordnung (Honigverordnung, 1976) ist dies untersagt und Honig wird definiert als:

„Flüssiges, dickflüssiges oder kristallines Lebensmittel, das von Bienen erzeugt wird, indem sie Blütennektar, andere Sekrete von lebenden Pflanzenteilen oder auf lebenden Pflanzen befindliche Sekrete von Insekten aufnehmen, durch körpereigene Sekrete bereichern und verändern, in Waben speichern und dort reifen lassen."

Dadurch will man zum Ausdruck bringen, daß der Honig ein Erzeugnis der Bienen darstellt, dessen Rohstoffe ausschließlich die Pflanzenwelt liefert. Um ein Pfund Honig zu gewinnen, sind etwa 100 000 Bienenflüge erforderlich! Jedes auf andere Weise, sei es auch unter Mitwirkung der Bienen im Stock, sei es im Kochtopf des Lebensmittelfälschers entstandene Produkt, ist kein Honig. Läßt man beispielsweise große Mengen von Zuckerwasser oder anderweitige süßstoffhaltige Lösungen durch die Bienen verarbeiten, um sie nach der Gewinnung als Honig zu verkaufen (Zuckerfütterungshonig!), so ist das ein Betrug und eine Nahrungsmittelfälschung. Nur was die Bienen von lebenden Pflanzen sammeln und nach entsprechender Behandlung im Stock ablagern, kann die Bezeichnung „Honig" beanspruchen.

Die verschiedenen Herkunftsmöglichkeiten, Trachtquellen, Entstehungszeiten und nicht zuletzt die Gewinnungsart und die Erntezeiten geben den Honigen ein sehr unterschiedliches Gepräge, das nicht nur in deren grobsinnlich wahrnehmbaren Eigenschaften (z. B. Farbe, Geruch, Geschmack), sondern auch im mikroskopischen Bild und in der chemischen Zusammensetzung zum Ausdruck kommt. Im folgenden werden diese Unterschiede kurz erläutert.

1.2.1.1　Geographische Unterschiede

Je verschiedenartiger der Pflanzenbestand der honigerzeugenden Länder ist, um so auffälligere Unterschiede zeigen die Honige. Einen Unterschied zum deutschen Honig zeigen besonders Honige aus überseeischen, wärmeren Ländern, da hier ein ganz anderer Pflanzenwuchs herrscht als bei uns. Die starke Sonneneinstrahlung, wie sie in äquatornahen Gebieten und alpinen Höhenlagen auftritt, veranlaßt die dort wachsende natürliche Wildflora unter anderem zu verstärkter Duftproduktion, die den von ihr geernteten Honigen ein besonders ausgeprägtes und oft starkes Aroma verleiht. Die wichtigsten honigliefernden Länder werden in 1.4 besprochen.

Ein interessanter Aspekt ist die Verteilung natürlicher Isotope in Honigen. Da das CO_2 der Luft zu 98,89 % aus $^{12}CO_2$ und zu 1,11 % aus $^{13}CO_2$* besteht, findet man − durch die pflanzliche Assimilation bedingt − auch einen bestimmten ^{13}C-Gehalt im Pflanzenmaterial (z. B. Nektar, Siebröhrensaft, Pollen). Einerseits kennt man besonders an trockenen Standorten vorkommende Pflanzen, die das $^{13}CO_2$ fast genauso wie das $^{12}CO_2$ assimilieren und als erstes faßbares Produkt ihrer Photosynthese eine Substanz mit einem Kohlenstoffgerüst aus vier C-Atomen (Äpfelsäure) aufweisen. Diese Pflanzen werden deshalb C_4-Pflanzen genannt (z. B. Mais, Zuckerrohr). Andererseits gibt es Pflanzen an eher feuchten Standorten, welche bei ihrer Photosynthese das $^{12}CO_2$ gegenüber dem $^{13}CO_2$ stark bevorzugen und als erstes faßbares Photosyntheseprodukt eine Substanz mit einem C_3-Kohlenstoffgerüst (Phosphoglycerinsäure) vorweisen (C_3-Pflanzen). Diese stellen den Hauptteil der in unseren Klimaten vorkommenden Pflanzen dar (Weizen, Zuckerrübe usw.). Als dritten Typ kennt man Pflanzen, die bei Dürrebelastung die C_4-Variante der Photosynthese durchführen (siehe oben), bei guter Wasserversorgung aber auf die C_3-Variante „umschalten" können („Crassulaceen Acid Metabolism" [CAM]-Pflanzen, siehe z. B. ZIEGLER 1983). Solche Pflanzen kommen besonders in Wüstengegenden vor (z. B. Kakteen), wo lange Trockenzeiten von zeitweiligen starken Regenfällen unterbrochen werden. Dementsprechend findet man, verglichen mit C_3-Pflanzen, im organischen Material der C_4-Pflanzen einen höheren relativen Anteil an $^{13}CO_2$; im Material der „CAM"-Pflanzen aber einen ^{13}C-Gehalt, welcher zwischen demjenigen der C_3- und C_4-Pflanzen liegt. Beobachtungen zeigen, daß Bienen weltweit ausschließlich C_3-Pflanzen als Nektarlieferanten benützen! Die Honige haben demnach ^{13}C-Werte, die niedrig genug sind, um denjenigen typischer C_3-Pflanzen zu entsprechen. Von dieser Regel gibt es eine bis jetzt beobachtete einmalige Ausnahme: In Südafrika wird Nektar der „CAM"-Pflanze *Aloë marlothii* von Bienen gesammelt und zu Honig verarbeitet. Dieser Honig kann bei trockenen Klimabedingungen hohe ^{13}C-Werte aufweisen (siehe oben) und ist bei Übereinstimmung mit dem Pollenbild als *Aloë*-Honig aus Südafrika zu deklarieren. Solche hohen Werte sind jedoch, wie gesagt, untypisch für Honig und treten sonst eher im Rahmen einer Honig-Verfälschung mit Rohrzucker oder Mais- bzw. Zuckerrohrsirup auf (siehe Abschnitt 8.2).

1.2.1.2 Pflanzliche Unterschiede

Je nachdem, ob als Honigquellen Nektar oder andere Sekrete dienen, spricht man von Blütenhonigen oder Honigtauhonigen. Wo beide Herkunftsmöglichkeiten in vielfach wechselndem Verhältnis bestehen, ergeben sich Gemische von Blüten- und Honigtauhonigen, so daß man also drei Hauptarten von Honig unterscheiden kann:

− Blütenhonig,
− Honigtauhonig,
− Gemische aus beiden.

Blütenhonig:
„Überwiegend aus Blütennektar stammender Honig." (HVO 1976)
Entwicklungsgeschichtlich nehmen die Nektarien ihren Ausgang vom Achsengewebe der Pflanzen und bilden in den meisten Fällen ursprüngliche Bestandteile der Blüten, deren Blattnatur außer jedem Zweifel steht. Nektarien stehen mit den Assimilatleitbahnen (Phloem) und manchmal auch den Wasserleitbahnen (Xylem) in Verbindung und besorgen durch die Ausscheidung der zuckerhaltigen

---

* Neben dem häufigen Kohlenstoffisotop ^{12}C (Masse 12), kommt in der Natur auch − aber weniger häufig − das ^{13}C-Isotop (Masse 13) vor, welches ein Neutron mehr besitzt.

Assimilate unter anderem deren Aufwärtstransport in der Pflanze (siehe Abschnitt 2.1). Dieser Transport muß insbesondere zu Zeiten hohen Energieverbrauchs (Blütezeit!) gesichert sein, so daß verständlich wird, warum die Nektarproduktion mit dem Aufblühen einsetzt und erlischt, sobald die beginnende Samenbildung die vollzogene Befruchtung anzeigt (KERNER 1890, HADISOESILO und FURGALA 1986). Bei Ausbleiben des für die Bestäubung und Befruchtung notwendigen Insektenbesuchs ist eine Verlängerung der Blütezeit und des Honigens feststellbar. Als Ausnahme sei der Rotklee genannt (*Trifolium pratense*), der noch über den Zeitpunkt der Befruchtung hinaus honigen soll (LINDHARD 1921). In unseren Breiten, wo der Beginn der Blütezeit am Vormittag liegt, fließen im allgemeinen um diese Zeit auch die Nektarquellen am reichlichsten. Allerdings wird der Nektarfluß auch durch Witterungseinflüsse und Bodenverhältnisse stark beeinflußt. Luftfeuchtigkeit, Temperatur und Windrichtung fördern oder hemmen die Nektarbildung in starkem Maße: Hoher Feuchtigkeitsgehalt bei warmen südlichen und südwestlichen Luftströmungen bewirkt eine hohe Nektarproduktion. Trockene heiße Ost- und Nordwinde lassen sie versiegen.

Warme Nächte sind eine Vorbedingung einer guten Tracht. Die Süßkirsche honigt z. B. erst ab +8 °C, die Traubenkirsche ab +10 °C und der Traubenholunder ab +12 °C (BEHLEN 1911). Die Bodenbeschaffenheit wirkt sich auf Blüten- und Nektarbildung im Prinzip gleich aus. Relativ anspruchslos sind z. B. Borretsch, Winterraps, Sommerraps, Ölrettich und Phazelia, während Senf und Esparsette kalkhaltige Böden beanspruchen. Die Heide honigt am besten auf Sand- und Moorboden, während die Linde die beste Nektarproduktion aus nahrungsreichen, feuchten Böden unter günstigen äußeren Bedingungen hat (ZANDER 1927).

Mehr oder weniger blütenreine Honige entstehen durch die Blütenstetigkeit der Bienen, besonders wenn diesen große Felder einer Pflanzenart zur Verfügung stehen. Diese Honige zeichnen sich oft durch ein herausstechendes, charakteristisches Aroma und durch andere Eigentümlichkeiten aus (siehe Tab. 1). In Gebieten, die naturbelassen sind, werden aber häufig Mischhonige entstehen, indem die zunächst von einzelnen blütenstetten Sammlertrupps blütenrein heimgeschafften Nektarsäfte bei der weiteren Behandlung durch die Bienen untereinander gemischt werden.

Bei der Honigernte durch den Imker werden ebenfalls häufig blütenreine Bienenerzeugnisse miteinander gemischt. Um Sortenhonige zu erhalten, muß der Imker auf jeden Fall den richtigen Ernte- und Schleuderzeitpunkt wählen.

Honigtauhonig:
„Honig, der überwiegend aus anderen Sekreten lebender Pflanzen oder aus auf lebenden Pflanzen befindlichen Sekreten von Insekten stammt; seine Farbe kann von hellbraun oder grünlich-braun bis zu fast schwarz hin reichen." (HVO 1976)

Der Honigtau kann in manchen Gegenden und Jahren eine außerordentlich ergiebige Honigquelle sein, der namentlich in heißen Sommern als klebrige Masse auf und unter Bäumen und Sträuchern auffällt. Besonders stark macht sich die Erscheinung an Ahornarten (*Acer*), Ulmen (*Ulmus*), Eichen (*Quercus*), Linden (*Tilia*), Kirschen (*Prunus cerasus* und *Prunus avium*), Zwetschgen und Pflaumen (*Prunus domestica*), Fichten (*Picea*), Tannen (*Abies*), Lärchen (*Larix decidua*) und Kiefern (*Pinus*) bemerkbar. Es ist klar, daß in Norddeutschland, das durch seinen mehr landwirtschaftlichen Charakter geprägt ist, weniger Waldhonig (Honigtauhonig) erzeugt wird als im waldreicheren Süden des Landes. Es steht heute außer Frage, daß pflanzensaugende Insekten, die der Ordnung Schnabelkerfe (*Rhynchota*) angehören, als Honigtauerzeuger anzusehen sind. Sie sind durch den Bau ihrer saugenden Mundwerkzeuge gekennzeichnet, welche aus vier gegeneinander beweglichen Stechborsten bestehen, die ein Eindringen in das pflanzliche Gewebe erlauben (siehe Abschnitt 2.3.1). Der zuckerhaltige Pflanzensaft gelangt in den Darm des Insekts und wird durch dessen After wieder ausgeschieden. Während dieser Passage erfährt der

Siebröhrensaft einige Veränderungen (siehe Abschnitt 2.3.2 und 2.3.3). Die ausgeschiedenen, auf den Blättern abgesetzten Honigtautropfen werden von den Bienen gesammelt und wie Nektar verarbeitet.

Als die für die Bienenzucht wichtigste Gruppe der Honigtauerzeuger sind die Siebröhrensauger anzusehen (siehe den Abschnitt 2.3.1). Auch der Befall von Pilzen (Mutterkorn!) und Bakterien kann Honigtau zur Folge haben. Diese Art von Honigtau wird von den Bienen ebenso gesammelt wie Ausscheidungen von Pflanzen z. B. über extraflorale Nektarien, Wasserspalten (Hydathoden), Salz- oder andere Drüsen. Die resultierenden Honige werden ebenfalls als Honigtauhonige bezeichnet. Sie dürfen jedoch nicht als Waldhonige gekennzeichnet werden. Baumwollhonig ist beispielsweise kein Wald-, aber ein Honigtauhonig.

Gemische aus Blüten- und Honigtauhonigen

In Gegenden mit mannigfaltig zusammengesetzten Pflanzenbildern (Wälder, Wiesen, Felder) werden häufig Mischhonige gewonnen, die sowohl Nektar als auch Honigtau als Quellen haben. Solchen Honig kann man nicht nur an Aussehen, Geruch und Geschmack, sondern auch an seinen mikroskopischen Bestandteilen erkennen (siehe Abschnitt 7.1). Es gibt auch Nektarien, die außerhalb der Blüten liegen (extraflorale Nektarien). Wird ihr Nektar mit Blütennektar aus floralen Nektarien vermischt, ist der daraus resultierende Honig strenggenommen als Gemisch aus Blüten- und Honigtauhonig zu bezeichnen. Im allgemeinen werden jedoch extraflorale Nektarien nicht häufig beflogen, so daß solche Gemische in der Praxis trotzdem als reine Blütenhonige bezeichnet werden.

Gelegentlich kommt es vor, daß die süßen Säfte von beschädigten oder aufgeplatzten reifen Früchten (Birne, Pflaume, Weinbeeren), austretender Siebröhrensaft aus abgeschlagenen Zuckerrohrpflanzen oder sogar Zucker aus Zuckerfabriken von Bienen gesammelt werden. Solcherlei Sammeltätigkeit erfolgt im allgemeinen nur aus Not und hat für die Praxis kaum Bedeutung, da Bienen bei entsprechendem Angebot Nektar oder Honigtauquellen bevorzugen.

1.2.1.3 Unterschiede nach Entstehung und Gewinnung

Aussehen und Beschaffenheit des Honigs sind nicht nur abhängig von dessen Herkunft, sondern stehen vor allem auch unter dem Einfluß seiner Gewinnung und Behandlung durch den Imker.

Nach der deutschen Honigverordnung (HVO 1976) werden verschiedene Honige nach der Art der Gewinnung durch den Imker unterschieden:

- **Wabenhonig:**
  „Honig, der sich noch in den verdeckelten, brutfreien Zellen der von Bienen selbst frisch gebauten, ganzen oder geteilten Waben befindet." Wabenhonig wird als „Scheibenhonig" bezeichnet, wenn die Waben mit Heidehonig gefüllt sind.
- **Honig mit Wabenteilen:**
  „Honig, der ein oder mehrere Stücke Wabenhonig enthält."
- **Tropfhonig:**
  „Durch Austropfen der entdeckelten, brutfreien Waben gewonnener Honig."
- **Schleuderhonig:**
  „Durch Schleudern der entdeckelten brutfreien Waben gewonnener Honig."
- **Preßhonig:**
  „Durch Pressen der brutfreien Waben ohne oder mit geringer Erwärmung gewonnener Honig."

Wabenhonig (Abb. 27) kann als der am natürlichsten belassene Honig angesehen werden, da er am wenigsten Kontakt zum Menschen und seinen Gerätschaften hat. Dieser Honig wird zu keiner Zeit erwärmt und enthält alle wertvollen Bestandteile unverändert. Besonders auf türkischen Märkten wird diese Art von Honig gerne gehandelt. Das Wachs wird in der Regel mit verspeist. Einschränkend muß hinzugefügt werden, daß sich besonders im Wachs Rückstände von Bienenarzneimitteln, Pflanzenschutzmitteln und anderen Umweltchemikalien anreichern (siehe Abschnitt 7.6); es ist also besser, den „Naturcharakter" des Wabenhonigs nicht so hoch zu bewerten. Um die Waben zurückzugewinnen bzw. das Wachs zu separieren, wird der Honig vom Wabenbau auf irgendeine Weise getrennt. Nur selten läßt man den Honig austropfen (Tropfhonig), sondern zentrifugiert ihn aus den Waben heraus (Schleuderhonig). Wenn sauber gearbeitet wird, ist der Schleuderhonig dem Wabenhonig praktisch gleichwertig. Beim Preßhonig kann oft nicht vermieden werden, daß z. B. Pollenzellen mit gepreßt werden und der Honig dann überdurchschnittlich viele Pollen aufweist. Im Extremfall bekommt er einen sandigen Geschmack. Preßhonige sind an Fremdbestandteilen (Bienenhaare, Hefen, Wachsteile) reicher als vorschriftsmäßig geschleuderte Honige. Aus diesem Grund werden diese Honige oft gefiltert, was häufig mit einer Erwärmung verbunden werden muß. Bei zu starker Erhitzung leiden jedoch die Fermente des Honigs und zahlreiche chemische Veränderungen kommen vor (siehe Abschnitt 9).

Gemäß ihrer Verwertung werden in der HVO zwei Kategorien von Honigen unterschieden:

- **Speisehonig:**
  „Vollwertiger, zum unmittelbaren Genuß bestimmter Honig."
- **Backhonig oder Industriehonig:**
  „Genießbarer, aber nicht vollwertiger Honig, der zur Weiterverarbeitung bestimmt ist."

Backhonig wird in der Backware ohnehin erhitzt, weshalb es von geringer Bedeutung ist, ob der Honig schon vorher Hitzeschäden aufwies.

Speisehonig kommt bei uns am häufigsten als Schleuderhonig auf den Markt.

1.2.1.4 Unterschiede nach der Erntezeit

In wärmeren Ländern sammeln die Bienen fast das ganze Jahr. Die Trachtzeit erstreckt sich über 8 bis 10 Monate, während sie in Mitteleuropa nur 70 bis 80 Tage beträgt (Fiehe 1926). Diese Trachttage verteilen sich sehr ungleich auf drei Haupttrachtzeiten. Die Erntezeit setzt in Mitteleuropa Mitte bis Ende April mit einer kurzen, selten über Mai hinausdauernden Frühtracht ein, deren Erträge Ahorn, Obst, Löwenzahn und Raps, im Alpengebiet die Frühjahrsheide (*Erica carnea*) sind. Ende Mai, Anfang Juni beginnt die Sommertracht mit der Robinienblüte, fortschreitend mit Wiesen-, Feld- und Waldtracht. In einigen Gebieten folgt im August und September eine Spättracht, deren Hauptquellen aus Heide (*Calluna vulgaris*), Buchweizen (*Fagopyrum esculentum*) und Serradella (*Ornithopus perpurillus*) bestehen.

Raps-, Löwenzahn-, Obst- und Ahornhonig sind Frühjahrshonige, die beim richtigen Schleuderzeitpunkt oft blütenrein zu erhalten sind. Akazien-, Robinien-, Hederich-, Esparsette-, Linden-, Tannen-, Luzerne-, Phazelien-, Sonnenblumenhonige und andere Honige rechnet man zu den Sommerhonigen, wobei in Frühsommer- (z. B. Akazienhonig) und Spätsommerhonig (Tannenhonig, Blatthonig, Luzernehonig, Phazelienhonig, Sonnenblumenhonig) unterteilt wird. Blütenreine Honige sind im Spätsommer selten zu erhalten. Meist ergeben sich Misch-Blütenhonige mit einem mehr oder weniger großen Honigtauanteil. Als Spättracht können nur Heide-, Buchweizen- und Serradellahonig blütenrein erhalten werden.

Schließlich machen sich Witterung und Klima auf die Honigernte bemerkbar, je nachdem ob diese oder jene Trachtquelle reichlicher oder spärlicher fließt: Heiße trockene Sommer begünstigen die Honigtaubildung, feuchtschwüle fördern den Nektarfluß.

So verbirgt sich unter dem schlichten Begriff „Honig" eine durch Entstehungsart, Entstehungsort und Entstehungszeit bedingte Mannigfaltigkeit von Unterbegriffen, die auch im Aussehen und in der Zusammensetzung des Honigs zum Ausdruck kommt.

1.3 Die grobsinnlich wahrnehmbaren Eigentümlichkeiten des Honigs

Die äußeren Merkmale oder Eigenschaften des Honigs spielen sowohl für den Bienenzüchter wie auch für den Konsumenten eine führende Rolle, weil man einerseits den Reifegrad, bei Sortenhonigen auch oft die Tracht erkennen kann, und andererseits, weil durch Auge, Mund und Nase die wichtige Entscheidung reift, ob der Honig gefällt. Unter ihnen steht die Farbe mit an erster Stelle, da der Käufer im Laden den Honig im Glas zunächst nur mit dem Auge prüfen kann.

1.3.1 Farbe

Die Farbe des Honigs schwankt in sehr weiten Grenzen. Sie ist abhängig von der Honigtracht, dem Alter und der Lagerung des Honigs. Um die Farbeinschätzung objektiv und trotzdem zeitsparend zu gestalten, wurden einheitliche Farbbezeichnungen geschaffen, die z. B. durch Vergleich des jeweiligen Honigs mit Farbreferenzen ermittelt werden (siehe Abschnitt 7.2.3). Mit dem Pfundcolorgrader kann die Honigfarbe relativ genau gemessen werden.

Im allgemeinen kann man sagen, daß reine Blütenhonige meistens heller sind als Honigtauhonige und Gemische von beiden. Ausnahmen machen unter den Blütenhonigen Buchweizen- und Heidehonig, unter den Honigtauhonigen der Lärchen- und vor allem der Latschenhonig (siehe Tab. 1). Frühjahrshonige sind heller als Sommer- oder Herbsthonige, was an den Trachtpflanzen, zum Teil aber auch daran liegt, daß im Frühjahr kaum Honigtau eingetragen wird. Beimengungen von Honigtau sind meistens durch einen grünlich bis spangrünen Schimmer gekennzeichnet. Ferner erscheint der Honig in flüssigem Zustande immer dunkler als im kristallisierten.

Scheiben-, Tropf- und Schleuderhonige sind aufgrund ihres geringeren Pollengehaltes heller als Preßhonige gleicher Sorte. Längere Zeit in alten Waben gespeicherter Honig wird dunkler. Ebenso bekommt lange gelagerter oder überhitzter Honig einen dunkleren Farbton (siehe Kapitel 9). Tab. 1 gibt einige charakteristische Honigfarben häufig vorkommender Honige an.

Helle Honige zeichnen sich durch ihre Vielfalt an Geschmacks- und Aromanoten, dunkle Honige durch ihren meist größeren Enzymreichtum aus.

1.3.2 Konsistenz

Unter Konsistenz versteht man bei festen Honigen ihre Pastigkeit, bei flüssigen ihre Zähigkeit. Übergänge von der einen zur anderen Form kommen häufig vor. Frischer, den Wabenzellen entnommener Honig ist meistens mehr oder weniger flüssig. Das fällt besonders bei Frühjahrshonigen auf. Mit der Abkühlung werden die Honige dickflüssiger und kristallisieren früher oder später. Die Unterschiede in der Konsistenz reifen Honigs sind einerseits von dessen Wassergehalt abhängig, andererseits von Qualität und Quantität der im Honig vorliegenden Zucker (siehe Abschnitt 5.4). Akazienhonig kandiert erst nach Jahren, während Rapshonig oder gewisse Honigtauhonige bereits in der Wabe auskristallisieren und dem Imker oft große Schwierigkeiten bereiten (siehe Abschnitt 4.2). Über den Einfluß des Verarbeitungsprozesses auf die Kristallisation und deren physikalische Gesichtspunkte sei später berichtet (siehe Abschnitt 5.4). Durch vorsichtiges Erwärmen im Wasserbad oder Wärmeschrank kann man festen Honig wieder verflüssigen. Wendet man geringe Temperaturen von 35 bis 36 °C an, sind dazu nach FIEHE (1926) bis zu 100 Stunden nötig. Eine Erhitzung über 50 °C ist jedoch zu vermeiden, da dann Aromafehler auftreten und die Enzymaktivität herabgesetzt wird (siehe Kapitel 9).

Es sei ausdrücklich gesagt, daß die Kristallisationsfreudigkeit des Honigs generell überhaupt nicht mit dessen Qualität zusammenhängt. Die Kristallisationstendenz ist ein eigenes Charaktermerkmal jedes einzelnen Honigs.

Tab. 1. Grobsinnliche Eigentümlichkeiten wichtiger Honige

Pflanzenart	Farbe		Konsistenz		Geruch und Geschmack
	frisch	kandiert	frisch	kandiert	
Raps	wasserhell, gelblich	weißlich	zähflüssig	rasch, fein, schmalzartig	schwaches Aroma
Löwenzahn	goldgelb	gelblich	dickflüssig	feinkörnig	kräftiges Aroma
Kirschblüte	braungelb	gelblich	flüssig	langsam, grobkörnig als Bodensatz	Blütenaroma
Akazie	schwach gelblich	schwach gelblich	sehr flüssig	sehr langsam als Bodensatz	schwaches Aroma
Klee	hell – tiefgelb	gelblich	flüssig	feinkörnig	schwach aromatisch
Esparsette	weiß – gelblich	weißlich-gelblich	dickflüssig	rasch, feinkörnig	aromatisch
Lindenblüte	hellgelb, grünlichgelb	gelblich	flüssig	flockig, körnig	Lindenaroma
Hederich	schwach gelblich	weißlich	flüssig	rasch, schmalzartig	ganz schwaches Aroma
Luzerne	gelb	gelblich	flüssig	fast feinkörnig	aromatisch
Alpenrosen	wasserhell	weiß	zähflüssig	fein	eigenartig kräftig
Fenchel	dunkelgelb – braun	hellerer Bodensatz	dickflüssig	feinkörniger Bodensatz	kräftig, fenchelartig, brenzlich
Ziest	hellgelb	weißlich	flüssig	schmalzartig	schwaches Aroma
Orangenblüte	hellbernsteinfarbig	gelblich	flüssig	sehr langsam, feinkörnig	sehr würzig
Rosmarin	hellgelb	weißlich	flüssig	salbenartig	stark nach Rosmarin
Heide	hellbraun – rotbraun	gelblich – bräunlich	sulzig	fein – grobkörnig	herb, heideartig
Buchweizen	dunkelbraun	dunkel	zähflüssig	grob und hart	melassenartig
Blatthonig	braun, fast schwarz grüner Schiller	lichter	sehr zäh	langsam, flockig	sehr wenig
Tanne	dunkelgrün	dunkel	sehr zäh	langsam, grobstückig	harzig
Fichte	goldgelb	heller	zäh	langsam	malzartig
Lärche	zitronengelb – hellbräunlich	bräunlich	vogelleimartig	rasch, grobkörnig	
Latschen	fast wasserhell	weißlich	vogelleimartig		
Götterbaum	grünlich bräunlich	schmutzig-graugrün	zähflüssig	fein schmalzartig	köstliches Muskatelleraroma

1.3.3 Geruch und Geschmack

Geruchs- und Geschmacksstoffe charakterisieren jeden Honig und lassen Rückschlüsse auf dessen Herkunft ziehen. Über die chemische Natur dieser Stoffe wird später berichtet (siehe Abschnitt 6.7). Das „Flavor" wird im wesentlichen durch die Zucker und die Aromakomponenten der Pflanzen bestimmt, von welchen die Bienen sammelten. Blütennektar ist mehr oder weniger mit den pflanzeneigenen Duftstoffen geschwängert, so daß Blütenhonige im allgemeinen mehr Aromakomponenten als Honigtauhonige besitzen. Deutsche Honige sind durch ihr eher mildes Aroma charakterisiert, wobei es einige Ausnahmen gibt (siehe Tab. 1: Buchweizen- und Heidekrauthonig).

Ausländische Honige haben meistens eine stärkere Geruchs- und Geschmacksnote als inländische Honige (Tab. 1). Beliebt sind Honige aus Südeuropa, die oft die aromatischen Gerüche der Macchie und Garrigue widerspiegeln (z. B. Rosmarinhonig). Von den Honigfirmen werden die intensiven Geschmacksrichtungen oft durch Mischen mehrerer Honige abgemildert, was häufig zu interessanten Aromakompositionen führt.

Tannen- und Pinienhonige haben einen ausgeprägten terpenähnlichen harzigen Geschmack, der das Aroma dieser Nadelhölzer zum Ausdruck bringt.

1.4 Produktion und Handel

1.4.1 Honigmarkt weltweit

Die Produktion von Honig in verschiedenen Regionen wird in Tab. 2 im Zeitraum von 1975 bis 1991 gezeigt. In Abb. 3 wird die weltweite Honigproduktion im gleichen Zeitraum dargestellt. Die relativ niedrige Weltproduktion im Jahre 1980 könnte durch ungünstige klimatische Bedingungen in Asien (siehe Tab. 2) hervorgerufen worden sein.

Weltweit werden jährlich auch heute noch etwa 1,2 Mio. t Honig produziert, wobei etwa 220 000 t auf Mittel- und Nordamerika, 300 000 t auf Asien (ohne GUS), 200 000 t auf die GUS und 180 000 t auf Europa (ohne GUS) entfallen. Afrika, Südamerika und Ozeanien teilen sich den Rest (HIPPLER 1986, International Trade Centre 1986, FAO 1992). Langfristig lassen sich eine leichte Steigerung der Honigproduktion in den verschiedenen Regionen, ansonsten jedoch keine starken Fluktuationen erkennen. Die beiden größten Honigproduzenten China (196 000 t in 1991) und die GUS (siehe Tab. 2) stellten 1991 mehr als ein Drittel der gesamten Weltproduktion. Mehr als zwei Drittel der Weltproduktion wurden von den 12 größten honigproduzierenden Ländern besorgt: GUS (240 000 t), China (196 000 t), USA (91 000 t), Mexiko (70 000 t), Kanada (35 000 t), Argentinien (44 000 t), Türkei

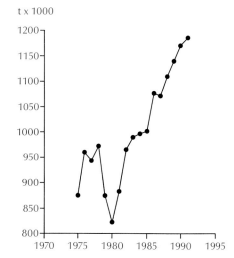

Abb. 3. Entwicklung der weltweiten Honigproduktion in den Jahren 1975 bis 1991.

Tab. 2. Weltproduktion von Honig in verschiedenen Regionen und Ländern in den Jahren 1975 bis 1991

Region/Land	1975	1980	1984	1985	1986	1987	1988	1989	1990	1991
Nord- und Mittelamerika	182 077	197 816	226 116	167 931	208 745	211 716	197 841	192 414	211 054	218 151
Asien	268 421	128 418	218 841	279 050	300 316	294 821	324 856	313 702	331 006	330 213
GUS								225 000	236 000	240 000
Europa	106 999	129 268	180 175	146 505	164 142	173 478	178 187	197 701	171 198	177 424
Afrika	80 606	93 140	91 147	96 137	98 661	100 948	104 543	105 553	107 626	111 363
Südamerika	34 628	57 761	55 232	70 252	62 766	63 446	72 488	73 437	79 712	78 428
Ozeanien	28 077	32 562	25 646	38 818	37 777	38 975	40 471	32 567	35 508	32 732
Welt gesamt	874 808	821 965	997 157	1 002 693	1 077 406	1 073 384	1 110 385	1 140 373	1 172 103	1 188 310

(nach ITC 1986, FAO 1988, 1989, 1992)

(51 000 t), Äthiopien (23 000 t), Frankreich (16 000 t), Ungarn (19 000 t), Australien (24 000 t) und die Bundesrepublik Deutschland (28 000 t). Die Entwicklungsländer − zu einer Gruppe zusammengefaßt − produzierten im Jahre 1991 605 186 t, das entspricht 51 % der gesamten Welterzeugung. Der Honighandel spielt sich vor allem zwischen den Entwicklungsländern und den westlichen Industriestaaten ab. Von den etwa 270 000 t (Exporte), die jährlich auf dem Weltmarkt erscheinen, werden 82 % von westlichen Industriestaaten und Japan, 60 % allein von europäischen Firmen abgenommen. Als wichtigste Ausfuhrregionen exportierten beispielsweise Mittelamerika 43 % (96 646 t), Europa 31 % (56 463 t), Asien 22 % (48 115 t), Südamerika 58 % (32 184 t), die GUS 12 % (24 226 t), Ozeanien 45,3 % (11 622 t) und Afrika nur 0,2 % (146 t) ihrer Gesamt-Honigproduktion (siehe Tab. 2). Diese Zahlen sind in ihren Größenordnungen auch heute noch gültig. Dabei ist zu bemerken, daß insbesondere Europa Re-Export von Honig aus Entwicklungsländern durchführt, was die Bedeutung dieses Erdteils als primäre Exportregion einschränkt. Es handelt sich bei diesen Re-Exporten entweder um Kanisterhonig, der als solcher exportiert wird, oder um Honig, der von den europäischen Firmen verbraucherfreundlich abgepackt und dann exportiert wird. Die BRD gehört − bedingt durch solche Re-Exporte − mittlerweile zu den zehn großen Honigexporteuren der Welt, die 85 % des Weltexports innehaben. Die Entwicklungsländer waren 1984 für 56 % des Gesamt-Weltexportes verantwortlich; ihnen stehen die Industriestaaten mit nur 19 % gegenüber. Die drei Hauptexport-Länder Mexiko (54 000 t), China (45 000 t) und Argentinien (29 999 t) hatten 1984 48 % des Gesamt-Weltexportes inne. 1975 wurden 17,2 % der gesamten Welt-Honigproduktion international auf den Markt gebracht, 1984 immerhin schon 27 %. Das steigende Angebot mußte die ebenfalls steigende Nachfrage decken (siehe Abb. 4). Wie in Abb. 4 gezeigt, wuchsen die Weltimporte von 149 000 t (etwa 300 Mio. DM) im Jahre 1975 auf 261 000 t (etwa 570 Mio. DM) im Jahre

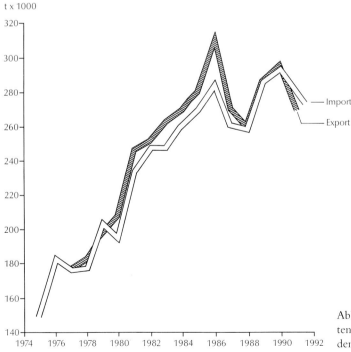

Abb. 4. Entwicklung der weltweiten Honigexporte und -importe in den Jahren 1975 bis 1991.

1984. Diese Entwicklung wurde durch die Phase der gesundheitsbewußten Ernährung, eine bessere Marktpolitik, den höheren Lebensstandard in den Industrieländern, das größere Interesse der Industrie am Honig usw. verursacht. Im Jahre 1984 entfielen 59 % der gesamten Weltimporte auf Europa, 23 % auf Nord- und Mittelamerika (fast nur USA) und 17 % auf Asien (hauptsächlich Japan). Drei Hauptimportländer importieren etwa 64 % der Menge des gesamten Weltimports: BRD: 73 951 t (28,3 %); USA: 58 608 t (22,4 %); Japan: 33 178 t (12,7 %). Zehn Länder – ausnahmslos Industrieländer – waren 1984 für 86 % des gesamten Weltimportes verantwortlich: BRD, USA, Japan (siehe oben); England: 19 324 t (7,4 %); Italien: 9028 t (3,5 %); Niederlande: 8199 t (3,1 %); Österreich: 6259 t (2,4 %); Frankreich: 5693 t (2,2 %); Schweiz: 5500 t (2,1 %); Spanien: 4818 t (1,8 %). Im großen und ganzen betrachtet, stimmen angegebene Verhältnisse auch heute noch. Es bleibt abzuwarten, wie sich der EU-Binnenmarkt auswirkt (siehe Abb. 3 und 4). Der Honig wird normalerweise in 300-kg-Fässern importiert, aber auch kleinere Container (25 bis 30 kg) oder große Tanks (mehrere Tonnen) sind im Handel. Der Importhonig tritt auf dem Markt zum im Heimatland erzeugten Honig in Konkurrenz, da Honig aus Entwicklungsländern oft billig zu beziehen ist und daher dem Verbrau-

Tab. 3a. Durchschnittspreise (DM/t), die von der Bundesrepublik Deutschland an ihre drei wichtigsten Honiglieferanten gezahlt wurden

Jahr	China	Mexiko	Argentinien
1980	1 914,9	2 000,5	2 031,1
1981	1 854,0	2 144,0	2 106,0
1982	1 984,2	2 327,1	2 341,8
1983	2 141,8	2 420,2	2 448,4
1984	2 246,9	2 291,1	2 465,5
1985	2 337,7	2 335,0	2 243,1
1986	1 878,8	2 032,0	2 006,1
1987	1 502,1	1 790,3	1 634,3
1988	1 623,4	1 589,0	1 401,3
1989	1 838,3	1 701,5	1 508,2
1990	1 935,7	1 560,8	1 500,4
1991	1 884,2	1 669,6	1 664,2
1992	1 707,4	1 739,4	1 658,4

(nach Statistisches Bundesamt 1987, 1993)

Tab. 3b. Relative Preisentwicklung für Honig (Einfuhr- und Verbraucherpreise) in Deutschland. Die Einzelpreisreihen werden bei den Einfuhrpreisen in der Form von Meßzahlen (Punkten) auf der Grundlage des Preisstandes im Basisjahr 1985 (= 100 Punkte) dargestellt. Ab 1992 sind die neuen Bundesländer mitberücksichtigt

Jahr	Einfuhr Punkte	Verbraucher (500-g-Glas: DM)
1962	45,0	
1963	58,4	
1964	52,1	
1965	40,7	
1966	43,5	
1967	41,1	
1968	45,0	
1969	45,1	
1970	46,8	3,82
1971	58,8	
1972	74,4	
1973	101,0	
1974	93,4	
1975	78,1	
1976	79,1	
1977	80,6	
1978	81,1	
1979	83,7	
1980	82,7	7,08
1981	90,9	
1982	95,4	
1983	97,8	
1984	98,2	
1985	100,0	
1986	90,2	7,98
1987	74,2	7,98
1988	68,0	7,91
1989	71,3	7,81
1990	71,6	7,81
1991	82,4	7,84
1992	78,2	4,29
1993 (bis Mai)	65,8	

(nach Statistisches Bundesamt 1993)

cher preisgünstig angeboten werden kann. Die Preisentwicklung für Importhonig aus den drei wichtigsten Ländern sei am Beispiel der Bundesrepublik Deutschland dargestellt. Während der letzten 10 Jahre wurde der Importhonig billiger. Der Verbraucherpreis konnte bis zum Jahre 1991 konstant gehalten werden, brach aber in 1992 deutlich ein, was die Weltmarktsituation widerspiegelt (siehe Tab. 3a und 3b).

Der Preis des importierten Honigs ist neben Menge und Verfügbarkeit auch stark vom Wechselkurs des Dollars abhängig. Da die BRD ein starkes Potential im Welt-Honigmarkt besitzt, hat die Preisentwicklung in diesem Land einen beträchtlichen Einfluß auf die Weltmarkt-Honigpreise.

1.4.2 Honigmarkt in der Bundesrepublik Deutschland

Die Bundesrepublik bezieht als größter Honigaufkäufer der Welt etwa ein Drittel des gesamten Weltmarktes (Statistisches Bundesamt 1993). Die Tabellen 4 und 5 geben Aufschluß über Import und Export von Honig.

Wie aus Tab. 4 zu erkennen ist, stellt Mexiko den größten Honiglieferanten für die Bundesrepublik Deutschland dar. Mexiko bietet hochwertige Qualitätshonige, die hauptsächlich von Chiapas und Jalisco stammen. Unterschiedliche Entwicklungen in den Jahren 1987 und 1988 sind besonders bei Importen aus China und Argentinien zu erkennen. Während der Import von chinesischem Honig – bedingt durch Qualitätsprobleme – 1988 drastisch sank, ist bei argentinischem Honig ein starker Anstieg erkennbar.

Der deutsche Exporthonig besteht fast ausschließlich aus ausländischem Honig und stellt somit re-exportierten Honig dar (siehe oben). Hauptmärkte sind vor allem EU-Mitglieder (siehe Tab. 5) sowie USA, Saudi-Arabien, Schweiz und Pakistan.

Tabelle 6 zeigt die Entwicklung der Produktion, des Im- und Exports sowie des Pro-Kopf-Verbrauches von Honig zwischen 1975 und 1991 in der Bundesrepublik Deutschland. Auffällig ist das Ansteigen der deutschen Exporte seit Mitte der 70er Jahre von 1900 t auf über 17 000 t (siehe Tab. 6). Gemäß der Tatsache, daß es sich um Re-Exporte handelt, mußte auch der Import von Honig in dieser Zeitspanne ansteigen.

Die heimische Produktion schwankt von Jahr zu Jahr, entsprechend der klimatischen Verhältnisse. Gute Honigjahre (1976, 1983, 1990) sind durch warme, mäßig feuchte klimatische Verhältnisse gekennzeichnet. Sie spiegeln sich auch im (Durchschnitts-)Ertrag je Volk wider (siehe 1982/83 und 1983/84, und 1989/90). Um 15 kg Honig zu erzeugen, muß ein Volk im Schnitt mehr als 50 Millionen Blüten besuchen. Einzelne „Über"-Völker können bei uns jedoch Erträge bis zu 50 kg/Jahr liefern. Solche hohen Erträge sind in Australien und Kanada als Durchschnitts-Erträge anzusehen (World Honey Crop Report, 1987). Die Zahl der Völker blieb im angegebenen Zeitraum auf etwa dem gleichen Niveau.

Bedingt durch das ernährungsbewußte Denken stieg der Honigverbrauch (pro Kopf und insgesamt) zwischen 1975 und 1990 auf etwa 93 000 t an; das entspricht einem Pro-Kopf-Verzehr von 1,5 kg/Jahr. Der Rückgang auf 1,2 kg im Jahre 1991 ist dadurch zu erklären, daß in den neuen Bundesländern (noch) nicht soviel Honig verspeist wird. Heimischer Honig, der den Bedarf bei weitem nicht decken kann, wird als wertvoll angesehen und erzielt hohe Preise. Dabei werden Raps-, Klee- und Heidehonig vor allem im Norden des Landes, Waldhonige eher im Süden bevorzugt. In- und ausländische Honigspezialitäten (Sortenhonige) werden von einer Minderheit hoch geschätzt und teuer bezahlt. Diese Minderheit scheint sich jedoch auszuweiten. Etwa 90 % der Verbraucher bevorzugen flüssigen, streichfähigen Honig. Um den Geschmack des Endverbrauchers zu treffen, werden von den Honigfirmen häufig verschiedene Honige miteinander vermischt und als Mischblütenhonig oder Auslesehonig verkauft. Etwa 85 % des Honigs findet in der Bundesrepublik Deutschland als Tafelhonig Verwendung. Die verbleibende Menge wird von der Industrie zur Herstellung von Back- und Süßwaren oder für

Tab. 4. Import von Bienenhonig in die Bundesrepublik Deutschland* 1991 bis 1992

Import aus Land	1991 Menge [t]	1991 Preis [DM · 1 000]	1992 Menge [t]	1992 Preis [DM · 1 000]
Mexiko	27 668,2	46 195	24 843,1	43 213
Argentinien	16 729,7	27 841	22 306,0	36 993
China	2 819,3	5 312	9 409,7	16 066
Uruguay	2 577,5	4 276	4 817,5	8 342
Kuba	4 292,9	6 317	3 760,6	5 810
Rußland	6 691,5	8 850	3 316,9	4 491
CSFR	6 375,7	11 890	2 529,6	6 169
El Salvador	682,8	1 117	2 133,8	4 042
Ungarn	3 416,5	7 815	2 036,7	5 934
Türkei	667,3	3 213	1 957,5	7 507
Kanada	2 249,3	5 241	1 872,5	4 478
Australien	2 339,4	3 841	1 479,3	2 597
Frankreich	2 265,6	8 558	1 206,4	6 445
Polen	1 595,7	4 209	1 052,5	3 224
Neuseeland	866,0	2 739	1 017,7	2 752
Guatemala	524,3	1 189	989,9	2 161
Spanien	1 915,2	6 990	926,3	3 424
Rumänien	486,5	1 229	537,0	1 270
Chile	1 645,1	2 763	516,8	961
Brasilien	20,3	34	510,0	908
USA	1 056,4	2 160	500,1	1 413
Niederlande	129,0	479	179,7	656
Italien	228,4	1 105	168,5	815
Weißrußland	0,0	0	143,4	221
Libanon	381,8	509	129,5	171
Belgien/Luxemb.	104,8	745	119,5	792
Griechenland	836,9	3 395	117,5	493
Bulgarien	26,1	63	83,6	259
Litauen	0,0	0	66,0	92
Saudi Arabien	0,0	0	64,6	103
Myanmar (Birma)	50,0	91	50,0	72
Jugoslawien	131,1	497	48,9	173
Dominikanische Rep.	0,0	0	40,4	71
Hongkong	0,0	0	33,1	52
Turkmenistan	0,0	0	30,0	38
Schweden	169,7	523	28,4	79
Dänemark	70,9	215	26,9	88
Norwegen	39,9	281	21,9	105
Slowenien	0,0	0	21,2	68
Colombien	0,0	0	20,7	34
Österreich	29,1	184	20,5	94
Belize	0,0	0	20,4	41
Tansania	0,0	0	18,0	26
Großbritannien	50,1	497	15,6	163
Iran	0,0	0	15,1	49
Tadschikistan	0,0	0	10,1	13
Portugal	4,2	14	7,2	37
Färöer	0,0	0	5,5	8
Schweiz	3,8	25	2,6	18
Vietnam	15,0	18	2,4	3
Andorra	0,0	0	1,5	5
Japan	0,0	2	1,2	4
Syrien	0,0	0	0,6	3
Rep. Südafrika	0,0	0	0,5	1
Irland	0,1	3	0,3	6
Papua-Neuguinea	18,8	48	0,0	0
Honduras	14,4	25	0,0	0
Tunesien	2,8	8	0,0	0
Gesamt	89 192,1	170 506	89 235,2	173 053

* Neue Bundesländer sind mitberücksichtigt

Tab. 5. Export von Bienenhonig aus der Bundesrepublik Deutschland* 1991 bis 1992

Export nach Land	1991 Menge [t]	1991 Preis [DM · 1 000]	1992 Menge [t]	1992 Preis [DM · 1 000]
Niederlande	4 003,2	12 956	3 964,6	13 696
Frankreich	1 195,9	3 633	1 744,2	5 229
Saudi Arabien	1 353,7	6 317	1 393,6	7 018
Dänemark	1 030,9	2 383	1 131,1	2 924
Italien	801,0	2 451	880,0	2 732
Belgien/Luxemb.	822,9	3 436	846,7	4 171
Griechenland	896,0	3 190	791,1	2 404
Schweiz	702,8	2 426	641,2	2 421
Großbritannien	332,3	922	335,0	878
Jemen	250,2	870	252,4	896
Österreich	204,8	937	226,1	722
Pakistan	245,8	711	147,7	472
Kuwait	73,8	360	103,5	527
Libanon	187,5	772	97,1	485
USA	146,3	505	96,1	480
Arabische Emirate	85,5	457	89,8	438
Jordanien	27,5	122	73,4	290
Spanien	0,8	5	68,2	157
Türkei	19,3	80	44,0	163
Oman	13,3	83	41,0	188
Singapur	30,1	117	29,8	140
Thailand	13,7	65	27,5	170
Rußland	44,7	215	27,3	170
Portugal	3,0	13	20,4	40
Schweden	9,2	25	17,9	58
Tunesien	4,2	21	15,9	68
Kanarische Inseln	25,7	139	15,6	95
Ägypten	0,0	0	14,3	66
Guatemala	0,0	0	12,6	51
Kanada	4,8	19	10,3	66
Finnland	16,8	95	9,6	49
Katar	16,6	69	9,5	59
Taiwan	3,0	12	5,6	30
Nordkorea	0,0	0	5,5	30
Polen	8,7	38	5,2	35
Norwegen	0,9	2	4,4	26
Hongkong	5,2	32	3,9	19
Japan	3,6	30	3,7	36
Bulgarien	0,5	8	2,9	10
Syrien	0,7	5	2,9	10
Slowenien	0,0	0	2,6	30
Argentinien	0,0	0	2,5	14
Lybien	0,3	2	2,0	14
Albanien	0,0	0	2,0	7
Malta	1,5	8	1,5	8
Togo	1,2	6	1,1	4
Weißrußland	0,0	0	0,9	3
Südkorea	3,5	151	0,7	2
Ukraine	0,0	0	0,6	3
Bahrain	12,3	62	0,5	2
Rumänien	0,0	0	0,4	30
Tschechoslowakei	0,0	0	0,4	1
Marokko	0,0	0	0,2	1
Chile	0,4	29	0,1	19
Mauritius	0,0	0	0,1	2
Ungarn	0,3	2	0,1	1
Island	0,0	1	0,1	1
Mexiko	0,0	0	0,0	2
Gesamt	12 604,4	43 772	13 227,6	47 665

* Neue Bundesländer sind mitberücksichtigt

Tab. 6. Produktion, Markt und Verbrauch von Honig in der Bundesrepublik Deutschland. Die Zahlen beziehen sich auf die Hälfte des betreffenden Jahres und die Endhälfte des Vorjahres

Jahr	Zahl der Völker [· 1 000]	Ertrag/Volk [kg]	Produktion [t]	Import [t]	Export [t]	Verbrauch gesamt [t]	pro Kopf [g]
1975			8 800	50 761	1 987	57 574	931
1976			22 000	50 078	1 999	70 079	1 139
1977			16 500	51 241	2 441	65 300	1 064
1978			13 200	57 656	3 801	67 055	1 094
1979	1 115	11,8	9 000	62 146	6 341	64 805	1 056
1980	1 115	8,9	11 000	65 597	8 296	68 301	1 110
1981	1 120	9,8	14 000	69 200	10 600	69 600	1 129
1982	1 129	12,4	18 400	81 200	13 900	81 300	1 317
1983	1 118	16,5	19 000	66 700	10 700	74 400	1 209
1984	1 072	17,7	16 300	70 300	10 700	78 600	1 282
1985	1 147	14,2	10 900	76 400	11 000	81 700	1 338
1986	1 109	9,8	16 200	83 300	16 000	78 200	1 282
1987	1 046	15,5	15 800	86 100	15 100	87 200	1 426
1988	1 066	14,8	18 200	82 400	14 100	84 100	1 372
1989	1 106	16,5	29 000	85 500	16 900	86 800	1 406
1990	1 080	26,9	25 500	80 400	15 800	93 600	1 493
1991*	1 605	15,9	15 500	87 800	17 300	96 000	1 204

* Neue Bundesländer sind mitberücksichtigt.
(nach: ITC 1986, Bundesministerium für Ernährung, Landwirtschaft und Forsten 1988, 1992)

pharmazeutische und kosmetische Produkte genutzt (HIPPLER 1986).

Ein Grund für den hohen Honigverbrauch in der Bundesrepublik Deutschland ist der im Vergleich zu anderen Ländern ungewöhnlich hohe Aufwand an Reklame, die in der Tagespresse, in Magazinen und im Fernsehen durchgeführt wird. Der Deutsche Imkerbund (DIB) wirbt für heimischen Honig als ein Hoch-Qualitätsprodukt mit besonderem Aroma. Durch hohe Qualitätsanforderungen wird das Ansehen des heimischen Honigs gewährt. Seit Beginn des Jahres 1993 werden von allen Neuimkern vom DIB Sachkundenachweise in Sachen Honig gefordert. Dazu führen Bieneninstitute wie auch die einzelnen Imker-Landesverbände örtliche und zentrale Schulungen durch. Die Schulungsteilnehmer werden dabei vertraut gemacht in Fragen sachgerechter Honiggewinnung, Pflege und Lagerung. Hinzu kommen Bereiche wie verkaufsgerechte Aufmachung und Vermarktung. Hintergrundinformationen zu Herkunft, Entstehung und Eigenschaften des Honigs gehören ebenfalls zu den Schulungsinhalten wie auch die gesetzlichen Regelungen für das in Verkehrbringen von Honig. Nähere Informationen sind erhältlich über die jeweiligen Imker-Landesverbände und Bieneninstitute (SCHULZ 1993). Aber auch importierter Honig muß den Ansprüchen der HVO und der EU-Richtlinien genügen. Diese sind für Entwicklungsländer oft nicht einzuhalten, so daß ihr Honig zurückgewiesen werden muß (z. B. China).

Da mindestens 75 % des heimischen Honigs nicht über die gewöhnlichen Verkaufskanäle (Supermärkte, Verkaufsketten), sondern im privaten Kleinverkauf vertrieben werden, gibt es zwischen Importhonig und deutschem Honig keine echte Konkurrenz. Im Normalfall erzielt jedoch heimischer Honig etwa das Doppelte des Preises von Importhonig. Spezielle Import-Sortenhonige können ebenfalls zu hohen Preisen gehandelt werden.

Allgemeines über den Honig

Tab. 7. Honigmarkt in Österreich 1975 bis 1992

Jahr	Produktion [t]	Import [t]	Export [t]	Verbrauch gesamt [t]
1975	5 000	3 534		
1976	6 000	4 270		
1977	4 000	3 969		
1978	2 600	3 663		
1979	2 400	5 123		
1980	3 000	6 664		
1981	2 300	5 706		
1982	10 000	5 300		
1983	7 500	5 473		
1984	7 920	6 259		
1985	2 500	6 255	296	7 500
1986	4 500	7 000		11 500
1987	5 000	6 500		11 500
1988	5 000	4 940	127	10 000
1989	5 500	5 000		10 500
1990	4 500	6 603	180	10 000
1991	4 000	6 500	135	10 500
1992		6 168	259	

(nach ITC 1986, Österreichisches Statistisches Zentralamt 1987, 1988, 1990, 1991, 1992)

Tab. 8. Honigmarkt in der Schweiz 1975 bis 1991

Jahr	Produktion [t]	Import [t]	Export [t]	Verbrauch gesamt [t]	Verbrauch pro Kopf [g]
1975	1 250	4 241	14	5 477	856
1976	6 963	4 707	14	11 656	1 841
1977	1 306	4 009	11	5 304	839
1978	2 012	4 369	16	6 365	1 006
1979	1 463	4 444	45	5 862	923
1980	2 573	5 180	48	7 705	1 206
1981	1 167	6 207	80	7 294	1 134
1982	3 240	5 626	72	8 794	1 359
1983	2 208	4 766	64	6 910	1 061
1984	2 302	5 500	61	7 741	1 202
1985	2 090	5 455	87		
1986	3 006	5 795	62		
1987	2 977	5 550	50		
1988	3 100	6 279	40		
1989	4 691	6 122	35		
1990	2 247	5 885	47		
1991	4 054	6 516	81		
1992		5 461	133		

(nach ITC 1986, FAO 1988, 1989, 1992, United Nations 1987, 1990)

1.4.3 Honigmarkt in Österreich und der Schweiz

Die Honigproduktion variiert beträchtlich von Jahr zu Jahr, entsprechend der klimatischen Verhältnisse. Die Tabellen 7 und 8 geben Aufschluß über die wichtigsten Daten.

Bei den Exporten von Österreich und der Schweiz handelt es sich – ähnlich denen der BRD – fast ausschließlich um Re-Exporte, die hauptsächlich nach Saudi-Arabien, Kanada und die USA gehen. Gesamt- und Pro-Kopf-Verbrauch zeigen einen steigenden Trend im betrachteten Zeitraum, der sich jedoch in den letzten Jahren stabilisiert hat. In Österreich entspricht der Gesamtverbrauch ziemlich genau der Summe aus Produktion und Import. Der Pro-Kopf-Verbrauch lag zwischen 1975 und 1984 im Schnitt bei 1,3 kg.

Hauptversorger beider Länder sind Mexiko und Argentinien. Etwa 80 % des Honigs finden in der Schweiz als Tafelhonig Verwendung. Besonders der einheimische schweizerische Honig wird dort sehr geschätzt und teuer gehandelt. Im französischsprachigen Teil wird Rapshonig, im deutschsprachigen Teil Waldhonig und im italienischsprachigen Teil Kastanienhonig bevorzugt.

Für Honigwerbung und -konkurrenz gelten ähnliche Regeln wie in der Bundesrepublik Deutschland (siehe oben, LIPP 1988).

2 Die Rohstoffe des Honigs

„Ein Blumenglöckchen vom Boden hervor –
War früh gesprosset in lieblichem Flor.
Da kam ein Bienchen und naschte fein;
Die müssen wohl beide füreinander sein."

Goethe beschreibt in diesem Spruch ein Prinzip, welches als die wechselseitig bedingte Ko-Evolution zwischen stammesgeschichtlicher Entfaltung der tierblütigen Bedecktsamer (Angiospermen) und der dazu passenden Gruppen von Blumentieren zu verstehen ist. Tierblumen verfügen über Lockmittel (Pollen, Nektar usw.) und Reizmittel (z. B. Farbe, Duft), die von Bestäubern gern aufgenommen werden, welche ihrerseits als „Gegengabe" die Bestäubung der Pflanze durchführen. Im Zuge der Evolution der Angiospermen erfolgte eine sehr starke Differenzierung der Lock- und Reizmittel sowie des Blütenbaues. So sind die Dorsiventralität vieler Blüten (mit Landeplatz) und die mäßig tiefe Lage der Nektarien an den relativ schlanken Bienenkörper und die Länge des Saugrüssels gut angepaßt. Fortschreitende Präzision in der Anlockung bestimmter Besucher und im Anbringen bzw. Abnehmen des Pollens (etwa durch Narben bzw. Staubblätter) ermöglicht der Pflanze sicherere und pollensparendere Bestäubung von Individuum zu Individuum und damit besseren Samenansatz (Verhältnis Pollenkörner zu Samenanlagen bei Windblütlern oft in der Größenordnung von 10^6 zu 1, bei spezialisierten Insektenblütlern z. B. Orchideen bis etwa 1 : 1!).

Bei der sporn- und nektarlosen Orchideengattung *Ophrys* (Ragwurzarten) ist der Bestäubungsmodus gekoppelt mit der Anlockung von männlichen Bienen (Drohnen) durch die Weibchen-(Königin-)Attrappen darstellenden Blüten (EHRENDORFER 1983). Man könnte die Anpassungen noch weitaus länger fortführen, doch ist dies Buch nicht der geeignete Raum dafür. Der kurze Exkurs sollte nur zeigen, daß dem einfach klingenden Goethe-Spruch in diesem Sinne recht hohe Bedeutung beizumessen ist. In Gebieten der gemäßigten Klimazone dienen der Honigbiene vor allem Blütennektar und Honigtau zur Honigbereitung. Bei Versorgungsengpässen oder unter abweichenden Klimabedingungen können die Bienen auch andere Rohstoffquellen zur Honigbereitung ausbeuten. In Frage kommen etwa Nektar extrafloraler Nektarien, Zuckerrohrsaft, reifes Obst und andere zuckerhaltige Säfte. Im folgenden werden hauptsächlich Blütennektar und Honigtau als wichtigste Honigrohstoffe berücksichtigt. Da nachgewiesenermaßen auch Substanzen durch Pollen in den Honig gelangen (LIPP 1990, 1991), wird Pollen ebenfalls zu den Rohstoffen gestellt. Nektar und Honigtau haben ihren Ursprung im Siebröhrensaft höherer Pflanzen, weshalb dieser ebenfalls in die Beschreibung einbezogen wird.

2.1 Der Siebröhrensaft (Phloemsaft)

Die Siebröhren, bei Nadelhölzern Siebzellen, bilden ein durchgehendes Leitungssystem, in welchem die in Wasser gelösten Nahrungsstoffe (Assimilate) unter beträchtlichem Druck (20 bis 40 bar) in der Pflanze fortbewegt werden. Der Siebröhrensaft dient einerseits dem Abtransport der Assimilate, andererseits der Versorgung aller Teile der Pflanze mit den nötigen Nahrungsstoffen. Dementsprechend erfolgt der Transport der Assimilate in mehreren Richtungen. Der Ab- und Aufwärtstransport wird durch die Münchsche Druckstromtheorie erklärt. Dabei geht man von einer Zelle (z. B. Blatt, Nadel) aus, die osmotisch wirksames Material wie Traubenzucker oder Rohrzucker produziert und einer Zelle (z. B. Wurzel), die osmotisch wirksames Material verbraucht bzw. in osmotisch unwirksames Material wie Stärke umwandelt. Dadurch wird in den Produktionsabschnitten (Beladungsabschnitten, „source") der Siebröhren Wasser vom umgebenden Milieu (Apoplast) passiv angezogen, welches in den Verbraucherabschnitten (Entladungsabschnitten, „sink") wieder abgegeben wird. Durch solche Turgorgradienten werden die Assimilate transportiert, wobei Spender- und Empfängerorgane wechseln können und die Fließrichtung sich dementsprechend ändern kann. Die Wandergeschwindigkeit der Assimilate im Phloem beträgt dabei 0,5 bis 1,0 m pro Stunde (ZIEGLER 1983). Es wird diskutiert, daß durch die Abgabe (den Verbrauch) der Assimilate durch die Nektarien zeitweise ein lokaler „sink" entsteht, der die Fließrichtung des Phloemstromes in Richtung auf die zu bestäubende und energiebedürftige Blüte steuert. Das häufig zu beobachtende Versiegen des Nektarflusses nach der Bestäubung kann in diesem Zusammenhang als Energiesparmaßnahme aufgefaßt werden. Der relativ hohe Energieaufwand für die Schaueinrichtung „Blüte", der durch den Phloemstrom besorgt wird, ist nach der Bestäubung hinfällig.

Der Siebröhrensaft ist eine klare, meist farblose, manchmal fluoreszierende Flüssigkeit mit einem Trockengewicht von 5 bis 30 % (im Mittel 15 bis 20 %) und einem Aschengehalt von 1 bis 3 % des Trockengewichtes. Der pH-Wert liegt mit 7,3 bis 8,6 meist etwas über dem Neutralpunkt. Die wichtigsten Transportsubstanzen des Siebröhrensaftes sind Zucker, die in der Regel über 90 % der Trockensubstanz ausmachen. Siebröhrensaft tritt beim Anschneiden der turgeszenten Siebröhren aus (z. B. Ringeln eines Baumes) oder kann − besonders rein − dadurch gewonnen werden, daß man honigtauproduzierenden Läusen, die einzelne Siebröhren anstechen, die Saugrüssel abschneidet. Durch den Stumpf tritt dann der Siebröhrensaft aus. Im Hinblick auf die Transportzucker im Phloem lassen sich (nach ZIMMERMANN und ZIEGLER 1975) unter den bisher untersuchten über 500 Pflanzenarten aus rund 100 Familien, drei Hauptgruppen unterscheiden:

1. Arten, die Rohrzucker (Saccharose) als Haupttransportzucker haben; dazu gehören die meisten der untersuchten Arten, z. B. alle bisher analysierten Farne, Gymnospermen (u. a. Nadelhölzer) und einkeimblättrigen Pflanzen (Monocotylen), unter den zweikeimblättrigen Pflanzen (Dicotylen) z. B. alle geprüften Schmetterlingsblütler (*Fabaceae*).
2. Arten, die neben Saccharose noch beträchtliche Mengen an Oligosacchariden der Raffinosefamilie aufweisen, die dadurch gekennzeichnet sind, daß dem Saccharosemolekül ein oder mehrere Galactosemoleküle angefügt sind (Raffinose, Stachyose, Verbascose). In dieser Gruppe finden sich Arten der Familien der Birkengewächse (*Betulaceae*), Lindengewächse (*Tiliaceae*), Ulmengewächse (*Ulmaceae*), Ölbaumgewächse (*Oleaceae*), Trompetenbaumgewächse (*Bignoniaceae*), Eisenkrautgewächse (*Verbenaceae*), *Combretaceae*, Myrtengewächse (*Myrtaceae*) und Nachtkerzengewächse (*Onagraceae*).

$$
\begin{array}{ccc}
CH_2OH & CH_2OH & CH_2OH \\
| & | & | \\
HC-OH & HO-CH & HC-OH \\
| & | & | \\
HO-CH & HO-CH & HO-CH \\
| & | & | \\
HC-OH & HC-OH & HO-CH \\
| & | & | \\
HC-OH & HC-OH & HC-OH \\
| & | & | \\
CH_2OH & CH_2OH & CH_2OH \\
\text{D-Sorbit} & \text{D-Mannit} & \text{Dulcit}
\end{array}
$$

3. Arten, die in den Siebröhren neben den genannten Zuckern noch größere Mengen von Zuckeralkoholen (Mannit, Sorbit, Dulcit) enthalten. Hierher gehören gewisse *Oleaceae* (das „Eschenmanna" mit hohem Mannitgehalt wird z. B. aus dem Siebröhrensaft der Esche, *Fraxinus ornus*, erhalten); Flieder, *Syringa* (Mannit); *Rosaceae* (Sorbit im Phloemsaft von der amerikanischen Wildkirsche *Prunus serotina* und vom Apfelbaum *Malus sylvestris*) und *Celastraceae* (Dulcit) (ZIEGLER 1956, 1962, 1968a, 1983, ZIEGLER und KLUGE 1962, ZIEGLER und MITTLER 1959, v. DEHN 1961, ESCHRICH 1961, 1963a, b, MITTLER 1953, 1957, 1958a, PEEL und WHEATHERLEY 1959, WANNER 1953, ZIMMERMANN 1957, 1958a, b, 1960, 1961a, b, 1964).

Der Gehalt an Kohlenhydraten im Siebröhrensaft beträgt im Mittel 10 bis 30 %. Eine Ausnahme bilden Kürbisgewächse (*Cucurbitaceae*), bei welchen der Zuckergehalt unter 1 % des Frischgewichtes bleibt. Vereinzelt wurden im Siebröhrensaft Zuckerphosphate und einfache Zucker (Monosaccharide) gefunden (Silberlinde, *Tilia tomentosa*; Flockenblume, *Centaurea scabiosa*; Glockenblume, *Campanula rapunculoides*; Ackerdistel, *Cirsium arvense*; v. DEHN 1961, ESCHRICH 1961, ZIEGLER 1968a).

Außer Zuckern findet man im Siebröhrensaft auch Aminosäuren, andere Stickstoffverbindungen, Nucleinsäuren und ihre Bausteine, auffallend hohe Konzentrationen von Adenosintriphosphat (ATP), Vitamine (die Wurzeln müssen z. B. mit verschiedenen Vitaminen von den Blättern her beliefert werden), organische Säuren, Enzyme, Wachs- und Hemmstoffe und anorganische Komponenten. Alle diese Stoffe sind jedoch im Vergleich zu den Kohlenhydraten in sehr geringen Mengen vorhanden.

Fettstoffe sind bisher im Siebröhrensaft der Robinie, *Robinia pseudoacacia*, und der Sommerlinde, *Tilia platyphyllos*, nachgewiesen worden (0,13 % und 0,54 % der Trockensubstanz; KLUGE 1964). Nucleinsäuren finden sich im Siebröhrensaft von Robinie, Winterlinde, Traubeneiche, Silberweide und Feldulme (GIETL und ZIEGLER 1979, KLUGE 1964, ZIEGLER 1968a, 1975, ZIEGLER und KLUGE 1962). Organische Säuren (darunter Citronen-, Wein-, Oxal-, Fumar-, Äpfel- und Gluconsäure) werden im Siebröhrensaft der Robinie, der Sommerlinde und der Korbweide nachgewiesen (KLUGE 1964, PEEL und WEATHERLEY 1959). Über den Vitamingehalt liegen umfassende Untersuchungen vor. Bei der Untersuchung von 37 Arten von Bäumen und Sträuchern finden sich ansehnliche Mengen von Thiamin, Nicotinsäure, Pantothensäure, Meso-Inosit, Ascorbinsäure (Vitamin C) und meist auch Pyridoxin, seltener und in geringeren Mengen Riboflavin, Biotin und Folsäure

(ZIEGLER und ZIEGLER 1962). Neuerdings sind Phytohormone (Wuchsstoffe wie Gibberellin und Cytokinin, Hemmstoffe wie Abscisinsäure) im Siebröhrensaft verschiedener Laubbäume gefunden worden (WEILER und ZIEGLER 1981, ZIEGLER 1975, LIPP 1989). In den Siebröhren-Begleitzellen von *Tamus communis* und in den Siebzellen von Nadelhölzern werden saure Phosphatasen nachgewiesen (BRAUN und SAUTER 1964, ZIEGLER und HUBER 1960). Das Mineralstoffspektrum des Siebröhrensaftes ist durch das Vorherrschen von Kalium und das fast völlige Fehlen von Calcium charakterisiert; andere Bestandteile wie Natrium, Magnesium, Phosphate, Nitrate und Spurenelemente finden sich nur in sehr geringen Mengen (ZIEGLER 1968a, 1975). Adenylphosphate, die im mg/kg-Bereich im Phloemsaft enthalten sind, liegen hauptsächlich in ihrer energiereichen Form des Adenosintriphosphats (ATP) vor. Die „energy charge" (EC)*, die grundsätzlich zwischen 1,0 (nur ATP vorhanden) und 0 (nur AMP) variieren kann, beträgt im Siebröhrensaft der Robinie, *Robinia pseudoacacia*, 0,88 und im Siebröhrensaft der Sommerlinde, *Tilia platyphyllos*, 0,77 (KLUGE und ZIEGLER 1964).

Der Stickstoffgehalt (Gesamtstickstoff 0,03 bis 0,27 %) des Siebröhrensaftes ist am höchsten zur Zeit des Laubaustriebes im Frühjahr (Transport von stickstoffhaltigen Substanzen von der Wurzel in die wachsenden Blätter) und während der Blattvergilbung im Herbst (Transport der stickstoffhaltigen Substanzen in die Speicherorgane z. B. Wurzel und Früchte). Es werden Eiweißstoffe, zum größten Teil aber Aminosäuren und Amide nachgewiesen. Am häufigsten sind Glutaminsäure (Glutamat) und Glutamin sowie Asparaginsäure und Asparagin (v. DEHN 1961, MITTLER 1958a, ZIEGLER 1956). Die Zusammensetzung ist bei den einzelnen Pflanzenarten verschieden und bei derselben Art jahreszeitlichen Schwankungen unterworfen. So finden sich z. B. im Siebröhrensaft von Ahorn (*Acer*)-, Platane (*Platanus*)-, Roßkastanie (*Aesculus*)- und Beinwell (*Symphytum*)-Arten die Harnstoffderivate Allantoinsäure und Allantoin, während bei Birke (*Betula*), Erle (*Alnus*), Hainbuche (*Carpinus*) und Nußbaum (*Juglans*) die nichtproteinogene Aminosäure Citrullin auftritt. Im Phloemsaft vieler Hülsengewächse (Leguminosen) wird Canavanin als Stickstoff-Speicher- und -Transportsubstanz analysiert (ZIEGLER und SCHNABEL 1961). Auch in dieser Hinsicht nehmen die Kürbisgewächse eine Sonderstellung ein, da die Trockensubstanz ihres Siebröhrensaftes zu etwa ein Drittel aus Stickstoffverbindungen (Eiweiß, Asparaginsäure, Citrullin) besteht (ESCHRICH 1963a, b, ZIEGLER 1968a).

2.2 Der Nektar

Der Nektar ist eine wässerige Zuckerlösung mit geringen Anteilen an anderen Substanzen wie Aminosäuren, Mineralen, essentiellen (ungesättigten) Fettsäuren und organischen Säuren (SHUEL 1975). Er wird durch florale (im Bereich der Blüte liegende) oder extraflorale Nektarien meist eccrin (ohne jegliche Verpackung, direkt) oder granulocrin (in Tröpfchen, die von einer Membran umschlossen sind) nach außen abgesondert. Im Rahmen dieses Buches kann nicht auf Einzelheiten eingegangen werden. Es werden deshalb nur die wichtigsten Tatsachen berücksichtigt, soweit sie für den Nektar als Honigrohstoff von Bedeutung sind.

Nektarien können an allen oberirdischen Teilen der Pflanze vorkommen. Sie sind nicht auf die Blütenpflanzen beschränkt, sondern finden sich erstmalig in der Stammesgeschichte auch beim Adlerfarn (*Pteridium aquilinum*), wo sie an der Blattbasis liegen (DARWIN 1877). Dort, wie auch bei vielen anderen Blütenpflanzen sind sie als extraflorale Nektarien, d. h. außerhalb der Blüte gelegene Nektarien ausgebildet.

2.2.1 Extraflorale Nektarien

Sie kommen an Keimblättern, Stamm, Laub-, Neben- und Hochblättern, Blattstiel usw. vor

* EC = ½ $\dfrac{(ADP) + 2\,(ATP)}{(AMP) + (ADP) + (ATP)}$

32 Die Rohstoffe des Honigs

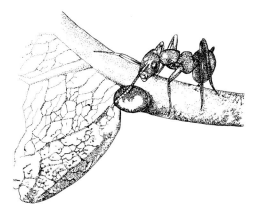

Abb. 5. Extraflorale Nektarien an der Blattbasis der Süßkirsche, von Ameise besucht.

(z. B. Nektarien in den Blattwinkeln von wilden Kirschen, an der Blattbasis der Süßkirsche, an den Blättern der Akazien, siehe Abb. 5). Das sekretorische (nektarproduzierende) Gewebe besteht im allgemeinen aus drei Schichten: Einer an das Phloem und häufig auch an das Xylem angeschlossenen Basalregion aus einigen Zellschichten folgt ein (prä)-sekretorisches Parenchym (Grundgewebe) aus Zellen mit Mitochondrien, viel Endoplasmatischem Retikulum (ER) und Plasmodesmata (Plasmabrücken zwischen den Zellen). Den äußeren Abschluß bildet das sekretorische epidermale Parenchym mit viel ER, Golgi-Apparat, Mitochondrien und Ribosomen. Es besteht aus wenigen Zellschichten und hat – durch die Cuticula getrennt – Anschluß zur Außenwelt (POWER und SKOG 1987, MOHAN und INAMDAR 1986, SUBRAMANIAN und INAMDAR 1986) (siehe Abb. 6).

Der Nektar wird durch Spaltöffnungen (beim Adlerfarn) oder über flache Näpfe, Köpfe, Drüsen und Zotten mit oder ohne Poren nach außen abgesondert (Abb. 6). Wenn keine Poren oder andere Öffnungen vorhanden sind, wird der Nektar zwischen Epidermis (äußerste Zellschicht) und Cuticula (Haut auf äußerster Zellschicht) deponiert (Abb. 6). Die Freisetzung des Nektars erfolgt dann entweder durch Zerreißen der im Bereich der Nektarien sehr dünnen Cuticula (z. B. bei *Plumeria rubra*) oder aber er wird mitsamt der Cuticula z. B.

von Vögeln, Ameisen, Bienen oder Hummeln aufgenommen und verspeist (bei verschiedenen Akazien-Arten, z. B. *Acacia pycnantha* und *Acacia myrtifolia*, siehe MARGINSON et al. 1985, MILLER et al. 1983, FINDLAY und MERCER 1971, MOHAN und INAMDAR 1986).

Zur Funktion extrafloraler Nektarien ist zu bemerken, daß sie nicht nur die Richtung des Phloemstromes bestimmen (siehe Abschnitt 2.1). Sie werden auch im Zusammenhang mit der Bestäubung gesehen, indem sie mit zur Anlockung von Insekten beitragen (z. B. bei der Akazie, siehe KENRICK et al. 1982, KNOX et al. 1985). Ameisen, die häufig extraflorale Nektarien besuchen, verteidigen ihre Nahrungsquelle häufig gegenüber anderen konkurrierenden nektarfressenden Tieren. Dieser Mechanismus (mutualistische Beziehung) schützt die Pflanze vor zerstörenden herbivoren Besuchern (KOPTUR 1979, BECKMAN and STUCKY 1981, JANZEN 1966, 1974, BENTLEY 1977).

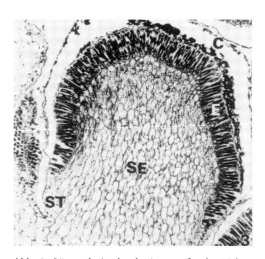

Abb. 6. Längsschnitt durch ein extraflorales Nektarium des Tempelstrauchs (Frangipani, *Plumeria rubra*; Familie Hundsgiftgewächse, Apocynaceae), 90mal vergrößert. Es sind die palisadenähnlichen epithelialen (sekretorischen) Zellen (E) sowie die subepithelialen (präsektorischen) Zellen (SE) zu erkennen. Über den sogenannten Stiel (ST) hat das Nektarium Anschluß an das Blattgewebe (Phloem und Xylem). Zwischen Cuticula (C) und Epithelgewebe wurde Nektar abgesondert (nach MOHAN und INAMDAR 1986).

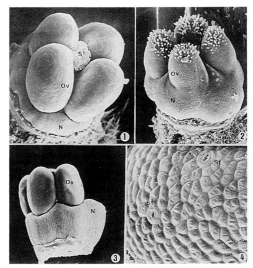
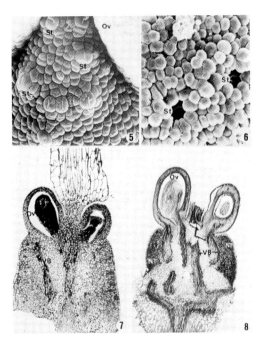

Abb. 7 + 8. Florale Nektarien von verschiedenen Lippenblütlern (Labiatae), an der Blütenbasis unterhalb des Fruchtknotens gelegen. Rasterelektronenmikroskopische Aufnahmen der Nektarien von 1 = Ziest (*Stachys aegyptiaca*, 115fach; 2 = Bergminze (*Satureja thymbra*, 150fach); 3 = Salbei (*Salvia judaica*, 75fach); 4 = der Oberfläche eines Ziest-Nektariums, 850fach; 5 = der Oberfläche eines Melissen-Nektariums mit emporgehobenen Stomata, 600fach; 6 = der Oberfläche eines Salbei-Nektariums mit versenkten Stomata, 550fach.
Lichtmikroskopische Aufnahmen eines Längsschnitt durch den Fruchtboden von 7 = Salbei (*Salvia hierosolymitana*, 35fach), 8 = Thymian (*Thymus capitatus*, 100fach), welche die Lages des Leitbündelstranges zum plasmareichen Drüsengewebe (und zum Fruchtknoten) zeigen. N = Nektarium; Ov = Fruchtknoten; S = Basalregion des Stempels; GH = Drüsenhaare; St = Spaltöffnung; NT = Nektariumgewebe; VB = Leitbündelstrang (nach DAFNI et al. 1988).

2.2.2 Florale Nektarien

Florale Nektarien können an der Blütenachse, den Kelch- und Blütenblättern, den Staubblättern und am Fruchtknoten vorkommen (siehe Abb. 7).

Man unterscheidet (wie auch bei extrafloralen Nektarien) gestaltlose und gestaltete Nektarien. Gestaltlose Nektarien sind ohne Lupe oder Binokular kaum vom umgebenden Gewebe zu unterscheiden. Bei den gestalteten sind mehrere Typen bekannt, z. B. Flach-, Hohl-, Schuppen-, Scheiben- und Haarnektarien. Oft bilden sie deutlich sichtbare auffällig gestaltete und gefärbte Organe. Der anatomische Aufbau der floralen Nektarien unterscheidet sich prinzipiell nicht von demjenigen extrafloraler Nektarien (vgl. Abb. 6 mit Abb. 8). Beiden gemeinsam ist ein charakteristisches plasmareiches Drüsengewebe (mit Ribosomen, Mitochondrien, Endoplasmatischem Retikulum), in welchem Stoffwechselprodukte (Metaboliten) synthetisiert und transportiert werden. Dabei nehmen rER- und sER-Kanäle den Hauptanteil des cytoplasmatischen Raumes ein (WERGIN et al. 1975, DURKEE 1982): Dem mit Ribosomen besetzten rER wird eine Funktion in der Produktion von Proteinen zugeschrieben, während das sER (ohne Ribosomen) für die Synthese von Lipiden verantwortlich gemacht wird. Die große Zahl der Mitochondrien zeigt den hohen Kohlenhydrat-Metabolismus und erhöhten Energie-Transfer in den Epithelzellen an. Charakteristisch für florale Nektarien sind Spaltöffnungen (Stomata) mit weit geöffneten Poren und großen intercellularen Räumen im Nektariengewebe (FAHN 1979, BAGAVATHI und INAMDAR 1986, Abb. 8). In diesen Räumen wird der Nektar akkumuliert und durch die Poren ausgeschieden (Abb. 8). Die Funktion der floralen Nektarien wird in der Energieversorgung der Blüte und der der bestäubenden Organismen gesehen. Damit leisten florale Nektarien einen Hauptbeitrag an der Bestäubung.

Die Innervierung der Nektarien ist charakteristisch für einzelne Pflanzengattungen, manchmal für ganze Familien. Oft werden die Nektarien durch die benachbarten Leitbündel versorgt; häufig führt ein besonderes System von Leitbündeln zum Sekretionsgewebe (Abb. 8). Der Zuckergehalt des Nektars ist weitgehend unabhängig von der Art der Innervierung des Nektariums. Nektarien mit Anschluß an den Siebteil (Phloem) und den wasserleitenden Teil (Xylem) der Leitbündel sondern häufig ebenso zuckerreichen Nektar ab wie solche, an deren Innervierung hauptsächlich oder ausschließlich das Phloem beteiligt ist (DAFNI et al. 1988).

2.2.3 Nektarsekretion

Die Steuerung der Fließrichtung des Phloemsaftes durch extraflorale und florale Nektarien und damit die Möglichkeit zur kontrollierten Versorgung energiebedürftiger Pflanzenteile und -organe wurde bereits erläutert (siehe Abschnitt 2.1). Nektarien sind keineswegs nur Organe, die Rohstoff spenden und damit den Bestäuber anlocken sollen, sondern sie erfüllen auch wichtige pflanzenphysiologische Funktionen. Sie sind als „Zuckerventile" zu betrachten, durch welche der Zuckergehalt und damit das osmotische Gefälle des Leitungssystems geregelt werden (siehe Abschnitt 2.1). Diese Auffassung erklärt, daß Nektarien oft außerhalb der Blütenregion liegen und nicht auf Blütenpflanzen beschränkt sind. Sekundär sind dann die in der Blütenregion liegenden Nektarien in den Dienst der Insektenbestäubung getreten.

Der Mechanismus der Nektarsekretion im Nektarium ist komplex und noch nicht in allen Einzelheiten geklärt. Nektar ist keinesfalls, wie früher angenommen wurde, nur ausgeschiedener Phloemsaft! Man geht eher davon aus, daß im Nektarium eine Auslese der zugeführten Stoffe stattfindet, wobei hauptsächlich Wasser und Zucker ausgeschieden werden (LÜTTGE 1961, 1964, 1969, SCHNEPF 1969, ZIEGLER 1956, 1968b, ZIEGLER und LÜTTGE 1960). Die Leitungselemente bringen Wasser und darin gelöste Assimilate in die Nähe der Nektarien; die Nektarbildung und -ausscheidung geht aktiv in den Zellen des Drüsengewebes vor sich. Als Sekretionsmechanismus wird eine lokale Durchlässigkeit des Plasmalemmas der Drüsenzellen an den Sekretionsorten diskutiert, durch die der (durch aktiven Stoffeintritt aus den Nachbarzellen aufrecht erhaltene) Turgordruck der Zelle eine wässerige Lösung durch Druckfiltration auspreßt. Die festgestellte Veränderung im Stoffbestand z. B. des Nektars gegenüber dem des Drüsengewebes und Phloemsaftes könnte durch die (experimentell nachgewiesene!) Rückresorption bestimmter Stoffe zustande kommen (LÜTTGE 1961, 1962b, 1969, SHUEL 1961, 1967, 1970, ZIEGLER 1968b, ZIEGLER und LÜTTGE 1960, FAHN und RACHMILEVITZ 1970, 1975, ZIEGLER 1983).

2.2.4 Nektarzusammensetzung

Der Nektar besteht zur Hauptsache aus einer wässerigen Lösung verschiedener Zucker. Andere Stoffe, wie Stickstoffverbindungen, Mineralstoffe, organische Säuren, Vitamine, Farb- und Aromastoffe, Lipide sind nur in geringen Mengen vorhanden. Der Aschengehalt beträgt 0,023 bis 0,45 %. Die Reaktion ist in der Regel sauer bis neutral (pH-Werte 2,7 bis 6,4), seltener alkalisch (pH-Werte bis 9,1). An Vitaminen wurden im Nektar nachgewiesen: Thiamin, Riboflavin, Pyridoxin, Nicotinsäure, Pantothensäure, Folsäure, Biotin, Meso-Inosit und Vitamin C. Mit Ausnahme von Ascorbinsäure (Vitamin C), die im Nektar (und Honig) gewisser Pflanzen in größeren Mengen vorkommt, bleibt der Vitamingehalt niedrig. Der Gehalt an Stickstoffverbindungen, darunter vor allem Aminosäuren und Amide, steht in Zusammenhang mit der Differenzierung der

Nektarien. Je primitiver die Nektarien gebaut sind, um so reicher an Stickstoffverbindungen ist ihr Nektar (BERGNER und HAHN 1972a, b, BEUTLER 1930, 1953, HAHN 1970, LÜTTGE 1961, 1962a, b, 1964, 1969, MOSTOWSKA 1965, ZIEGLER 1968b).

Aminosäuren werden als typische Komponente des Blütennektars betrachtet (BAKER und BAKER 1973). Mehr als 24 Aminosäuren wurden bisher im Nektar gefunden, die mit etwa 0,04 % am Trockengewicht beteiligt sind (HANNEY und ELMORE 1974). Unter den gefundenen Aminosäuren befinden sich einige, die essentiell für eine normale Insektenentwicklung sind (z. B. Isoleucin und Valin, siehe HOUSE 1974), was als weiteres Indiz für eine quasi-symbiontische Beziehung zwischen Pflanzen und Bestäubern (oder Beschützern siehe Abschnitt 2.2.1) gedeutet werden kann. Mengenmäßig am häufigsten unter den Aminosäuren kommen Serin, Glycin, Alanin, Asparagin und Glutamin im Nektar vor (BAKER und BAKER 1975, CALDWELL und GERHARDT 1986). Tryptophan, Phenylalanin, Methionin und Prolin werden selten in floralem Nektar gefunden (BAKER und BAKER 1975, HANNEY und ELMORE 1974, PICKETT und CLARK 1979, BORY und CLAIR-MACZULAJTYS 1986, KNOX et al. 1985). Neueste Untersuchungen zeigen jedoch, daß Prolin und Phenylalanin in floralem Nektar vorkommen und durch diesen in den Honig eingetragen werden können (LIPP 1989, 1990, DAFNI et al. 1988). Es ist ziemlich sicher, daß Aminosäuren als Glied einer langen Kette mit zur Anlockung von Bestäubern und anderen nützlichen Insekten (Ameisen!) beitragen.

Erst kürzlich wurden Lipide (Fette) im Nektar beschrieben (MOHAN und INAMDAR 1986, CALDWELL und GERHARDT 1986). Dabei handelt es sich um Wachse (langkettige Alkohole verknüpft mit langkettigen Fettsäuren), die gesättigte Fettsäuren einer Kettenlänge von C_{12} bis C_{32} mit Palmitinsäure (C_{16}) als Hauptkomponente besitzen (MARGINSON et al. 1985, STONE et al. 1985). Im Pfirsichnektar kommen diese Fettsäuren in Konzentrationen von 1,7 mmol vor (CALDWELL und GERHARDT 1986).

Da die Cuticula, welche im Bereich des Nektariums sehr dünn und weich ist, häufig mitsamt dem unter ihr liegenden Nektar verspeist wird (siehe Abschnitt 2.2.1) muß zum Schutz gegen Austrocknung und Angriff von Pathogenen (Pilzen, Bakterien) eine neue Schicht über das Nektarium gebildet werden: Diese Funktion wird teilweise den Wachsen im Nektar zugeschrieben, die sich zu einer solchen neuen Schicht formieren und außerdem zur chemischen Verständigung zwischen Pflanze und Insekt beitragen (Anlockfunktion, KOLATTUKUDY 1980, HOLLOWAY 1982). In den Vakuolen des Nektariums selbst wird regelmäßig Tannin gefunden, welches das Nektarium gegenüber dem ausgeschiedenen Nektar als „schlecht schmeckende" Komponente abgrenzt und so dessen Fraß verhindert (MARGINSON et al. 1985). Außer Wachsen sind besonders in extrafloralem Nektar als Lipidbestandteile noch Phospholipide, Öle, flüchtige Terpene, Sterole, gesättigte Fettsäuren (Palmitin- und Stearinsäure) und ungesättigte Fettsäuren (Palmiten-, Öl-, Linol- und Linolensäure) aufzufinden, die als Locksubstanzen dienen und häufig notwendig für eine normale Insektenentwicklung sind (HOUSE 1974, CHAPMAN 1982, STONE et al. 1985, MOHAN und INAMDAR 1986).

Neuerdings sind keimungshemmende Stoffe wie Abscisinsäure (ABA, ein Sesquiterpen) im Nektar nachgewiesen worden, die über diesen auch in den Honig gelangen (LIPP 1990).

In gewissen Fällen kann der Nektar für Bienen und Menschen schädliche Stoffe enthalten. So wurde erst kürzlich von einer erhöhten Sterblichkeit der Honigbienen-Larven berichtet, wenn diese mit Teenektar (*Camellia thea*) gefüttert wurden (SHARMA et al. 1986). Aber auch andere Nektararten, Honigtaue (und Honige!) können schädlich für Bienen und Menschen sein, z. B. Nektar des Berglorbeers (*Kalmia latifolia*), der kalifornischen Roßkastanie (*Aesculus californica*), des gelben Jasmins (*Gelsemium sempervirens*) und gewisser Rhododendron-Arten (MAURIZIO 1975, MAJAK et al. 1980, ROBINSON und OERTEL 1975). Seit dem Altertum bekannt sind vor allem Vergiftungen mit Honig aus einseitiger Tracht von kleinasiatischen und kaukasischen Rhododendron-Arten. Der dabei wirksame Stoff, Andromedotoxin-Acetylandromedol (Grayanotoxin), fand sich im Nektar verschiedener *Ericaceae*, wie *Rhododendron ponticum, Kalmia latifolia, Ledum palustre* und *Tripetaleia paniculata* (WHITE und RIETHOF 1959). Vergiftungen nach Genuß von Honig aus Honigtautracht des Tutu-Strauches (*Coriaria arborea*, ein Gerberstrauchgewächs) sind in Neuseeland beobachtet worden. Der Honigtau dieser Pflanze enthält die Wirkstoffe Picrotoxin, Tutin und Mellitoxin (ZANDER und MAURIZIO 1984). Den Hauptteil an der Trokkensubstanz des Nektars bildet ein Gemisch von Zuckern. Der Gesamtzuckergehalt schwankt in weiten Grenzen (5 bis 80 %), die daran beteiligten Zuckerarten und ihr gegenseitiges Verhältnis können sehr verschieden sein. Unter den etwa 1000 untersuchten Pflanzenarten lassen sich nach dem Zuckerbild drei Gruppen unterscheiden (BAKER und BAKER 1983):

1. Nektar, der Rohrzucker (Saccharose), Traubenzucker (Glucose) und Fruchtzucker (Fructose) zu annähernd gleichen Teilen enthält (z. B. die meisten Leguminosen und Lavendel);
2. Glucose und/oder Fructose sind gegenüber Saccharose vorherrschend (bei Raps, *Brassica napus*; bei Sonnenblume, *Helianthus annuus*);
3. Saccharose ist gegenüber Fructose und Glucose vorherrschend (z. B. Alpenrose, *Rhododendron ferrugineum*; Salbei, *Salvia officinalis*).

In den meisten Fällen ist mehr Frucht- als Traubenzucker vorhanden (z. B. bei Edelkastanie, *Castanea sativa*; Robinie, *Robinia pseudoacacia*; Rotklee, *Triolium pratense*; Melisse, *Monarda fistulosa* und andere Lippenblütler); seltener ist Nektar, in welchem Traubenzucker vorherrscht (z. B. bei Löwenzahn und Raps, *Brassica napus*). Die Verhältnisse der verschiedenen Zuckerkomponenten sind fließend (siehe Abb. 9). Neben den Hauptzuckern sind im Nektar weitere Zuckerarten in geringen Mengen nachgewiesen worden, wie z. B. Maltose, Melibiose, Raffinose, Galactose, Mannose, Rhamnose, Ribose (siehe Abb. 9).

In extrafloralem Nektar herrscht häufig eine

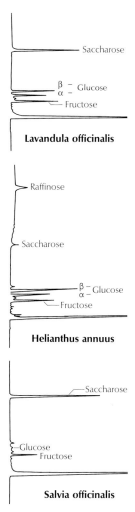

Abb. 9. Gaschromatogramme der Hauptzucker des Nektars verschiedener Pflanzenarten. Oben Lavendel (*Lavandula officinalis*): Saccharose, Glucose und Fructose zu annähernd gleichen Teilen; Mitte Sonnenblume (*Helianthus annuus*): Glucose und Fructose sind gegenüber Saccharose vorherrschend; unten Salbei (*Savia officinalis*): Saccharose ist gegenüber Fructose und Glucose vorherrschend (nach BOSI 1973).

gegenüber floralem Nektar verschiedene Zukkerzusammensetzung. So wird häufig von den extrafloralen Nektarien ein Hexose- (Glucose/Fructose-) reicher Nektar, von den floralen Nektarien derselben Art aber ein Saccharosereicher Nektar ausgeschieden (TANOWITZ und KOEHLER 1986).

Da der Siebröhrensaft hauptsächlich Rohrzucker, jedoch keine Hexosen enthält, stellt sich die Frage nach der Herkunft der im Nektar vorhandenen einfachen Zucker. Zum Teil entstehen sie durch enzymatische Hydrolyse des Rohrzuckers im Nektarium, wobei gleichzeitig durch Gruppenübertragung neue, zusammengesetzte Zuckerarten aufgebaut werden. Das Vorhandensein von Transgluco- und Transfructosidasen ist im Nektar der Robinie und des „Fleißigen Lieschens" (*Impatiens walleriana*) nachgewiesen worden (ZIMMERMANN 1953, 1954).

Zudem haben Versuche mit ausgeschnittenen, auf künstlichen Nährböden gehaltenen Nektarien gezeigt, daß sie, von der Pflanze getrennt, eine Zeitlang Nektar absondern und nicht nur fähig sind, Rohrzucker in Trauben- und Fruchtzucker zu spalten, sondern auch aus Hexosen Rohrzucker und höhermolekulare Zuckerarten aufzubauen (ZANDER und MAURIZIO 1984). Andererseits besteht die Möglichkeit, daß solche Zucker durch die Wirkung von Mikroorganismen entstehen, die sich im Nektar ansiedeln.

2.2.5 Attraktivität des Nektars für die Biene

Die Tatsache, daß das Zuckerbild des Nektars nicht einheitlich ist, kann praktische Bedeutung für die Bienenzucht haben. Versuche zeigten, daß die Bienen Mischungen verschiedener Zuckerarten gleichkonzentrierten Lösungen der einzelnen Komponenten vorziehen (JAMIESON und AUSTIN 1958, WYKES 1951, 1952a, b). In diesem Zusammenhang wurden an Sonnenblumen verschiedene Versuche durchgeführt. Sie zeigen, daß die Bienenbesuche einerseits mit der Menge des abgegebenen Nektarsekretes, andererseits mit zunehmender Saccharosekonzentration im Nektar häufiger werden. Umgekehrt wirken erhöhte Fructose- und besonders Glucosekonzentrationen eher negativ auf die Häufigkeit der Besuche (FONTA et al. 1985, WALLER 1972).

Entwicklungsgeschichtlich interessant ist, daß das Nektarium offenbar die relative Zuckerzusammensetzung gemäß der Vorliebe der Bestäuber einstellen kann, also auch hier eine quasi-symbiontische Beziehung vorliegt (BAKER und BAKER 1983). Einen gewissen Einfluß auf die Auswahl der Nektarquellen dürften auch die Aromastoffe, Aminosäuren und Fette des Nektars ausüben, die auch oft für eine normale Insektenentwicklung von entscheidender Bedeutung sind (siehe oben, LOPER und WALLER 1969, 1970, BAKER und BAKER 1979, 1983).

2.2.6 Nektarproduktion

Die Nektarproduktion einer Pflanze wird als Menge (in mg) und Zuckerkonzentration (in %) des von einer Blüte in 24 Stunden abgesonderten Nektars dargestellt. Daraus wird der „Zuckerwert" berechnet, d. h. die von einer Blüte in 24 Stunden ausgeschiedene Zuckermenge (in mg). Der Zuckerwert hat sich als konstant und für die einzelnen Pflanzenarten charakteristisch erwiesen. Er ist deshalb als Vergleichsbasis für die Beurteilung der Nektarproduktion und des Trachtwertes verschiedener Pflanzenarten am besten geeignet. Eine weitere Einheit, die gelegentlich zur Charakteristik der Nektarproduktion verwendet wird, ist der „Tracht- oder Honigwert". Darunter versteht man die aus dem Zuckerwert der mittleren Blütenzahl je Pflanze und der mittleren Pflanzenzahl je Flächeneinheit berechnete Zucker- (und Honig-)Menge in kg, die im Laufe einer Saison von 1 ha des betreffenden Pflanzenbestandes zu erwarten ist. Dieser Wert ist wichtig für die Einschätzung der zu erwartenden Honigernte großer, zusammenhängender Bestände von Kulturpflanzen (z. B. Raps, Buchweizen, Sonnenblumen) oder Wildpflanzen (z. B. Besenheide) und der richtigen Verteilung von Wanderbienenvölkern (siehe Tab. 9).

Die Nektar- und Zuckerproduktion wird von zahlreichen inneren und äußeren Faktoren beeinflußt (siehe dazu Abschnitt 1.2.1.2). Im allgemeinen sondern Nektarien mit größeren Nektarienflächen (z. B. bei polyploiden Arten) mehr Nektar ab als solche mit kleineren Nektarienflächen. Der „Zuckerwert" bleibt jedoch

Tab. 9. Nektarproduktion einiger Pflanzenarten

Familie/Pflanzenart		Blütezeit Monat	Zuckerwert [mg] je Blüte · 24 h	Honigwert [kg] je ha · Saison
Boraginaceae	Rauhblattgewächse			
Borago officinalis	Boretsch	5–9	0,2–4,9	59–211
Cynoglossum officinale	Hundszunge	5–6	0,4–1,3	121–162
Echium vulgare	Natternkopf	6–10	0,1–1,3	182–429
Compositae	Korbblütler			
Centaurea jacea	Flockenblume	6–10	0,5–6,1[1)]	92–196
Helianthus annuus	Sonnenblume	7–10	0,1–0,3	56–82
Cruciferae	Kreuzblütler			
Brassica napus	Raps	4–9	0,4–2,1	24–494
Sinapis alba	Weißer Senf	6–9	0,007–0,2	22–23
Sinapis arvensis	Ackersenf	6–9	0,05–0,4	17–38
Raphanus raphanistrum	Hederich	6–8	0,04–0,6	24–56
Ericaceae	Heidekrautgewächse			
Calluna vulgaris	Besenheide	7–11	0,12	
Hippocastanaceae	Roßkastaniengewächse			
Aesculus hippocastanum	Roßkastanie	4–5	1,1–2,1	
Hydrophyllaceae	Wasserblattgewächse			
Phacelia tanacetifolia	Phazelie	5–7	0,7–1,0	185–502
Lamiaceae	Lippenblütler			
Lavandula spica	Lavendel	7–8	0,1–0,3	
Dracocephalum moldavica	Drachenkopf	7–8	0,1–0,8	129–650
Lamium album	Weiße Taubnessel	4–8	0,1	190
Lamium amplexicaule	Stengelumfassende Taubnessel	3–5	0,06	
Lamium galeobdolon	Goldnessel	4–7	0,7–0,9	
Lamium maculatum	Gefleckte Taubnessel	4–9	0,1	185
Salvia nemorosa	Waldsalbei	6–7	0,05–0,3	243–467
Salvia officinalis	Gartensalbei	6–7	0,3–3,3	194–609
Salvia pratensis	Wiesensalbei	5–8	0,6	
Salvia sclarea	Muskatellersalbei	6–7	0,3–1,2	107–174
Salvia verticillata	Quirlblättriger Salbei	6–9	0,06–0,6	60–70
Thymus serpyllum	Feldthymian	5–10	0,02–0,1	48–149
Thymus vulgaris	Gartenthymian	5–10	0,01–0,1	125–185
Leguminosae	Hülsengewächse			
Lotus corniculatus	Hornklee	5–9	0,1	
Medicago sativa	Luzerne	5–9	0,04–0,2	35–83
Melilotus alba	Steinklee	5–8	0,001–0,06	12–125
Melilotus officinalis	Steinklee	5–9	0,0005–0,004	10–23
Onobrychis viciifolia	Eparsette	5–7	0,01–0,3	2,4–76
Robinia pseudoacacia	Robinie	5–6	0,2–2,3	0,66–1,44[2)]
Trifolium hybridum	Schwedenklee	5–9	0,01	
Trifolium incarnatum	Incarnatklee	4–7	0,003–0,07	
Trifolium pratense	Rotklee	5–9	0,08–0,412	0,05–0,17
Trifolium repens	Weißklee	5–9	0,02–0,1	92
Liliaceae	Liliengewächse			
Allium schoenoprasum	Schnittlauch	7–8	0,4–0,5	

Fortsetzung Tab. 9.

Familie/Pflanzenart		Blütezeit Monat	Zuckerwert [mg] je Blüte · 24 h	Honigwert [kg] je ha · Saison
Onagraceae	Nachtkerzengewächse			
Epilobium angustifolium	Weidenröschen	6–8	0,5–4,3	144
Polygonaceae	Knöterichgewächse			
Fagopyrum esculentum	Buchweizen	6–8	0,3–2,7	494
Rosaceae	Rosengewächse			
Malus sylvestris	Apfel	4–6	0,3–1,9	
Pyrus communis	Birne	4–5	0,05–0,3	
Prunus armeniaca	Aprikose	3–4	0,3–0,8	
Prunus avium	Süßkirsche	4–5	0,5–1,5	
Prunus cerasus	Sauerkirsche	4–5	1,2	
Prunus domestica	Pflaume	4–5	0,1–1,5	
Prunus persica	Pfirsich	4–5	0,5–1,4	
Rubus idaeus	Himbeere	5–6	1,8–8,1	100–160
Saxifragaceae	Steinbrechgewächse			
Ribes rubrum	Johannisbeere	4–5	0,7	
Ribes uva-crispa	Stachelbeere	4–5	1,0–4,1	
Tiliaceae	Lindengewächse			
Tilia cordata	Winterlinde	6–7	0,01–2,5	0,02–2,5[2]
Tilia platyphyllos	Sommerlinde	6	0,6–2,8	0,8[2]

[1] Werte je Blütenköpfchen
[2] Werte je Baum

häufig von der ausgeschiedenen Menge unbeeinflußt. So sondern Wipfelblüten der Sommerlinde zwar weniger Nektar ab als Blüten an unteren Ästen; ihr Nektar hat aber einen höheren Zuckergehalt, so daß der Zuckerwert in beiden Gruppen annähernd gleich hoch ist. Ähnliche Ergebnisse zeigten Raps (*Brassica napus*) und Brombeeren (*Rubus fruticosus*). Gewisse Unterschiede der Nektarproduktion bestehen zwischen männlichen und weiblichen Blüten zweihäusiger Pflanzen. Die männlichen Blüten der Weide (*Salix spec.*) sondern z. B. drei- bis viermal mehr Nektar und Zucker ab als die weiblichen. Umgekehrt liegen die Verhältnisse bei Gurke und Kürbis, deren weibliche Blüten drei- bis fünfmal soviel Nektar und Zucker produzieren wie die männlichen. Starken Einfluß auf die Nektarproduktion haben die verschiedenen Umweltfaktoren. Bei hoher relativer Luftfeuchtigkeit werden im allgemeinen große Mengen Nektar mit niedrigem Zuckergehalt abgesondert; bei trockener Luft geringere Mengen hochkonzentrierten Nektars. Diese Erscheinung beruht auf der hygroskopischen Wirkung des im Nektar enthaltenen Zuckers. In einer gesättigten Atmosphäre nimmt der Nektar mehr Wasser aus der Luft auf als in trockener. Das ist vor allem der Fall in Blüten mit offenliegendem, ungeschütztem Nektar. Wichtig für die Nektarproduktion der jeweiligen Pflanze ist das Zusammenspiel von Temperatur, Luftfeuchtigkeit, Durchlüftung und Wassersättigung des Bodens, durch welches die Assimilation und sekundär die Nektarproduktion gesteigert werden.

Die Nektarabsonderung verteilt sich in der Regel nicht gleichmäßig über den ganzen Tag und die Nacht. Die meisten Pflanzen zeigen nicht nur Unterschiede zwischen den Tages- und Nachtstunden, sondern charakteristische Sekretionsrhythmen zu verschiedenen Tageszeiten. In der Nacht wird meist wasserreicherer

Nektar ausgeschieden als am Tage, was mit der höheren relativen Luftfeuchtigkeit zusammenhängen dürfte. Im Verlaufe des Tages kann die ausgeschiedene Nektarmenge konstant sein, der Zuckergehalt aber variieren (z. B. bei Borretsch, *Borago*; Gamander, *Teucrium*) oder umgekehrt die Nektarmenge bei konstanter Zuckerkonzentration schwanken (z. B. bei Weiderich, *Lythrum*; Salbei, *Salvia*). Bei manchen Pflanzen fallen die Maxima von Nektarmenge und Zuckergehalt zeitlich zusammen (Sonnenblume, *Helianthus*), bei anderen liegen sie getrennt (Linde, *Tilia*; Weidenröschen, *Epilobium*). Die Bestzeit der Nektarabsonderung, d. h. das Maximum von Menge und Zuckergehalt, findet sich bei zahlreichen Pflanzen in den Vormittagsstunden (Sonnenblumen, *Helianthus*; Ysop, *Hyssopus*; Dost, *Origanum*; Salbei, *Salvia*; Buchweizen, *Fagopyrum*), seltener fällt sie auf den Nachmittag (Linde). Der Bienenbesuch paßt sich dem Tagesrhythmus an, wobei die Bienen ein ausgesprochenes Zeitgedächtnis zeigen (KLEBER 1935). Das Maximum des Bienenbesuches stimmt mit der Bestzeit der Nektarabsonderung überein, d. h. mit der Zeitspanne, in welcher die betreffenden Blüten die größten Mengen höchstkonzentrierten Nektars darbieten. Allerdings steigern Insektenbesuch (und künstliches Abzapfen des Nektars) ihrerseits wiederum die Nektarsekretion (BARBIER 1963). Besitzt eine Pflanze zwei getrennte Bestzeiten, so bildet auch die Beflugskurve zwei Gipfel. In den dazwischenliegenden Zeitabschnitten geringerer Nektarabsonderung sinkt die Zahl der anfliegenden Bienen (siehe Abb. 10).

2.3 Der Honigtau
2.3.1 Der Honigtau-Erzeuger

Honigtau ist die stark zuckerhaltige rektale Ausscheidung phloemsaftsaugender Insekten (zumeist *Aphididae*), die den überschüssigen Zucker in der Nahrung zum größten Teil wieder abgeben. Durch seinen hohen Zuckergehalt ist der Honigtau für viele Insektenarten als Nahrungsquelle von großer Bedeutung, vor allem für Bienen und Ameisen. So ist eine ertragreiche Imkerei heute in Deutschland ohne Honigtautracht kaum mehr möglich. Alle Honigtauerzeuger gehören zur Insektenordnung der Schnabelkerfe (*Rhynchota*) und sind durch den Bau ihrer saugenden Mundteile gekennzeichnet: Oberlippe und Unterlippe bilden eine Rinne, in der die Stechborsten gleiten und ein Eindringen in das pflanzliche Gewebe erlauben. Die beiden Lippen dienen gleichsam als Positionshalter für die Stechborsten. Die inneren Stechborsten bilden zwei Rohre, wovon das weitere (obere) zum Aufsaugen des Pflanzensaftes dient, das engere (untere) zum Einführen enzymhaltigen Speichelsekrets in das angestochene Pflanzengewebe (Abb. 11). Die Honigtauerzeuger stechen den Siebteil der Leitbündel an und schöpfen ihre Nahrung direkt aus dem Siebröhrensaft. Zu dieser für die Bienenzucht wichtigsten Gruppe gehören ein großer Teil der Schildläuse (*Coccina*), die Mottenschildläuse (*Aleyrodina*), die Blattflöhe (*Psyllina*), die Mehrzahl der Blattläuse (*Aphidina*) und die meisten Zikaden (*Cicadina*), (vgl. KUNKEL und KLOFT 1985).

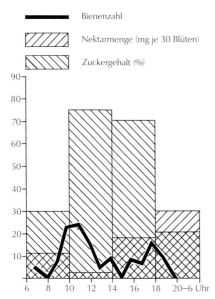

Abb. 10. Tageszeitliche Verteilung der Nektarabsonderung und des Bienenfluges bei der Winterlinde (nach KLEBER 1935).

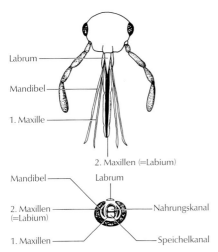

Abb. 11. Rüssel und Stechborsten (schwarz) eines Sauginsekts. Aufsicht (oben) und schematischer Querschnitt. Durch Aneinanderreihung der Borsten entstehen zwei Rohre mit unterschiedlichem Querschnitt; das weitere (obere) dient zum Aufsaugen der Nahrung, das engere als Speichelkanal. Die Oberkiefer (Mandibeln) begleiten das Mittelkiefernpaar (1. Maxillen) zu beiden Seiten. Sie haben einen Hohlkanal, in dem der Nerv verläuft, der die mechanorezeptiven Sinneszellen an den Mandibelspitzen bedient.

2.3.2 Honigtau-Ausscheidung

Der über den Saugrüssel aufgenommene Pflanzensaft gelangt in den Darmkanal der Pflanzensauger (KENNEDY und FOSBROOKE 1973, HO 1980, CULL und VAN EMDEN 1977). Dieser besitzt oft sogenannte Filterkammern, Gebilde des Enddarms, die sich weit vorne an den Vorderdarm anlegen und einen direkten Übergang der überschüssigen Flüssigkeit aus der aufgenommenen Nahrung in den Enddarm erlauben. Über diesen „kurzen Weg" werden vor allem Wasser und Kohlenhydrate befördert, während Stickstoffverbindungen den „langen Weg" über den Mitteldarm (Hämolymphe inbegriffen) nehmen (KUNKEL und KLOFT 1977). Die Honigtau-Ausscheidung schwankt, ist jedoch, den großen Mengen des aufgenommenen Futters entsprechend, im allgemeinen reichlich. So ist die Abgabe während der Häutung minimal, da die Läuse dann ihre Stechborsten einziehen müssen und die Nahrungsauf-

nahme unterbrochen ist (LLEWELLYN et al. 1974, KUNKEL und HERTEL 1976, HEIMBACH 1986). Die Exkretion steigt im Laufe der Larvenstadien an und ist vergleichsweise bei den Adulten deutlich erhöht. So produziert z. B. eine weibliche Larve der Lindenzierlaus *Eucallipterus tiliae* (Eichenzierlaus, *Tuberculoides annulatus*) etwa 4 mg (1,5 mg), die weiblichen Adulta der gleichen Arten etwa 9 mg (4 mg) Honigtau pro Tag. Die Männchen produzieren etwa die Hälfte (HEIMBACH 1985, 1986). Eine ausgewachsene Jungfer der Weidenrindenlaus (*Tuberolachnus salignus*) scheidet bis zu 1,9 µl pro Stunde aus, was einer Flüssigkeitsaufnahme von rund der Hälfte ihres Körpergewichtes entspricht; bei Junglarven kann die Flüssigkeitsaufnahme je Stunde weit über dem Körpergewicht liegen (bis zum achtfachen, KUNKEL und KLOFT 1985, MITTLER 1957, 1958a, b). Die Honigtauabgabe unterliegt einem Jahreszyklus. Sie ist im Frühjahr sehr gering und erreicht Spitzenwerte im Juni, Juli und August. Dabei scheint der Stickstoff (N)-Gehalt im Phloemsaft eine gewisse Rolle zu spielen. Bei niedrigen N-Gehalten (Sommer!) wird eine stärkere Honigtauproduktion als bei höheren Gehalten (Frühjahr!) beobachtet (MITTLER 1958a, b, LLEWELLYN et al. 1974, HEIMBACH 1986).

Anscheinend müssen die Pflanzensauger ihren N-Bedarf über erhöhte Aufnahme des ohnehin N-armen Phloemsaftes decken. Die N-Gehalte im Honigtau liegen um etwa 50 bis 80 % unter denen des aufgenommenen Phloemsaftes (MITTLER 1958a, b, EHRHARDT 1962, BANKS und MACAULAY 1965, HEIMBACH 1986). Die prozentuale Ausnutzung des Stickstoffs in der Nahrung fällt aber mit steigendem Aminosäurengehalt derselben (HERTEL und KUNKEL 1977). Da aber schon das Fehlen einer einzigen Aminosäure die Ausscheidung deutlich beeinflussen kann, ist nicht nur der N-Gehalt, sondern auch das Verhältnis der einzelnen N-haltigen Komponenten zueinander von Bedeutung (KUNKEL und HERTEL 1976). Auch Phagostimulantien und Zucker können die Nahrungsaufnahmerate verändern (VAN EMDEN 1978). Neben dem Gesamt-N-Gehalt und dessen Zusammensetzung sind also auch an-

Abb. 12. Honigtautropfen an Fichtennadeln.

dere Inhaltsstoffe der Nahrung für die Honigtauabgabe von Bedeutung. Die Ausscheidung der Läuse ist sehr variabel und von verschiedenen Faktoren abhängig (HERTEL und KUNKEL 1977). Die Honigtauabgabe der Lindenzierlaus unterliegt einem Tageszyklus, wobei die Maxima der Ausscheidungen in den Nachmittags- und Abendstunden liegen. Die Honigtauproduktion läßt sich mit der Temperatur und der Sonneneinstrahlung bzw. gegenläufig zur relativen Luftfeuchte korrelieren, so daß in trokkenen, warmen Sommern mehr Honigtau als in kühlen, verregneten produziert wird. Eine Linde z. B. liefert in guten Jahren (z. B. 1976, 1982) bei starkem Blattlausbefall etwa 50 kg Honigtautrockensubstanz (etwa 450 kg Frischgewicht), wobei 90 % der Honigtauerzeugung auf wenige Wochen im Sommer fallen. Dies entspricht einem Phloemsaftverlust während dieser Zeit von 1,6 kg TS (mindestens 8 l!) am Tag (HEIMBACH 1986). Bei anderen Arten werden Honigtauabgaben von 4 kg (Fichte), 6 bis 7 kg (Buche), 20 kg (Kiefer) und 10 kg (Linde) Trockensubstanz im Jahr gemessen (ZOEBELEIN 1954, LLEWELLYN 1972).

Der Honigtau wird in kleinen Tröpfchen abgesetzt, die auf die Oberfläche von Blättern, Nadeln und Zweigen fallen und hier von Bienen und anderen Insekten gesammelt werden (siehe Abb. 12). Die Pflanzensauger gehen dabei recht geschickt vor, um eine Verunreinigung des eigenen Körpers mit der klebrigen, an der Luft schnell eindickenden Honigtaumasse zu verhindern (KUNKEL 1969). Der ausgeschiedene Honigtau ist wasserklar und nimmt erst an der Luft allmählich eine bräunliche Farbe an. Frischer Honigtau hat einen Wassergehalt von 80 bis 95 %, trocknet aber schnell auf Wassergehalte bis unter 30 % ein. Honigtau hat ein spezifisches Gewicht zwischen 1,0 und 1,3 und einen pH-Wert von 5,1 bis 7,9 (MAURIZIO 1985). Da Stickstoff-Verbindungen im Phloemsaft zu relativ geringen Teilen enthalten sind (siehe oben), haben es die Sauger nötig, große Mengen umzusetzen. Die ausgeschiedenen Kohlenhydrate sind nicht mit denen im Phloem identisch, weil sie während der Darmpassage Invertierungs- und Transglucosidierungsreaktionen durch Speichel- und Darmenzyme unterliegen. Die Schnabelkerfe beherbergen in ihrem Körper oft Endosymbionten (Mikroorganismen), welche fähig sind beispielsweise Sterine, Vitamine oder Aminosäuren zu synthetisieren, so daß auch sie für die unterschiedliche Zusammensetzung von Phloemsaft und Honigtau verantwortlich gemacht werden. Die Symbiose mit Mikroorganismen ermöglicht es den Pflanzensaugern, Schwankungen und Ausfälle gewisser Substanzen im Siebröhrensaft auszugleichen und zu überbrücken (EHRHARDT 1969). Die Versorgung der Pflanzensauger mit lebensnotwendigen Vitaminen ist ebenso wie mit Zucker überoptimal, so daß Vitamine im Honigtau ausgeschieden werden (ZIEGLER und PENTH 1977). Honigtausorten enthalten alle Glieder des Adenylsäuresystems (siehe Abschnitt 2.1). Obwohl ATP offensichtlich für phloemsaugende Insekten förderlich ist, wird es so wenig wie die Vitamine vollständig aus der Nahrung resorbiert (HERTEL 1974). Allerdings ist im Honigtau das Adenylsäuresystem gegenüber dem Siebröhrensaft zum energieärmeren Zustand hin verschoben. Die „energy charge" beträgt in Phloemsäften etwa zwischen 0,9 und 0,7. In Honigtausorten wurden Werte zwischen 0,1 und 0,6 gefunden. Dies weist darauf hin, daß Aphiden bevorzugt die energiereicheren Glieder des Adenylsäuresystems absorbieren oder daß die energiereichen Bindungen im ATP und ADP bei der Passage durch die Insekten teilweise gespalten werden (ZIEGLER und PENTH 1977).

Insgesamt läßt sich aussagen, daß der Pflanzensaft während des Durchganges durch den Darmkanal weitgehenden physiko-chemischen Veränderungen unterliegt, so daß der ausgeschiedene Honigtau vom ursprünglichen Phloemsaft stark verschieden ist.

2.3.3 Honigtau-Zusammensetzung

Der Honigtau enthält stets Enzyme, die aus den Sekreten der Speicheldrüsen und des Darmes der Pflanzensauger stammen. Bisher wurden Invertasen, Diastase, eine Peptidase und eine Proteinase nachgewiesen (ZANDER und MAURIZIO 1984).

Der Stickstoffgehalt des Honigtaus liegt zwischen 0,2 % und 1,8 % der Trockensubstanz; 70 bis 90 % davon bestehen aus Aminosäuren und Amiden. Im allgemeinen folgt der Aminosäurengehalt des Honigtaus den jahreszeitlichen Schwankungen des Aminosäurenspiegels im Siebröhrensaft der Wirtspflanzen, in der Zusammensetzung sind jedoch gewisse Unterschiede vorhanden. Im Honigtau verschiedener Pflanzensauger fanden sich bis zu 22 Aminosäuren und Amide, darunter Asparaginsäure und Asparagin, Glutaminsäure und Glutamin, Cystin, Serin, Glycin, Threonin, Alanin, Tyrosin, Valin, Leucin und Isoleucin, Phenylalanin, Histidin, Lysin und Prolin. Mehrere davon kommen nur im Honigtau, nicht aber im Siebröhrensaft der Wirtspflanzen vor. Das Auftreten zusätzlicher, im Siebröhrensaft nicht enthaltener Aminosäuren wird dahin gedeutet, daß es sich um Stoffwechselprodukte der Pflanzensauger oder der in ihnen beheimateten Mikroorganismen handelt, die über das Blut (Hämolymphe) in den Darm gelangen. Der Honigtau enthält stets organische Säuren, vor allem Citronensäure, seltener Äpfel-, Bernstein- und Fumarsäure (GRAY 1952, LAMB 1959).

An Vitaminen wurden im Honigtau geringe Mengen an Ascorbinsäure und myo-Inosit, sehr geringe Mengen an Thiamin, Biotin, Folsäure, Pyridoxin, Riboflavin, Niacin und Pantothensäure nachgewiesen (ZIEGLER und PENTH 1977). Die Konzentrationen der einzelnen Vitamine sind erwartungsgemäß bei den verschiedenen Honigtauproben unterschiedlich, auch bei Herkunft von gleichen Aphidenarten auf verschiedenen Wirtspflanzen, von der gleichen Wirtspflanze mit verschiedenen Aphiden oder bei gleicher Wirtspflanze und gleichem Insekt zu verschiedenen Jahreszeiten. Blattläuse, deren Honigtau im Vergleich vitaminarm ist, haben wahrscheinlich einen gegenüber anderen Arten gesteigerten Vitaminbedarf (geringere Eigenversorgung über Symbionten?). Aus dem Siebröhrensaft gelangt Abscisinsäure, ein pflanzliches Hormon mit überwiegend hemmenden Eigenschaften, in den Honigtau und – natürlicherweise – über diesen in den Honig (LIPP 1990).

Das Mineralstoffspektrum des Honigtaues spiegelt im allgemeinen dasjenige des Phloemsaftes wider: So werden im Honigtau größere Mengen von Kalium und Magnesium gefunden, während Calcium und Natrium mengenmäßig zurücktreten; Kupfer, Eisen, Mangan, Zink, Kobalt und Molybdän finden sich nur in Spuren. Außerdem werden Phosphate und geringe Mengen an Chloriden festgestellt, dagegen keine Nitrate und Sulfate (EHRHARDT 1965).

Der Kohlenhydratgehalt des Honigtaus beträgt 90 bis 95 % der Trockensubstanz. Er besteht zur Hauptsache aus verschiedenen Zuckerarten, darunter oft solchen, die im Siebröhrensaft fehlen und unter der Wirkung der Darm- und Speicheldrüsenenzyme während der Darmpassage neu entstehen. Es bestehen Unterschiede der Wirksamkeit und des Wirksamkeitsbereiches der Enzyme bei verschiedenen Pflanzensaugern und bei der gleichen Art zwischen Speichel- und Darmenzymen. In der Regel bauen beide Enzyme Saccharose, Maltose und Trehalose ab, wobei das Darmenzym meist wirksamer ist als das Speichelenzym. Schwächer und oft nur vom Darmenzym werden Melezitose, Raffinose, Melibiose und Stärke angegriffen. Die invertierenden Enzyme der Pflanzensauger haben die Fähigkeit, nicht

44 Die Rohstoffe des Honigs

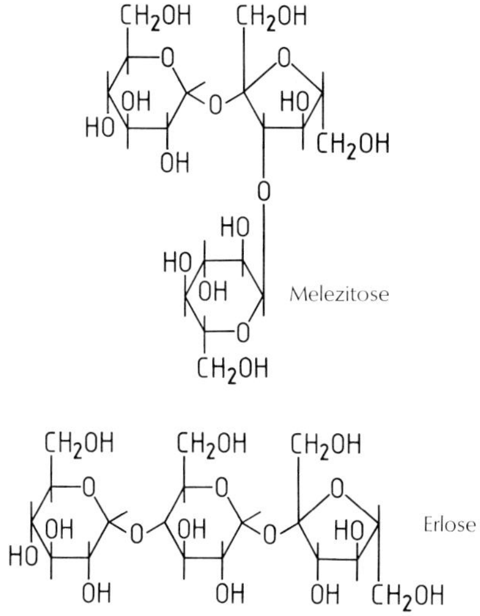

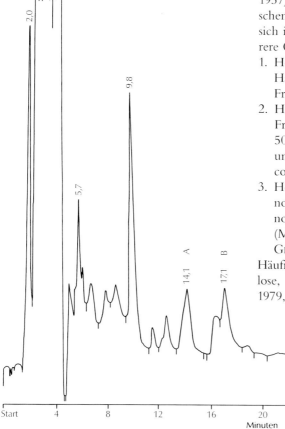

Abb. 13. Strukturformeln von Melezitose und Erlose. Beides sind Transglucosidierungsprodukte der Saccharose.

nur zusammengesetzte Zucker in einfache zu spalten, sondern gleichzeitig auf dem Wege der Gruppenübertragung neue Zuckerarten aufzubauen. Das geschieht durch Bindung eines oder mehrerer Moleküle von Frucht- oder Traubenzucker an die schon vorhandenen Zuckerarten. Je nach den Eigenschaften der wirksamen Enzyme kann die Gruppenübertragung in zwei Richtungen verlaufen – als Transglucosidierung oder als Transfructosidierung. Es entstehen dabei verschieden aufgebaute di-, tri- oder höhermolekulare Oligosaccharide, bei gleichzeitiger Anreicherung freier Fructose bzw. Glucose. Das Darmenzym vieler Pflanzensauger wirkt z. B. im Sinne einer Transglucosidase, unter deren Wirkung beim Abbau von Rohrzucker zwei chrakteristische Trisaccharide, Melezitose und Fructomaltose (Erlose), entstehen (siehe Abb. 13, GRAY und FRAENKEL 1953, 1954, BACON und DICKINSON 1957). Nach Intensität und Art der enzymatischen Tätigkeit bei den Pflanzensaugern lassen sich im Zuckerspektrum des Honigtaus mehrere Gruppen unterscheiden:

1. Honigtau enthält fast ausschließlich die drei Hauptzucker Saccharose, Glucose und Fructose (Invertase-Wirkung).
2. Honigtau enthält neben Saccharose und Fructose noch beträchtliche Mengen (bis zu 50 % des Gesamtzuckers!) an Melezitose und/oder Erlose (Invertase- und Transglucosidase-Wirkung).
3. Honigtau enthält neben besagten Zuckern noch größere Mengen an Maltose, Raffinose und/oder höheren Oligosacchariden (MAURIZIO 1985, LOMBARD et al. 1984, GRANT und BEGGS 1989).

Häufig findet sich im Honigtau noch Trehalose, der „Blutzucker" der Insekten (LIEBIG 1979, GÖLZ 1981).

Abb. 14. HPLC-Chromatogramm der angereicherten Honigtau-Oligosaccharide. Links im Chromatogramm: Saccharose und niedermolekulare Oligosaccharide. Aufgetrennte Peaks = höhermolekulare Oligosaccharide; A = Zucker aus 10 Glucose- und/oder Fructoseeinheiten; B = Zucker aus 11 Einheiten.

Von den Zuckern des Honigtaus dürften Saccharose und Raffinose direkt aus dem Siebröhrensaft übernommen werden. Maltose, Trehalose, Melezitose, Fructomaltose und höhermolekulare Oligosaccharide fehlen dagegen im Siebröhrensaft und entstehen neu während der Passage durch den Körper der Pflanzensauger (ebenso Fructose und Glucose).

Die höhermolekularen Oligosaccharide können nach ihrer Anreicherung über Aktivkohle/Kieselgur-Säulen (AOAC 1984) mittels Hochdruck-Flüssigkeits-Chromatographie (HPLC) sichtbar gemacht werden (siehe Abb. 14). Es zeigt sich, daß längerkettige Zucker, die aus etwa 10 bis 11 Monomeren bestehen, durch Enzymsysteme (ADP-Glucose-Synthasen?) der Pflanzensauger aufgebaut werden. Der Sinn einer solchen Polymerisierung könnte darin begründet sein, daß der Pflanzensauger die in ihm in hohen Konzentrationen vorkommenden, osmotisch stark wirksamen Mono- und Disaccharide z. T. in osmotisch unwirksame Substanzen (Oligomere) umwandeln muß. Nur in einem solchen Milieu wäre dann die funktionsgerechte Wirkungsweise von Enzymen und ein geregelter Wasserhaushalt im Blattlausorganismus möglich. Der Pflanzensauger hätte damit ein den Pflanzen ähnliches System (ADP-Glucose-Synthase) zum Aufbau von höhermolekularen Zuckern, welches also in gewissem Sinne als „Ventil" wirken könnte. Der Beweis für derartige Hypothesen muß jedoch in zukünftigen Forschungsarbeiten erbracht werden. Von praktischer Bedeutung ist, daß anhand des Oligosaccharidgehaltes Honigtauhonig von Blütenhonig unterschieden werden kann bzw. Honigtauanteile in Blütenhonig erkannt werden können (vgl. Abb. 14 und 63).

In gewissen Fällen enthält der Honigtau an Stelle der Zucker oder neben ihnen Zuckeralkohole (Dulcit, Inosit, Sorbit), die ebenfalls wahrscheinlich direkt aus dem Siebröhrensaft stammen (siehe Abschnitt 2.1). Der Honigtau kann gelegentlich für Bienen und Menschen schädliche Stoffe enthalten. Für Bienen schädlich sind z. B. die Zucker Raffinose, Melibiose, Galactose, Rhamnose und Mannose. Bienenschäden größeren Ausmaßes sind vor allem bei Honigtautracht von *Aesculus californica* und *Tilia tomentosa* (Silberlinde) bekannt. Für Menschen schädliche Stoffe (Picrotoxin, Tutin, Mellitoxin) enthält der in Neuseeland von *Scolypopa australis* an *Coriaria arborea* abgesonderte Honigtau und der daraus entstehende Honig (BRISCOE 1978, PENG 1981).

2.3.4 Attraktivität des Honigtaus für die Biene

Das Zuckerspektrum ist entscheidend für die Attraktivität des Honigtaus für Bienen und andere Insekten. An Zuckeralkoholen reicher Honigtau ist beispielsweise für Insekten unattraktiv und wird auch bei reichlichem Angebot verschmäht. Da Zuckermischungen gegenüber gleich konzentrierten Lösungen der einzelnen Komponenten von den Bienen bevorzugt werden, kann das Zuckerspektrum entscheidend sein für die von den Bienen getroffene Auswahl der Trachtquellen und damit für die Herkunft des Honigs. Ob im Honigtau enthaltene Aminosäuren und Vitamine dessen Attraktivität steigern, ist bislang noch unbekannt (BARKER und LEHNER 1974).

2.4 Pollen

Obwohl Pollen im Honig anteilmäßig stark zurücktritt (maximal 0,05 % des Frischgewichtes), soll er als möglicher Honig-Rohstoff hier kurz Erwähnung finden.

Pollen gelangen auf verschiedene Weise in den Honig. Meist fallen Pollen der eigenen Blüte durch Erschütterung in den Nektar, welcher von der Biene aufgenommen wird. Im Honigtau bleiben insbesondere die leichten Pollen der Windblütler kleben und werden zusammen mit dem Rohstoff in den Stock eingetragen. In gewissen Fällen gelangen auch Pollen aus Pollenwabenzellen in den Honig, wenn diese mit ausgeschleudert werden. Bei den meisten Honigen beträgt die Zahl der Pollen zwischen 20 000 und 100 000 je 10 g Honig.

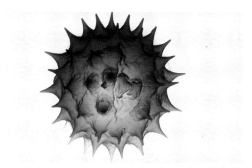
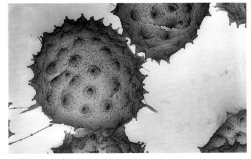

Abb. 15. Rasterelektronenmikroskopische Aufnahme von Pollen des Gänseblümchens (*Bellis perennis*, 3600fach) und der Stockmalve (*Althaea rosea*).

Die chemische Analyse verschiedener Pollen liefert sehr uneinheitliche Werte für die einzelnen Verbindungen. Im allgemeinen machen Eiweiße (darunter mehrere Enzyme) und Kohlenhydrate (z. B. Glucose, Fructose, Rhamnose, Xylose, Arabinose, Saccharose, Stärke) den Hauptteil der Pollentrockensubstanz aus. Aber auch Aminosäuren, Vitamine, Fette, Mineralstoffe, org. Säuren, Steroide, Nucleinsäuren, Carotinoide, Flavonoide und Wachstumsregulatoren sind in unterschiedlichen Mengen enthalten (STANLEY und LINSKENS 1985).

Als Rohstoff für den Honig kommen vor allem die in Pollen enthaltenen wasserlöslichen Inhaltsstoffe in Frage, die gewissermaßen aus dem Pollen in den Honig hineingelöst werden. Im Gegensatz zu den anderen Rohstoffen sind hierbei die Zucker des Pollens eher zu vernachlässigen. Dagegen stammen im Honig befindliche Stärkekörner häufig aus Pollen. Die Haupt-Aminosäure des Pollens ist Prolin, welches besonders bei pollenreichen Honigen zum Gesamt-Prolingehalt des Honigs mit beitragen kann (LIPP 1990, 1991). Spuren von wasserlöslichen Vitaminen (Vitamin C!), Carotinoiden und Flavonoiden, die im Honig nachgewiesen wurden, stammen ebenfalls aus Pollen.

Als Rohstoff für die Biene kommen vor allem die im Pollen enthaltenen fettlöslichen Inhaltsstoffe in Frage. Pollen gehört zu den vitaminreichsten pflanzlichen Rohstoffen und ist die wichtigste und einzige Protein- und Lipidquelle in der Ernährung der Biene. Die älteren Arbeitsbienen nehmen Proteine direkt aus den Pollen auf; die Königinnenpuppen, die Königinnenlarven und die jungen Larven beiderlei Geschlechts erhalten Proteine im Gelee Royale, das von pollengefütterten Arbeiterinnen produziert wird. Damit spielt Pollen im normalen Wachstum und der ungestörten Entwicklung der einzelnen Bienen wie auch in der Vermehrung der Bienenvölker eine wesentliche Rolle. Der von den Bienen gesammelte Pollen wird eingespeichelt (Saccharoseinversion, siehe Abschnitt 6.3.1.1), „gehöselt" und im Stock in Wabenzellen gelagert; während der Lagerung ablaufende Veränderungen führen zur Bildung des sogenannten Bienenbrotes, welches für die Aufzucht der Jungen und im Winter als Nahrungsquelle benutzt wird. Auch Pollen üben, wie Nektar und Honigtau, verschiedene Attraktionswirkungen auf Bienen aus. Octadecatriensäure, 24-Methylcholesterin, ein Ester des Flavonpigments Lutein, sowie hoher N-Gehalt wirken auf Honigbienen anziehend (STANLEY und LINSKENS 1985).

FRISCH zeigte in eindrucksvollen Versuchen, daß sich Bienen auf bestimmte Trachtquellen fixieren, was zu einer gewissen Blütenstetigkeit führt (VON FRISCH 1947). Diese Fixierung wird wahrscheinlich durch Duftmale aus Pollen, Nektar und Blütenblättern sowie durch Saftmale (bestimmte zu den Rohstoffquellen weisende Zeichnungen der Blüte herbeigeführt. Die Blütenstetigkeit und damit die Bestäubung der „richtigen" Pflanze hat ihren Ausdruck auch in den meist einheitlich gefärbten Pollenhöschen und ist von unschätzbarem Wert für die Reproduktionsbiologie der Pflanzen und damit auch für die Landwirtschaft.

3 Rohstoffsammeln und Honigbereitung

3.1 Organe der Honigbiene

Die Biene nimmt feste und flüssige Nahrungsstoffe mit den Mundteilen auf und befördert sie in die Honigblase und den Darmkanal. Diese Organe, vor allem die Mundteile und die Honigblase, sind bei den drei Bienenwesen (Königin, Arbeiterin, Drohne) verschieden ausgebildet. Hier werden ausschließlich die Organe der Arbeiterin berücksichtigt, soweit sie der Aufnahme und Verarbeitung der Honigrohstoffe dienen.

3.1.1 Sammelorgane

Die Mundteile der Arbeitsbiene bestehen aus Oberlippe (Labrum), Oberkiefern (Mandibeln), Mittelkiefern (1. Maxillen) und Unterkiefer (2. Maxillen). Der Unterkiefer ist mit seinen Grundgliedern Unterkinn (Submentum) und Kinn (Mentum) median zu einer einheitlichen Unterlippe (Labium) verwachsen, deren paarige Anlage noch durch die Unterlippentaster (Palpi labiales) und die Innen- (Glossa) wie Außenlade (Paraglossa) angedeutet wird. Die verschmolzenen Glossae bilden eine lange, rinnenförmige Zunge. Die Labial-

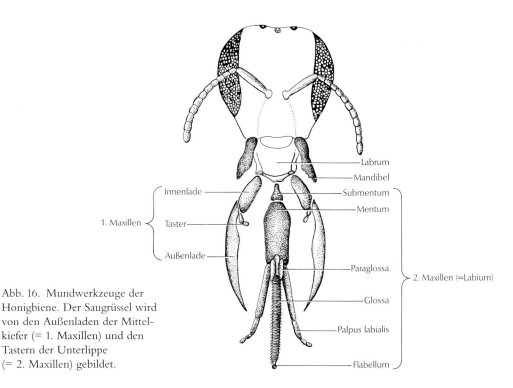

Abb. 16. Mundwerkzeuge der Honigbiene. Der Saugrüssel wird von den Außenladen der Mittelkiefer (= 1. Maxillen) und den Tastern der Unterlippe (= 2. Maxillen) gebildet.

48   Rohstoffsammeln und Honigbereitung

taster und die Außenladen des Mittelkiefers (1. Maxillen) umhüllen als flachgekrümmte Scheide die Zunge, welche mit einem Löffelchen (Flabellum) endet, das der Biene das Auflecken flüssiger Nahrung erleichtert (siehe Abb. 16).

Der wichtigste Teil der Mundwerkzeuge ist der Saugrüssel (Proboscis). Er besteht aus einem von den Außenladen der Mittelkiefer und den Unterlippentastern gebildeten Saugrohr, in welchem sich die Zunge vor- und rückwärts bewegt und somit als Kolben fungiert. Im Unterschied zu andern saugenden Insekten ist der Saugrüssel der Biene nicht immer geschlossen. Seine Funktion beruht auf dem lückenlosen Zusammenschluß der beteiligten Mundteile und der Arbeit der Schlundmuskulatur. Dadurch kommt ein luftdichter Abschluß des Saugrohres zustande, welcher der Biene erlaubt, flüssige Nahrung (Nektar, Honigtau) durch Mundhöhle, Schlund und Speiseröhre in die Honigblase zu pumpen. Mittels des Saugrüssels kann aber auch – zum Zwecke der Futterabgabe an andere Bienen (Futterkette, siehe Abschnitt 3.2.1) – der Honigblaseninhalt wieder zurück in Schlund und Mundhöhle gepumpt (oder gesaugt) werden. Die Abgabe des Honigblaseninhaltes an andere Bienen erfolgt jedoch nicht durch den Saugrüssel selbst; dieser wird vielmehr nach unten hinten geklappt und es entsteht

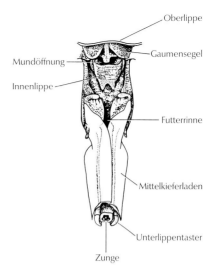

Abb. 17. Rüsselbasis, das Gaumensegel und die Futterrinne zeigend.

ein klaffender Spalt, welcher zur Futterrinne, einer an der Zungenwurzel liegenden unbehaarten seichten Rinne führt (siehe Abb. 17). Im Funktionszustand wird dieser Spalt durch die Klappbewegung (nach oben vorn) des Rüssels automatisch mittels des an der Oberlippe liegenden Gaumensegels (Epipharynx) luftdicht geschlossen (Abb. 17 und 18). Die Rüssellänge, vom Unterkinn zum Löffelchen gemessen, beträgt bei der Arbeitsbiene je nach entsprechender Rassenzugehörigkeit 5,9 bis 7,1 mm.

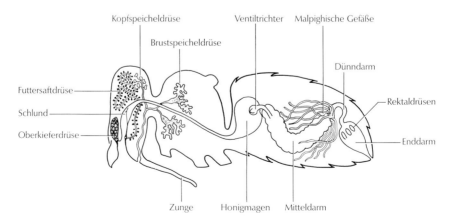

Abb. 18. Der Verdauungsapparat der Biene. Zunge (und Rüssel) nach hinten unten geklappt.

Die Honigblase ist anatomisch eine Erweiterung der Speiseröhre und stellt ein Sammelorgan dar (siehe Abb. 18). Sie hat dehnbare Wände, ist etwa stecknadelgroß und faßt – prall gefüllt – 50 bis 60 µl, was einem Gewicht zwischen 50 und 70 mg entspricht. Das Gewicht der gefüllten Honigblase kann über 90 % des Körpergewichtes der Trachtbiene erreichen! Gegen den Mitteldarm ist die Honigblase durch den Ventiltrichter abgeschlossen, der anatomisch zum vorderen Darm gehört. Er besteht aus einem in die Honigblase ragenden Kelch und einem engen, in den Mitteldarm führenden Stiel (MAURIZIO und GRAFL 1969). Die Funktion des Ventiltrichters besteht in der Regulierung des Futterdurchganges aus der Honigblase in den Mitteldarm und dem Zurückhalten des flüssigen Sammelgutes in der Honigblase während des Transportes in den Stock. So bildet der Kelch des Ventiltrichters den eigentlichen Eingang zum Verdauungsorgan (Magenmund). Die Biene kann bei Hungergefühl dieses Ventil öffnen, so daß eine kleine Menge des Sammelgutes in den bieneneigenen Kreislauf geht. Den größten Teil aber fliegt sie heim, pumpt den Honigblaseninhalt wieder heraus und gibt ihn an Stockbienen ab (Futterkette, siehe Kapitel 3.2.1). Der Ventiltrichter hat außerdem die Fähigkeit, kleine feste Bestandteile (Pollenkörner, *Nosema*-, Faulbrut-Sporen) aus dem Honigblaseninhalt abzufiltrieren und dann zur Verdauung in den Mitteldarm weiterzugeben. Dadurch wird z. B. der Pollengehalt eines Nektars schon 15 Minuten nach der Aufnahme in die Honigblase auf rund ein Drittel reduziert. Dieser Mechanismus führt zur teilweisen „Entpollenisierung" und auch zur Reinigung von Sporen und Pilzen des in die Wabenzellen gelangenden Saftes und hat damit Konsequenzen für den Honig.

Der Vorgang des Pollensammelns wird „Höseln" genannt und kann aufgrund verschiedener komplizierter Strukturen am Bienenkörper ausgeführt werden. Dieser ist mit feinen Härchen bedeckt, an welchen Pollenkörner hängenbleiben, wenn die Bienen Blüten besuchen. Die Biene kämmt den Pollen mit ihren Beinen vom Körper ab und packt ihn auf das konkav geformte dritte Beinglied, das als „Pollenkörbchen" bekannt ist. Der gesammelte Pollen wird vor allem zur Bienen- und Larvenfütterung in leere Wabenzellen eingelagert und haltbar gemacht (Bienenbrot, siehe Abschnitt 3.2.3, STANLEY und LINSKENS 1985).

3.1.2 Drüsen

Mehrere Drüsen liegen in Kopf und Brust (Thorax) der Biene und münden in der Mundhöhle. Wichtige Drüsen für die Verarbeitung und Reifung des Honigs sind die Futtersaftdrüsen (Schlunddrüsen, Pharynx- und Hypopharynxdrüsen), die Kopf- und Brustspeicheldrüsen und die Oberkieferdrüsen (siehe Abb. 18).

Die paarigen Futtersaftdrüsen (Hypopharynxdrüsen) im vorderen Teil der Kopfkapsel münden mit ihren Sammelkanälen direkt hinter der Mundhöhle in den Schlund. Sie bestehen aus zwei etwa 16 mm langen, mit rund 1000 Drüsensäckchen besetzten Schläuchen. Neben dem zur Brutaufzucht nötigen Futtersaft sondern sie auch ein enzymreiches Sekret ab (Diastase, Invertase, Glucoseoxidase, Phosphatase, siehe Abschnitt 6.3.1). Dabei sind die Qualität und auch die Quantität des abgesonderten Saftes vom Alter und Funktionszustand der Biene abhängig. Der Futtersaftanteil überwiegt bei der jungen Ammenbiene, während die Enzymaktivität bei der über vier Wochen alten Trachtbiene ihr Maximum erreicht. Bei den Winterbienen ist die Invertase-Aktivität stark herabgesetzt und steigt erst wieder im Frühjahr bei den auswinternden Bienen. Die paarigen Kopf- und Brustspeicheldrüsen haben einen gemeinsamen Ausführgang an der Zungenwurzel. Ihr gemeinsames Sekret enthält wahrscheinlich keine Enzyme, sondern dient vor allem zur Lösung der Nahrungsstoffe. Die paarigen Oberkieferdrüsen münden an den Wurzeln der Oberkiefer und liefern vor allem einen Teil des für die Brutaufzucht notwendigen Futtersaftes. Da ihr Sekret jedoch auch im Honigblaseninhalt nachgewiesen wurde, besteht die Möglichkeit, daß es an der Honigreifung beteiligt ist (ZANDER und MAURIZIO 1984).

3.2 Rohstoffaufnahme und Honigbereitung

Die Biene befördert die mit dem Saugrüssel aufgenommenen Rohstoffe in ihrer Honigblase in den Stock. Schon bei der Aufnahme wird der Rohstoff mit Speichel gemischt und zunächst verdünnt, so daß der Honigblaseninhalt in der Regel einen niedrigeren Zuckergehalt aufweist als der ursprüngliche Rohstoff. Der beigemischte Speichel stammt aus den Futtersaft- und Speicheldrüsen und enthält Enzyme wie Amylase, Saccharase (Invertase), Glucoseoxidase und Phosphatase. Die Verdünnung des Sammelgutes erlaubt der Biene die Aufnahme von hochkonzentrierten Rohstoffen wie z. B. eingetrocknetem Honigtau, Trockenzucker und reifem Honig.

Die Intensität der Einspeichelung der Rohstoffe durch die Biene ist im wesentlichen von zwei Faktoren abhängig, dem Trachtangebot und dem Wassergehalt. Je größer das Rohstoffangebot, desto mehr haben die Bienen zu tun und um so weniger Sekrete verwenden sie zum Einspeicheln. Ist andererseits der Nektar oder Honigtau sehr konzentriert, also zum Beispiel schon eingetrocknet, so muß erst einmal zur Verdünnung viel Speichel zugemischt werden, damit die Biene mit ihrem Rüssel den Rohstoff überhaupt aufsaugen kann. Da im Speichel Enzyme enthalten sind, ergeben sich je nach Bedingung enzymreichere oder enzymärmere Honige.

3.2.1 Futterkette

Im Stock angelangt, gibt die Trachtbiene den Honigblaseninhalt an eine oder mehrere Stockbienen ab. Die Trachtbiene öffnet bei eingeschlagenem Rüssel die Mandibeln, wobei der Rohstofftropfen auf der Futterrinne an der Zungenbasis erscheint (siehe Abb. 17). Die Stockbiene streckt den Rüssel zur vollen Länge aus und saugt den Tropfen auf (siehe Abb. 19 A). Nach Untersuchungen mit angefärbtem Wasser und radioaktiv markiertem Zuckersirup wird das aufgenommene Futter schnell von Biene zu Biene weitergegeben. Während dieser Verteilung steigt der Enzymgehalt des Rohhonigs, da jede Stockbiene ihr Sekret aus der genannten Drüse zusetzt.

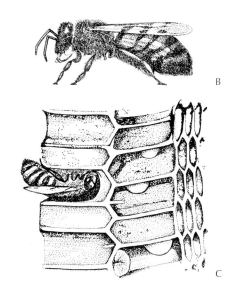

Abb. 19. Der Honigreifungsprozeß. A = heimkehrende Trachtbiene gibt den Nektartropfen an der Futterrinne an eine Stockbiene ab. B = honigbereitende Biene. C = Der halbreife Honig wird in eine Wabenzelle gebracht (nach PARK 1925, 1949).

Die Schnelligkeit der Futterweitergabe ist von mehreren Faktoren abhängig: Die Dauer der Verarbeitung und die Zahl der daran beteiligten Bienen wird durch die Volksstärke und das Rohstoffangebot beeinflußt. Bei Massentracht wird der halbreife Honig schon nach wenigen Weitergaben in Wabenzellen abgelagert, bei mäßigem Angebot wird er vor der Einlagerung von zahlreichen Bienen übernommen. Je mehr Bienen an der Futterkette beteiligt sind, um so reicher an Sekreten und Enzymen ist der reife Honig. Daneben spielen die Temperatur im Stock sowie Alter und Rassezugehörigkeit der Bienen noch eine Rolle (LENSKY 1961, PERSHAD 1967).

3.2.2 Reifungsprozeß

Das eingebrachte Sammelgut ist zu wasserreich, um haltbar zu sein. Während des Honigreifungsprozesses kommt es deshalb im Stock zu einem Eindickungsvorgang, der in zwei Phasen zerfällt:

– An der ersten Phase sind die Bienen aktiv beteiligt. Die mit der Honigverarbeitung beschäftigte Biene pumpt den Inhalt ihrer Honigblase heraus, läßt ihn an der Unterseite des Rüssels in einen flachen Tropfen ausfließen und saugt ihn wieder ein (siehe Abb. 19 B, 20). Diesen Vorgang wiederholt sie in schneller Folge etwa 20 Minuten lang. Der dünne Flüssigkeitsfilm wird dabei der etwa 30 bis 35 °C warmen Stockluft ausgesetzt und verliert einen Teil des Wassers. Auf diese Weise entsteht ein halbreifer Honig, mit einem Trockensubstanzanteil von etwa 50 bis 70 %.

– Das halbreife Produkt wird in Waben-

Abb. 20. Detailbilder des Honigreifungsprozesses. Der Nektartropfen wird rhythmisch aus der Honigblase gepumpt, in dünner Schicht ausgebreitet und wieder eingezogen (nach PARK 1925, 1949).

Abb. 21. Honigreifung in den Wabenzellen. Links Zellen zu ¼ rechts zu ¾ mit halbreifem Honig gefüllt (nach PARK 1925, 1949).

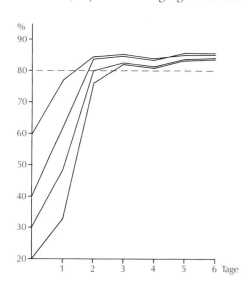
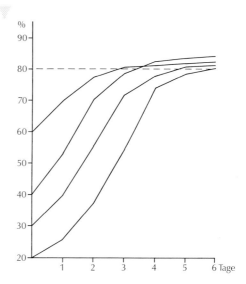

zellen eingelagert, wo die zweite, passive Eindickungsphase abläuft. Der unreife Honig wird von den Bienen in kleinen Tröpfchen an den Zellwänden oder in dünner Schicht am Zellboden abgelagert (siehe Abb. 19 C). Die Wabenzellen werden zu einem Viertel bis zu einem Drittel gefüllt und offen gelassen, so daß hier noch mehr Wasser verdunsten kann. Zur homogenen Durchlüftung wird der Honig in fast reifem Zustand in andere Zellen umgetragen, wobei diese zu drei Vierteln gefüllt werden. Die zweite, passive Phase dauert im allgemeinen 1 bis 3 Tage, in Abhängigkeit vom ursprünglichen Wassergehalt bei der Einlagerung, der Temperatur und der relativen Luftfeuchtigkeit.

Bei Massentrachten oder Platzmangel werden allerdings die Wabenzellen von Anfang an zu drei Vierteln oder mehr aufgefüllt, was eine verlängerte Ausreifungsphase und manchmal auch wasserreicheren Honig bedingt (vgl. Abb. 21). Erst wenn der Honig reif ist, das heißt höchstens 20 % Wasser enthält, werden die Zellen von den Bienen endgültig aufgefüllt und mit luftundurchlässigen Wachsdeckeln verschlossen. Diese sollen nunmehr dazu dienen, den Honig, welcher ein äußerst hygroskopisches Produkt darstellt, vor einer Wasseraufnahme zu schützen.

3.2.3 Chemische Vorgänge bei der Honigreifung

Mit der Rohstoffaufnahme, während der Futterkette und Eindickung gehen im reifenden Honig gleichzeitig mit dem Wasserentzug biochemische Veränderungen vor sich, die vor allem durch die vom Bienenorganismus zugesetzten Enzyme bedingt werden. Das Enzym Saccharase hat dabei mit seiner Wirkung auf die Saccharose der Honigrohstoffe mengenmäßig eine herausragende Bedeutung. Die Honigsaccharase spaltet die α-Glucoside, also beispielsweise Saccharose, vom α-glucosidischen Ende (= Glucose) her. Neben der hydrolytischen Aufspaltung in Glucose und Fructose wirkt dieses Enzym jedoch unter den Bedingungen des reifenden Honigs auch noch transglucosidierend. Der Wassergehalt nimmt laufend bis zu einem Wert zwischen 15 und 20 % ab. Mit dieser Wasserabnahme geht einerseits eine Verminderung der Enzymaktivität einher, andererseits nehmen mit abnehmendem Verhältnis von Wasser zu Zucker die aus Zuckermolekülen stammenden Hydroxylgruppen im Vergleich zu den aus den Wassermolekülen stammenden Hydroxylgruppen zu. Das aber hat zur Folge, daß der Glucosylrest von der Saccharase (Invertase) nicht mehr nur auf Wassermoleküle (was zur Glucose führt), sondern auch auf andere Zuckermoleküle übertragen wird. Die Glucosyl-Übertragung läuft dabei immer in der Art ab, daß eine α-(1-4)-glucosidische Bindung zu einem anderen Glucosylrest eines Disaccharids oder zu einem Glucosemolekül geknüpft wird (siehe Abschnitt 6.3.1.1). So entsteht z. B. bei Übertragung von Glucose auf ein weiteres Saccharosemolekül das Trisaccharid Erlose (siehe Abschnitt 6.2.3.1), auf ein weiteres Glucosemolekül das Disaccharid Maltose (siehe Abschnitt 6.2.2.1). In der Abb. 22 wird der quantitative Zusammenhang zwischen Saccharosehydrolyse und der Bildung von Transglucosidierungsprodukten an einem Nektar-Imitat gezeigt. Man erkennt, daß besonders am Anfang eine rasche Hydrolyse und Transglucosidierung stattfindet.

Werden während der Honigreifung niedrige Wassergehalte (unter 15 %) erreicht, so unterliegt das einmal entstandene Zuckerspektrum − auch bei mehrmonatiger Lagerung − nur noch sehr langsamen Veränderungen (siehe Abb. 66). Aus der Saccharasewirkung resultiert eine Angleichung im Zuckerspektrum der aus den unterschiedlichen Rohstoffen entstehenden Honige. Die Saccharasewirkung bringt den Bienen auch die Sicherheit, daß während der Honigentstehung keine Zucker auskristallisieren. Konzentrierte Lösungen mit verschiedenen Zuckern kristallisieren erheblich langsamer als konzentrierte Lösungen mit einzelnen Zuckerkomponenten, wie z. B. Saccharose. Außerdem kristallisiert die gebildete Erlose nur sehr schwer und wirkt darüber hinaus auch in kleinen Mengen als Kristallisationshemmer.

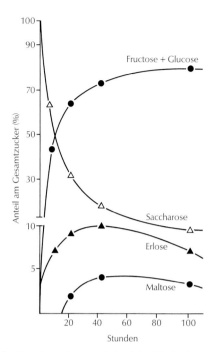

Abb. 22. Quantitativer Verlauf der Zuckerkonzentration bei der Einwirkung der Saccharase auf eine Saccharoselösung. Die Saccharoseausgangskonzentration beträgt 60 %, entsprechend einem eingedickten, ausschließlich saccharosehaltigen Nektar (nach DEIFEL 1989).

Ebenfalls aus den Futtersaftdrüsen der Bienen fließt α-Amylase in den Honig, welche eine Spaltung der α-1-4-Bindungen im Inneren von Polyglucanen (z. B. Stärke) herbeiführt. Da diese hauptsächlich im Pollen vorkommen, ist die Funktion des Enzyms wohl im Aufschluß desselben zu suchen.

Eine saure Phosphatase gelangt über Pollen und Biene (Futtersaftdrüsen) in den Honig (siehe Abschnitt 6.3.1.5). Ihre Funktion besteht darin, Monophosphat von organischen Alkoholresten abzuspalten (CO-P), womit eine Phosphatquelle für die Biene erschlossen wird. Glucoseoxidase gelangt durch die Futtersaftdrüsen der Biene in den Honig. Sie bewirkt in wäßriger Lösung, in Verbindung mit Luft die Oxidation eines sehr kleinen Teils des im Honig enthaltenen Traubenzuckers über Gluconolakton zu Gluconsäure, unter Bildung kleinster Mengen Wasserstoffperoxid (siehe Abschnitt 6.3.1.3). Die Gluconsäure gewährleistet, daß der Honig in jedem Fall schwach sauer reagiert (pH-Wert 3,5 bis 5,5), was die Lebenstätigkeit vieler Bakterien von vornherein unterbindet. Wasserstoffperoxid, welches in Konzentrationen von etwa 50 mg/kg vorliegt, hat stark bakteriostatische (keimhemmende und keimtötende) Eigenschaften. Neben dem geringen Wassergehalt, den die Bienen durch das Eindicken der Honigrohstoffe erreichen, leistet also auch das Enzym Glucoseoxidase seinen Beitrag zur Haltbarkeit des Honigs. Gelegentlich auftretende Katalase im Honig hat mit aller Wahrscheinlichkeit keinen Einfluß auf die Honigreifung und wird auf bestimmte, bisweilen vorhandene Mikroorganismen zurückgeführt (siehe Abschnitt 6.3.1.4). Ähnliche Transglucosidierungs-Reaktionen, wie sie durch die Honigsaccharase ausgelöst werden, können unter bestimmten Voraussetzungen (hoher Wassergehalt in den Honigrohstoffen) zu Beginn der Honigreifung ebenfalls durch verschiedene ubiquitär vorkommende Mikroorganismen (Pilze, wie *Saccharomyces*-, *Aspergillus*- und *Penicillium*-Arten, Hefen, Bakterien und Algen) katalysiert werden. Jedoch haben die beteiligten mikrobiellen Enzymsysteme andere Transglucosidierungs-Eigenschaften als die Honigsaccharase, so daß auch andere als α-1-4-glucosidisch-verknüpfte Saccharide entstehen (siehe Abschnitt 6.2). Die Lebenstätigkeit von Mikroorganismen wird aber durch den abnehmenden Wassergehalt schnell unterbunden, so daß die mikrobiell gebildeten Zucker wie Kojibiose (1), Turanose (2) und 1-Kestose (3) nur in sehr geringen Mengen entstehen (Strukturformeln Seite 54).

Auch Pollen, der an oder in die Biene gelangt, erfährt einige Veränderungen. Im Honigmagen besteht die Neigung zu einer pollenschlauchähnlichen Anschwellung im Bereich der Keimporen der Pollenkörner. Da die Biene beim Sammeln von Pollen (Höseln), diesen mit Honig, Nektar und Drüsensekreten befeuchtet, ist er an reduzierenden Zuckern reicher (Saccharoseinversion) als von Hand gesammelter Pollen. Die eingebrachten Höschen werden

1 Kojibiose
2 Turanose
3 1-Kestose

von den Stockbienen nochmals mit Speichelflüssigkeit durchgeknetet, in Zellen gefüllt und diese mit Honig verschlossen („Bienenbrot"). Diese eingelagerten Pollen machen eine dem Silageverfahren ähnliche Milchsäuregärung durch, in deren Verlauf der Pollen seine Keimfähigkeit vollends einbüßt und dadurch haltbar gemacht wird. Für die rasche Einbuße der Keimfähigkeit wird eine phytozide Substanz (10-Hydroxy-2-Decylensäure) aus den Mandibeldrüsen der Bienen verantwortlich gemacht (KEULARTS und LINSKENS 1968).

Außer diesen biochemischen Vorgängen spielen während der Honigreifung auch rein chemische Reaktionen eine wichtige Rolle. Von Bedeutung sind hier vor allem die von Bienen oder Honigrohstoffen stammenden Aminosäuren, die in saurem Milieu und den im Stock herrschenden Temperaturen (30 bis 35 °C) mit reduzierenden Zuckern Reaktionen unter Bildung von Farb- und Aromakomponenten eingehen. Die genauere Besprechung dieser Reaktionen erfolgt bei den Honig-Inhaltsstoffen in Abschnitt 6.7.

4 Gewinnung und Behandlung des Honigs durch den Imker

Im folgenden soll ein kurzer Überblick über die verwendeten Techniken in kleineren Imkereibetrieben gegeben werden, die in Mittel- und Westeuropa überwiegend angewendet werden. Für vertiefte Kenntnisse sei auf die Bücher von LAMPEITL 1987 und 1988 sowie von ZANDER und BÖTTCHER 1989 verwiesen.

Großimkereien, wie wir sie vom amerikanischen Kontinent her kennen und die über entsprechende Großeinrichtungen zur rationalen Honiggewinnung verfügen, bilden bei uns eine sehr kleine Minderheit. Dem entsprach auch lange Zeit die Angebotspalette des Gerätefachhandels. Die für unsere Verhältnisse größeren Betriebe (etwa ab 100 bis 150 Völkern) waren daher in der Vergangenheit besonders auf ein hohes Maß an Eigeninitiative und Kreativität angewiesen, wenn es darum ging, die Einrichtungen zur Honiggewinnung und -behandlung den in der Praxis realisierbaren Bedürfnissen ihres eigenen Betriebes anzupassen.

Mit dem verstärkt einsetzenden Tourismus als Folge der weltweiten Öffnung nationaler Grenzen hat sich dies – wenn auch nicht grundlegend – geändert. Hierzu lieferten auch die internationalen Veranstaltungen der „Apimondia" ihren Beitrag. So konnten zunächst einige Hersteller aus Frankreich, Italien, Dänemark, Schweden früher vorhandene Lücken am mitteleuropäischen Markt imkerlicher Geräte ausfüllen; heute haben sich die inländischen Hersteller, den Herausforderungen folgend, weitestgehend angeglichen.

Dennoch bleibt festzustellen, daß die Mehrzahl der mitteleuropäischen Imkereien einer Betriebsgröße entspricht, die allenfalls auf den Nebenerwerb ausgerichtet ist und mit internationalem Standard nicht vergleichbar erscheint. Gerade für diese Betriebe steht es jedoch von jeher an erster Stelle, einen Honig bester Qualität zu erzeugen. In diesem Punkt können sie sich durchaus im internationalen Vergleich messen und nehmen eine Spitzenstellung ein.

4.1 Entnahme der Waben aus dem Volk

Die Honigentnahme, „Ernte", wird in der Regel von dem Zeitpunkt bestimmt, wenn eine Tracht beendet ist. Die Tageszeit der Entnahme muß sich vor allem nach der Trachtsituation richten. In der Regel werden die Honigwaben am frühen Morgen bei noch mäßigem Bienenflug entnommen. Dies gilt besonders bei anhaltender Tracht (Beschränkung auf überwiegend gedeckelte Waben); gegen Ende einer Tracht zwingt oftmals die drohende Räubereigefahr zum Arbeiten am frühen Morgen, bei einsetzendem stärkerem Flugbetrieb wird man unterbrechen. Bei Trachtlosigkeit kann es hilfreich sein, die Entnahme auf den Abend zu verlegen.

Zur Wabenentnahme schützt sich der Imker durch einen weißen Spezial-Imkeranzug aus Baumwolle vor Bienenstichen. Eine Räucherung zur Beruhigung des Volkes ist häufig nicht notwendig, da die Bienen bei gleichmäßigem ruhigem Imkern im allgemeinen nicht sehr wild werden und sich schnell wieder beruhigen. Von viel Rauch und chemischen Mitteln, welche die Bienen aus dem Honigraum verdrängen sollen, ist ohnehin abzuraten, da der Honig die Gerüche dieser Stoffe annehmen kann, evtl. ungenießbar und sogar gesundheits-

Abb. 23. „Fritzel"-Beute vom Inneren des Bienenhauses. Oben ist der Honigraum, unten der Brutraum erkennbar.

schädlich werden kann. Eine Beute, die hier angesprochen werden soll, ist die „Fritzel"-Beute, die für Bienenhäuser bestimmt ist (siehe Abb. 23).

Bei dieser Beute können Honigraum und Brutraum oberflächlich eingesehen werden. Die Vorteile dieser relativ kleinen Beuten liegen in der leichten Möglichkeit der Gewinnung von Sortenhonigen und außerdem in Überschaubarkeit und geringem Schadensausmaß im Falle der Erkrankung des einen oder anderen Volkes. Bei den heute mehr gebräuchlichen sogenannten Magazinbeuten mit ihrer Möglichkeit, mit ganzen Wabenschichten zu arbeiten, ist wegen des zur Arbeit benötigten Raumes die Freiaufstellung zweckmäßiger. Im folgenden wird die Technik des Imkerns an einer Magazin-Beute beschrieben.

Zuerst erfolgt die Abnahme des Deckels und die Entfernung der Folie, die bewirkt, daß Deckel und oberste Honigraum-Zarge nicht miteinander verkleben (siehe Abb. 24). Mittels des Stockmeißels wird die oberste Zarge abgenommen, beiseite gestellt, die Rahmen mit den Honigwaben nacheinander gelockert und aus dem Honigraum entnommen (siehe Abb. 25). Die Bienen, die auf den Waben sitzen, werden mit einem kleinen Besen oder einer Gänsefeder in den Honigraum zurückgekehrt (siehe Abb. 26). Es ist zweckmäßig, diejenige Zarge, aus welcher die Honigwaben entnommen werden, beiseite zu stellen und die Bienen in

Abb. 24. Entfernung der Folie, welche den Honigraum nach oben hin abschließt.

die Wabengassen der nächstfolgenden Zarge am Stand oder in mitgebrachte, ausgeschleuderte Waben in einer neuen Zarge abzukehren. Dadurch wird ein mehrmaliges Abkehren der Bienen vermieden, was deren verstärkte Aggression und Wildheit zur Folge haben könnte.

Zur Überprüfung der richtigen Honigreife (etwa 17 % Wasser) wird im allgemeinen die sogenannte Stoßprobe durchgeführt: Man faßt den Rahmen an zwei gegenüberliegenden Ekken und bewegt diesen in horizontaler Lage ruckweise nach unten. Tropft wenig oder gar kein Honig aus den Waben heraus, hat er die richtige Reife.

Der Imker wird den Anforderungen für besten Honig am ehesten gerecht, wenn er die Honigentnahme auf solche Waben beschränken kann, die überwiegend oder zu zwei Dritteln verdeckelt sind (siehe Abb. 27). Die von den Bienen vorgenommene Versiegelung der Honigzellen schützt den Honig gerade nach der Entnahme und vor seiner eigentlichen Gewinnung gegen ungewollte Wasseraufnahme

Abb. 25. Entnahme der Waben.
Abb. 26. Abkehren der Bienen.

58 Gewinnung und Behandlung des Honigs durch den Imker

Abb. 27. Honigwabe, die beinahe zur Hälfte verdeckelt ist.

und fremde Gerüche, aber auch gegen Aromaverlust. Nicht oder nur unvollständig gedeckelte Honigwaben, die vor allem gegen Ende der Trachtsaison zwangsläufig anfallen, sollten daher möglichst zügig verarbeitet werden.

In Ausnahmefällen, vor allem in sehr regenreichen Sommern, kann es vorkommen, daß der Honig trotz regulärer aktiver und passiver Bereitungsphase (siehe Abschnitt 3.2.2) in manchen Völkern zu hohen Wassergehalt aufweist. Das kann dadurch erklärt werden, daß sich im Honigraum zu wenig Bienen aufhalten und es dadurch hier zu kühl wird. Das wiederum hat zur Folge, daß die Luftfeuchtigkeit im Honigraum zu hoch wird und der Honig nicht ausreichend trocknen kann. Er wird dann von den Bienen zu früh verdeckelt. Da ein künstlicher Wasserentzug des Honigs nach dem Lebensmittelgesetz nicht zulässig ist, kann man dem Problem in der Praxis nur dadurch begegnen, daß man, wenigstens stichprobenweise,

mit Hilfe eines Handrefraktometers direkt von den Waben entnommene Honigproben auf ihren Wassergehalt hin untersucht. Auch die sortenbedingten Eigenschaften mancher Honige, insbesondere deren Kristallisationsverhalten (Raps-, Melezitose-Tracht), aber auch durch die Völkerführung bedingte Maßnahmen (z. B. solche der Schwarmvorbeuge), können in der imkerlichen Praxis zur frühzeitigen Honigentnahme zwingen. Dies darf aber nicht auf Kosten verminderter Honigqualität geschehen.

Nach Entnahme der Rahmen mit reifen Waben werden mitgebrachte Rahmen, deren Waben bereits ausgeschleudert wurden, in den Honigraum eingesetzt. Zum Transport der honighaltigen frisch gewonnenen Waben werden diese in eine leere Zarge gehängt, die zum Schutz vor Bienenbeflug und Räuberei immer schnell mit einem Deckel verschlossen werden muß. Grundsätzlich dürfen nur brutfreie Waben entnommen werden. Dies wird dadurch erreicht, daß nur Waben aus dem Honigraum entnommen werden, der vom Brutraum durch ein Gitter getrennt ist (siehe Abb. 28). Durch dieses Absperrgitter (4,2 mm Gitterabstand) können zwar Arbeitsbienen, nicht jedoch die Königin und die Drohnen hindurchschlüpfen (siehe dazu LAMPEITL 1988). Zur raschen Vermehrung der Arbeitsbienen eines Bienenvolkes hängt der Imker bebrütete Waben aus dem Brutraum in den Honigraum, um im Brutraum der Königin wieder Platz zum Eierlegen zu verschaffen. Die so umgehängten Brutwaben stehen nach dem Schlüpfen ihrer Brut wieder zur Einlagerung von Honig zur Verfügung. Drohnenzellen sind durch ihren größeren Durchmesser (6,91 mm gegenüber 5,37 mm bei Arbeiterinnenzellen) gekennzeichnet (siehe Abb. 29 und 30).

Sie werden von den Bienen weniger gern mit Honig gefüllt. In trachtloser Zeit muß der Imker, wie gesagt, sehr darauf achten, daß die den Stöcken entnommenen Honigwaben den Bienen unzugänglich verwahrt werden. Es besteht sonst nicht nur die Gefahr, daß suchende Sammelbienen den Honig davon einheimsen, sondern darüber hinaus in immer stärker werdenden Scharen in räuberischer Weise in an-

Entnahme der Waben aus dem Volk 59

Abb. 28. Gitter, welches Brut- und Honigraum trennt.

Abb. 29. Bebrütete Wabe, deren bestiftete Zellen nach 5 bis 7 Tagen mit losem hellbraunem Wachs verdeckelt wurden. In den Randwaben werden Honig und Pollen als Nahrungs- und Reservesubstanzen eingelagert.

Abb. 30. Wabe mit Drohnenbrut, die einen besonders stark nach außen gewölbten Zelldeckel erhält.

dere schwächere Völker eindringen, um sich deren Vorräte zu bemächtigen. Verteidiger und Angreifer stechen sich dabei im Kampf gegenseitig ab. Dieser Räuberei ist schwer Einhalt zu gebieten. Sie breitet sich leicht über andere benachbarte Völker aus. Ein Verlust der beraubten Völker ist letztlich die Folge.

4.2 Entdeckeln und Schleudern

In einem bienendichten Raum, mit einer Luftfeuchtigkeit von weniger als 60 % werden die Waben ausgeschleudert. Dieser Raum muß unbedingt trocken und frei von Fremdgerüchen sein, da der Honig bei der Schleuderung in feinen Tropfen aus den Waben zentrifugiert wird und dadurch sehr leicht Wasser und Gerüche aufnimmt. Um den Honig leicht schleudern zu können, sollte die Temperatur des Raumes etwa 25 bis 28 °C betragen. Das Entdeckeln der Waben erfolgt am Entdeckelungstisch, der eine Edelstahlwanne besitzt, auf der ein Gestell zur Aufnahme der Rahmen befestigt ist.

Der Imker stellt den Rahmen mit der Wabe in das Gestell. Mittels einer Entdeckelungsgabel oder eines Entdeckelungsmessers werden die Wachsdeckel von den Waben abgeschoben.

Die Deckel bleiben dabei auf den Zinken der Gabel, der Schneide des Messers oder auf

Abb. 31. Bereits entdeckelte Wabe auf Gestell am Entdeckelungstisch. Links Entdeckelungsgabel.

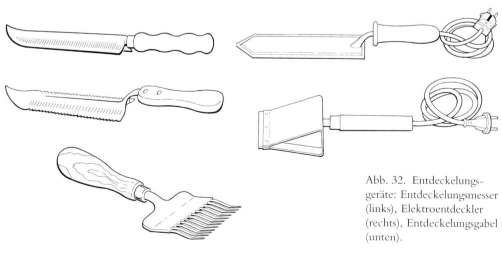

Abb. 32. Entdeckelungsgeräte: Entdeckelungsmesser (links), Elektroentdeckler (rechts), Entdeckelungsgabel (unten).

Entdeckeln und Schleudern 61

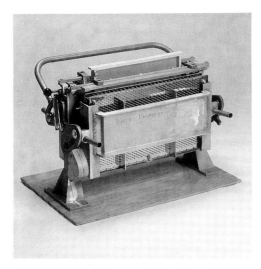

Abb. 33b. Nadelwalze, die zum Entdeckeln und zum Lösen von Heide- oder Melezitosehonig geeignet ist. Die Walze wird mehrmals rasch und mit leichtem Druck über die Wabe gerollt, bis alle Zellen geöffnet sind. Je nach der Konsistenz des Honigs muß mit entsprechendem Druck über die flachliegende Wabe gerollt werden.

Abb. 33a. Entdeckelungmaschine, die zugleich auch als Honiglösmaschine für Heidehonig und sonstige schwer schleuderbare Honige verwendbar ist. Biegsame, gefederte Kunststoffspitzen dringen in die Waben ein. Die Zelldeckel werden beim Zurückziehen nach außen aufgestellt. Zum Honiglösen werden die Stifte bis auf den Zellgrund durchgedrückt.

Abb. 34. Halbautomatische Honigschleudern: Radialschleuder (links), Tangentialschleder (rechts). Unter die Auslaufstutzen werden Kübel mit einem Doppelsieb gestellt.

dem Blech des Elektroentdecklers hängen und müssen von Zeit zu Zeit abgestreift werden. Da sich beim Entdeckeln die Mit-Aufnahme von Honig nicht ganz vermeiden läßt, wird das abgestreifte Gut auf ein Sieb gegeben, durch welches der im Wachs befindliche Honig in einen kleinen Kübel ablecken kann. Es stehen noch andere Entdeckelungsgeräte zur Verfügung, die entsprechend den verschiedenen Honigsorten und der Gewohnheit des Imkers mehr oder weniger gut geeignet sind. Da sie im Prinzip alle das gleiche bewirken, soll hier im einzelnen nicht näher darauf eingegangen werden.

Nach dem Entdeckeln werden die Honigwaben direkt in die Schleuder gestellt (siehe Abb. 34 und 35). Der Honig soll aus den Auslaufstutzen der Schleuder durch ein Doppelsieb in die Unterstellkanne oder einen Unterstellkübel laufen (siehe Abb. 36). Dabei werden Wachsdeckel und andere größere Partikel abgetrennt. Um Wabenbruch zu vermeiden, läßt man die Schleuder erst langsam, dann schneller laufen. Das gilt besonders für Radialschleudern, bei denen die Waben im Korb in Radialstellung stehen und deren beide Seiten somit zugleich ausgeschleudert werden. Bei den Tangentialschleudern werden die Waben mit ihrer Breitseite an die Korbwand gelehnt und ihre beiden Seiten nacheinander geleert. Vorsichtshalber schleudert man die erste Seite zunächst nur halb, die andere dann ganz, und schließlich die erste vollständig aus. Dazu hat man die

Abb. 35. Innenraum einer Honigschleuder (Tangentialschleuder). Die radial im Schleuderkorb stehenden Waben werden während der Schleuderung tangential an das Gitter gedrückt und der Honig aus den Zellen heraus zentrifugiert.

Abb. 36. Honigschleuder während des Betriebs. Der Honig läuft durch das Doppelsieb in das Auffanggefäß.

Wabe zweimal zu wenden. Das geschieht am besten mit einer Selbstwendeschleuder durch Änderung der Drehrichtung.

Die leeren Waben werden in verschlossenen Zargen aufbewahrt, bis bei gegebener Zeit am Bienenstand ein Austausch gegen gefüllte Waben erfolgen kann.

4.3 Gewinnung des Heidehonigs

Heidehonig, genauer Honig von der Besenheide *Calluna vulgaris* hat eine geleeartige Beschaffenheit. Schleudert man entdeckelte Heidehonigwaben, bleibt der Honig in allen Zellen sitzen. Nur Honig aus anderen Trachtquellen wird abgeschleudert. Heidehonig geht für kurze Zeit aus dem Gelzustand in den flüssigen (Sol-)Zustand über, wenn man ihn kräftig umrührt. Das sogenannte „Stippen" des Heidehonigs läuft auf das Umrühren des Honigs in den Wabenzellen hinaus. Stippgeräte gibt es in den unterschiedlichsten Größen und Ausführungen. Die einfachsten gleichen einer mit Stahlstiften statt mit Borsten besetzten Bürste. Die Stahlstifte sind so angeordnet, daß je ein Stift in eine Zelle eindringt, wenn man das bürstenförmige Instrument auf eine Wabe aufsetzt. Man drückt das Stippgerät langsam in die Zellen hinein und hebt es dann ruckartig ab. Dann versetzt man das Gerät bis alle Zellen einer Wabenseite behandelt sind. Anschließend wird die gegenüberliegende Wabenseite gestippt. Der Honig in den Zellen ist nun zähflüssig und kann abgeschleudert werden.

Heidehonig läßt sich schlecht sieben. Bewährt haben sich Siebschleudern, also Schleudern, deren Schleuderkorb mit Siebmaterial bespannt ist. Man gibt den Heidehonig in den Siebkorb und setzt die Schleuder in Bewegung. Die Zentrifugalkraft treibt den zähflüssigen Honig durch das Siebmaterial. Eingeschlossene Luftblasen werden im Heidehonig geduldet. Andere Honige klären sich, wenn man sie an nicht zu kaltem Ort stehen läßt. Beim Heidehonig wird das Aufsteigen der Luftblasen ge-

Abb. 37. Doppelsieb zur Filtration des Honigs. Wachs-, Pflanzen- und Bienenteile werden abgetrennt.

stoppt, wenn der Honig aus dem Sol- wieder in den Gelzustand übergeht. Heidehonig läßt sich daher nur unvollkommen klären.

4.4 Klären, Rühren und Abfüllen

Der gewonnene Honig wird zur feineren Filtration in einen weiteren Doppelsiebkübel (siehe Abb. 37) gegeben, aus welchem er in einen luftdicht abzuschließenden Quetschhahn-Lagerkübel aus Edelstahl fließt (siehe Abb. 38). Stehen keine solchen recht kostspieligen Edelstahl-Lagerkübel zur Verfügung, kann der Honig auch in 10-l-Plastikeimer abgefüllt werden, die mit Hilfe von Plastiktü-

Abb. 38. Quetschhahn-Lagerkübel, aus dem gerade ein 500-g-Honigglas abgefüllt wird. Der Quetschhahn dient zum tropffreien Abbruch des Honigstromes.

ten gut und möglichst luftdicht verschlossen werden.

Je nach Art und Viskosität des Honigs läßt man ihn dann einige Tage ruhig stehen (Rapshonig 1 bis 2 Tage, andere Honige 3 bis 5 Tage), damit Luftbläschen und feinste Wachsteilchen sich auf der Oberfläche absetzen können. Der Schaum wird mit einem Teigschaber abgehoben. Der ganze Vorgang wird so lange wiederholt, bis sich kein Schaum mehr bildet. Die vom Deutschen Imkerbund (DIB) erlassene Vorschrift zur Klärung des Honigs, wird verständlich, wenn man bedenkt, daß sich vor allem im Wachs Rückstände der zugelassenen Tierarzneimittel „Folbex VA Neu" und „Perizin" sowie deren Zerfallsprodukte (Metaboliten) wiederfinden. Der „Abschaumhonig" sollte deswegen verworfen werden.

Nach dem Abschäumen wird der Honig bei Auftreten der ersten Kristallisationskeime gerührt, um bei seiner Lagerung eine möglichst gleichmäßige und feincremige Kristallisation zu erreichen. Grob und hart kristallisierte Honige werden häufig vom Verbraucher nicht geschätzt. Das Rühren hat den weiteren Vorteil, daß der Honig eine einheitliche Konsistenz — auch bezüglich des Wassergehaltes — erhält. Als Rührzeit wird jeweils eine halbe Stunde an drei aufeinanderfolgenden Tagen vorgeschlagen, doch können die Zeiten vom Imker individuell variiert werden. Zum Rühren des Honigs werden Spiralrührer verwendet, die mit einer elektrischen Rührmaschine verbunden sind (siehe Abb. 39). Diese Rührer bearbeiten den Honig von unten nach oben, so daß keine Luft eingerührt wird (PERKIEWICZ 1969). Zum Rühren kann jedoch auch der an eine Handbohrmaschine angeschlossene Dreikantstab verwendet werden.

Rapshonig hat die Eigenschaft, zumeist fein zu kandieren. Man benutzt diese Tatsache, um grobkörnigen Blütenhonig zu etwa 90 % einmischen zu können (beimpfen mit Rapshonig), was eine feinkörnige Konsistenz des Gesamten bewirkt. Melezitosereicher Honigtauhonig kandiert zuweilen bereits in der Wabe, was zu erheblichen Schwierigkeiten bei der Schleuderung führt. In solchen Fällen muß zu-

Farbtafel 1
Oben: Einblick in den Honigraum einer Magazinbeute. Die Waben sind fast ganz gedeckelt; der Honig ist somit schleuderfähig.
Unten: Mit Hilfe der dargestellten Kehr-Einrichtung können auf der Wabe befindliche Bienen schnell abgekehrt werden. Diese fliegen sofort zum Stock zurück.

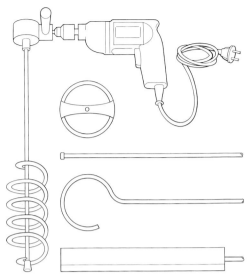

Abb. 40. Geräte zum Rühren von Honig, wodurch die Kristallisation beeinflußt wird.

Abb. 39. Spiralrührer, der an die Rührmaschine im Hintergrund angeschlossen wird.

mindest ein Teil des Honigs rechtzeitig, eher etwas zu früh (unverdeckelt) geschleudert werden. Zur Klärung sind hier mehrere Siebe notwendig, da sie bei Melezitosehonig leicht verstopfen. Ist der Honig bereits in der Wabe kristallisiert, läßt sich teilweise ein solcher Honig schleudern, wenn die Waben entdeckelt, im Warmwasserbad durch Tauchen getränkt und Völkern, die zwei oder drei Zargen mit Bienen belagern, in die unterste Zarge eingehängt werden. Da dort Honigwaben nicht in die Nestordnung passen, werden die Bienen den feuchten Honig sofort aufnehmen und Leerwaben der obersten Zarge damit füllen, die dann rechtzeitig ausgeschleudert werden können. Melezitosehonig darf auf keinen Fall als Winterzehrung in den Völkern bleiben, da er infolge seines kristallinen Zustandes von den Bienen nicht aufgenommen werden kann. Durch Beimpfen mit Rapshonig kann ebenfalls ein sehr feinkristalliner Honigtauhonig erhalten werden. Das Abfüllen des Honigs geschieht in spezielle Honiggläser, die vorgewogen sein müssen. Dazu wird am besten eine elektronische Grobwaage (Genauigkeit 0,1 g) verwendet, die mit dem Gewicht des Glases auf den Nullwert geeicht wird. Aus dem Quetschhahn-Lagerkübel wird der Honig direkt in die Gläser eingelassen). Der Honigfluß kann mittels des Quetschhahnes einfach und ohne langes Nachtropfen unterbrochen werden.

Farbtafel 2
Oben links: Entdeckelungstisch, auf dem sich eine vollständig gedeckelte Wabe befindet.
Oben rechts: Mit Hilfe einer Entdeckelungsgabel werden die Wachsdeckel abgeschoben.
Unten: Siebe, mit deren Hilfe der frisch geschleuderte Honig von Wachsteilen, Bienenbestandteilen und anderen größeren Partikeln befreit wird.

Die genaue Tarierung des Glases erfolgt auf der Waage, indem mit einem Messer Honig zugetropft oder entnommen wird, bis ein gewünschtes Sollgewicht (z. B. 500 g) erreicht ist. Die Gläser werden verschlossen und können dann mit dem Gütesiegel des Deutschen Imkerbundes etikettiert werden.

4.5 Honiglagerung und Verkauf

Honig ist eines der wenigen Lebensmittel, das über Jahre hinweg, ohne zu verderben, gelagert werden kann. Genaue Kenntnis der Eigenart des Honigs und die strenge Einhaltung einiger weniger Bedingungen sind jedoch unerläßlich, um Schädigungen zu vermeiden.

Wertvolle Inhaltsstoffe, wie Enzyme, Geruchs- und Geschmacksstoffe und die in geringen Mengen vorhandenen Vitamine, gehen bei warmer Lagerung rasch verloren (siehe Abschnitt 6.3.1, 6.7 und 6.9). Bei niedrigen Temperaturen ist ihre Abnahme kaum meßbar. Die Bildung von Hydroxymethylfurfural (HMF, siehe Kapitel 8 und 9) beruht auf zu hoher Lagertemperatur, zu langer Lagerung und/oder Erwärmung. Diese Substanz kann somit als Indikator von Hitze- oder Lagerschäden herangezogen werden (siehe Kapitel 7 und 8). Deutscher Honig, der unter dem Gewährverschluß des DIB vermarktet werden soll, darf allerhöchstens einen HMF-Wert von 15 mg in 1 kg (15 ppm) aufweisen. Honige, die einen HMF-Wert von 40 ppm oder darüber aufweisen, dürfen nur als Industrie- oder Backhonig in den Verkehr gebracht werden. So sollten

Abb. 41. Honig-Verflüssigungsgerät. Mit der Heizspirale (links) wird der Honig auf 30 bis 40 °C erwärmt. Der verflüssigte Honig läuft sofort durch ein Sieb und kann abgefüllt werden. Das Gerät ist besonders für schnell kristallisierenden Melezitose-Honig geeignet.

Räume, in welchen Honig gelagert wird, eine Temperatur von höchstens 10 °C haben.

Da Honig hygroskopisch, d. h. wasseranziehend ist, sollten für die Lagerung nur Gefäße mit einem dicht schließenden Deckel verwendet werden, wobei absolute Dichtheit kaum zu erreichen ist. Zur Not können Plastikeimer verwendet werden, die mit Plastiktüten nahezu luftdicht abgeschlossen werden können. Bewährt haben sich Gefäße aus lebensmittelverträglichen Kunststoffen, die einen Deckel zum Überstülpen haben. Solche Gefäße sind bei gründlicher Reinigung des Wulstes am Gefäß und des Falzes am Deckel nahezu dicht. Sie werden zur Zeit vom Handel in Ausführungen für 12,5 kg und 40 kg angeboten, die sowohl stapelbar sind als auch durch ihre konische Form leer ineinander gestellt werden können.

Über längere Zeit gelagerter Honig ist vom flüssigen in den kristallinen Zustand übergegangen. Zum Verkauf an den Endverbraucher muß er wieder flüssig gemacht werden, damit man ihn in die entsprechenden Gefäße abfüllen kann (siehe Abb. 41). Ein Wärmeschrank mit Temperaturregelung eignet sich bestens dafür. Behelfsmäßig läßt sich ein altes Kühlschrankgehäuse verwenden, das anstatt des Kühlaggregats eine Heizspirale oder eine 60- bis 100-Watt-Glühbirne als Heizung besitzt. Empfehlenswert ist die Anbringung eines Thermometers, mit dem die Innentemperatur außen abgelesen werden kann. Durch Wahl der geeigneten Wattzahl der Lampe oder mittels einer Zeitschaltuhr kann so geschaltet werden, daß eine Temperatur von 30 bis 40 °C nicht überschritten wird. Dagegen ist die Verflüssigung von Honig im Wasserbad, womöglich in Waschkesseln, nicht mehr zu empfehlen.

Die Größen der Verkaufsgebinde richten sich nach der Marktsituation. Üblich ist es, Honig in 0,5-kg-, 1-kg-, 2,5-kg- und 5-kg-Gebinden anzubieten. Bewährt und auch durchgesetzt hat sich das Einheitsglas mit 0,5 kg Inhalt des Deutschen Imkerbundes (DIB). Der Vorteil der Abfüllung und des Verkaufes von Honig in diesem Glas liegt darin, daß es vom Verbraucher direkt auf den Tisch gebracht werden kann. Verkaufsgebinde mit 2,5 kg und mehr Inhalt werden in beschichteter Blechausführung angeboten. Ein gut und dicht verschließbarer Deckel ist ebenso wichtig wie ein Drahtbügel zum Tragen. Solche Gebinde sind für mehrmaligen Gebrauch bestimmt. Sofortiges Reinigen nach der Entleerung ist genauso wichtig wie die Aufbewahrung danach in offenem Zustand. Grundsätzlich sollte Honig nicht in Gefäßen aufbewahrt oder verkauft werden, die vorher anderweitig genutzt wurden. Honigaufbewahrungs- und Verkaufsgefäße müssen sich in jedem Fall in einwandfreiem nicht rostendem Zustand befinden. Das gilt insbesondere für Gefäße aus Blech (LAMPEITL 1987).

Schulungen zur sachgerechten Honiggewinnung, Pflege und Lagerung sowie zur verkaufsgerechten Aufmachung und Vermarktung werden von Bieneninstituten und einzelnen Imker-Landesverbänden durchgeführt (siehe Abschnitt 1.4.2).

5 Physikalische und chemische Eigenschaften des Honigs

5.1 Säuregehalt und pH-Wert in Blüten- und Honigtauhonig

Dieser Punkt wird bei den Inhaltsstoffen in Abschnitt 6.6 behandelt.

5.2 Oxidations- und Reduktionseigenschaften

Honig hat sowohl oxidierende als auch reduzierende Eigenschaften. Die oxidierende Wirkung geht zum großen Teil auf die Tätigkeit der Glucoseoxidase und der damit verbundenen Entstehung von H_2O_2 zurück (siehe Abschnitt 6.3.1.3). Die reduzierende Tätigkeit ist durch das Vorhandensein reduzierender Zukker (Glucose, Fructose) bedingt. Aufgrund dieses Wechselspiels zwischen Oxidation und Reduktion wird das Spektrum der Inhaltsstoffe noch vergrößert. So können Alkohole in Aldehyde bzw. Ketone und weiter zu Carbonsäuren oxidiert werden und umgekehrt. Alkohole und Säuren können dann wieder Ester bilden. Nachfolgend seien einige mögliche Reaktionen genannt:

Wie in Abschnitt 6.7 (Aromastoffe) erwähnt, sind viele dieser Substanzen aromaaktiv und tragen zum typischen Honiggeschmack bei. Die Ausgangssubstanzen für die Umsetzung kommen hauptsächlich mit den Aromastoffen über die Pflanze in den Honig (siehe Abschnitt 6.7.2). Verglichen mit anderen chemischen Umsetzungen (Maillard-Reaktion) und dem pflanzlichen Eintrag von aromaaktiven Komponenten sind allerdings diese Reduktionen und Oxidationen quantitativ von geringerer Bedeutung.

5.3 Geschmack und Geruch

Daß Honig – bedingt durch die hohe Zukkerkonzentration – süß schmeckt, braucht nicht besonders erwähnt zu werden. Strukturelle Voraussetzungen, die für die Empfindung von „Süße" notwendig sind, werden in BELITZ (1987) beschrieben. Die Gluconsäure als geschmacksgebende Komponente tritt gegenüber der Süße meistens in den Hintergrund, wirkt aber beim Gesamteindruck des Geschmacks mit. Der Geschmack und Geruch beim Honig wird jedoch durch eine ganze Reihe von Mikrokomponenten beeinflußt, die von einer speziellen Blütenart bestimmt sein

Ethanol	→	Acetaldehyd	→	Essigsäure	→ -ester
Propanol	→	Propionaldehyd	→	Propionsäure	→ -ester
Isopropanol	→	Dimethylketon	→	Isopropionsäure	→ -ester
Butanol	→	Butyraldehyd	→	Buttersäure	→ -ester
Pentanol	→	Valeraldehyd	→	Valeriansäure	→ -ester
Phenylethylalkohol	→	Phenylacetaldehyd	→	Phenylessigsäure	→ -ester
Benzylalkohol	→	Benzaldehyd	→	Benzoesäure	→ -ester

Tab. 10. Geschmacksschwellenwerte einiger aromatischer Carbonsäuren und ihre Konzentrationsbereiche in Honigen (nach STEEG und MONTAG 1988 b)

Name	Sensorik	Schwellenwert [mg · kg^{-1}]	Gehalte in Honigen [mg · kg^{-1}]
Benzoesäure	säuerlich	85	1,1–90,5
Phenylessigsäure	honig-, karamelartig	2,5	0,6–242,1
Phenylpropionsäure	karamelartig	–	0,7–1,2
Mandelsäure	adstringierend	200	0,1–8,1
Salicylsäure	süß, säuerlich, kratziger Geschmack	90	0,7–5,8
trans-Zimtsäure	schwaches Zimt-Honig-Aroma	–	0,4–1,0
Vanillinsäure	süß, adstringierend, vanilleähnlich	30	0,3–1,1
trans-p-Cumarsäure	adstringierend, phenolisch	40	1,2–6,1
trans-Ferulasäure	adstringierend	90	0,3–3,6
trans-Kaffeesäure	adstringierend	90	0,4–3,2

können (trachttypisch), oft jedoch durch die Blütenmischung (z. B. Wiesenblüten), die Mischung aus Blüten- und Honigtauhonig (Waldhonig) oder durch die Mischung von Honigen verschiedener Länder bedingt sind. In den letzten Jahren sind einige Geschmacks- und Geruchsstoffe in Honigen gefunden worden, die in Tab. 10 und 11 hinsichtlich Gehalt, Schwellenwert und Sensorik charakterisiert werden. Der Geschmack von Phenolcarbonsäuren wird als adstringierend, bitter und phenolisch bezeichnet. In Tab. 10 werden die Geschmacksschwellenwerte einiger aromatischer Carbonsäuren den in Honigen bestimmten Gehalten gegenübergestellt (siehe Abschnitt 6.7). Während Benzoesäure und Phenylessigsäure zumindest in einigen Honigen in Konzentrationen vorkommen, die über den Schwellenwerten liegen, sind die Gehalte der anderen aromatischen Carbonsäuren weit unterhalb der angegebenen Schwellenwerte. Zu bedenken ist aber, daß die Aromastoffe in der Kombination oft deutlich geringere Schwellenwerte aufweisen, so daß die Wahrnehmungsgrenzen stark herabgesetzt sind (STEEG und MONTAG 1988b). Es kann daher angenommen werden, daß die aromatischen Carbonsäuren in den gefundenen Konzentrationen doch zum sensorischen Eindruck der verschiedenen Trachthonige beitragen (siehe Abschnitt 6.7.2).

Dies trifft wohl auch für die in Honig enthaltenen Ester zu, die aus Säuren und Alkoholen gebildet werden. Obwohl keine spezifischen Angaben hinsichtlich einzelner Ester gemacht werden können, muß gerade für die Ester aromatischer Carbonsäuren festgestellt werden, daß sie das Aroma eines Honigs auch im unteren mg/kg-Bereich entscheidend beeinflussen (siehe Abschnitt 6.7 und 5.2).

Die Gehalte der Honige an Phenolen liegen im µg/kg-Bereich. Phenole als stark aromaaktive Substanzen können mit zum sensorischen Gesamteindruck der Honige beitragen.

Hydrochinon, das im Gegensatz zu den anderen Phenolen in Honigen im mg/kg-Bereich vorkommt, konnte nicht in Heidehonig nachgewiesen werden. O-Cresol (beißender Geruch) kommt nur in Honigtau- und Rapshonigen vor und 4-Methoxyphenol nur in Waldhonigen.

Einige in Honigen nachgewiesene aromatische Aldehyde und Alkohole werden in Tab. 11 aufgeführt. Allgemein kommen Aldehyde und Alkohole im oberen µg/kg-Bereich vor. Nur Benzaldehyd, Benzylalkohol, 2-Phenylacetaldehyd und 2-Phenylethanol kommen mit höheren Gehalten vor. Auffällig ist das Fehlen von Phenylacetaldehyd und Phenylessigsäure in Buchweizenhonigen.

Aromatische Kohlenwasserstoffe runden das Spektrum der pflanzlich gebildeten Aromaten in Honigen ab. Im sekundären Stoffwechsel der Pflanzen kann noch eine Vielzahl hier nicht genannter Substanzen entstehen und unter

Tab. 11. Geschmacksschwellenwerte und sensorischer Eindruck einiger in Honig nachgewiesener aromatischer Aldehyde und Alkohole (nach STEEG und MONTAG 1988c)

Name	Sensorik	Schwellenwert [mg · kg^{-1}]
Benzaldehyd	bittermandelartig	1,2
2-Phenylacetaldehyd	honigartig	0,82
Methoxybenzaldehyd	süß, würzig, blumig	–
4-Hydroxybenzaldehyd	Röstaroma	–
Benzylalkohol	bitter, mandelartig	900
2-Phenylethanol	süß, rosenähnlich	125
Zimtalkohol	blumig, herb	–

Umständen natürlich auch in den Honig gelangen. Ergänzt wird dieses komplexe Bild durch das ubiquitäre Vorkommen von Glykosiden in Pflanzen. Glykoside sind wenig reaktiv und wasserlöslich, so daß sie in der Vakuole gespeichert werden können. Das Arbutin (Hydrochinon-β-D-Glykosid) wird für die Genußuntauglichkeit einiger sardischer Honige verantwortlich gemacht. Phenyl- und Benzylglykoside können den Geschmack eines Honigs beeinflussen. Er ist als bitter bis sehr bitter beschrieben (BIRCH und LINDLEY 1973).

Insgesamt kann gesagt werden, daß sich Substanzen sämtlicher Stoffklassen der niedermolekularen Aromaten, die im sekundären Stoffwechsel der Pflanzen aus den aromatischen Carbonsäuren gebildet werden, auch in Honigen nachweisen lassen. Sie können sowohl den allgemeinen als auch den trachtspezifischen sensorischen Eindruck von Honigen beeinflussen.

5.4 Konsistenz

Als Maß der Konsistenz (siehe Abschnitt 1.3.2) gilt die Viskosität (siehe Abschnitt 5.5), die sich zunächst auf flüssige Honige bezieht, als deren Abart man aber die leichte, mittlere oder schwere Streichfähigkeit bei festen Honigen ansehen kann. Diese Halbfestigkeit rührt daher, daß Honig im festen Zustand nicht aus lauter festen Partikelchen (Kristallen) besteht, sondern aus einem mehr oder weniger engen Maschenwerk kleinster Glucosehydrat-Kristalle[1], zwischen denen eine dickflüssig-ölig-konzentrierte Honiglösung in Form kleinster Tröpfchen eingebettet ist, welche hauptsächlich aus Fruchtzucker besteht. Die Viskosität wird vor allem bei Heide- und Buchweizenhonig überlagert von einer Gel-Bildung, wie sie bei jedem Gelee beobachtet wird. Daher kann man gefüllte Heidehonigwaben durchschneiden, ohne daß der Honig herausläuft, während frisch geerntete Wabenzellen anderer Honigtrachten nach dem Durchschneiden auslaufen. Man kann das „Gel" zerrühren, aber beim Stehen bildet es sich von neuem. Es ist reversibel und wird von Eiweißbestandteilen einiger weniger Honige gebildet. Solche Honige verhalten sich beim Erwärmen anormal. So zeigt Buchweizenhonig vorübergehend eine höhere Viskosität, welche bei weiterer Erhitzung verschwindet, wobei eine Ausfällung der „geleebildenden" Eiweißbestandteile erfolgen kann. Dickflüssiger Heidehonig wird bei längerem Erwärmen (12 Stunden) auf 65 °C so steif, daß er beim Kippen des Glases keinerlei Neigung zum Fließen mehr besitzt (LOUVEAUX 1966).

Vom Verbraucher wird eine dickölige Konsistenz bevorzugt, weil sie einerseits gut streichfähig ist, andererseits nicht oder nur sehr langsam in die Brotkrume einsickert oder vom Brot herabläuft. Wird ein in einem Raum von 20 °C (normale Zimmertemperatur) ange-

---
[1] Hydrate: Verbindungen, in denen infolge einer Hydratation Wassermoleküle an andere Moleküle oder an Ionen angelagert sind.

nehm streichfähiger Honig nachts in eine kalte Speisekammer gestellt und kühlt sich auf 10 °C ab, dann kann er schon so schwerflüssig werden, daß er sich schlecht streichen läßt. Besitzt umgekehrt Honig bei Speisekammertemperatur optimale Eigenschaften, so kann er in der Wärme schon zu dünn werden und dann vom Brot herablaufen.

Für die gewerbliche Abfüllung von Honigen wählt man meistens Temperaturen zwischen 31 und 35 °C, da bei dieser Temperatur der Honig leicht zu handhaben ist. So kann man z. B. bei Abfüllmaschinen das sehr lästige Nachtropfen weitgehend vermeiden. Als Faustregel kann gelten, daß für jedes Prozent Wasser, welches der Honig über 17 % hat, die Abfülltemperatur um 3 °C erniedrigt werden kann, um optimale Fülleigenschaften zu erzielen.

Fast alle Honige sind in bezug auf Glucose übersättigte Lösungen. Die natürliche Kristallisation ist üblicherweise feinkörnig, hervorgerufen durch die Anwesenheit von Myriaden von feinsten Kleinkristallen oder Kristallisationskernen wie Staub, Pollen oder feinste Luftblasen. Nach Erhitzung über 50 °C und/oder Filterung sind die Kleinkristalle und/oder anderen Kristallisationskerne nicht mehr im Honig enthalten. Daher erfolgt eine nachfolgende Kristallisation langsamer und üblicherweise grobkörniger (ECHIGO et al. 1987). Feine Kristalle erreicht der Imker durch Rühren des Honigs mit kantigen Holzstäben an den Wandungen der Standbehälter oder durch längeres Rühren mittels Spiralrührer. Hierbei bilden sich massenhaft kleinste Kristallkeime, so daß der Honig nach 10 bis 14 Tagen beginnt, trüb zu werden und dann auch rasch fest wird.

Technisch ist die Erzielung feinster Kristalle durch die Arbeiten von TOWNSEND (1961, 1970) elegant gelöst, indem man Kristallsaathonige mit dem geschmolzenen Honig bei 20 °C in besonderer Weise mischt und dann bei der Optimaltemperatur von 14 bis 15 °C stehen läßt, bei welcher der Honig die größte Kristallisationstendenz zeigt (ECHIGO et al. 1987). Da dieses Verfahren ohne allzu große Investitionen für Apparate ausführbar ist und andererseits den Honigabsatz sehr erleichtert, sollen einige wichtige Einzelheiten nachfolgend erläutert werden:

- Die sogenannten Saatkristalle können von solchen Honigen stammen, die von Natur aus „feinsalbig" kristallisiert sind (z. B. Rapshonige, siehe Abschnitt 4.4). Zur Erzielung der notwendigen Menge werden sie im Verhältnis 1:10 mit verflüssigtem Honig dadurch gemischt, daß man zunächst 1:1 mischt, energisch und lange genug rührt (mit einem Löffel oder Pistill), bis eine vollständige Mischung vorhanden ist. Der Rest des geschmolzenen Honigs wird dann unter starkem Rühren in kleinen Portionen nach und nach zugegeben.
- Die Temperatur soll 20 °C nicht übersteigen. Diese Mischung läßt man bei 14 °C stehen. In 2 bis 3 Tagen ist sie milchiggelblich und fest. Der so gewonnene „Saathonig" kann nun bei normaler Temperatur stehen.
- Zur Erzeugung größerer Mengen setzt man davon etwa 5 bis 10 % bei 20 °C dem geschmolzenen Honig zu und behandelt wie oben beschrieben. Um die zur Erzielung feinsalbiger Honige erforderliche, absolut gleichmäßige Mischung zu garantieren, eignet sich die von TOWNSEND (1961) angegebene Mischapparatur ausgezeichnet.

Solche Honige werden dann meist in 2 bis 3 Tagen fest und haben eine völlig gleichmäßige feine Beschaffenheit. Ist der Wassergehalt optimal, dann lassen sie sich wie Butter streichen, sickern nicht ein und laufen nicht vom Brot. Für die Kristallisationstendenz ist das Verhältnis der einzelnen Honigzucker zueinander und auch der Dextringehalt (Oligosaccharidgehalt) von großer Bedeutung. Melezitosereiche Honigtauhonige kristallisieren z. B. oft schon in der Wabe, da dieser Zucker eine hohe Kristallisationstendenz besitzt. Auch der relative Glucosegehalt ist in der Weise von Bedeutung, daß glucosereiche Honige schneller kristallisieren. Tab. 12 zeigt am Glucose-Wasser-Verhältnis, daß nach mehrmonatigem Stehen die Honige – je nach ihrer Zusammensetzung

Tab. 12. Zusammenhang zwischen der Kristallisationstendenz und dem Verhältnis Glucose zu Wasser in Honig (nach WHITE et al. 1962, BOGDANOV et al. 1987)

	Verhältnis Glucose/ Wasser
Flüssig bleibende Honige	≤1,69
wenige vereinzelte Kristalle	1,76
einige Kristalldrusen	1,83
¼ der Honigschichthöhe kristallisiert	1,99
¾ der Honigschichthöhe kristallisiert	2,06
vollkommen weich durchkristallisiert	2,16
vollkommen hart durchkristallisiert	2,24

− nicht vollständig fest geworden, sondern zum Teil flüssig geblieben waren, aber mehr oder weniger festgewordenen Bodensatz (kristallisierten Honig) gebildet hatten. Bei einer Serie von Mustern mit Glucose-Fructose-Verhältnissen von 1,0:1,06 bis 1,0:1,55 steigt die Kristallisationszeit von 1 auf 27 Monate (ZELIKMANN 1955). DE BOER (1931) multipliziert den Faktor Fructose:Glucose mit 100. Bei gut kristallisierenden Honigen (z. B. Raps und Weißklee) beträgt der Faktor dann 105,4 und 113, bei nicht kristallisierenden Honigen (z. B. Robinie und Edelkastanie) steigt er bis 171,6 an. Als Größe für das Kristallisationsvermögen führt DE BOER (1931) die Verhältniszahl Glucose:Nichtzucker ein, welche bei gut kristallisierenden Honigen 22,4, bei nicht kristallisierenden nur 3,9 beträgt (HADORN und ZÜRCHER 1974).

THOMSON (1938) untersucht das Phänomen des „Ausblühens" (frosting) von Honig infolge der Kristallisation. Es ist demnach auf das Vorhandensein von Luftblasen im Honig in Verbindung mit einer Volumenkontraktion bei der Kristallbildung zurückzuführen. Kristalle in Bereichen des „Ausblühens" sind kleiner als in anderen Bereichen. Diese kleineren Kristalle bewirken die hellscheinende Verfärbung der „Blüten". GREEN (1951) führt das „Ausblühen" auf das Vorhandensein von gelöster Luft und winzigen Luftblasen im Honig zurück. Diese werden bei der Kristallisierung ausgeschieden und abgesondert. Die Art des Behälters ist unerheblich. GONNET und LAVIC (1963) beseitigen die „Ausblühung", indem sie den Honig einer Temperatur von 30 °C aussetzen; weisen aber darauf hin, daß nach einer scharfen Abkühlung die Erscheinung wieder auftritt.

Kristallisierte Honige verändern ihre Festigkeit auch bei längerem Lagern nur sehr langsam. Zunächst tritt eine Verfestigung auf, die nach einiger Zeit (3 bis 5 Monate) jedoch wieder einer Erweichung Platz macht und (bei kühler Lagerung) nach etwa 1,5 Jahren schließlich zu einer Trennung des Honigs in zwei Schichten führen kann, einer dunklen flüssigen Oberschicht und einer festen Unterschicht. Die Begründung hierfür liegt darin, daß enzymbedingt ein innerer Umbau eines kleinen Teils des Zuckers im Honig stattfindet, wobei der Fructoseanteil langsam steigt und der Glucoseanteil langsam abnimmt (siehe Kapitel 9). Diese Verschiebung kann so groß werden, daß das Gitterwerk der Traubenzuckerkristalle fester Honige zusammenbricht und die einzelnen Traubenzuckerkristalle sich am Boden zu einer festen, weißlichen Bodenschicht sammeln. Die darüber verbleibende dunklere Schicht enthält dann vorwiegend Fruchtzucker.

5.5 Viskosität

In Zusammenhang mit Wassergehalt, spezifischem Gewicht und Temperatur steht das Verhalten des Honigs gegenüber mechanischen Einwirkungen, wie z. B. Rühren oder Fließen. Hier spielt die Pastigkeit, Zähigkeit oder Schwerflüssigkeit eine gesetzesmäßige Rolle. In der physikalischen Beschreibung nennt man sie innere Reibung, dynamische Zähigkeit oder Viskosität. Diese Eigenschaft ist in ihrem äußerlichen Verhalten schon in Abschnitt 5.4 beschrieben. An dieser Stelle sind lediglich noch einige Einzelheiten nachzutragen.

Die Viskosität ist eine für jeden Stoff charakteristische Konstante und wird in Pascalsekunden [PA · s] mit der Dimension

$\dfrac{\text{Kraft} \times \text{Zeit}^{2)}}{\text{Fließstrecke}}$ angegeben.

Tabelle 13 gibt Zahlenwerte, die eindrucksvoll zeigen, wie groß die Viskosität kalter Honige ist und wie rasant sie beim Erwärmen abnimmt. Auch die Erhöhung des Wassergehaltes um nur etwa 1 % bringt teilweise eine Erhöhung der Leichtflüssigkeit (Erniedrigung der Viskosität) um etwa ein Drittel. Verschiedene Trachthonige gleichen Wassergehalts zeigen bei derselben Temperatur naturgemäß unterschiedliche Viskositäten (siehe Tab. 13).

Tab. 13. Viskosität von Honig (nach WHITE 1978)

Honig-Typ	Wassergehalt [%]	Temperatur [°C]	Viskosität [Pa · s]
Steinklee	16,1	13,7	60,0
(Melilotus)		20,6	19,0
		29,0	6,8
		39,4	2,1
		48,1	1,1
		71,1	0,3
	16,5	25,0	8,8
Salbei	18,6	11,7	73,0
(Salvia)		20,2	18,5
		30,7	5,5
		40,9	1,9
		50,7	1,0
	16,5	25,0	12,0
Weißklee	13,7	25,0	42,0
(Trifolium repens)	14,2		27,0
	15,5		14,0
	16,5		9,4
	17,1		7,0
	18,2		4,8
	19,1		3,5
	20,2		2,0
	21,5		1,4

Manche thixotrope[3] Honige, z. B. Heide-, Buchweizen- oder Manuka-(*Leptospermium scoparium*)Honig sind im Gel-Zustand so schwerflüssig und sülzig, daß sie erst nach Überführung in den Sol-Zustand (z. B. durch Schütteln, Vibrieren) aus der Wabe ausgeschleudert werden können. Diese Eigenschaft beruht auf dem Vorhandensein von Proteinen; wenn z. B. isoliertes Heidehonig-Protein in Kleehonig gemischt wird, entwickelt letzterer thixotropes Verhalten.

5.6 Farbe

Honige können eine außerordentlich verschiedene Farbe besitzen. Von farblos über alle Schattierungen, vom zarten Blaßgelb über das leuchtende Goldgelb, welches auch etwas ins Grünliche oder aber ins Orangefarbene tendieren kann, über Goldbraun zu bräunlichen Tönungen aller Art bis zum kräftigen Rot- und Dunkelbraun – ja bis zum Schwarzgrau mit grünlicher Fluoreszenz reicht die Farbpalette der Honige (siehe Abschnitt 7.2.3).

Diese Farbtöne werden – soweit sie durch die Tracht oder die Blütensorte bedingt sind – durch gefärbte Komponenten hervorgerufen, die von den beflogenen Pflanzen stammen. Aber auch chemische Reaktionen, Mineral- und Kolloidgehalt sind für die Farbe von Bedeutung (siehe Abschnitt 6.7 und 6.8).

In Deutschland ist der Frühlingshonig meist heller als der Sommerhonig. Dies ist wahrscheinlich darauf zurückzuführen, daß die Bienen im Frühling keinen Honigtau finden. In Mischungen können kleine Anteile eines dunklen Honigs die Farbe stark beeinflussen, vor allem, wenn es sich um Honigtauanteile handelt.

Auch Honige der gleichen Blütenherkunft sind je nach Jahr und Gegend nicht immer gleich gefärbt. Akazienhonige können fast farblos, aber auch leicht gelblich, Lindenhonige teils gelblich bis tief goldgelb, aber auch grünlichgelb anfallen.

Die normalerweise dunkelgefärbten Honigtauhonige können in hohen Lagen im Alpengebiet ganz hell sein. Als eine Art Faustregel kann man sagen (nach WHITE et al. 1962):

---

[2] Hier vereinfacht, Näheres siehe Lehrbücher der Physik.
[3] Thixotropie: Verflüssigung von Gallerten durch Rühren, Schütteln usw.

Helle Honige
− hoher Gehalt an Glucose
− Fructose (selten Saccharose)
− niedriger pH-Wert
− größeres Kristallisationsvermögen

Dunkle Honige
− mehr titrierbare Säure
− mehr Stickstoff
− mehr Asche

Da speziell bei Blütenhonigen eine helle Farbe geschätzt wird, muß auf folgende Veränderungen der Farbtiefe besonders geachtet werden:

Längere Zeit in alten Waben gespeicherter Honig wird dunkler. Aus Pressungen stammender Honig ist meist trübe und wirkt daher dunkler. Lange im heißen Klima stehender oder in Lagerhäusern ungünstig warm gelagerter Honig dunkelt nach (siehe Abschnitt 6.7). Überhitzter Honig hat meist einen dunkler gewordenen Ton. Honig in flüssiger Form ist dunkler als kristallisierter Honig. Honig kann auch in Handelspackungen (Eimer, Dosen oder Metalldeckel der Honiggläser) an der Oberfläche dunkle, ja schwarz gefärbte Verbindungen bilden, weil durch die Säuren die Honige aus der Verpackung etwas Eisen aufnehmen, welches zu schwarzem Eisenoxid oxidiert wird. Auch Erntezeit, Trachtverhältnisse, ja selbst Bienenrasse, Gewinnungsart (pressen oder schleudern) und auch der Zustand des Honigs (fest oder flüssig) wirken sich auf die Honigfarbe aus (siehe Tab. 1).

Trockenfrüchte werden bei langem Lagern langsam dunkler, Milchpulver nimmt bei langem Stehen einen leicht bräunlichen Ton an. Durch Lagerung bzw. Erhitzung werden sogenannte Melanoidine durch die „Maillard-Reaktion" gebildet (siehe Abschnitt 6.7). Sie ist von der Höhe der Temperatur im Zusammenhang mit der Zeit abhängig. Den Einfluß der Lagertemperatur zeigt Tabelle 14 klar. Bei kühler Lagerung ist das Nachdunkeln unmerklich oder nur sehr gering. Der Imker und Händler hat es daher in der Hand, helle Honige nach Möglichkeit vor dem Nachdunkeln zu bewahren, während umgekehrt die dunklen oder rot-

Tab. 14. Zusammenhang zwischen Farbvertiefung pro Monat und Lagertemperatur in mm „Pfund"* bei Honigen mit unterschiedlicher Farbe (nach Milum 1939)

Lagertemp. (°C)	weiß/hell	bernsteinfarben	braun
10,5	0,024	0,024	0,024
16,0	0,08	0,125	0,10
21,5	0,27	0,70	0,40
27,0	0,90	4,0	1,5
32,5	3,0	7,7	5,0
38,0	10,0	14,0	11,0

* mm „Pfund": Farbe Standardglas des Pfund-Color-Grader = mm Honigschichtdicke

braunen Wald- und Tannenhonige in flüssiger Form, in der sie sich meistens lange Zeit halten, auch trotz oder gerade wegen der tieferen Farbe vom Verbraucher gern gekauft werden (vgl. Abschnitt 7.2.3).

5.7 Dichte

Die Dichte gibt Auskunft über die Menge, welche in ein definiertes Volumen eingefüllt werden kann. Zur Messung der Dichte benutzt man geeichte Gefäße. Man kann z. B. ein würfelförmiges Metallgefäß nehmen, dessen Höhe, Breite und Länge innen genau 1 cm betragen. Das Volumen dieses Gefäßes beträgt dann 1 cm^3 (1 ml). Füllt man dieses Gefäß bis an den Rand mit Wasser von 4 °C, dann wird der Inhalt genau 1 g wiegen. Füllt man es ebenso mit Honig, dann wird der Inhalt 1,43 g, also wesentlich mehr wiegen. Man sagt: Honig ist dichter als Wasser. Für den Alltagsgebrauch ist es bequem, die Dichte bei 20 °C zu messen.

$$\text{Dichte} = \frac{\text{Masse [g]}^{1)}}{\text{Volumen [cm}^3\text{]}}$$

Die Dichte eines Stoffes gibt an, um wieviel schwerer er als ein gleich großes Volumen

---
[1)] vereinfacht, Näheres siehe Lehrbücher der Physik.

Wasser z. B. bei 20 °C ist. In der Praxis rechnet man anstatt der Dichte meistens mit dem spezifischen Gewicht. Obwohl dieses nach der physikalischen Definition nicht identisch mit der Dichte ist, ergeben sich bei Wägungen identische Werte. Das spezifische Gewicht (und die Dichte) verändert sich mit dem Wassergehalt des Honigs in folgender Weise:

Wassergehalt [%]	Spez. Gewicht [g · cm⁻³]
14,0	1,4404
18,0	1,4174
21,0	1,3550

Eine ausführliche Tabelle wird bei WEDMORE (1955) angegeben. Hohe Wassergehalte (18 bis 22 %) kommen vorwiegend in feuchten, kühlen Ländern vor, während niedrige (15 bis 18 %) eher in warmen, speziell trockenen Ländern die Regel sind. Vereinzelt sinkt der Wassergehalt bis 14 % (86 % Trockensubstanzgehalt), aber er kann auch umgekehrt (z. B. bei Heidehonigen 23 bis 24 %) sehr hohe Werte annehmen.

Wegen der ziemlich großen natürlichen Schwankungen im Wassergehalt muß beim Verschnitt von Honigen auf deren vollständige Durchmischung geachtet werden, da ansonsten eine unerwünschte Schichtbildung gemäß der unterschiedlichen spezifischen Gewichte stattfinden kann.

5.8 Spezifische Wärmekapazität

Wenn man als Imker vor der Aufgabe steht, größere Mengen von Honig zu erwärmen, muß man die Größe der wärmezuführenden Organe (z. B. Heizmantel) ermitteln; dazu ist es wichtig zu wissen, wie groß die zuzuführende Wärmeenergie sein muß. Sie wird in der spezifischen Wärmekapazität ausgedrückt:

$$\text{Spezifische Wärmekapazität} = \frac{\text{Wärmeenergie [J]}}{\text{Masse [kg]} \cdot \text{Temperaturänderung [K]}}$$

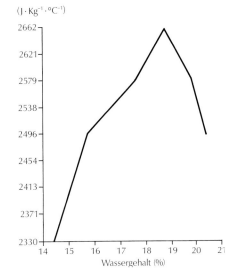

Abb. 42. Spezifische Wärme von Honig im Verhältnis zu dessen Wassergehalt (nach WHITE 1978).

Ihre Maßzahl gibt also die Anzahl Joule [J] oder Kalorien [cal] an, die aufgewendet werden müssen, um 1 kg eines Stoffes um 1 °C zu erwärmen. Zwischen Kalorien und Joule gilt folgender Zusammenhang: 1 cal = 4,18 J. Die erforderliche Wärmeenergie ist von Stoff zu Stoff sehr verschieden. Die spezifische Wärmekapazität z. B. des Wassers ist 4186,8 $J \cdot kg^{-1} \cdot K^{-1}$, während für 1 kg Honig (Wassergehalt 17,4 %) 2260,9 $J \cdot kg^{-1} \cdot K^{-1}$ benötigt werden. Man benötigt also zur Erwärmung von Honig nur rund halb so viel Wärme wie zum Erwärmen von Wasser. In Abhängigkeit vom Wassergehalt variiert die spezifische Wärmekapazität bei verschiedenen Honigen (siehe Abb. 42). Es ist zu erwähnen, daß beim Lösen fester kristallisierter Honige in Wasser Wärme verbraucht wird, während beim Verdünnen klarflüssiger Honige mit Wasser Wärme frei wird. Aus diesem Grund besitzen grobkristallisierte Honige gegenüber flüssigen um etwa 100 $J \cdot kg^{-1} \cdot K^{-1}$ erhöhte spezifische Wärmekapazitäten. Bei feinkristallisierten beträgt dieser Unterschied 200 $J \cdot kg^{-1} \cdot K^{-1}$.

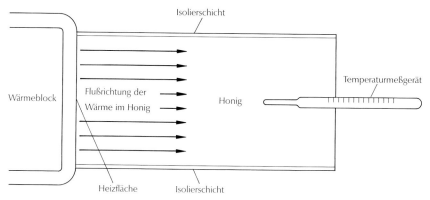

Abb. 43. Wärmeleitung in Honig (schematisch dargestellt).

5.9 Wärmeleitfähigkeit

Für den Imker ist es wichtig zu wissen, daß die Wärmeleitfähigkeit des Honigs sehr gering ist. Unter Wärmeleitfähigkeit versteht man das Vermögen, die Wärmeenergie von einem Teilchen an ein Nachbarteilchen weiterzuleiten. Sie wird ausgedrückt durch:

$$\text{Wärmeleitfähigkeit} = \frac{\text{Wärmemenge [J]} \times \text{Wegstrecke [m]}^{5)}}{\text{Zeit [s]} \times \text{Fläche [m}^2\text{]} \times \text{Temperaturdifferenz [K]}}$$

Die von einem Heizmantel zugeführte Wärme (siehe Abb. 43) fließt in Richtung der Pfeile. Je größer die Wärmeleitfähigkeit, um so schneller wird die Wärme am anderen Ende ankommen. Beim Honig ist die Wärmeleitfähigkeit z. B. gegenüber Metallen sehr klein; sie liegt ungefähr im Bereich derjenigen von Wasser $58{,}6 \cdot 10^{-2}$ J · m^{-1} · s^{-1} · K^{-1}. Es fließt also nur wenig Wärme und dies sehr langsam von der Heizwand ab (Abb. 43). Die an der Heizwand unmittelbar anliegende dünne Honigschicht wird daher sehr schnell auf die Temperatur des Heizmantels erhitzt sein. So kann beim Umschmelzen in Kesseln mit heißen Heizmänteln (>60 °C) – trotz vermeintlich starkem Rühren – der Honig (lokal) in seinem Enzymgehalt schwer geschädigt sein, obwohl ein Thermometer im Honig nur Temperaturen bis 40 °C anzeigt, welche unterhalb der Schädigungsgrenze liegen. Auch ist zu beachten, daß kristallisierter Honig eine noch zehnfach geringere Wärmeleitfähigkeit als flüssiger Honig besitzt. Die Wärmeleitfähigkeit wurde in Abhängigkeit vom Wassergehalt bei Temperaturen zwischen +2 und +74 °C untersucht. Bei 20 °C kann als Durchschnittswert $12{,}9 \cdot 10^{-3} \cdot$ cal · m^{-1} · s^{-1} · K^{-1} = $54{,}0 \cdot 10^{-3}$ J · m^{-1} · s^{-1} · K^{-1} für fein kristallisierten Honig angenommen werden (HELVEY 1954).

Für flüssige Honige macht TOWNSEND (1961, 1970) bei verschiedenen Temperaturen folgende Angaben
[in: cal · m^{-1} · s^{-1} · K^{-1} bzw. J · m^{-1} · s^{-1} · K^{-1}]:
(Annäherungswerte)
20 °C: $12 \cdot 10^{-2}$ = $50 \cdot 10^{-2}$
49 °C: $13 \cdot 10^{-2}$ = $54 \cdot 10^{-2}$
71 °C: $14 \cdot 10^{-2}$ = $59 \cdot 10^{-2}$

In der Praxis wird Honig am besten in Warmluftöfen unter häufigem Umrühren bei mäßig hohen Temperaturen nicht über 40 °C erwärmt. Mikrowellenöfen eignen sich nicht, da lokale Erhitzungen über 90 °C eintreten können, die zur Schädigung des Honigs führen.

5.10 Oberflächenspannung

Unter Oberflächenspannung versteht man das Maß der nach innen gerichteten Kraft an der Oberfläche einer Flüssigkeit. Durch die Erhö-

---

[5)] vereinfacht, Näheres siehe Lehrbücher der Physik.

hung der Temperatur, aber auch durch den Zusatz von Seifen oder Eiweißen kann eine Verringerung der Oberflächenspannung erreicht werden.

Beim Stehen des Honigs nach dem Schleudern ist häufig eine Schaumbildung zu beobachten. Auch beim Abfüllen von Honig kann solcher Schaum an der Oberfläche des gefüllten Glases auftreten. Dieses Phänomen ist auf die relativ geringe Oberflächenspannung des Honigs zurückzuführen. Im wesentlichen sind hierfür Eiweiße und andere kolloidale Substanzen verantwortlich zu machen. Als grober Durchschnittswert kann für Honig die Oberflächenspannung von $54 \cdot 10^{-3}$ N · m^{-1} angegeben werden. Dieser Wert erhöht sich nach Entfernung der Kolloide auf $64 \cdot 10^{-3}$ N · m^{-1}. Zum Vergleich seien die Oberflächenspannungen von reinem Wasser mit $72{,}5 \cdot 10^{-3}$ N · m^{-1} und einer Seifenlösung mit etwa $30 \cdot 10^{-3}$ N · m^{-1} angegeben.

5.11 Lichtbrechung

Fällt Licht, unter dem Winkel α_1 gegen das Einfallslot geneigt, auf die ebene Oberfläche eines Mediums, so wird normalerweise nur ein Bruchteil reflektiert. Der Rest tritt unter Richtungsänderung, Brechung, in das Medium ein und breitet sich dort unter dem Winkel α_2 (Brechungswinkel) gegen das Einfallslot aus. Es gilt das SNELLIUS-Brechungsgesetz:

$$\frac{\sin \alpha_1}{\sin \alpha_2} = n$$

(n heißt der Brechungsindex des Mediums).

Der Brechungsindex ist nicht von der Schichtdicke, sondern von der Wellenlänge des einfallenden Lichts und der Temperatur abhängig. Für verschiedene Materialien ergeben sich unter identischen Bedingungen jeweils charakteristische Materialkonstanten. Honig hat − auch in filmdünnen Schichten − die Eigenschaft, das Licht aus seiner Einfallsrichtung abzulenken. Für Honige verschiedener Zuckerkonzentrationen ergeben sich unter identischen Bedingungen also jeweils charakteristische Brechungsindices. Daher kann aus dem Brechungsindex die Trockensubstanz und damit auch der Wassergehalt des Honigs mit Hilfe einer Tabelle oder Formel ermittelt werden (WEDMORE 1955):

$$\text{Wassergehalt (\%)} = \frac{1{,}7319 - \log(n^{20} - 1)}{0{,}002243}$$

Der Imker verwendet dazu meist ein einfaches, auf 20 °C thermostatisiertes Hand-Refraktometer, indem er das Sonnen- bzw. Himmelslicht als Lichtquelle ausnutzt.

Die Tatsache, daß flüssiger Honig viel dunkler erscheint als derselbe Honig in kristallisiertem Zustand, hängt damit zusammen, daß die kleinen Kriställchen des festen Honigs das Licht reflektieren und ihn daher heller erscheinen lassen. Die Kristallbildung wirkt sich aber auf den Brechungsindex selbst nicht aus.

5.12 Verhalten im polarisierten Licht

Honig hat die Eigenschaft, polarisiertes Licht, das heißt in nur einer Ebene schwingendes Licht, um einen bestimmen Winkel zu drehen. Die optische Drehung wird gewöhnlich mit einem Polarimeter mit einer Wellenlänge von 589,3 nm bei einer Temperatur von 20 °C bestimmt. Neben Temperatur und Wellenlänge hat auch die Länge der durchstrahlten Schicht (Schichtdicke) einen gewissen Einfluß. Die spezifische Drehung bestimmter Stoffe wird wie folgt definiert:

$$[\alpha]^{20}_{589,3} = \frac{100 \cdot \alpha}{l \cdot c},$$

wobei α den Drehwinkel in [°], l die Schichtdicke in 10^{-1} [m] und c die Konzentration in [g] pro 100 cm^3 angibt. Honig dreht im allgemeinen polarisiertes Licht nach links, er ist „linksdrehend". Das kommt daher, daß Glucose ein

$\alpha^{20}_{589,3}$ von +52,7 °⁶⁾, Fructose ein $\alpha^{20}_{589,3}$ von −92,4 ° aufweisen, das äquimolare Gemisch aus beiden (Invertzucker) also ein $\alpha^{20}_{589,3}$ von −39,7 ° besitzt. Rohrzucker (Saccharose) und Malzzucker (Maltose), die in unterschiedlicher Konzentration in Honig vorliegen, sind „rechtsdrehend" ($\alpha^{20}_{589,3}$ = +66,5 ° bzw. +136,0 °). Auch höhermolekulare Dextrine, die vor allem in Honigtauhonigen vorkommen sind wahrscheinlich rechtsdrehend. Im allgemeinen kann man deshalb feststellen, daß saccharose- und maltosearme, invertzuckerreiche (v. a. fruchtzuckerreiche) Blütenhonige die Ebene des polarisierten Lichtes nach links ($\alpha^{20}_{589,3}$ = −16 ° bis −2 °), maltose- und dextrinreiche Honigtauhonige nach rechts (+0,5 ° bis +19 °) drehen, und zwar um soviel mehr oder weniger, als von der die Drehung bestimmenden Zuckerart in dem Honig vorhanden ist. Durch enzymbedingte Inversion, z. B. mittels Saccharase, kann man rechtsdrehende Saccharose in linksdrehenden Invertzucker verwandeln, und aus der Änderung des Drehwinkels den Gehalt an Saccharose bestimmen. Durch säurebedingte Inversion läßt sich so der Gesamtgehalt an nieder- und höhermolekularen Oligosacchariden abschätzen.

5.13 Elektrische Leitfähigkeit

Honig enthält Elektrolyte, die einer wäßrigen Lösung eine bestimmte Leitfähigkeit verleihen. Als Elektrolyte kommen Mineralstoffe, Aminosäuren und organische Säuren in Frage. Die elektrische Leitfähigkeit (EL) wird vor allem herangezogen, um Honigtauhonige von Blütenhonigen zu unterscheiden. Der Honigtau enthält die Mineralstoffe des Phloemsaftes, während es sich beim Nektar um eine Drüsenausscheidung handelt, bei der − durch Rückresorption bedingt − nur noch ein kleiner Teil der Mineralstoffe des Phloemsaftes vorhanden ist (siehe Abschnitt 2.2.3). Bei Honigtauhoni-

gen liegt daher die elektrische Leitfähigkeit im allgemeinen um eine Zehnerpotenz höher als bei Blütenhonigen.

Die elektrische Leitfähigkeit [δ] eines Stoffes ist der reziproke Wert eines elektrischen Widerstandes R. Sie wird daher in Ohm⁻¹ [Ω^{-1}] angegeben. Zu Ehren von SIEMENS wird die Maßeinheit auch mit S bezeichnet. Zur Kennzeichnung der EL eines Stoffes wird allgemein die spezifische Leitfähigkeit benützt, die über Elektroden und Widerstände in einer sogenannten Wheatstone-Wechselstrombrücke bestimmt wird (siehe Abschnitt 7.6). Die spezifische Leitfähigkeit einer Flüssigkeit ist die Leitfähigkeit einer Schicht von 1 cm Dicke und 1 cm² Querschnitt, ihre Dimension dementsprechend S · cm⁻¹, also:

$$\delta = \frac{1}{A \cdot R},$$

wobei l = Schichtdicke (Elektrodenabstand) von 1 cm, A = Elektrodenquerschnitt von 1 cm² und R der Widerstand [Ω] sind.

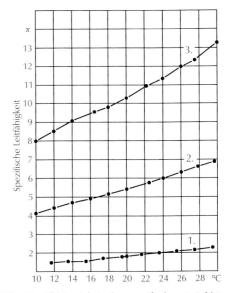

Abb. 44. Abhängigkeit der spezifischen Leitfähigkeit von der Temperatur. Die Konzentration der Honiglösungen wurde auf 80 % Wassergehalt eingestellt. 1 = Rapshonig (Schleswig-Holstein); 2 = Blütenmischhonig (Rumänien); 3 = Waldhonig (CSFR) (nach VORWOHL 1964).

---

⁶⁾ Ein „+" bedeutet in diesem Zusammenhang „rechtsdrehend", ein „−" „linksdrehend".

Tab. 15. Die spezifische Leitfähigkeit verschiedener Honigsorten (20 % Trockensubstanz und 20 °C, nach VORWOHL 1964 und LIPP 1989)

Honigsorte	Spezifische Elektrische Leitfähigkeit (EL) [10^{-4} S · cm^{-1}]
Rapshonig	1,81
Kleehonig	1,93
Gamanderhonig	1,45
Robinienhonig	1,25
Compositen-Mischhonig	4,0
Heidehonig (*Calluna*)	9,3
Edelkastanienhonig	11,27
Eucalyptushonig 1	6,48
Eucalyptushonig 2	4,35
Eucalyptushonig 3	11,7
HT*-Honig (Weißtanne)	12,2
HT-Honig (Fichte)	13,2
HT-Honig (Fichte/Blatt)	12,24
HT-Honig (Kiefer)	11,9
HT-Honig (Lärche)	16,24
HT-Honig (Wald)	10,36

* **H**onigtau-Honig

Die spezifische Leitfähigkeit ist abhängig von der Temperatur. Dabei ergibt sich eine weitgehend lineare Korrelation (Abb. 44). In der Praxis werden Honiglösungen, die auf 20 % Trockensubstanz verdünnt wurden, bei einer Temperatur von 20 °C gemessen (siehe Tab. 15). Blütenhonige haben durchweg niedrige elektrische Leitfähigkeiten, insbesondere die hellen Blütenhonige aus Raps, Klee, Robinie und Gamandertracht. Eine höhere spezifische Leitfähigkeit zeigt der Heidehonig. Für Blütenhonige ungewöhnlich hohe Leitfähigkeit zeigt der in Tab. 15 aufgeführte Honig aus Edelkastanientracht. Die spezifische Leitfähigkeit dieser Honige kann die der Honigtauhonige erreichen, was eine teilweise Beimengung von Edelkastanien-Honigtau wahrscheinlich macht.

Es ist jedoch anzunehmen, daß erhöhte Leitfähigkeiten nicht allein durch den in Honig enthaltenen Honigtau bestimmt werden, sondern auch durch unterschiedliche Mineralgehalte, z. B. im Trinkwasser der Bienen oder in pflanzlichen Drüsenausscheidungen (Nektarien, Hydathoden). Diese Punkte sind bei den Eucalyptushonigen zu berücksichtigen, da sie unterschiedliche Leitfähigkeiten besitzen, im Pollenspektrum und der Organoleptik aber ziemlich ähnlich sind (siehe Tab. 15, LIPP 1989).

Trotz dieser Befunde ist die Abschätzung des im Honig enthaltenen Honigtauanteils mittels Messung der spezifischen EL möglich. Die Beantwortung dieser Frage ist von praktischer Bedeutung und berührt — wenigstens in der Bundesrepublik — beträchtliche Handelsinteressen, da Waldhonige höhere Preise erzielen als die Blütenhonige. Nach den Erfahrungen von VORWOHL (1964) muß ein überwiegend aus Honigtautracht stammender Honig eine hohe spezifische Leitfähigkeit besitzen. Als unterer Grenzwert ist eine Leitfähigkeit von $10 \cdot 10^{-4}$ S · cm^{-1} anzusetzen. Der gesuchte Honigtauanteil läßt sich nach folgender Formel abschätzen:

$$X_B = \frac{\Sigma_A - \Sigma_G}{\Sigma_A - \Sigma_B} \cdot 100,$$

wobei X_B der gesuchte Honigtauanteil (in %), Σ_G die gemessene spezifische Leitfähigkeit des in Frage stehenden Honigs, Σ_A die geschätzte spezifische Leitfähigkeit des reinen Blütentrachtanteils ($1,5 \cdot 10^{-4}$ S · cm^{-1}) und Σ_B die geschätzte spezifische Leitfähigkeit des Honigtauanteils ($13 \cdot 10^{-4}$ S · cm^{-1}) darstellen.

Eine solche Bestimmung des Honigtauanteils liefert z. B. für die Beurteilung der Brauchbarkeit eines Honigs als Winterfutter zuverlässige Werte. Für die Anwendung bei der Herkunftsbestimmung ist dieses Verfahren allerdings zu pauschal. Es bleibt nachzutragen, daß Zuckerfütterungshonig eine sehr niedrige elektrische Leitfähigkeit (0,75 bis $1,04 \cdot 10^{-4}$ S · cm^{-1}) besitzt, da die Bienen keine oder nur wenig Minerale dem Honig zufügen. Über die Bedeu-

Tab. 16. Durchschnittskonzentrationen von $^{239/240}$Pu, ^{137}Cs, ^{90}Sr und ^{40}K in verschiedenen Honigtypen aus dem Jahre 1979 (nach BUNZL und KRACKE 1981)

Honigtyp	$^{239/240}$Pu	^{137}Cs	^{90}Sr	^{40}K
Mischblüte	0,2 mBq · kg^{-1}	0,66 Bq · kg^{-1}	27 mBq · kg^{-1}	9,8 Bq · kg^{-1}
Honigtau	2,4 mBq · kg^{-1}	8,5 Bq · kg^{-1}	178 mBq · kg^{-1}	69,5 Bq · kg^{-1}
Heide	1,8 mBq · kg^{-1}	53,5 Bq · kg^{-1}	171 mBq · kg^{-1}	56,0 Bq · kg^{-1}

tung der EL-Methode zum Nachweis einer Verfälschung mittels Zuckerfütterungshonig siehe Abschnitt 8.5.

5.14 Radioaktivität

Es ist von Interesse, die Radioaktivität in Honig zu messen, da er ein weltweit verbreitetes Nahrungsmittel darstellt. Außerdem wird Honig als Bioindikator für verschiedene Radionuklide benutzt, weil Bienen Nektar, Pollen und Honigtau über größere Gebiete sammeln. Honig enthält aufgrund seines relativ hohen Kaliumgehalts immer auch einen geringen, natürlich bedingten Anteil des radioaktiven Isotops[7] ^{40}K. Da Honigtauhonige mehr Kalium als Blütenhonige enthalten, ist in ihnen auch ein etwas größerer Gehalt an ^{40}K festzustellen.

Das Vorliegen der Isotope $^{239/240}$Pu (Plutonium), ^{137}Cs (Cäsium) und ^{90}Sr (Strontium), welche in europäischen Honigen gemessen wurden, war ein Ausdruck der weltweit durchgeführten Atomwaffentests. Der radioaktive Staub, der dabei freigesetzt wird, umkreist zum Teil monatelang in großen Höhen die Erde und kehrt nach und nach als sogenanntes „Fallout" zu ihr zurück. Er wird dann auf Pflanzenteilen und in der obersten Bodenschicht festgestellt; die Radionuklide gehen über Wurzeln und Cuticula der Blätter in das Gefäßsystem der Pflanzen über. Aus diesem gelangen die Radionuklide direkt in den Honigtau und nach mehr oder weniger starker Rückresorption (siehe Abschnitt 2.2.3) in den Nektar, so daß dieser im allgemeinen weniger Radionuklide als Honigtau aufweist (Ausnahme: Heide, siehe Tab. 16). Mit dem Nektar oder Honigtau werden die Radionuklide von der Biene in den Honig eingetragen (Tab. 16). Die geringste Konzentration an Radionukliden wurde in Blütenhonigen festgestellt. Heidehonig enthält im Vergleich zu Honigtauhonig genausoviel oder − im Falle von ^{137}Cs − mehr Radionuklide. Aus der Tab. 16 ist ersichtlich, daß die natürliche Radioaktivität (^{40}K) die anthropogen bedingte ($^{239/240}$Pu, ^{137}Cs, ^{90}Sr) im allgemeinen um Größenordnungen übersteigt (Ausnahme: ^{137}Cs bei Heidehonig).

Ein „Fallout" wurde in letzter Zeit durch das Reaktorunglück in Tschernobyl (1986) ausgelöst und bewirkte in Honigen und Pollen einen vorübergehenden Anstieg der Isotope $^{137/134}$Cs, ^{131}I (Iod) und ^{103}Ru (Ruthenium) (siehe Abb. 45). Man erkennt, daß die Aktivität in Honig, der nach Niedergehen radioaktiven Niederschlags (30. April 1986) geschleudert wurde, weitaus am höchsten ist und danach schnell absinkt. Weiterhin lassen sich zwischen Pollen- und Honigproben besonders im $^{137/134}$Cs-Gehalt starke Unterschiede erkennen.

Farbtafel 3
Oben: Innenraum einer Radialschleuder. Der Honig wird aus den in der Wabe leicht nach oben (in der Schleuder nach außen) gerichteten Zellen herauszentrifugiert.
Unten: Honig-Rührgeräte. Links: Vierkantstab, der an eine Bohrmaschine angeschlossen ist; rechts Spiralrührer (siehe Text Seite 64).

---
[7] Isotope sind Atome, die die gleiche Ordnungszahl, aber unterschiedliche Massenzahlen besitzen. Ihre chemischen Eigenschaften sind in den meisten Fällen praktisch identisch.

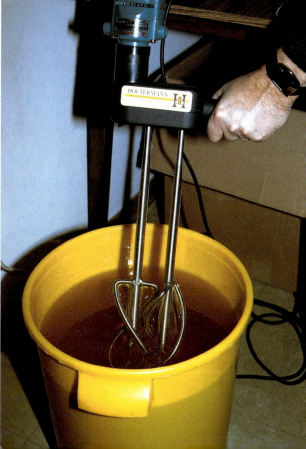

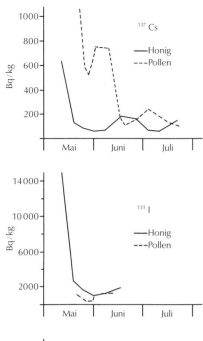

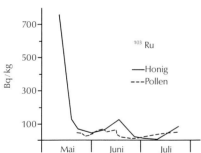

Abb. 45. Aktivitäten von ^{137}Cs, ^{131}I und ^{103}Ru in Honig und Pollen, die von einem Bienenvolk im Norden von München während Mai bis Juli 1986 gesammelt wurden (nach BUNZI et al. 1988).

Farbtafel 4
Oben links: Typisches Fließverhalten des viskosen Honigs.
Rechts: Länger gelagerter Honig, der eine traubenzuckerhaltige Schicht (unten), eine fruchtzuckerhaltige Schicht (Mitte) und eine „Blüte" (oben) zeigt (siehe Text Seite 74).
Unten: Meist wird der Honig in 300-kg-Fässern (vorne) oder 30-kg-Gebinden (hinten) importiert und bis zu seiner Abfüllung kühl gelagert.

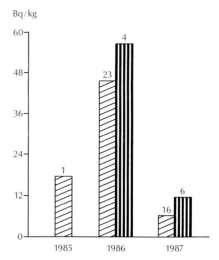

Abb. 46. Durchschnittliche Radioaktivität des Gesamtcaesiums ($^{134/137}$Cs) in Blütenhonigen außer Heidehonig (quergestreifte Säulen) und in Honigtauhonigen (längsgestreifte Säule). Die Zahlen über den Säulen geben die Probenzahl, die unterhalb das Erntejahr an (nach DUSTMANN und VON DER OHE 1988).

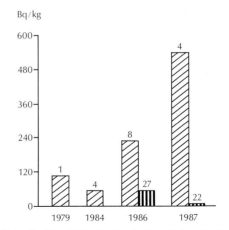

Abb. 47. Vergleich der durchschnittlichen Radioaktivität des Gesamtcaesiums ($^{134/137}$Cs) in Heidehonigen (quergestreifte Säulen) und der in übrigen Trachten (längsgestreifte Säulen). Die Zahlen über den Säulen geben die Probenzahlen, die unterhalb das Erntejahr an (nach DUSTMANN und VON DER OHE 1988).

Da der Pollengehalt in geschleudertem Honig jedoch gering bleibt, ist von dieser Seite nur ein minimaler Eintrag zu erwarten. Aufgrund der kurzen Halbwertszeiten von ^{131}I und ^{103}Ru waren wenige Wochen nach dem Unglück nur noch das langlebige $^{137/134}$Cs als radioaktiver Rückstand von Bedeutung. Die durchschnittliche Radioaktivität des Gesamtcäsiums in Honigen aus niedersächsischen Trachtgebieten wird in Abb. 46 und 47 aufgeführt.

Der in der EU geltende Gesamt-Cäsium-Grenzwert von 600 Bq/kg Lebensmittel wurde bei den Honigen mit Ausnahme der Heidehonige bei weitem unterschritten. Eine gesundheitliche Gefahr ging angesichts der geringen Verzehrmenge und der im Jahre 1987 nur äußerst geringen Heidehonigernte zu keinem Zeitpunkt von keinem Honig aus. Eventuell existiert bei der Heide (*Calluna vulgaris*) ein Mechanismus der Anreicherung für radioaktives Cäsium. Der Grund für solche Anreicherungsvorgänge könnte der saure, kaliarme Heideboden sein. Der Schluß liegt nahe, daß bei ausgeprägtem Kaliummangel die Pflanzen andere, sehr ähnlich strukturierte Mineralstoffe wie das Cäsium stellvertretend aufnehmen und anreichern. Auch könnte das nur langsam die Bodenschichten durchwandernde Cäsium im Jahre 1987 die Wurzeln des Heidekrauts mehr erreicht haben als 1986. Cäsium soll mindestens 150 Jahre benötigen, um von der Erdoberfläche bis in 1 Meter Tiefe vorzudringen (Editorial, 1988). Eine Überprüfung des Heidehonigs scheint daher auch derzeit und in den folgenden Jahren notwendig zu sein. Eine strahlenbedingte gesundheitliche Gefährdung durch Verzehr von Honig aus den Jahren 1986 und 1987 ist nicht gegeben!

6 Inhaltsstoffe des Honigs

Mit den Rohstoffen gelangt eine Vielzahl von Substanzen in den Honig, die während seiner Reifung verschiedenen (bio-)chemischen Reaktionen unterliegen (siehe Abschnitt 3.2.3). Erst in letzter Zeit wurde es durch moderne Analysenmethoden möglich, diese Stoffe und Stoffgemische zu untersuchen und zu charakterisieren.

In der Tabelle 17 sind die Inhaltsstoffe des Bienenhonigs sowie ihre Quelle und Quantität dargestellt. Die mit „?" versehene Herkunft der Verbindungen ist noch unklar. Es wurde die wahrscheinlichste Quelle angegeben. Der Anteil der einzelnen Verbindungen am Frischgewicht (FG) kann bei einem Naturprodukt stark schwanken, so daß die genannten Werte nur als ungefähre (Durchschnitts-)Quantitäten anzusehen sind. Der hohe Monosaccharidgehalt in Honig entsteht hauptsächlich während der Reifung durch die Aktivität der von der Biene zugesetzten Saccharase. Dieses Enzym ist jedoch auch in der Lage, über Transglucosidierungsreaktionen höhere Saccharide aufzubauen (Maltose, Isomaltose, Erlose, 3-α-Isomaltosylsucrose) und trägt so zum charakteristischen Zuckerspektrum des Honigs bei (siehe Abschnitt 3.2.3). Zu den höheren Sacchariden gehören Polyglucane aus Pollen und ein Polysaccharid mit kolloidalen Eigenschaften. Während der Honigreifung setzt die Biene dem Honig aus ihren Futtersaftdrüsen diverse Enzyme zu, welche den Aufschluß von im Honig vorliegenden Naturstoffen (z. B. Polyglucanen und Phosphatverbindungen) bewirken (siehe Abschnitt 3.2.3). Amylase, Saccharase und Phosphatase erfüllen somit für die Biene wichtige ernährungsphysiologische Funktionen. Glucoseoxidase trägt mit der Bildung von Gluconsäure und H_2O_2 zur Konservierung des Honigs bei. Unter den Aminosäuren nimmt das Prolin mit 50 bis 85 % den ersten Platz ein. Kalium ist das dominierende Element unter den Mineralstoffen. Es ist im Blütenhonig im Schnitt zu 200 mg/kg, im Honigtauhonig zu 1700 mg/kg enthalten. Außerdem enthält Honig Spuren zahlreicher anderer Inhaltsstoffe, die von entscheidender Bedeutung für Organoleptik und Aroma sind.

6.1 Wasser

Der Wassergehalt des von der Biene eingetragenen Rohstoffes liegt meistens um etwa 75 %. Er wird durch die Tätigkeit der Biene im Bienenstock auf etwa 16 bis 19 % gesenkt. Liegt er höher, so ist der Bildungsprozeß des Honigs noch nicht beendet – der Honig ist unreif.

Der durchschnittliche Wassergehalt in reifen Honigen Mitteleuropas liegt in den meisten Fällen um 17 %. Er kann von Jahr zu Jahr etwas schwanken. Bei Honigen aus warmen Ländern kommen auch wesentlich niedrigere Wassergehalte vor, während Honige aus kühlen, regenreichen Ländern oder Gegenden Wassergehalte meistens zwischen 17 und 20 % aufweisen.

Als Ausnahmen bei uns seien der Heide- und Kleehonig genannt: Ihr Wassergehalt kann naturgemäß wesentlich höher liegen und in feuchten Jahren bis 23 % erreichen, was auch durch die Honigverordnung legitimiert ist (siehe Abschnitt 12.1). Ein Hauptumstand, der den Wassergehalt wesentlich beeinflußt, ist die Reife, die der Imker im allgemeinen daran er-

Tab. 17. Inhaltsstoffe des Honigs

Stoffgruppe	Inhaltsstoff	Herkunft	Anteil am FG bzw. Aktivität BH	HH	Siehe Literaturliste am Ende der Tabelle
	Wasser	Nektar	17,0 %	16,3 %	[1, 2]
Monosaccharide	Glucose	Pfl/HT/Bie	31,3 %	21,1 %	[1, 2]
	Fructose	Pfl/HT/Bie	38,2 %	31,8 %	[1, 2]
Disaccharide	Saccharose	Pfl/HT	1,3 %	0,8 %	[1, 2]
	Maltose	Nek/HT/Bie	2,6 %	4,0 %	[3, 4]
	Kojibiose	Mikro?	0,7 %	1,1 %	[3, 4]
	Turanose	Mikro?	0,4 %	0,6 %	[3, 4]
	Isomaltose	Mikro/Bie?	0,4 %	0,6 %	[5, 6]
	Maltulose	Mikro?	0,3 %	0,4 %	[3, 4]
	Nigerose	Mikro?	0,1 %	0,2 %	[3, 4]
	Trehalose	Mikro/Bie?	0,1 %	0,1 %	[3, 4]
	Gentiobiose	Nektar?	Spuren	Spuren	[3, 7]
	Laminaribiose	Nektar?	Spuren	Spuren	[3, 7]
Trisaccharide	Melezitose	Honigtau	Spuren	bis 20 %	[3, 4]
	Erlose	HT/Bie	3,0 %	bis 10 %	[5, 8]
	Theanderose				
	Centose				
	Panose				
	Isopanose	Mikro?	0,6 %	1,0 %	[3, 4]
	Maltotriose				
	Isomaltotr.				
	1-Kestose				
	Isomaltosylglucose				
Tetrasaccharide	3-α-Isomaltosylsucrose	Biene	Spuren	Spuren	[9]
	Isomaltotetraose	Biene?	Spuren	Spuren	[10]
Höhere Saccharide		Poll/Bie	0,2 % – 1 %		[4]
Aminozucker	Glucosamin	Pfl/HT/Bie	0,1 – 16,5 ppm		[11]
	Fructosamin				
Protein	Enzyme	Poll/Bie	0,04 % – 5,6 %		[12, 13]
Enzyme	Amylase	Biene	DZ: 5,3 – 35		[14 – 17]
	Saccharase	Biene	SZ: 1,4 – 56		[18, 19]
	Glucoseoxidase	Biene	10 – 350 u · kg^{-1}		[20, 21]
	Phosphatase	Poll/Bie	7 – 40 u · kg^{-1}		[12]
	Katalase	Mikro	0 – 241 K$_f$ · 10^3		[22, 23]
Aminosäuren	v. a. Prolin	Pfl/Bie	290 – 2 000 mg · kg^{-1}		[24 – 27]
Hormone	Acetylcholin	Biene	0,06 – 5 mg · kg^{-1}		[28]
	Cholin	Biene	0,30 – 25 mg · kg^{-1}		[29]
	Abscisinsäure	Pflanze	0,07 – 6,5 mg · kg^{-1}		[27]
Org. Säuren	Gluconsäure	Biene	22,3	132,8 mVal · kg^{-1}	[30]
	Citronensäure	Pfl/Bie	1,3	7,7 mVal · kg^{-1}	[31]
	Ameisensäure	Pfl/Bie	0,7	1,9 mVal · kg^{-1}	[32]

Fortsetzung Tab. 17.

Stoffgruppe	Inhaltsstoff	Herkunft	Anteil am FG bzw. Aktivität BH	HH	Siehe Literaturliste am Ende der Tabelle
Aromastoffe	Säuren Ketone Aldehyde Alkohole Ester Phenole	Pflanze	je Verbindung innerhalb der Gruppen: 20 ppb – 20 ppm		[33 – 35]
Mineralstoffe	v. a. Kalium	Nek/HT	0,02 % – 1 %		[36]
Vitamine	v. a. Nicotin- und Ascorbinsäure	Pflanze	0,001 % – 0,3 %		[30]
Lipide	Kohlenwasserstoffe Wachse Fettsäuren Sterinester Sterine Fettalkohole Fettsäureester Polyolester	Pfl/Bie Blattlaus/ Pollen	0,5 %		[37]
Farbstoffe	Polyphenole Carotinoide Chymochrome	Pfl Pollen? Blüte?	weniger ? ?	mehr ? ?	[38] [38] [38]

BH: Blütenhonig, HH: Honigtauhonig, HT: Honigtau, FG: Frischgewicht, Pfl: Pflanze (Nektar, Pollen), Bie: Bienen, Nek: Nektar, Poll: Pollen, Mikro: Mikroorganismen, DZ, SZ: Diastasezahl, Saccharasezahl: Abbau von Stärke bzw. Saccharose ([g] in 1 h durch die in 100 g Honig enthaltene Amylase bzw. Saccharase [siehe auch Abschnitt 7.4.2 und 7.4.3]).

U: Unit, µmol Substrat, die von einer Enzymeinheit in 1 min umgesetzt werden.

mVal · kg^{-1}: Anzahl der ml 1normaler Natronlauge, die für die Neutralisierung der in 1 kg Honig enthaltenen Säure notwendig sind.

Ausdruck der Katalaseeinheiten: $K_f = \frac{1}{t} (\ln \frac{x_0}{x}) \frac{D}{W}$,

wobei t = Zeit; x_0 = Substrat (H_2O_2) zur Zeit t_0 (Reaktionsbeginn); x = Substrat zur Zeit t; D = Verdünnungsfaktor; W = Honiggewicht [g].

1 = White et al. 1962, 2 = Müller und Göke 1972, 3 = Doner 1977, 4 = Siddiqui 1970, 5 = Deifel 1985, 6 = White und Hoban 1959, 7 = Siddiqui und Furgala 1967, 8 = Kimura et al. 1987, 9 = Takenaka und Echigo 1980, 10 = Siddiqui und Furgala 1968, 11 = Fussnegger 1985, 12 = Sigler 1986, 13 = Bogdanov 1981, 14 = Stadelmeier 1986, 15 = Stadelmeier und Bergner 1985, 16 = Dustmann et al. 1985, 17 = Maier 1983, 18 = Edelhäuser 1983, 19 = Aldcorn et al. 1985, 20 = Dustmann 1972, 21 = Gauhe 1941, 22 = Dustmann 1971, 23 = Dustmann 1967 b, 24 = Speer 1985, 25 = Speer und Montag 1986, 26 = Baker und Baker 1986, 27 = Lipp 1990, 28 = Marquardt und Spitznagel 1956, 29 = Marquardt und Vogg 1952, 30 = Steyn 1973, 31 = Talpay 1988, 32 = Talpay 1989, 33 = Maga 1983, 34 = Steeg und Montag 1988, 35 = Speer und Montag 1984, 36 = White 1978, 37 = Kapoulas et al. 1977, 38 = Crane 1976.

kennt, daß die Waben verdeckelt sind. Bei Honigtauhonig (Fichten- und Lärchenhonig) kann es bei trockenem und warmem Wetter vorkommen, daß der reife Honig nicht mehr geschleudert werden kann, da er aufgrund seines niedrigen Wasser- und hohen Melezitosegehaltes in der Wabe schon festgeworden – kristallisiert – ist.

In diesem Fall muß der Honig schon vor der Verdeckelung geerntet werden. Auch der Heidehonig läßt sich infolge seiner gelatinösen Beschaffenheit bei niedrigem Wassergehalt schwer schleudern (siehe Kapitel 4).

Der Einfluß des Wassergehaltes auf den Honig ist vielseitiger Art. So wird z. B. seine Schwerflüssigkeit von jedem Prozent Wasser, welches über 17 % vorhanden ist, merklich beeinflußt. Er wird dünnflüssiger, so daß Honige von 20 % Wassergehalt beim Verbraucher schon nicht mehr geschätzt werden, weil der flüssige Honig dann leicht vom Brot herabläuft oder einsickert. Umgekehrt kann auch ein zu niedriger Wassergehalt störend wirken. Honige unter 16 % Wasser können in ihrer Struktur schon zäh werden. Sie lassen sich dann speziell in kühlen Räumen nur schwer aus dem Glas entnehmen und reißen die Brotkrume beim Streichen auf.

Der Wassergehalt ist auch für die Haltbarkeit von wesentlicher Bedeutung. Honige mit Wassergehalten über 19 % werden auch bei längerem Stehen nicht mehr durch und durch fest. Beim langen Lagern trennen sie sich früher als andere Honige in eine flüssige, zuckerärmere, dunklere Oberschicht und eine helle, zuckerreichere, feste Unterschicht (siehe Kapitel 9). Sie sind aufgrund der im Honig enthaltenen osmophilen Hefen, die bei geringem Wassergehalt inaktiviert sind, gegen Gärungserscheinungen viel anfälliger. Ihre Haltbarkeit ist speziell in der Wärme geringer als bei Honigen mit Wassergehalten von 16 bis 18 %.

Bei langem Stehen an der Luft kann auch die relative Luftfeuchtigkeit den Wassergehalt beeinflussen. Ist sie höher als 60 % (Nachtfeuchtigkeit, regnerische Perioden), so nimmt Honig Feuchtigkeit auf, der Wassergehalt steigt vor allem an der Oberfläche langsam an. Dies kann gelegentlich zu beginnender Gärung führen. Sinkt die Luftfeuchtigkeit auf 50 % und darunter, gibt der Honig an der Oberfläche langsam Wasser ab. Aufgrund seines stark hygroskopischen (wasseranziehenden) Verhaltens wird er jedoch niemals ganz trocken.

Alle diese Erscheinungen veranlassen Imker und Handel, dem Wassergehalt für die Bewertung des Honigs erhebliche Bedeutung beizumessen.

6.2 Kohlenhydrate

6.2.1 Monosaccharide: Glucose, Fructose (und Galactose)

Den größten Anteil eines jeden Honigs machen die beiden Monosaccharide Glucose (Traubenzucker) und Fructose (Fruchtzucker) aus. Im Blütenhonig sind sie zu 70 bis 80 %, im Honigtauhonig zu 50 bis 65 % enthalten (siehe Tab. 17). In den allermeisten Fällen überwiegt der Anteil der Fructose denjenigen der Glucose. Die Monosaccharide kommen direkt aus den Rohstoffen und werden zudem aus der in den Rohstoffen enthaltenen Saccharose unter der Wirkung der im Bienenspeichel enthaltenen Saccharase (Invertase) gebildet.

$$\text{Saccharose} \xrightarrow{\text{Saccharase}} \text{Glucose} + \text{Fructose}$$

Durch dieses Enzym erschließt sich die Honigbiene eine Kohlenhydrat-Energiequelle.

Da das Mengenverhältnis von Glucose zu Fructose im Honig – von einigen Ausnahmen abgesehen – nicht von der Blütentracht abhängt, sondern enzymbedingt zu sein scheint, sollte man im Honig auch eine Isomerase postulieren. Dieses Enzym, welches ebenfalls mit dem Bienenspeichel in den Honig gegeben würde, wäre für die Gleichgewichtseinstellung zwischen Fructose und Glucose verantwortlich, wobei das Gleichgewicht mehr auf seiten der Fructose liegt. Die oben erwähnten Ausnahmen betreffen Robinien-, Labiaten- und *Epilobium*-Honige mit hohem Fructosegehalt und *Brassica*-, *Taraxacum*-, *Nyssa*- und *Tilia*-Honige mit hohem Glucosegehalt (MAURIZIO 1964).

Da Glucose im Gegensatz zur Fructose zur raschen Kristallisation neigt, spiegelt sich das Verhältnis der beiden Zucker auch in den Kristallisationseigenschaften des Honigs wider: Je höher der Glucoseanteil im Honig ist, desto leichter neigt dieser zur Kandierung (siehe Abschnitt 5.4). Freie Galactose kommt, wenn überhaupt, nur in Spuren im Honig vor. Sie kann über die galactosehaltigen Transportzucker des Phloems (siehe Abschnitt 2.1) in Nektar und Honigtau gelangen. Es ist denkbar, daß während des Bearbeitungsprozesses eine schwache Hydrolyse dieser Zucker im (unreifen) Honig stattfindet (saure Bedingungen!) und dadurch Galactose freigesetzt wird. Ernährungsphysiologisch spielt Galactose − im Gegensatz zu Fructose und Glucose − keine Rolle (siehe Abschnitt 6.2.5).

6.2.2 Disaccharide

6.2.2.1 Maltose

Maltose oder Malzzucker ist zu etwa 51 % am Gesamt-Disaccharidanteil des Honigs beteiligt, was einem Anteil von etwa 3,3 % am Honig-Gesamtgewicht entspricht. Sie kann in Honigen jedoch bis zu 15 % enthalten sein (DONER 1977). Maltose kann aus Rohstoffquellen stammen, doch wird sie zum großen Teil über die Honigsaccharase durch Übertragung eines Glucoserestes von Saccharose auf Glucose (Transglucosidierung) oder (weniger!) durch enzymatische Reversion aus Glucose gebildet (DEIFEL 1985).

$$\text{Saccharose + Glucose} \xrightarrow{\text{Saccharase}} \text{Maltose + Fructose}$$

$$\text{Glucose + Glucose} \xrightarrow{\text{Saccharase}} \text{Maltose}$$

Da Honigtauhonige häufig enzymreicher als Blütenhonige sind (siehe Abschnitt 3.2), liegen in ihnen auch die Maltosegehalte im allgemeinen etwas höher.

6.2.2.2 Saccharose (Rohrzucker)

Nach der Nektar- und/oder Honigtauumarbeitung durch die Biene bleibt aufgrund der zugegebenen Speichel-Saccharase (Invertase) im allgemeinen nur ein geringer Rest des eingesammelten Rohrzuckers der Rohstoffe übrig (siehe Reaktionsschema oben). Doch unterliegt die Saccharosekonzentration beträchtlichen Schwankungen, die auf natürliche Faktoren wie Konsistenz der Tracht, Trachtmenge, Eindickungszeit usw. und den dadurch bedingten Grad der Einspeichelung zurückzuführen sind (siehe Abschnitt 3.2). Durch die im allgemeinen etwas höhere Einspeichelung bei Honigtauhonigen, ist deren Saccharosekonzentration gegenüber Blütenhonigen etwas erniedrigt (siehe Tab. 17). Bei einzelnen Trachten scheint es vorzukommen, daß der Rohrzuckergehalt erhöht ist, z. B. Robinie, Lavendel und wenigen australischen Eukalyptusarten. Auch bei unreifem Honig und Zuckerfütterungshonig findet man einen höheren Rohrzuckergehalt, der jedoch nach und nach sinkt (siehe Abb. 22 und 66).

In der Honigverordnung und auch nach dem europäischen Honigstandard ist ein Gehalt an scheinbarer Saccharose bis zu 5 % für Blüten- und 10 % für Honigtauhonige zugelassen (siehe Abschnitt 12.1 und 12.4). „Scheinbar" soll besagen, daß unter Umständen bei den angewandten Analysenverfahren für Rohrzucker auch die Melezitose, z. B. bei Waldhonigen, mit erfaßt wird. Da die Saccharose heutzutage jedoch sehr spezifisch und relativ einfach bestimmt werden kann (mit HPLC zum Beispiel), sollte dieser Punkt in der HVO reformiert werden.

Saccharose gelangt, soweit bekannt, direkt über die Rohstoffe in den Honig, da eine Entstehung über Transglucosidierungsreaktionen und enzymatische Reversion bisher nicht beobachtet wurde.

6.2.2.3 Isomaltose

Isomaltose wird von der Honigsaccharase über eine α-1,6-Glucosidbindung durch enzymatische Reversion aus Saccharose/Glucose oder Glucose/Glucose (siehe Abschnitt 6.2.2.1) gebildet (DEIFEL 1985). Im Vergleich zur Maltose ist die Bildungsrate jedoch beträchtlich geringer (etwa 10 %). Der Beitrag am Frischgewicht beträgt in etwa 0,5 %. Ein externer Eintrag der Isomaltose seitens der Rohstoffquellen und/oder ihre enzymatische Synthese seitens im Honig enthaltener Mikroorganismen ist wahrscheinlich.

6.2.2.4 Kojibiose, Turanose, Maltulose, Nigerose

Diese seltenen Honigzucker sind wahrscheinlich auf die enzymatische Aktivität gewisser Mikroorganismen (zumeist osmophile Pilze und Hefen) zurückzuführen. Sie kommen in jedem Honig vor, sind jedoch aufgrund des niedrigen Wassergehaltes des reifen Honigs inaktiviert. Die Bildung der Zucker findet demnach während der Reifung des Honigs statt (siehe Abschnitt 3.2.3). Die ungefähren Gehalte sind in Tab. 17 angegeben.

6.2.2.5 Trehalose

Trehalose ist ein Bestandteil des Blutzuckers der Biene. Es scheint nicht verwunderlich, wenn geringe Mengen dieses Zuckers über die Biene (Verletzungen, Speichel) in den Honig gelangen.

6.2.2.6 Gentiobiose, Laminaribiose

Das Entstehen dieser Disaccharide setzt eine β-D-Glucosynthetase voraus. Diese scheint auf einige wenige Pflanzen beschränkt zu sein, so daß angenommen wird, daß die Zucker über deren Nektarien synthetisiert werden und eine trachtspezifische Komponente darstellen.

Zusammenfassend werden die Disaccharide des Honigs mit ihren Trivialnamen und chemischen Bezeichnungen dargestellt (siehe Tab. 18).

6.2.3 Trisaccharide

Generell ist zu sagen, daß Honigtauhonige im Vergleich zu reinem Blütenhonig eine komplexere Mischung von Trisacchariden und höheren Zuckern enthalten. Dies mag daran liegen, daß diese Zucker an Enzymsystemen der Blattlaus synthetisiert werden und über den Honigtau in den Honig gelangen.

6.2.3.1 Erlose

Dieses Trisaccharid wird aufgrund der enzymatischen Tätigkeit der (oben bereits erwähnten) Honigsaccharase durch Glucose-Übertragung auf Saccharose (Transglucosidierung) gebildet (siehe Abschnitt 3.2.3).

$$\text{Saccharose} + \text{Glucose} \xrightarrow{\text{Saccharase}} \text{Erlose}$$

Andererseits wird Erlose ebenfalls durch Darmenzyme vieler Pflanzensauger synthetisiert, im Honigtau ausgeschieden und über diesen Rohstoff in den Honig eingetragen. Diese Tatsache erklärt den höheren Gehalt an Erlose in Honigtauhonigen (siehe Tab. 17).

Tab. 18. Disaccharide des Honigs

Trivialname	Chemische Bezeichnung
Maltose	O-α-D-Glucopyranosyl-(1,4)-D-Glucopyranose
Isomaltose	O-α-D-Glucopyranosyl-(1,6)-D-Glucopyranose
Saccharose	α-D-Glucopyranosyl-β-D-Fructofuranosid
Kojibiose	O-α-D-Glucopyranosyl-(1,2)-D-Glucopyranose
Nigerose	O-α-D-Glucopyranosyl-(1,3)-D-Glucopyranose
Maltulose	O-α-D-Glucopyranosyl-(1,4)-D-Fructose
Turanose	O-α-D-Glucopyranosyl-(1,3)-D-Fructose
Trehalose	α-D-Glucopyranosyl-β-D-Glucopyranosid
Gentiobiose	O-β-D-Glucopyranosyl-(1,6)-D-Glucopyranose
Laminaribiose	O-β-D-Glucopyranosyl-(1,3)-D-Glucopyranose

6.2.3.2 Melezitose

Melezitose stellt einen typischen Honigtauzucker dar, der durch eine α-1,3-Glucosidase, welche auf das Enzymsystem der Pflanzensauger beschränkt ist, aus Saccharose durch Transglucosidierung gebildet wird (siehe Abb. 13). Eventuell im Blütenhonig vorhandene Melezitose läßt auf teilweise Honigtautracht schließen.

Hervorstechendste Eigenschaft der Melezitose ist ihre sehr leichte Kristallisationsfähigkeit. Honig mit höherem Melezitoseanteil (etwa 10 %), der in warmen, trockenen Jahren gebildet wird (siehe Abschnitt 2.3.2), kann schon in den Waben auskristallisieren und so den Imker in ernsthafte Schwierigkeiten bringen. Solche Honige müssen dann unter Umständen unreif geerntet werden (siehe Kapitel 4).

6.2.3.3 Maltotriose, Panose, Isopanose, Isomaltotriose, Theanderose, Centose, 3-α-Isomaltosylglucose

Diese Zucker können über 1,6- bzw. 1,4-α-Glucosidierung aus Maltose, Isomaltose, Saccharose, Kojibiose oder Laminaribiose entstehen. Der Aufbau von Maltotriose aus einer Maltose-Glucose-Lösung durch die Honigsaccharase wurde beobachtet (DEIFEL 1985). Eine Beteiligung dieses Enzyms an den anderen Zuckern ist in kleinstem Umfang wahrscheinlich (siehe auch Abschnitt 6.2.4). Für die Synthese kommen aber auch vor allem Mikroorganismen oder Enzymsysteme der Pflanzensauger in Betracht (Honigtau!), so daß trachtspezifische Komponenten eine gewisse Rolle spielen können.

6.2.3.4 1-Kestose

Dieser Zucker gilt als Transfructosidierungsprodukt der Saccharose. Er wird zwar verstärkt im Honigtau entdeckt, jedoch werden als Urheber osmophile Hefen angesehen, die Enzymsysteme zur Transfructosidierung besitzen (siehe Abschnitt 3.2.3). Gerade der Honigtau ist häufig mit Hefen oder Pilzen aus der Luft kontaminiert; Rußtaupilze lassen ihn z. B. häufig als schwarze Flecken auf den Blättern erscheinen.

Zusammenfassend werden die Trisaccharide des Honigs mit ihren Trivialnamen und systematischen Bezeichnungen noch einmal vorgestellt (Tab. 19).

6.2.4 Tetra- und Pentasaccharide

6.2.4.1 3-α-Isomaltosylsucrose, 3-α-Maltosylsucrose

Diese Zucker sind das 1,4- bzw. 1,6-Transglucosidierungsprodukt der Erlose und können in kleinem Ausmaß durch die Honigsaccharase gebildet werden (TAKENAKA und ECHIGO 1980). Erstaunlich ist, daß bei dieser Reaktion das 1,6-Produkt bevorzugt wird, so daß überwiegend Isomaltosylsucrose entsteht.

Tab. 19. Trisaccharide des Honigs

Trivialname	Chemische Bezeichnung
Erlose	O-α-D-Glucopyranosyl-(1,4)-α-D-Glucopyranosyl-β-D-Fructofuranosid
Melezitose	O-α-D-Glucopyranosyl-(1,3)-O-β-D-Fructofuranosyl-(2,1)-α-D-Glucopyranosid
Maltotriose	O-α-D-Glucopyranosyl-(1,4)-O-α-D-Glucopyranosyl-(1,4)-D-Glucopyranose
Isomaltotriose	O-α-D-Glucopyranosyl-(1,6)-O-α-D-Glucopyranosyl-(1,6)-D-Glucopyranose
Panose	O-α-D-Glucopyranosyl-(1,6)-O-α-D-Glucopyranosyl-(1,4)-D-Glucopyranose
Isopanose	O-α-D-Glucopyranosyl-(1,4)-O-α-D-Glucopyranosyl-(1,6)-D-Glucopyranose
Theanderose	O-α-D-Glucopyranosyl-(1,6)-α-D-Glucopyranosyl-β-D-Fructofuranosid
Centose	O-α-D-Glucopyranosyl-(1,4)-O-α-D-Glucopyranosyl-(1,2)-D-Glucopyranose
3-α-Isomaltosylglucose	O-α-D-Glucopyranosyl-(1,6)-O-α-D-Glucopyranosyl-(1,3)-D-Glucopyranose
1-Ketose	O-α-D-Glucopyranosyl-(1,2)-β-D-Fructofuranosyl-(1,2)-β-D-Fructofuranosid

Tab. 20. Tetrasaccharide des Honigs

Trivialname	Chemische Bezeichnung
3-α-Isomaltosylsucrose	O-α-D-Glucopyranosyl-(1,6)-O-α-D-Glucopyranosyl-(1,4)-O-α-D-Glucopyranosyl-(1,2)-β-D-Fructofuranosid
3-α-Maltosylsucrose	O-α-D-Glucopyranosyl-(1,4)-O-α-D-Glucopyranosyl-(1,4)-O-α-D-Glucopyranosyl-(1,2)-β-D-Fructofuranosid
Isomaltotetraose	O-α-D-Glucopyranosyl-(1,6)-[O-α-D-Glucopyranosyl-(1,6)]$_2$-D-Glucopyranose
Isomaltopentaose	O-α-D-Glucopyranosyl-(1,6)-[O-α-D-Glucopyranosyl-(1,6)]$_3$-D-Glucopyranose

6.2.4.2 Isomaltotetraose, Isomaltopentaose

Die Herkunft dieser Zucker ist ungewiß. Sie kommen in sehr geringen Konzentrationen vor. Eine Beteiligung der Honigsaccharase ist nicht ausgeschlossen.

Zusammenfassend seien die Trivialnamen der Tetra- und Pentasaccharide des Honigs den systematischen Bezeichnungen gegenübergestellt (siehe Tab. 20).

6.2.5 Polysaccharide

Ein Polysaccharid mit kolloidalen Eigenschaften wurde von SIDDIQUI (1965) gefunden. Es kommt zu 0,2 bis 1 % in Honig vor und besteht aus 22 bis 23 Zuckereinheiten (Monomeren), die sich in D-Mannose, L-Arabinose und D-Galactose unterteilen. Die Herkunft dieses Polymers ist unklar. In Frage kommen Pollenkörner oder Hefen. Allerdings könnte es auch sein, daß die Biene selbst über detoxifizierende Enzyme diesen Zucker synthetisiert, da die Einzelbestandteile (Monomeren) nachgewiesenermaßen eine Giftwirkung auf das Insekt ausüben (CRANE 1976). In diesem Fall würde die Biene für sie ungünstige Trachtkomponenten entgiften, was einen sehr hohen Grad evolutiver Anpassung darstellt (SMIRLE und WINSTON 1988).

6.2.6 Aminozucker

Glucosamin und Fructosamin wurden mit 0,1 bis 16,5 mg/kg im Honig durch FUSSNEGGER (1985) nachgewiesen (siehe Tab. 17). Diese Verbindungen entstehen durch chemische Reaktionen verschiedener Honig-Inhaltsstoffe, welche aus mehreren Quellen stammen können. Dafür spricht auch die Zunahme von Glucosamin und Fructosamin während der Lagerung. Es handelt sich hier um Reaktionen zwischen reduzierenden Zuckern und Ammoniak. Als weitere Reaktionspartner kommen aber auch Aminosäuren, Polypeptide und Proteine (Amino-N-haltige Substanzen) in Frage (siehe Abschnitt 6.7.1, Maillard-Reaktion), wobei häufig dunkel gefärbte Verbindungen, sogenannte Melanoidine gebildet werden. Dies erklärt auch das Dunklerwerden des Honigs während der Lagerung (siehe Kapitel 9).

6.3 Proteine

Der Proteingehalt des Honigs stammt zum weitaus überwiegenden Teil von der Biene, im Gegensatz zu den Hauptbestandteilen, den Zuckern, welche primär pflanzlichen Ursprungs sind. Er kann in weiten Grenzen schwanken (siehe Tab. 17) und ist von mehreren Faktoren, wie Art der Tracht, Masse der Tracht, Zustand des Volkes, Alter der Bienen, Jahreszeit, Klima, Witterung und anderen Parametern abhängig. Im allgemeinen liefern relativ trockene, nicht zu üppige Rohstoffquellen (z. B. Honigtau) bei reichlicher Pollenversorgung im Sommer einen relativ proteinhaltigen Honig (siehe Abschnitt 3.2). Den überwiegenden Anteil der Proteine stellen Enzyme dar, doch sind auch kolloidale Eiweißsubstanzen im Honig enthalten.

6.3.1 Enzyme

Sie beschleunigen (katalysieren) und ermöglichen dadurch Reaktionen, die für die Funktion eines Organismus von entscheidender Bedeutung sind. Die Tatsache, daß zuckerspaltende Enzyme zum großen Teil von der Biene in den Honig gegeben werden, zeigt bei diesem für die Biene lebensnotwendigen Nahrungsmittel eine Art von prä-oraler Verdauung. Daneben werden von der Biene konservierende Enzyme zugegeben, die den Honig haltbar und lagerfähig machen und auch von großer Bedeutung für die Gesundheitswirkung des Honigs sind (siehe Abschnitt 10.2). In reifem Honig sind aufgrund des geringen Wassergehaltes die Enzyme weitgehend inaktiv. Sie können jedoch durch Verdünnen des Honigs mit Wasser wieder aktiviert werden.

6.3.1.1 Saccharase (Invertase)

Dieses Enzym (ein Glykoprotein mit einem M_r von 57 300) führt die Spaltung von Saccharose in für die Biene physiologisch verwertbare Glucose und Fructose während der Honigreifung durch. Wie bereits beschrieben, ist das Enzym eine α-Glucosidase mit Transglucosidierungswirkung. Nach bisherigen Erkenntnissen stammt es ausschließlich von der Biene (vor allem aus den Futtersaftdrüsen), da die Saccharase des Zuckerfütterungshonigs in Konzentration und Eigenschaften derjenigen des natürlichen Honigs ähnlich sein soll (siehe Abb. 48 und 49, EDELHÄUSER und BERGNER 1987). Man muß jedoch dabei folgenden Zusammenhang zwischen Ernährung und Körperfunktion der Biene beachten: Füttert man Bienen mit Zuckerlösung, so ist das Angebot eines der Hauptnahrungsmittel sehr groß. Auf großen Nahrungsreiz wird zunächst auch mehr Speichel produziert, so daß die Menge der Saccharase in den ersten Tagen der Zuckerfütterung in einem eingetragenen Sammelgut normal, ja hoch ist. Nach etwa zehn Tagen sind jedoch die Bausteine der Enzymbildung im Bienenkörper erschöpft und die Saccharasemenge sinkt in dem aus dem Sammelgut hergestellten Honig stark ab (BERGNER und HAHN 1972a). Füttert man nun gleichzeitig Pollen, welcher sowohl die Eiweißbausteine als auch verschiedene Vitamine enthält, wird wiederum ein Ansteigen der Enzymproduktion beobachtet.

Wärmebedingter Zerfall

Die Saccharase ist sehr empfindlich gegen Wärme, wobei die Geschwindigkeit der Zerstörung bei Temperaturen unter 15 °C sehr gering ist. Bei 20 °C erreicht die Wirkungsabnahme der Saccharase etwa 1,5 bis 1,7 % pro Monat. Da die Temperaturen in Läden tagsüber etwas höher sind, in der zeitmäßig längeren Nachtperiode aber oft wesentlich darunter

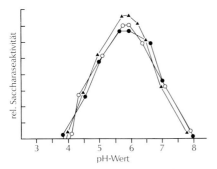

Abb. 48. pH-Optimum der Honigsaccharase. ○ = Zuckerfütterungshonig, ● = Rapshonig und ▲ = Tannenhonig (nach EDELHÄUSER und BERGNER 1987).

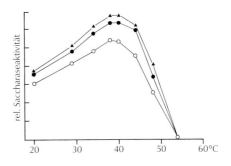

Abb. 49. Temperaturoptimum der Honigsaccharase. ○ = Zuckerfütterungshonig, ● = Rapshonig und ▲ = Tannenhonig (nach EDELHÄUSER und BERGNER 1987).

Tab. 21. Einfluß der Lagertemperatur auf die Haltbarkeit der Honigsaccharase und der Honigamylase (nach WHITE et al. 1964)

Lagertemp. [°C]	Halbwertzeit der Saccharase		Halbwertzeit der Amylase	
10	9 600	Tage	12 600	Tage
20	820	Tage	1 480	Tage
25	250	Tage	540	Tage
30	83	Tage	200	Tage
35	28	Tage	78	Tage
40	9,6	Tage	31	Tage
50	1,3	Tage	5,4	Tage
60	4,7	Stunden	1,1	Tage
70	47	Minuten	5,3	Stunden
80	8,6	Minuten	1,2	Stunden

liegen, dürfte diese Mitteltemperatur nicht stark überschritten werden, so daß bei einjähriger Lagerung in Verkaufsräumen ein Wirkungsverlust von etwa 20 bis 25 % eintreten kann. Dieser Wirkungsverlust erhöht sich bei steigender Temperatur exponentiell: Während der Lagerung bei 25 °C zerfällt die Hälfte der Saccharase (50 % Wirkungsverlust) in 250 Tagen, bei 50 °C in 32 Stunden und bei 70 °C in etwa einer halben Stunde (siehe Tab. 21).

pH-Optimum
In der pH-abhängigen Änderung ihrer Aktivität zeigen die Saccharasen der drei untersuchten Honigarten keine Unterschiede (siehe Abb. 48). Ihr Optimum liegt bei pH 5,9. Die Aktivität nimmt zum sauren bzw. basischen pH-Bereich kontinuierlich ab.

Temperaturoptimum
Die temperaturabhängige Aktivitätsänderung vermittelt ebenfalls ein einheitliches Bild des isolierten Enzyms (siehe Abb. 49). Bei allen drei Honigarten liegt das Temperaturoptimum der Saccharaseaktivität zwischen 40 und 42 °C. Es unterscheidet sich wenig von dem direkt im Honig gemessenen Wert von 35 bis 40 °C (WHITE und MAHER 1953). Über 45 °C hinaus nimmt die Saccharaseaktivität rasch ab und ist schon bei 56 °C nicht mehr feststellbar.

Saccharasegehalt in Honigen
Der Saccharasegehalt kann aus bereits erwähnten Gründen stark schwanken (siehe Abschnitt 3.2.1 und 3.2.2). Die meisten Honige haben Saccharasezahlen von 7 bis 14 Einheiten nach HADORN und GONTARSKI (siehe Legende von Tab. 17). Der DIB schreibt eine Saccharaseaktivität von mindestens 10 Einheiten vor. Honige mit einem niedrigeren Wert als 10 Einheiten werden beanstandet.

Eine Ausnahme bilden natürlich vorkommende enzymschwache Blütenhonige (z. B. Robinien-, Gamander- und Frühtrachthonige). Hohe Saccharasegehalte werden häufig in Waldhonigen gefunden, da der oft trockene Honigtau vor seiner Aufnahme erst kräftig von der Biene eingespeichelt werden muß.

6.3.1.2 Amylase
Als weiteres Enzym trifft man im Honig regelmäßig stärkespaltende Amylase an, die ebenfalls ausschließlich von der Biene, vor allem aus den Futtersaftdrüsen stammt. Dies wurde dadurch bewiesen, daß aus Raps-, Tannen- und Zuckerfütterungshonig isolierte Amylasen in Konzentration und physikalisch-chemischem Verhalten in allen drei Honigsorten ähnlich waren (STADELMEIER und BERGNER 1986b). Bei der Honig-Amylase handelt es sich um ein Glycoprotein mit einem M_r von 24 000 bis 25 000, dem in der neueren Literatur allgemein α-amylolytische Aktivität zugeschrieben wird (STADELMEIER und BERGNER 1985, 1986a, b).

Da Stärke und Polyglucane hauptsächlich im Pollen vorkommen, ist die Funktion des Enzyms wohl im Aufschluß desselben zu suchen.

Wärmebedingter Zerfall
Die Empfindlichkeit gegen Wärme ist wesentlich geringer als die des zuckerspaltenden Enzyms Saccharase. Auch bei der Amylase ist jedoch eine exponentielle Abnahme in Funktion zur Temperatur gegeben (siehe Tab. 21). Während der Lagerung bei 20 °C (Ladentemperatur) zerfällt die Hälfte der Amylase (50 % Wirkungsverlust) erst in 1480 Tagen (4 Jahre), bei 50 °C in 6 Tagen und bei 70 °C in etwa fünf Stunden (siehe Tab. 21).

Proteine 97

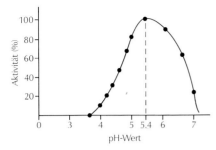

Abb. 50. pH-Optimum der Amylase in Rapshonig-Proteinkonzentrat (nach STADELMEIER und BERGNER 1986b).

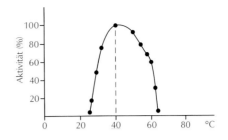

Abb. 52. Temperaturoptimum der Amylase in Rapshonig-Proteinkonzentrat (nach STADELMEIER und BERGNER 1986b).

Temperaturoptimum

Wie aus Abb. 52 ersichtlich, liegt das Temperaturoptimum der Amylase bei 40 °C. Über 60 °C wird eine rapide Abnahme der Aktivität feststellbar, da das Enzym dann wahrscheinlich denaturiert wird.

Amylasegehalt in Honigen

Die meisten Honige weisen Diastasezahlen (Amylasezahlen) zwischen 8 und 24 Einheiten nach SCHADE und GOTHE auf (siehe Legende von Tab. 17). Die HVO schreibt eine Amylaseaktivität von mindestens 8 Einheiten vor. Honige mit einem niedrigeren Wert als 8 Einheiten werden beanstandet. Eine Ausnahme bilden natürlich vorkommende enzymschwache Blütenhonige (z. B. Citrus-, Gamander- und bestimmte Eucalyptushonige). Hier ist eine Mindestaktivität von 3 Einheiten vorgeschrieben. Hohe Amylasegehalte werden häufig in Waldhonigen gefunden, da der oft trockene Honigtau vor seiner Aufnahme erst kräftig von der Biene eingespeichelt werden muß.

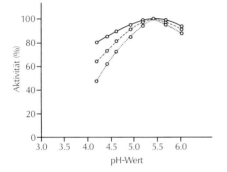

Abb. 51. Prozentuale Amylaseaktivität von Rapshonig-Proteinkonzentrat nach ein- bis dreitägiger Lagerung in Acetatpufferlösungen unterschiedlicher pH-Werte. —— eintägige Lagerung, ---- zweitägige Lagerung, ···· dreitägige Lagerung (nach STADELMEIER und BERGNER 1986b).

pH-Optimum und -Stabilität

Wie Abb. 50 zeigt, liegt das pH-Optimum der Honigamylase bei pH 5,4. Eine recht schnelle Aktivitätsabnahme ist diesseits und jenseits dieses pH-Wertes zu beobachten. Abb. 51 zeigt, daß eine Lagerung von einem Tag im pH-Bereich von 4,2 bis 4,8 zu etwa 10 % Aktivitätsverlust führt. Nach dreitägiger Lagerung bei pH 4,2 wurden mehr als 50 % der isolierten Amylase inaktiviert, dagegen waren über pH 5,4 die Aktivitätsverluste nur gering. Da Honig pH-Werte von 5,4 bis hinunter auf 3,6 aufweist, die Amylase darin aber keine pH-bedingte Aktivitätsabnahme (Zerstörung) zu erfahren scheint, wirkt wahrscheinlich der niedrige Wassergehalt konservierend auf dieses Enzym.

6.3.1.3 Glucoseoxidase

Dieses Enzym besitzt die Eigenschaft, in wäßriger Lösung in Verbindung mit Luft einen sehr kleinen Teil des im Honig enthaltenen Traubenzuckers über Gluconolacton zu Gluconsäure unter Bildung kleinster Mengen Wasserstoffperoxid umzuwandeln. Die Übertragung des Wasserstoffs auf Sauerstoff erfolgt dabei direkt. Beide Schritte, sowohl die Wasserstoffperoxid- als auch die Gluconolacton-Bildung

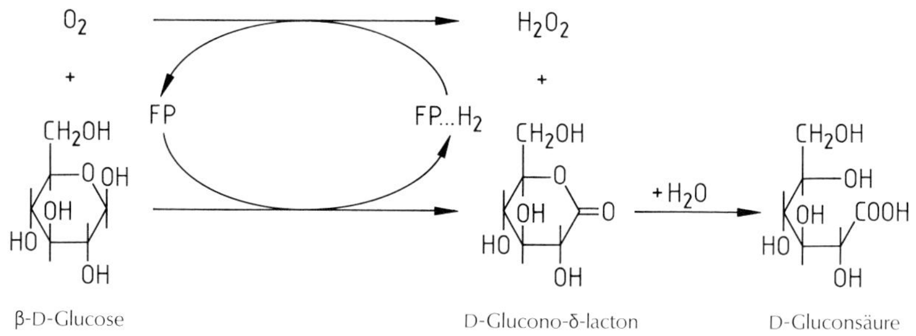

Abb. 53. Reaktionsschema der Glucoseoxidase. Neben Gluconsäure entsteht Wasserstoffperoxid (Inhibin), welches im Honig keimhemmende (bakteriostatische) Wirkungen entfaltet. FP = Flavoproteid.

werden von dem Enzym katalysiert (siehe Abb. 53). Das Gleichgewicht, welches sich in Anwesenheit von Wasser zwischen Lacton und Säure einstellt, liegt weit auf seiten der Säure. Die Messung der Glucoseoxidase-Aktivität erfolgt über die Bestimmung des gebildeten Wasserstoffperoxids. Damit kann die Säurebildung in wässeriger Honiglösung, aber auch die keimhemmende, ja auch keimtötende (bakterizide) Wirkung des Honigs aufgrund der Wasserstoffperoxidbildung erklärt werden. Das Enzym hat seinen Ursprung in den Hypopharynxdrüsen der Biene (GAUHE 1941, DUSTMANN 1972, siehe Abschnitt 3.1.2).

Sowohl die Gluconsäure, vor allem aber das in Spuren gebildete Wasserstoffperoxid tragen (neben der hohen Zuckerkonzentration) durch ihre bakteriostatische Wirkung mit zur Konservierung des Honigs bei und schaffen so die ideale Voraussetzung für ein Vorratsprodukt.

Wärme- und lichtbedingter Zerfall

Glucoseoxidase erfährt während längerer Lagerung bei Raumtemperatur (20 °C) eine je nach Honig unterschiedlich starke Abnahme. Mit steigenden Temperaturen erfolgt eine Aktivitätsabnahme, die diejenige der Saccharase noch übersteigt (siehe Abb. 65, WHITE und SUBERS 1964a, b).

Licht wirkt zerstörend auf die Glucoseoxidase. Dies ist ein wichtiger Aspekt einerseits bei der Wabenentnahme aus dem Stock, andererseits bei der Lagerung im Glas.

Bei verschiedenen Honigtypen wurden verschiedene Empfindlichkeiten gegenüber Licht festgestellt. Während der Verlust in einem honigtaureichen Honig nach direkter zehnminütiger Sonnenbestrahlung (7×10^4 Lux) auf eine 5 mm dicke Honigschicht nur etwa 6 % beträgt, lassen sich unter den gleichen Bedingungen z. B. bei Heide- und Löwenzahnhonig 23 %, bei Obstblütenhonig 61 %, bei Raps- und Robinienhonig etwa 66 % und bei Kleehonig 90 % Aktivitätsverlust feststellen. Läßt man Sonnenlicht oben beschriebener Intensität sechs Stunden lang auf verdeckte 500 g Honiggläser wirken, so zeigt der darin enthaltene Honig folgende Aktivitätsverluste: Honigtauhonig (Tanne, Kiefer, Fichte, Linde): etwa 3 %; Heide- und Löwenzahnhonig: 9,6 %; Robinienhonig: 20 %; Rapshonig: 49 %; Obstblütenhonig: 51 %; Kleehonig: 53 %.

Auch durch Leuchtstoffröhren (5000 Lux) ist eine Zerstörung der Glucoseoxidase festzustellen. Hier beträgt die Aktivitätsabnahme etwa die Hälfte von derjenigen, welche durch Sonnenlicht bewirkt wird. Honig, der z. B. für die Erkältungsbehandlung von Kindern benutzt wird, sollte möglichst im Dunkeln aufbewahrt werden (DUSTMANN 1972).

pH- und Temperaturoptimum

Optimale Bedingungen für die Glucoseoxidase-Aktivität wurden bei pH 6,5 und 37 °C erhalten (WHITE und SUBERS 1963, DUSTMANN 1967b). Da das Enzym in saurem Medium (pH 3 bis 4) sehr leicht zerstört wird (WHITE und SUBERS 1963, 1964a, 1864b) könnte ein saurer Nektar (pH 2,7 bis 6,4) während der Honigzubereitung schädigend wirken. Eine derartige Gefahr entfällt bei der Entstehung des Honigtauhonigs (Honigtau: pH 6 bis 7,9). Wahrscheinlich lassen sich auch hierdurch die unterschiedlichen Aktivitäten in Nektar- und Honigtauhonig erklären.

Gehalt von Glucoseoxidase in Honigen

Die Glucoseoxidase-Aktivität ist aufgrund der erwähnten Empfindlichkeit des Enzyms gegenüber Wärme und Licht stark unterschiedlich. Im allgemeinen gilt wie bei den anderen von der Biene stammenden Enzymen (Saccharase, Amylase), daß bei stärkerem Einspeichelungsgrad (trockene Rohstoffquellen, z. B. Honigtau) im Honig höhere Enzymaktivitäten vorhanden sind. So weist Honigtauhonig Werte zwischen 200 und 350 $u \cdot kg^{-1}$ auf, während die meisten Blütenhonige Aktivitäten unter 200 $u \cdot kg^{-1}$ besitzen (siehe Legende in Tab. 17, DUSTMANN 1967a, b). Edelkastanienhonige (*Castanea sativa*) enthalten einen relativ hohen Anteil an Honigtautracht und dadurch bedingte hohe Glucoseoxidase (Wasserstoffperoxid)-Werte (267 bis 300 $u \cdot kg^{-1}$). Naturbedingt enzymschwache Honige aus Robinien (*Robinia pseudoacacia*)- und Gamandertracht (*Teucrium scorodonia*) besitzen auch eine sehr geringe Glucoseoxidase-Aktivität (8,6 $u \cdot kg^{-1} \cdot kg^{-1}$). Obwohl die meisten Rapshonige von Natur aus generell enzymschwach sind, können je nach Bedingungen (siehe Abschnitt 3.2) auch höhere Enzymaktivitäten (Saccharase, Amylase und Glucoseoxidase) festgestellt werden (Glucoseoxidase: 20 bis 61 $u \cdot kg^{-1}$). Heide- und Alpenrosenhonige weisen relativ hohe Saccharase- und Amylasewerte auf (siehe oben), die Glucoseoxidase (Wasserstoffperoxid)-Aktivität bleibt jedoch gering (14 bis 16 $u \cdot kg^{-1}$). Dies kann daran liegen, daß ein die Glucoseoxidase hemmendes Reaktionsmilieu vorliegt oder das Wasserstoffperoxid, über welches die Glucoseoxidase-Aktivität bestimmt wird, durch andere, im Honig enthaltene Enzyme wieder zerstört wird (Katalase).

6.3.1.4 Katalase

Die Wirkung dieses Enzyms besteht in der Spaltung des von der Glucoseoxidase gebildeten Wasserstoffperoxids.

$$2 H_2O_2 \xrightarrow{\text{Katalase}} 2 H_2O + O_2$$

Sie tritt nur gelegentlich im Honig auf, wobei mit zunehmender Alterung eine Erhöhung der Aktivität festzustellen ist. Es wird deshalb vermutet, daß dieses Enzym durch bestimmte, bisweilen im Honig vorhandene Mikroorganismen gebildet wird (DUSTMANN 1967b), die allerdings auch schon im Nektar oder Honigtau enthalten sein können. Es ist durchaus möglich, daß bestimmte Nektare diese Mikroorganismen bevorzugt enthalten, so daß die Katalase trachtspezifisch sein kann. Sie wird bevorzugt in Heide-, Heidelbeer- und Alpenrosenhonigen (siehe oben) sowie in Honigen aus Kern- und Steinobsttracht (*Prunus* spec., *Malus* spec.) gefunden (DUSTMANN 1967b). Allgemein stehen hohen Katalaseaktivitäten relativ niedrige Wasserstoffperoxidwerte (Inhibinwerte) gegenüber.

6.3.1.5 Saure Phosphatasen

Eine saure Phosphatase wurde im Jahre 1938 von GIRI in indischem Honig entdeckt. Neuere Untersuchungen ergaben, daß mehrere Formen des Enzyms, die einerseits aus den Futtersaftdrüsen der Biene (M_r 35 000), andererseits aus Pollen stammen (M_r 65 000), im Honig enthalten sind (SIGLER 1986). Das pH-Optimum liegt zwischen pH 4,4 und 4,8, das Temperaturoptimum zwischen 42 und 50 °C. Die Funktion der sauren Phosphatasen besteht darin, Monophosphat von organischen Alkoholresten abzuspalten.

$$R\text{-}O\text{-}P \xrightarrow{\text{Phosphatase}} R\text{-}OH + P$$

Das Enzym erschließt eine Phosphatquelle für die Biene, die für den Energiehaushalt (Bildung von energiereichem Adenosintriphosphat, siehe Abschnitt 2.1 und 2.3) von entscheidender Bedeutung ist.

Wie zu erwarten, weisen Honigtauhonige die höchsten Phosphatase-Werte auf (um 40 $u \cdot kg^{-1}$), gefolgt von *Phacelia*- (30 $u \cdot kg^{-1}$), Robinien-, Linden-, Edelkastanien- und Eucalyptushonigen (20 $u \cdot kg^{-1}$) mit Werten zwischen 20 und 30 $u \cdot kg^{-1}$. Rapshonig zeigt wie bei den anderen Enzymen Werte zwischen 12 und 35 u · kg^{-1}. Niedere Werte weisen Heide- (13 u · kg^{-1}), Citrus- (11 u · kg^{-1}) und Zuckerfütterungshonig (8 u · kg^{-1}) auf.

Wie bereits erwähnt, sind alle genannten Enzyme in reifem Honig wegen seines geringen Wassergehaltes in ihrer Aktivität stark herabgesetzt, wohl aber noch funktionsfähig. Diese Charakteristik kennzeichnet den Honig als „dynamische Substanz".

6.3.2 Kolloidale Proteine

Neben kolloidalen Polysacchariden kommen auch kolloidale Eiweißsubstanzen im Honig vor. Das oft lästige Schäumen des Honigs ist auf solche Eiweißbestandteile zurückzuführen, welche die Oberflächenspannung herabsetzen (LOTHROP und PAINE 1931). Auch das leichte Karamelisieren des Honigs beim Erhitzen ist durch die Anwesenheit der Kolloide, vornehmlich des Eiweißes, bedingt; schließlich geht die dunkle Farbe des Honigs oft mit erhöhtem Gehalt an Eiweißsubstanzen einher.

6.4 Aminosäuren

Neben den bisher beschriebenen spezifisch wirksamen Eiweißstoffen findet man im Honig auch verschiedene Aminosäuren, die Bausteine von Eiweißstoffen.

Die hochdruckflüssige und gaschromatographische Trennung und Identifizierung ergab, daß verschiedene Honigarten jeweils ein spezifisches Spektrum solcher Aminosäuren zeigen, wobei einige dieser Substanzen regelmäßig in fast allen Honigen vorkommen (siehe Abb. 54). Die Konzentration der Aminosäuren in Honigen aus verschiedenen Ländern und von verschiedenen Trachten wird in Tabelle 22 aufgeführt. Man erkennt, daß im allgemeinen Prolin gegenüber allen anderen Aminosäuren mengenmäßig stark überwiegt und 50 bis 90 % des gesamten Aminosäuregehaltes ausmachen kann. Die meisten Honige besitzen Prolingehalte zwischen 250 und 550 mg · kg^{-1} (WHITE und RUDYJ 1978). Die Herkunft des Prolins ist sowohl in den Trachtquellen Nektar, Honigtau und Pollen als auch in der Biene zu suchen, welche es über ihren Speichel dem Honig zufügt (BERGNER und HAHN 1972a, LIPP 1990, 1991). Die anderen Aminosäuren stellen wohl

Abb. 54. Gaschromatogramm der freien Aminosäuren in einem Blütenhonig (nach GILBERT et al. 1981).

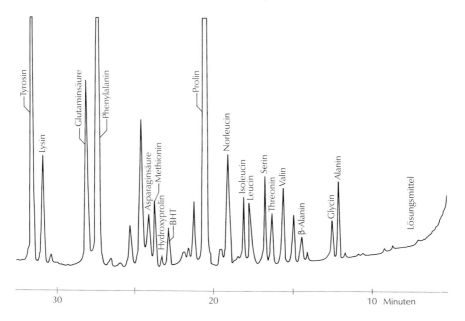

Tab. 22. Gehalte freier Aminosäuren (mg · kg^{-1}) in nach floraler und regionaler Herkunft verschiedenen Honigen (nach DAVIES und HARRIS 1982, SPEER und MONTAG 1986)

Aminosäure	Sortenhonige: Deutschland				Mischhonige: Andere Länder		
	Klee	Raps	Heide	Kastanie	Argentinien	Australien	Kanada
Asparaginsäure	16,3	10,0	36,0	50,5	11,8	9,5	14,3
Threonin	5,3	3,9	13,6	1,4	13,6	15,0	16,7
Serin	8,3	6,5	16,4	1,5	7,8	7,3	7,7
Glutaminsäure	20,4	16,3	87,0	9,5	17,3	20,3	25,4
Prolin	321,5	212,0	462,7	638,9	336,0	569,0	318,0
Glycin	4,6	4,5	7,1	2,8	3,1	3,1	3,5
Alanin	8,9	5,8	16,4	8,2	10,4	12,0	7,1
Valin	12,9	8,1	15,1	5,1	6,6	7,7	6,4
Isoleucin	11,2	2,0	10,4	1,7	4,7	3,8	5,8
Leucin	11,8	12,2	7,2	8,3	6,3	12,0	6,5
Tyrosin	14,1	8,0	12,9	25,4	11,1	14,1	13,0
Phenylalanin	10,3	11,0	23,7	8,4	29,7	48,8	28,2
Lysin	27,7	18,7	30,6	1,5	20,3	12,1	20,4
Histidin	9,2	4,2	8,7	1,1	13,2	3,1	9,2
Ammonium	0,8	9,5	8,8	0,3	8,3	3,0	5,2
Arginin	5,9	5,5	22,1	1,0	2,1	8,8	7,4
Gesamt	489,0	338,0	779,0	766,0	502,0	751,0	495,0

mehr oder weniger ausschließlich trachtspezifische Komponenten dar.

Erwähnenswert ist Salbeihonig, der trachtbedingt einen extrem hohen Gehalt an Phenylalanin aufweist (bis 2300 mg/kg Honig, BERGNER und HAHN 1972b). Heidehonig zeichnet sich gegenüber anderen Honigen durch einen allgemein recht hohen Aminosäuregehalt aus (siehe Tab. 22). So beträgt z. B. der Phenylalaningehalt in französischen Heidehonigen bis zu 250 mg pro Kilogramm, während im Rapshonig meist nur etwa 10 mg pro Kilogramm vorkommen. Die Kastanienhonige zeigen sehr hohe Prolingehalte (559,4 bis 718,4 mg/kg), während in tasmanischen Leatherwoodhonigen (*Eucryphia*), in Akazien- und Lindenhonigtau-Honigen eher niedrige Prolinwerte gemessen wurden (151,2 bis 264,4 mg/kg, DAVIES und HARRIS 1982, SPEER und MONTAG 1986).

Durch Verhältnisbildung der Konzentrationen bestimmter Aminosäuren läßt sich in gewissem Ausmaß die geographische und pflanzliche Herkunft der Honige bestimmen. So können sowohl australische Honige durch Aminosäureanalyse von argentinischen, kana-

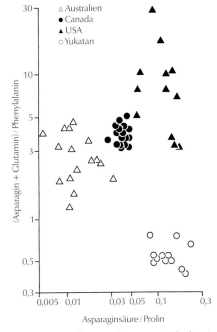

Abb. 55. Regionale Zuordnung von Kleehonigen aufgrund des Aminosäuremusters. Herkunft: △ = Australien, ● = Kanada, ▲ = USA, ○ = Yukatan (nach WHITE 1978).

dischen und britischen Honigen als auch deutsche von französischen Heidehonigen unterschieden werden (GILBERT et al. 1981, DAVIES und HARRIS 1982, SPEER und MONTAG 1986). In Abbildung 55 sind aufgrund solcher Verhältnisbildungen Kleehonige verschiedener geographischer Herkunft zu unterscheiden. Abb. 56 zeigt nach einem ähnlichen Verfahren den Unterschied zwischen Akazien- und Kleehonig.

Um wirklich zuverlässige Hinweise auf die geographische und pflanzliche Herkunft der Honige zu gewinnen, muß allerdings nach wie vor die mikroskopische Pollenanalyse durchgeführt werden (siehe Abschnitt 7.1).

6.5 Hormone

6.5.1 Tierische Hormone: Acetylcholin und Cholin

Diese beiden Stoffe, welche in sehr geringer Menge aus Honig isoliert wurden, sind auch pharmakologisch bestätigt worden. Der Gehalt an Acetylcholin in verschiedenen Honigen beträgt zwischen 0,06 und 5,0 mg · kg^{-1} Honig; der Cholingehalt beträgt im Vergleich dazu etwa das Fünffache (siehe Tab. 17). Es scheint inzwischen geklärt zu sein, daß diese beiden Transmittersubstanzen von der Biene zugesetzt werden und, obschon in sehr geringer Menge vertreten, im Spektrum der physiologischen Wirkungen des Honigs eine gewisse Rolle spielen (siehe Abschnitt 10.4).

Abb. 56. Trennung von Akazien- und Kleehonig aufgrund des Aminosäuremusters. ○ = Akazienhonig, ● = Kleehonig (nach KANEMATSU et al. 1982).

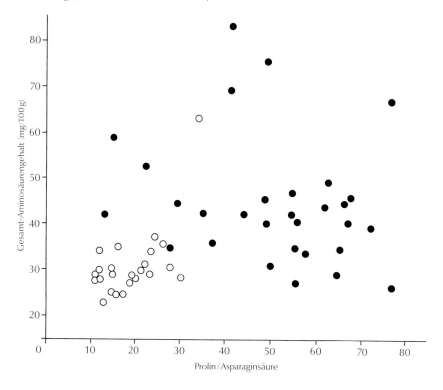

6.5.2 Pflanzliche Hormone: Abscisinsäure

Die Abscisinsäure (ABA) ist – chemisch gesehen – ein Sesquiterpen und kommt als Phytohormon in Pflanzen vor; sie fördert beispielsweise Blattfall und Fruchtreife. In den Honig gelangt sie über Nektar, Honigtau und Pollen (siehe Tab. 17). ABA kommt in der Natur in zwei isomeren Formen, einer physiologisch aktiven cis/trans-(ct-)Form und einer physiologisch inaktiven trans/trans-(tt-)Form vor. Im Nektar tritt, soweit beobachtet, nur die ct-Form, in Honigtau und Honig dagegen auch ein gewisser Anteil an tt-ABA auf. Dabei ist das Verhältnis zwischen ct- und tt-ABA unter verschiedenen Honigen ähnlich (siehe LIPP 1990). Die Isomerisierung der physiologisch aktiven ct-ABA könnte während des Reifungsprozesses des Honigs stattfinden. Beim Honigtau findet die Isomerisierung während der Darmpassage durch die Blattlaus statt. Man sollte demnach anhand des ct/tt-ABA-Verhältnisses beurteilen können, inwieweit Honige durch tierische Organismen bearbeitet wurden. Waldhonige hätten dann ein niedrigeres ct/tt-ABA-Verhältnis als Blütenhonige, da sie durch Biene und Blattlaus bearbeitet werden. Dieses wurde in ersten Untersuchungen auch beobachtet. Das ct/tt-ABA-Verhältnis kann somit eventuell auch als ein Maß für den Einspeichelungsgrad bzw. Bearbeitungsgrad des Honigs seitens der Biene herangezogen werden (siehe Abschnitt 3.2, LIPP 1990).

6.6 Säuregehalt und pH-Wert

Bienenhonig ist, obwohl dies geschmacklich meistens nicht hervortritt, schwach sauer. Obwohl Blütenhonig (pH: 3,6 bis 4,5) stärker sauer als Honigtauhonig (pH: 4,0 bis 5,4) ist, enthält letzterer trotzdem mehr Säure (siehe Tab. 17). Dies mag unlogisch klingen, jedoch enthält Honigtauhonig mehr kolloidale und auch andere Eiweißsubstanzen, Mineralstoffe und Salze, die den Säuregehalt des Honigs abpuffern und so einen höheren pH-Wert bewirken. Die mengenmäßig herausragende Komponente der Säuren stellt die Gluconsäure dar. Sie macht etwa 75 % der gesamten in Honig enthaltenen organischen Säuren aus (ECHIGO und TAKENAKA 1974). Sie steht im Gleichgewicht mit dem Gluconolacton, welches somit ebenfalls im Honig gefunden wird. Der Gluconsäuregehalt ist, bedingt durch die häufig starke Einspeichelung des Honigtaus, in Honigtauhonigen gegenüber Blütenhonigen erhöht (siehe Abschnitt 6.3.1.3).

Da alle aeroben Stoffwechselprozesse sowohl bei Pflanzen als auch bei Tieren im Citronensäurezyklus münden, kann man erwarten, daß die daran beteiligten Säuren in geringer Konzentration ausgeschieden werden und dann auch im Honig vorkommen. Diese Erwartung wurde inzwischen bestätigt; als Herkunftsquellen werden sowohl Pflanzen (Nektar, Pollen) als auch Tiere (Biene, Blattlaus) angenommen. Nähere Erkenntnisse liegen bislang von Ameisen- und Citronensäure im Honig vor (siehe Tab. 23). Honigtau-, Edelkasta-

Tab. 23. Ameisen- und Citronensäuregehalte in Honigen (nach TALPAY 1988, 1989)

Honigart	Ameisensäure [mVal · kg^{-1}]*	Citronensäure [mVal · kg^{-1}]
Zuckerfütterung	0,36 ± 0,27	0,35 ± 0,32
Blüten	0,69 ± 0,5	1,28 ± 0,72
Robinie	0,33 ± 0,07	0,79 ± 0,21
Raps	0,74 ± 0,29	0,47 ± 0,11
Klee	0,41 ± 0,18	1,52 ± 0,38
Linde	1,65 ± 0,29	0,75 ± 0,41
Honigtau	1,94 ± 0,88	7,74 ± 3,37
Edelkastanie	11,6 ± 7,27	3,91 ± 1,97
Eucalyptus		
– Honigtau	3,33 ± 1,85	4,29 ± 1,04
– Blüte	0,45 ± 0,2	1,13 ± 0,55
Calluna	8,49 ± 2,94	–
Erica	5,51 ± 1,55	–

* mVal · kg^{-1}: Anzahl der ml 1normaler Natronlauge, die für die Neutralisierung der in 1 kg Honig enthaltenen Säure notwendig sind.

nien — (Eßkastanien-) und Heidehonige weisen mehr Ameisen- und Citronensäure als Blütenhonige auf. In gewissem Ausmaß können also auch Säuren zur Herkunftsbestimmung der Honigtracht geeignet sein.

Neben den beschriebenen Säuren finden sich im Honig kleinste Mengen vieler anderer organischer Säuren, welche zum Teil aus den Rohstoffen in den Honig hineinkommen (siehe oben, Citratzyklus), zum anderen Teil aus Vorstufen der Aromastoffe nachträglich im Honig entstanden sein können. Es handelt sich unter anderem dabei um Essig-, Milch-, Butter-, Bernstein-, Malon-, Äpfel-, Oxal- und Pyrrolidoncarbonsäure.

Die sauren Eigenschaften des Honigs interessieren nicht nur den Analytiker, sondern haben auch Einfluß auf die Haltbarkeit der Enzyme beim Lagern. Die Inaktivierungsrate einiger Enzyme in sauren Honigen mit pH-Werten unter 4 ist bei Lagertemperaturen über 15 bis 20 °C etwas höher, so daß diese Honige wärmeempfindlicher sind als solche, deren pH-Wert über 4 liegt (siehe Abschnitt 6.3.1).

Bei unreifen Honigen ist der Säuregehalt häufig niedriger. Gärt der Honig, dann steigt der Säuregehalt durch Essig- oder Milchsäuregärung stark an. Aus diesem Grunde ist in der HVO ein oberer Grenzwert von 40 mVal freier Säure pro Kilogramm Honig festgelegt. Bei bestimmten Honigtauhonigen und Edelkastanienhonig scheinen bisweilen jedoch Säurewerte vorzukommen, die naturbedingt über diesem vorgeschriebenen Maximalwert liegen.

Andere im Honig vorkommende Säuren werden im folgenden Kapitel „Aromastoffe" besprochen.

6.7 Aromastoffe

„Aroma" meint in diesem Zusammenhang den für Honig typischen Geschmack und Geruch, wobei jeder jeweils in Zusammenhang mit dem anderen empfunden wird.

6.7.1 Honigtypisches Aroma

Als eigentlich geschmacksvermittelnde Verbindungen sind die Hauptbestandteile des Honigs, also die Zucker Fructose und Glucose, die Gluconsäure sowie das Prolin anzusehen (MAEDA et al. 1962). Sie werden durch Bienenwirkung über biochemische Vorgänge gebildet bzw. über Biene und Tracht in den Honig eingebracht. Daneben spielen aber während der Honigreifung auch rein chemische Reaktionen eine wichtige Rolle. Von Bedeutung sind hier vor allem die von den Bienen und Pflanzen herrührenden (trachtspezifischen) Aminosäuren. Aminogruppenhaltige Verbindungen, vor allem Aminosäuren, reagieren im sauren pH-Bereich bei erhöhter Temperatur mit reduzierenden Zuckern in der bekannten Maillard-Reaktion unter Bildung von gelb bis braun gefärbten Verbindungen (siehe Kapitel 6.11). Prolin, die mengenmäßig wichtigste Aminosäure im Honig, kann als sekundäres Amin daran mitwirken (siehe Abb. 57). Die im Bienenstock herrschenden Temperaturen von 30 bis 35 °C reichen vollkommen aus, um die Maillard-Reaktion in Gang zu setzen. Die ersten Stufen einer solchen „nichtenzymatischen Bräunung" sind in Abb. 57 dargestellt. Ganz prinzipiell sind Aminoverbindungen und reduzierende Zucker die Reaktionspartner der beginnenden Maillard-Reaktion. Im ersten Schritt reagiert der reduzierende Zucker in seiner offenkettigen Form über das Kation der Schiffschen Base zum Glucosylamin. Da sowohl das Kation der Schiffschen Base als auch das Glucosylamin ziemlich instabile Verbindungen darstellen, läuft die Reaktion bevorzugt zum Zwischenprodukt 1,2-Enaminol. Von hier aus kann über Amadori-Umlagerung die 1-Amino-1-desoxy-ketose, im vorliegenden Fall 1-L-prolino-1-desoxy-D-fructose gebildet werden, oder aber es entsteht (vor allem in saurem Milieu!) über eine β-Eliminierung und nachfolgende Prolin-Abspaltung eine Desoxy-dicarbonylverbindung, hier das 3-Desoxyoson (Einzelheiten siehe BELITZ und GROSCH 1987). Bei der beginnenden Maillard-Reaktion handelt es sich also um einen aminogruppenka-

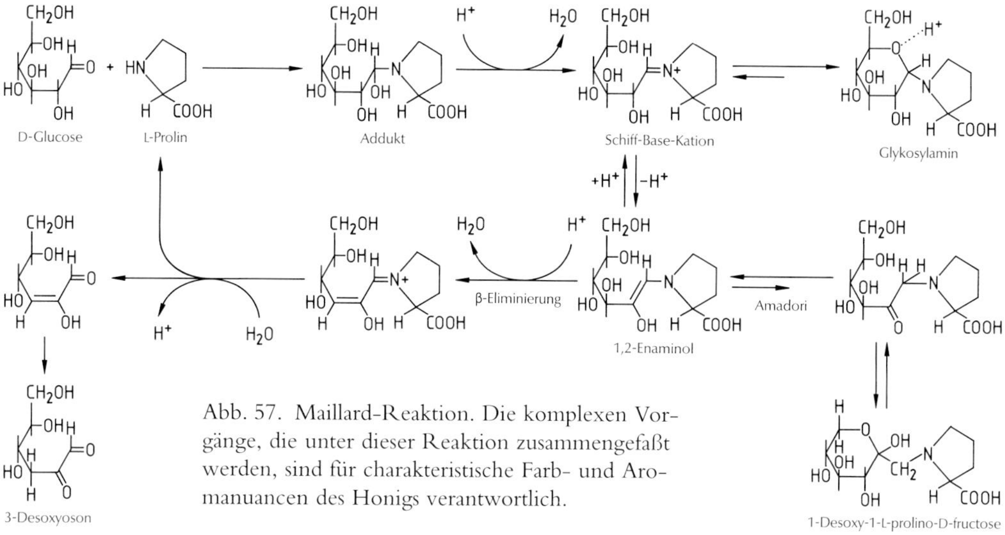

Abb. 57. Maillard-Reaktion. Die komplexen Vorgänge, die unter dieser Reaktion zusammengefaßt werden, sind für charakteristische Farb- und Aromanuancen des Honigs verantwortlich.

talysierten Umbau der Glucose zu 3-Desoxyoson. Die Desoxy-dicarbonylverbindungen sind sehr reaktiv und sind in komplexen Folgereaktionen unter Einbeziehung weiterer Zukker- und Aminokomponenten verantwortlich für eine ganze Reihe von Farb- und Aromastoffen. Die meisten dieser Reaktionsschritte sind in ihren Einzelheiten aber noch unbekannt.

Das 3-Desoxyoson liefert z. B. einen wesentlichen Beitrag zum typischen Honigaroma. Die Verbindung kann nämlich als α-Diketon mit Aminosäuren im sogenannten Strecker-Abbau unter Transaminierung und Decarboxylierung zum Aminoketon und dem der Aminosäure entsprechenden geruchsaktiven Aldehyd reagieren.

In entsprechenden Modellversuchen erhält man mit der aromatischen Aminosäure Phenylalanin ein blumig-honigartiges Aroma, das auf der Bildung von 2-Phenylacetaldehyd beruht. Dieses hat eine Geruchsschwelle von 4 µg pro Kilogramm! Der Beitrag anderer Aminosäuren zum Honigaroma in analogen Reaktionen ist vermutlich nicht so bedeutend.

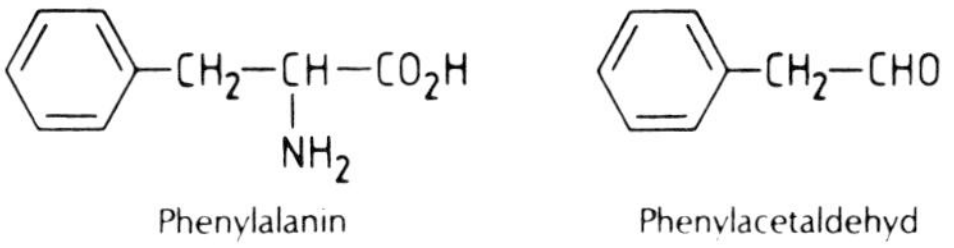

Das Diacetyl, welches ebenfalls aus Glucose oder Fructose nach obigen Reaktionsschritten über Dicarbonylverbindungen z. B. unter C-C-Spaltung entstehen kann, ist am Karamelisierungsgeschmack des Honigs beteiligt.

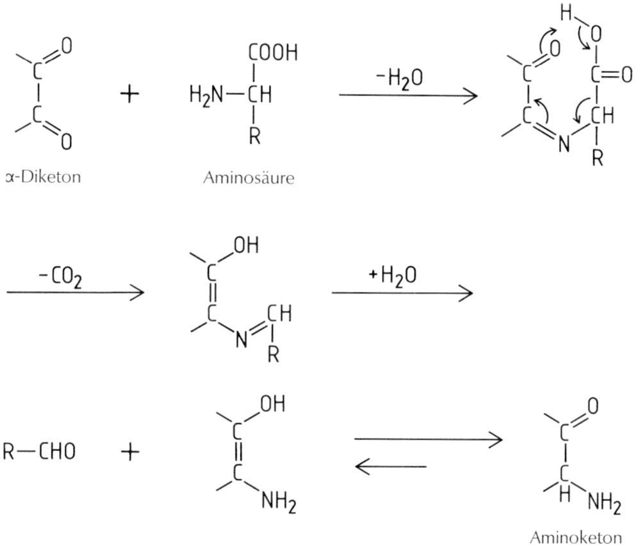

106 Inhaltsstoffe des Honigs

Zieht man die für Desoxy-dicarbonylverbindungen typischen Dehydratisierungen, Isomerisierungen, intramolekularen Redoxreaktionen und C-C-Spaltungen in Betracht, erhält man eine fast unübersehbare Zahl von Stoffen, die alle im Honig enthalten sind und zu seinem typischen Aroma beitragen können. Die meisten dieser Stoffe liegen jedoch unterhalb der Nachweisgrenze der für die Aromaforschung heute gängigen Methode der Gaschromatographie.

6.7.2 Trachttypisches Aroma

Die bisher abgehandelten Vorgänge werden hauptsächlich durch die Biene induziert, laufen also bei der Entstehung aller Honigarten ab. Die Biene erhält dadurch ein sehr haltbares Produkt mit artspezifischem Aroma, einer gewissen Konsistenz und mit einem in bestimmten Grenzen schwankenden Zuckerspektrum.

Jeder aber, der einmal ein gut sortiertes Honigregal gesichtet hat, weiß von den verschiedenen Sortenhonigen: Löwenzahnhonig, Kleehonig, Rapshonig, Lavendelhonig, Heidehonig, Tannen- und Edelkastanienhonig, um nur einige zu nennen. Jeder von ihnen hat „sein eigenes" Aroma. Es gibt sehr dunkle Honige (Tannenhonige) und ausgesprochen helle Honige (Akazienhonige), herbe, ja bitterschmeckende Honige (Edelkastanienhonige), sehr aromareiche und relativ aromaarme Sorten.

Honig ist ein „Gemeinschaftsprodukt" von Pflanzen, Bienen und eventuell Blattläusen. Neben den artspezifischen Eigenschaften kommen also bei jedem Honig noch sehr trachtspezifische Einflüsse zum Tragen. Diese werden durch Nebenbestandteile geprägt, welche über Nektar und Honigtau in den Honig gelangen.

An erster Stelle seien die Aminosäuren erwähnt. Wie bereits erörtert, haben die ver-

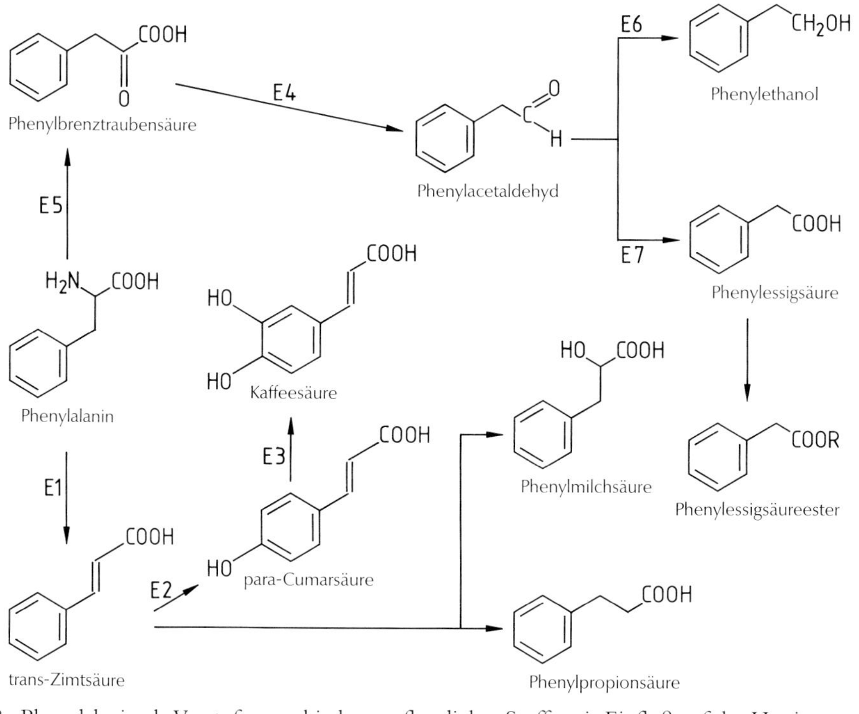

Abb. 58. Phenylalanin als Vorstufe verschiedener pflanzlicher Stoffe mit Einfluß auf das Honigaroma. Enzyme: E1 = Phenylalanin-Ammonium-Lyase; E2 = Zimtsäure-4-Hydroxylase; E3 = para-Cumarsäure-3-Hydroxylase; E4 = Phenylpyruvat-Decarboxylase; E5 = Phenylalanin-Amino-Transferase; E6 = Alkohol-Dehydrogenase; E7 = Aldehyd-Dehydrogenase.

schiedenen Honige recht unterschiedliche Zusammensetzungen der Aminosäuren (siehe Tab. 22). Wie oben erwähnt, hängen die Aminosäuren über den Strecker-Abbau eng mit dem Honigaroma zusammen. Bereits in der Pflanze bildet sich jedoch aus dem Aminosäurestoffwechsel auf enzymatischem Wege – wahrscheinlich über membrangebundene Enzymsysteme – eine Vielzahl von flüchtigen Verbindungen, die den charakteristischen Blütenduft ausmachen. Diese pflanzenspezifischen Aromastoffe gelangen durch Epidermis und Cuticula der Kronblätter in den Nektar und liefern so einen wesentlichen Beitrag zum trachtspezifischen Honigaroma. Eine wichtige Rolle spielt dabei der vom Phenylalanin und auch vom Tyrosin ausgehende Phenylpropanmetabolismus (Shikimatweg), der als primäre Produkte aromatische Carbonsäuren aufweist und in Abb. 58 dargestellt ist (vgl. ZIEGLER 1983). Wichtige enzymatische Schritte sind dabei:
- die Wirkung der Phenylalanin-Ammonium-Lyase, wodurch Phenylalanin zur trans-Zimtsäure desaminiert wird;
- die Hydroxylierung der Zimtsäure zur Cumarsäure und weiter zur Kaffeesäure;
- die Transaminierung des Phenylalanins zur Phenylbrenztraubensäure, deren anschließende Decarboxylierung und Oxidation des Phenylacetaldehyds zur Phenylessigsäure.

Aus Phenylalanin (und Tyrosin!) können aber noch eine ganze Reihe anderer aromatischer Carbonsäuren entstehen, wie z. B. Ferulasäure und Sinapinsäure (STEEG und MONTAG 1988a). Zum typischen Honiggeschmack tragen besonders die Phenylessigsäure sowie deren Ester entscheidend bei. Aus der Zimtsäure und ihren Derivaten können unter teilweisem Abbau der Seitenkette (β-Oxidation, vgl. ZIEGLER 1983) und unter Oxidation und Reduktion aber auch noch vielfältige andere aromarelevante Stoffe entstehen, wie Benzaldehyd, Benzylalkohol, Benzoesäure, deren Ester und Phenole (SPEER und MONTAG 1987, siehe Abb. 59).

Neben Benzoesäure können nach diesem Mechanismus noch andere aromatische Carbonsäuren gebildet werden, wie z. B. Salicylsäure (aus o-Cumarsäure), Vanillinsäure (aus Ferulasäure) und Syringasäure (aus Sinapinsäure) (STEEG und MONTAG 1987). Insgesamt wurden in Honigen 24 aromatische Carbonsäuren nachgewiesen (STEEG und MONTAG 1988a). Die Konzentrationen der Verbindungen des Phenylpropanmetabolismus schwanken je nach herangezogenem Sortenhonig sehr stark. Oft geht ein hoher Phenylalaningehalt parallel mit einem hohen Gehalt an pflanzlichen Abbauprodukten wie z. B. Benzoesäure (französische Heidehonige!). Die Verbindungen aus dem Phenylpropanmetabolismus kommen in den verschiedenen Honigen in Mengen

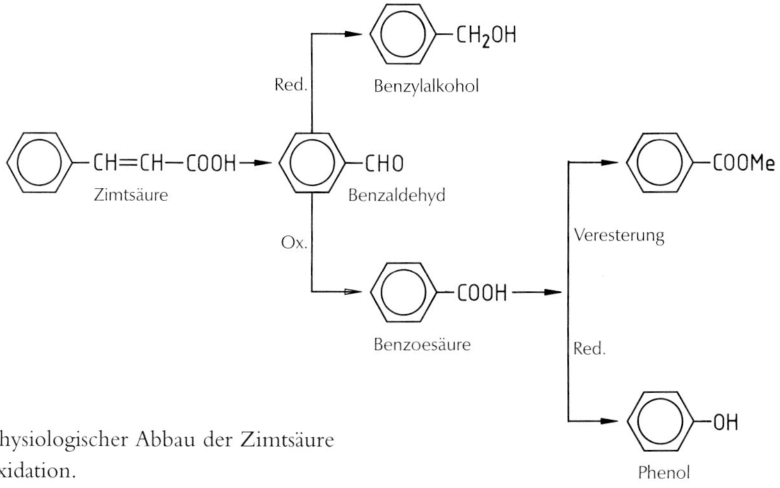

Abb. 59. Physiologischer Abbau der Zimtsäure durch β-Oxidation.

zwischen 0 und 500 mg pro Kilogramm vor (DEIFEL 1989). Diese als sekundäre Pflanzenstoffe zu bezeichnenden Verbindungen werden von bestimmten Pflanzen vorwiegend unter starker Lichteinwirkung in warmen Klimaten (z. B. Südeuropa, Mittelmeerraum) als Energieüberschußprodukte gebildet. Es kann deshalb neben pflanzenspezifischen auch zu geographischen Unterschieden kommen. Französischer Heidehonig kann beispielsweise bis zu 370 mg Phenylessigsäure pro Kilogramm enthalten, während ein Rapshonig in der gleichen Menge weniger als 10 mg enthält und die Verbindung in einem Buchweizenhonig im allgemeinen gar nicht vorkommt (SPEER und MONTAG 1984, 1987). Ausschließlich in Rapshonigen wurde jedoch Phenylpropionsäure gefunden (STEEG und MONTAG 1988a).

Quantitative Unterschiede ergaben sich für die Mandelsäure und die β-Phenylmilchsäure, die in Heidehonigen in viel höheren Konzentrationen vorkommen, und ebenso auch für die 4-Hydroxybenzoesäure, die in Buchweizenhonigen erhöhte Gehalte aufwies und für die Phenylbrenztraubensäure, die in Löwenzahnhonigen mit höherer Konzentration vorkommt. Ein weiteres Abbauprodukt der Zimtsäure, die 3,4-Dihydroxybenzoesäure, kommt in Honigtauhonigen in Mengen zwischen 5 und 7 mg pro kg vor, während sie in den verschiedenen Blütenhonigen im allgemeinen nur bis zu maximal 1 mg pro kg enthalten ist (STEEG und MONTAG 1988a, b, c).

Aus den Säuren werden die oft besonders geruchs- und geschmacksaktiven Säureester gebildet. Ihre Bildung erfolgt ausgehend von trans-Zimtsäuren und Benzoesäuren durch verschiedene Enzyme, welche ausschließlich auf Pflanzen beschränkt sind (STEEG und MONTAG 1988b, c).

Neben dem Phenylpropanmetabolismus tragen bei den verschiedenen Trachtpflanzen auch noch andere Stoffwechselwege zur Bildung von aromarelevanten Verbindungen bei. Es sind dies z. B. der Terpenstoffwechsel und der Fettsäurestoffwechsel. Insgesamt wurden in den unterschiedlichen Honigen über 180 flüchtige, aromarelevante Stoffe nachgewiesen, darunter auch einfach gebaute Verbindungen. Bei letzteren handelt es sich um Alkohole, Aldehyde, Ketone und Säuren der C_2-C_5-Grupppe sowie deren Ester (CREMER und RIEDMANN 1964, 1965, siehe Abschnitt 5.2). Auch sie nehmen ihren Ursprung wahrscheinlich von Aminosäuren. Es bleibt darauf hinzuweisen, daß die unterschiedlichen Geschmacksrichtungen in Blüten- und Honigtauhonig zu einem großen Teil auf die unterschiedlichen Qualitäten der Aromastoffe und etherischen Öle einerseits in der Blüte (Blütenhonig), andererseits „über" den Blättern (Honigtauhonig) zurückzuführen sind. Nach allem Gesagten wird deutlich, daß die botanische Herkunft des Honigs aufgrund des trachtspezifischen Spitzengeruchs (Headspace) erkannt werden sollte.

6.8 Mineralstoffe und Schwermetalle

Über die Menge der in Honig enthaltenen Mineralstoffe gibt der Aschengehalt nähere Auskunft. Die Bestimmung der einzelnen Komponenten erfolgt z. B. über Atom-Absorptions-Spektrometrie.

Die Mineralstoffe des Honigs stammen im wesentlichen aus den Rohstoffen und sind in Blütenhonigen größenordnungsmäßig um 0,1 bis 0,3 % enthalten. Eine ganze Reihe bekannter Honigarten enthält allerdings Mineralstoffgehalte unter 0,1 %, wie z. B. Honig von Luzerne, Klee, Esparsette, Buchweizen, Raps, Rosmarin, Robinie, Akazie, Linde und Obstblüten.

Honigtauhonige haben einen hohen Mineralstoffgehalt (bis zu 1 %). Dies liegt daran, daß in den meisten Nektarien der Großteil der Mineralsalze rückresorbiert wird, während die Pflanzensauger den relativ hohen Mineralstoffgehalt des Phloemsaftes im Honigtau fast unverändert ausscheiden. Auch Blütenhonig kann einen erhöhten Mineralstoffgehalt annehmen, wenn speziell in den Sommer- und Spättrachten gewisse Anteile an Honigtau enthalten sind.

Tab. 24. Anteile der einzelnen Minerale am Gesamt-Aschegehalt (0,02 bis 1 %) und am Frischgewicht des Honigs in Beziehung zum täglichen Bedarf des Menschen (nach WHITE 1978, VARJU 1970, HASE et al. 1978, MORSE und LISK 1980)

Mineral	Anteil am Aschegehalt [%]	Absolutgehalt [mg · kg^{-1}]	Empf. tägl. Einnahme [mg]
Kalium	30 – 60	106 – 5 500	2 000
Natrium	5 – 20	22 – 500	1 000
Calcium	0,5 – 12	31 – 313	1 000
Magnesium	0,5 – 2	10 – 120	400
Phosphor	3 – 26	50 – 130	1 000
Aluminium	<0,1	3,2 – 18	
Bor	0,1 – 5	1,3 – 120	
Cadmium	<0,1	0,1 – 0,3	
Chrom	<0,1	0,8 – 2,7	
Cobalt	<0,1	0,4 – 0,8	
Kupfer	<0,1	0,7 – 1,5	2
Eisen	0,1 – 10	5,8 – 190	18
Blei	<0,1	0,03 – 3,2	
Mangan	<0,1	0,5 – 21	
Nickel	<0,1	0,3 – 1,3	
Zink	0,1 – 8	2,0 – 140	15
Strontium	<0,1	0,0 – 0,7	

Über die Zusammensetzung der Mineralbestandteile ist generell zu sagen, daß große Schwankungen in den einzelnen Honigarten, aber auch nach den Herkunftsländern und -gebieten vorhanden sind. Honig von Pflanzen auf mineralstoffreichen, sauren Böden (z. B. Heidehonig) hat höhere Mineralgehalte als solcher von Pflanzen auf mineralstoffarmen, basischen Böden (VARJU 1970, MORSE und LISK 1980). Tab. 24 soll den Anteil der einzelnen Elemente am Gesamt-Aschegehalt widerspiegeln. Aus der Tabelle können ebenfalls die Mineralgehalte in Honig sowie der tägliche Mineralstoffbedarf des Menschen abgelesen werden.

Wie im Pflanzensaft, kommt Kalium auch im Honig als dominierendes Element vor. Natrium, Calcium und Magnesium sind nur in Spuren vorhanden und haben ernährungsphysiologisch keine Bedeutung (vgl. Kapitel 11). Ihre Mengen werden durch die Beschaffenheit der Böden beeinflußt. Phosphor liegt hauptsächlich in Form gebundener energiereicher Phosphate vor (ATP, ADP, AMP, siehe Abschnitt 2.1), die von der Biene genutzt werden können. Unter den eigentlichen Spurenelementen (Schwermetallen) fallen Eisen und Zink durch erhöhte Konzentrationen auf. Dies kann zum einen daher kommen, daß aufgrund des Transportes von Honig in galvanisierten Blechcontainern sich diese Metalle in den (sauren!) Honig hineinlösen. Zum andern werden bei sauren, eisen- und zinkhaltigen Böden (unter pH 6,0) diese Minerale für die Pflanze verfügbar und können dann auch über den Nektar in den Honig gelangen. Die Konzentrationen dieser Spurenelemente können unter solchen Bedingungen so hoch sein, daß schon 100 g Honig den Tagesbedarf eines Menschen abdecken (siehe Kapitel 11, HEROLD 1988). Ein Phänomen eisenhaltiger Honige ist, daß sie Tee beim Süßen schwarz färben. Wahrscheinlich verbindet sich das Eisen des Honigs mit den Phenolen des Tees zu schwarz gefärbten Komplex-Verbindungen. Es mag bemerkt werden, daß Metalle, insbesondere Eisen, Mangan und Kupfer, auch mit der Farbe des Honigs in Zusammenhang zu stehen scheinen, da sie auch im Honig selbst mit organischen Molekülen farbige Komplexverbindungen eingehen können.

In Gebieten industrieller Luftverschmutzung wird die Biene erhöhten Konzentrationen an Schwermetallen ausgesetzt, die auf Blattoberflächen und Böden abgelagert werden. Sind die Böden sauer, kann die Aufnahme der Schwermetalle in die Pflanze erfolgen. Tatsächlich werden auch in Honig, der aus solchen Gebieten stammt, erhöhte Schwermetallgehalte gefunden (JONES 1987, BOGDANOV et al. 1985), die aber immer noch so niedrig sind, daß sie ernährungsphysiologisch keine Bedeutung haben. In der Ökologie wird durch Analyse des Schwermetallgehaltes des Honigs auf die industrielle Belastung des beflogenen Gebietes geschlossen. Es ist möglich, durch relativ wenige Analysen ganze Ländereien in ihrem Belastungsgrad einzuschätzen. Interessant ist der Gehalt an Bor, der je nach beflogener Pflanzenart in weiten Grenzen schwanken kann. Nach

TAUBÖCK (1942) ist das Bor an Flavonole gebunden und wird hauptsächlich in den Blüten in größeren Mengen gefunden. SCHMUCKER (1933) hat im Glührückstand des Nektars von tropischen *Nymphaea*-Arten 1 % B_2O_3 nachgewiesen, was die Herkunft des Bors im Honig erklären könnte. Die borsauren Verbindungen können schwerer als der Zucker zersetzt werden. Es kann daher angenommen werden, daß das Bor in der Zucker-Zusammensetzung des Honigs eine Rolle spielt. Es ist weiterhin bekannt, daß es bakteriostatisch wirkt und zur Konservierung des Honigs beiträgt.

6.9 Vitamine

In Honig sind im allgemeinen sehr geringe Mengen an Vitaminen enthalten, so daß sie ernährungsphysiologisch nicht von Bedeutung sind.

Als Herkunftsquellen kommen Pollen in Frage, die sehr reich an Vitaminen sind. Aber auch im Honigtau wurden – wahrscheinlich aufgrund mikrobieller Aktivitäten – Vitamine gefunden (siehe Abschnitt 2.3). In den Nektarien werden diese auch für die Pflanze wichtigen Substanzen rückresorbiert, so daß der Nektar in den allermeisten Fällen vitaminfrei ist. Tab. 25 soll Aufschluß über die durchschnittlichen Vitamingehalte in Honigen geben.

Das Vitamin C, welches in Pflanzen sehr verbreitet ist, nimmt mengenmäßig die erste Stelle unter den Vitaminen ein. In manchen Pflanzen scheint Vitamin C im Nektar enthalten zu sein. So wurden in Minzhonig erhebliche Mengen des Vitamins entdeckt (bis 2,8 g/kg, GRIEBEL 1938). Auch in Honig aus dem iranischen Bergland (Demawend) sollen Vitamin-C-Gehalte zwischen 1,16 und 2,40 g/kg vorkommen (RAHMANIAN et al. 1970). Diese an Vitamin C reichen Honige sind allerdings physiologisch wirksam und können z. B. als Therapie gegen Skorbut eingesetzt werden.

6.10 Lipide (Fettsubstanzen)

Die gesamte Lipidfraktion im Honig macht etwa 0,04 % bezüglich des Frischgewichtes aus (siehe Tab. 17). Die gesättigten Kohlenwasserstoffe, die vorwiegend C_{10}- bis C_{37}-Köper besitzen, sind hauptsächlich pflanzlichen Ursprungs. Sie werden teilweise von der Biene in ungesättigte Kohlenwasserstoffe umgewandelt, so daß im fertigen Honig ein Anteil von etwa 36 % gesättigter (C_{10} bis C_{37}) und etwa 64 % ungesättigter (hauptsächlich C_{31} und C_{33}) Kohlenwasserstoffe vorliegt (BONAGA 1986).

Obwohl der Honig vom Bienenwachs der Waben normalerweise getrennt wird, sind doch Wachsanteile in Honig nachweisbar. Bienenwachs besteht – neben langkettigen Fettsäureestern – zu ungefähr 18 % aus Melen ($C_{28}H_{57}CH = CH_2$), welches somit auch im Honig gefunden wird.

Unter den Fettsäuren sind Palmitin-, Stearin-, Öl-, Linol- und Linolensäure vorherrschend; sie spielen aber aufgrund der geringen Mengen keinerlei physiologische Rolle. Honig enthält in geringen Mengen Cholesterin und Sitosterin, welche ihre Herkunft sowohl aus pflanzlichen Quellen als auch von der Biene haben (LIPP 1989). Es sei betont, daß der Cholesteringehalt so niedrig ist, daß Honig prak-

Tab. 25. Vitamine in Honig in Beziehung zum täglichen Bedarf des Menschen (nach WHITE 1978)

Vitamin	Anteil im Honig [mg · kg^{-1}]	Empf. tägl. Einnahme [mg]
Thiamin (B_1)	0,04 – 0,2	1,5
Riboflavin	0,1 – 0,6	1,7
Nicotinsäure	1,1 – 9,8	20
Pantothensäure	0,2 – 1,1	10
Pyridoxin (B_6)	0,08 – 3,2	2,0
Ascorbinsäure (C)	16 – 34	60

tisch als cholesterinfreies Lebensmittel angesprochen werden kann.

Die Lipide insgesamt können jedoch einen Beitrag zum art- und trachttypischen Aroma liefern, da viele von ihnen auch in geringer Menge geschmacks- und geruchsintensiv sind. Diese Stoffklasse bedarf jedoch noch der weiteren Untersuchung.

6.11 Farbstoffe

Bereits bei den Aromastoffen wurde auf die Bildung wichtiger farbgebender Komponenten hingewiesen (Maillard-Reaktion). Durch Reaktion von reduzierenden Zuckern mit Amino-N-haltigen Verbindungen (Proteinen, Aminosäuren) entstehen häufig dunkel gefärbte Verbindungen.

Schwermetallionen können mit organischen Molekülen farbige Komplexverbindungen eingehen. Als solche Moleküle kommen Elektronen-Überschuß-Verbindungen in Frage wie Phenole, Pyrrole, Chinone usw., die prinzipiell aus Blüten und Blättern in den Honig eingetragen werden können. Polyphenole können durch Oxidation dunkel werden. Gelb und rot gefärbte Carotinoide und/oder Flavonoide aus Pollen können ebenso zur Farbe des Honigs beitragen wie blau und rot gefärbte Anthocyane und/oder Anthoxanthine aus Blüten (siehe Lehrbücher der Botanik). Es wird wahrscheinlich noch einige Zeit dauern, bis die Farbkomponenten in ihrer Vielfalt analysiert und verstanden sind.

7 Grundzüge der Honiguntersuchung und -beurteilung

Eine Honiguntersuchung kann nur dann ein vernünftiges Ergebnis liefern, wenn die Honigprobe richtig gezogen wurde, d. h. wenn sie „repräsentativ" ist für die ganze Honigmenge, für die das Untersuchungsergebnis gelten soll.

Wird der Honig bei der Gewinnung in Kübeln aufgefangen, so wie er aus der Schleuder kommt, darf man nicht erwarten, daß die Reihe der gefüllten Gefäße am Ende der Arbeit völlig gleichförmigen Honig enthält. Bienenvölker des gleichen Standes fliegen durchaus nicht immer auf die gleichen Trachten. Auch die Restbestände an Honig aus vorangegangenen Ernten sind in den Völkern unterschiedlich groß. Innerhalb der Kübel findet, falls nicht gerührt wird, keine völlige Durchmischung des Honigs statt. Dazu ist das Produkt zu zähflüssig (siehe Abschnitt 5.4 und 5.5).

Hat man durch Mischen und Rühren dafür gesorgt, daß der Honig in einer Reihe von Vorratsgefäßen einheitlich ist, können sich während der Lagerung erneut Veränderungen ergeben, die den Inhalt uneinheitlich machen. Wasserreicher Honig „entmischt" sich beim Auskristallisieren; am Boden der Gefäße setzen sich die Kristalle ab, obenauf liegt eine flüssige Schicht. Wachs- und Schmutzteilchen finden sich bevorzugt an der Oberfläche oder am Boden. Zieht der Honig bei feuchter Lagerung in nicht luftdicht verschlossenen Gefäßen Wasser an, vermehrt sich zunächst nur der Wassergehalt der Oberschicht; umgekehrt verliert die Oberfläche bei trockener Luft mehr Wasser als die tieferliegenden Schichten. Eine von der Oberfläche des Honigs abgeschöpfte oder abgestochene Probe kann also schmutziger sein als der gesamte Honig; sie kann chemisch abweichend zusammengesetzt sein, mehr oder weniger Wasser enthalten und unter Umständen in Gärung übergegangen sein, ohne daß der darunterliegende Honig schon beeinträchtigt wäre (siehe Abschnitt 6.1). Eine repräsentative Honigprobe muß also Honig aus allen Schichten des Vorrats enthalten. Flüssigen Honig rührt man vorteilhaft vor der Entnahme um. Aus kandiertem Honig zieht man die Probe mit einem Bohrer.

Werden Sammelproben von mehreren Gefäßen gezogen, ist von gleichgroßen Behältern auch annähernd die gleiche Menge Honig zu nehmen, damit die Probe der späteren Mischung möglichst weitgehend entspricht.

7.1 Mikroskopische Honiguntersuchungen

7.1.1 Allgemeines

ZANDER hat treffend formuliert, daß der Honig sein Herkunftszeugnis bei sich trägt, und zwar in Form von Pollenkörnern und anderen mikroskopisch kleinen Partikeln (Pilzhyphen und Sporen, Algen, feinkörniger und feinkristalliner Masse, Wachswolle von honigtauerzeugenden Insekten).

Man kann diese Teilchen allerdings durch Filtern weitgehend aus dem Honig eliminieren, wodurch der Honig besonders klar erscheint. Das Verfahren ist besonders in Nordamerika verbreitet. In der Mehrzahl der europäischen Länder wird es nicht praktiziert und auch für unzulässig gehalten.

Bis heute ist die mikroskopische Untersuchung die Methode der Wahl für die Bestimmung der geographischen Herkunft und zur Kontrolle der Richtigkeit geographischer Herkunftsangaben.

Selbstverständlich gibt es zwischen verschiedenen geographischen Herkünften auch chemische Unterschiede. Besonders hat man sich dabei auf die Aminosäurespektren von Honigen verschiedener Provenienzen konzentriert (DAVIES 1975, GILBERT et al. 1981, KANEMATSU et al. 1982, siehe Abschnitt 6.4).

Mikroskopisch lassen sich Sortenhonige gleicher botanischer, aber verschiedener geographischer Herkunft anhand der Pollen der Begleitflora meist ohne Schwierigkeiten unterscheiden.

Für die botanische Herkunftsbestimmung ist die mikroskopische Honiguntersuchung ebenfalls ein unentbehrliches Hilfsmittel. Zur Interpretation des mikroskopischen Ergebnisses sollte jedoch immer die Sensorik und wenn möglich, auch chemische und physikalische Parameter herangezogen werden, weil in bestimmten Fällen das Ergebnis der mikroskopischen Untersuchung für sich allein irreführend sein kann.

Die Anfänge der Honigmikroskopie gehen auf die Jahrhundertwende zurück, als erstmals auf die Möglichkeit einer Bestimmung der Herkunft bei Honig anhand der darin enthaltenen Pollenkörner hingewiesen wurde. Wenige Jahre später folgten die an nordamerikanischen und schweizerischen Honigen ausgeführten Untersuchungen, wobei erstmals die Möglichkeit eines mikroskopischen Nachweises von Honigtau im Honig erwähnt wurde.

Einführungen in die Melissopalynologie haben in neuerer Zeit LOUVEAUX (1970) und SAWYER (1981, 1988) vorgelegt. Ein Handbuch, das den Wissensstand zusammenfaßt, gibt es zur Zeit nicht.

7.1.2 Untersuchungsmethoden, Anfertigung der mikroskopischen Präparate

Man kann einen kleinen Tropfen flüssigen Honig auf einem Objektträger unter einem Deckgläschen breitdrücken und dieses Präparat nach Pollenkörnern absuchen. Ein solches Rohpräparat enthält nur wenige Pollenkörner. Man müßte also, um zu vernünftigen Resultaten zu kommen, eine größere Zahl durchsehen, was wegen der geringen Pollenkonzentration zeitaufwendig wäre.

Um das Herkunftszeugnis besser lesbar zu machen, um im Bilde ZANDERs zu bleiben, nimmt man daher eine Konzentration der Pollenkörner und der übrigen mikroskopischen Bestandteile vor:

10 g Honig werden in 20 ml lauwarmem Wasser gelöst (destilliertes Wasser oder sauberes Leitungswasser) und in einem 50-ml-Zentrifugenglas – möglichst mit konisch zugespitztem Boden – zentrifugiert (2500 U/min für 10 min). Auch schwächere Zentrifugen können verwendet werden, die Zeit, über die zentrifugiert wird, ist, falls nötig, zu verlängern. Man gießt oder saugt die überstehende Lösung ab. Zur besseren Konzentration des Sediments und zur weiteren Verringerung der Zuckerkonzentration kann man den Bodensatz nochmals aufnehmen und mit mehreren Portionen Wasser quantitativ in 10 ml Zentrifugengläser möglichst auch mit konisch zugespitztem Boden überführen. Nach nochmaligem Zentrifugieren wird wieder dekantiert oder abgesaugt. Das Sediment wird mit einem feinen Spatel oder Glasstab mit der verbleibenden kleinen Restmenge Wasser aufgerührt und möglichst vollständig auf einen Objektträger überführt, ausgebreitet und nach dem Trocknen mit Kaiser's Glyceringelatine (Merck) eingedeckt, die im Wasserbad bei 40 °C verflüssigt wurde. Auch Pasteurpipetten haben sich für die Überführung des Sediments auf den Objektträger bewährt. Wird auf die zweite Zentrifugierung im 10-ml-Glas verzichtet, kann es bei längerer Aufbewahrung des Präparats zum Auskristallisieren von Zucker kommen. Auch bleibt nach dem Dekantieren im großen Glas oft so viel von der überstehenden Lösung zurück, daß die Sedimentaufschwemmung auf dem Objektträger eine zu große Fläche bedeckt. Die geringe Pollendichte im Präparat kann dann die Durchsicht erschweren. Sollen die Präparate längere Zeit verwahrt werden, ist die Umrandung mit einem Einschlußlack zu empfehlen. Falls gewünscht, kann das Präparat gefärbt werden (siehe LOUVEAUX et al. 1978).

Alle Labors, die Honig im großen Stil mikroskopisch untersuchen, arbeiten mit der geschilderten Methode und verzichten auf die Acetolyse. Bei dieser wird der Pollen mit Essigsäureanhydrid und konzentrierter Schwefelsäure erhitzt. Dabei werden alle Komponenten des Pollenkorns zerkocht mit Ausnahme der Exine, deren Struktur sich nach Anwendung dieses Verfahrens besonders gut studieren läßt. Diesem Gewinn stehen aber auch Verluste gegenüber. Die Farbe der Exine weicht einem einheitlichen Braun, eventuell gefärbtes Pollenöl verschwindet. Die Charakteristika der Intine und des Protoplasten gehen verloren. Die leere Exinehülle neigt zum Kollabieren, die Keimstellen verformen sich und sind schwerer zu interpretieren.

Im Honigsediment finden sich neben Pollenkörnern auch andere geformte Bestandteile, die für die Beurteilung des Honigs wichtig sein können: Pilzsporen und Hyphen, Hefen, Wachswolle von Honigtauerzeugern, feinkörnige und feinkristalline Masse, Sojamehl usw. Ein Teil dieser sonstigen Bestandteile verschwindet bei der Acetolyse und entgeht damit der Beurteilung. Wenn Honig in Laboratorien untersucht wird, die überwiegend mit fossilen Pollen arbeiten oder sonst aus methodischen Gründen gezwungen sind, die Acetolyse anzuwenden, empfiehlt es sich, auch die Honigsedimente diesem Verfahren zu unterziehen (Näheres siehe LOUVEAUX et al. 1978), damit die Erfahrungen und das Vergleichsmaterial des Hauses genutzt werden können. Ideal ist natürlich die Anwendung beider Präparationsmethoden und damit die Kombination der Vorzüge beider Verfahrensweisen. Dies bedeutet aber erheblich vermehrten Zeitaufwand.

Die Sedimentmenge pro Gewichteinheit Honig läßt sich durch Zentrifugierung der Honiglösung in Zentrifugengläschen messen, die in ein kalibriertes Glasröhrchen auslaufen (LOUVEAUX et al. 1978).

Für die Zählung der absoluten Anzahl der Pollenkörner pro Gewichtseinheit wurden verschiedene Verfahren ausgearbeitet (Näheres siehe LOUVEAUX et al. 1978).

Das Erlernen und die Durchführung der mikroskopischen Honiguntersuchung wird durch die Anlage einer Vergleichssammlung erleichtert (Pollenherbar, Palynothek).

Dazu präpariert man den Blütenstaub bekannter Pflanzen, indem man die Staubgefäße, ganze Blüten oder Blütenstände in passenden Uhrgläsern mit Diethylether auswäscht. Nach dem Abgießen und Abdunsten des Ethers nimmt man den Pollen mit einer 20%igen Fructoselösung (kann durch Zusatz eines Thymolkristalls haltbar gemacht werden) auf und überführt ihn auf einen Objektträger, breitet den Tropfen aus, läßt abtrocknen und deckt mit verflüssigter Glyceringelatine ein. Die Viskosität der Fructoselösung bewirkt einmal, daß die Pollenkörner in unterschiedlichen Positionen liegenbleiben. Die Fructoseglasur über den Pollenkörnern verhindert den Einschluß und das Hängenbleiben kleiner Luftbläschen.

Neben ungefärbten Präparaten sollten auch gefärbte angelegt werden, wozu sich basisches Fuchsin empfiehlt. Falls gewünscht, können auch Vergleichspräparate von acetolysiertem Material angelegt werden (Näheres siehe LOUVEAUX et al. 1978).

7.1.3 Erstellung eines Pollenspektrums und Notierung anderer geformter Bestandteile

Wenn das mikroskopische Präparat angefertigt ist und die Glyceringelatine sich verfestigt hat, kann mit der Aufnahme des Pollenspektrums begonnen werden.

Dazu benötigt man ein Mikroskop mit 400facher bis 1000facher Vergrößerung.

Die Natur hat bei der Ausgestaltung der Pollenkörner der verschiedenen Pflanzenarten ihrem „Spieltrieb" freien Lauf gelassen. Man kann daher an Hand eines Pollenkorns die Pflanze bestimmen, die es erzeugte. Die Bestimmung gelingt in einigen Fällen bis zur Art, manchmal bis zur Gattung. Vielfach lassen sich innerhalb einer Gattung noch „Gruppen" unterscheiden, in die Arten zusammengefaßt werden, die praktisch identische Pollen haben. Fast immer läßt sich wenigstens die Familienzugehörigkeit ermitteln. Man unterscheidet zwischen stenopalynen und eupalynen Familien. Stenopalyn bedeutet, daß bei den Pollen innerhalb der Familie der gleiche Pollentyp von Art zu Art nur geringfügig abgewandelt wird. Beispiel: die Gräser (*Poaceae = Gramineae*). Alle haben Pollenkörner mit einer, von einem Ringwulst umgebenen Pore. Variiert wird von Art zu Art die Pollengröße, der Umriß und die Anordnung der warzenförmigen Gebilde auf der Pollenhülle (Exine). Diese sind aber so winzig, daß sie mit dem Lichtmikroskop nicht mehr deutlich wahrgenommen werden können.

Als Gegenbeispiel seien die Korbblütler (*Asteraceae* = *Compositae*) genannt, die sehr unterschiedliche Pollenformen entwickelt haben.

Bestimmungsmerkmale der Pollen
Folgende Bestimmungsmerkmale sind für die Zuordnung der Pollenkörner zu Arten, Gattungen, Familien usw. von Bedeutung.

Pollen können als Einzelpollenkörner (Monaden) auftreten oder in Viererkomplexen (Tetraden) oder auch in größeren Zusammenschlüssen (Polyaden).

Die Durchmesser variieren in der Größenordnung von 5 bis 250 Micrometer (1 Micrometer = $1/1000$ Millimeter), die größten sind also mit bloßem Auge als winzige Kügelchen sichtbar.

Als weitere Bestimmungsmerkmale dienen Form und Umriß sowie die Symmetrieverhältnisse des Pollenkorns.

Die Pollenkörner sind von der Exine umgeben, die aus Pollenin besteht, einem chemisch sehr widerstandsfähigen Stoff, der für die Bienen, die überwiegende Mehrzahl der Tiere und auch für den Menschen unverdaulich ist. Lediglich einige bodenbewohnende Urinsekten können die Exine verdauen (STANLEY und LINSKENS 1985). Unter der Exine liegt die Intine, die aus Cellulose und Hemicellulosen besteht. Sie umschließt den Zellinhalt, den Protoplasten.

Die Dicke und Gliederung der Exine liefert zusätzliche Bestimmungsmerkmale. Dies gilt in geringerem Maße auch für die Intine und den Protoplasten.

Wenn ein Pollenkorn auf die Narbe einer Blüte der gleichen Art gelangt, keimt es aus und ein feiner Pollenschlauch wächst durch den Blütengriffel auf die Samenanlage zu. Für den Austritt des Pollenschlauchs finden sich bei der Mehrzahl der Pollenarten sogenannte Keimstellen, an denen die Exine fehlt. Die Anzahl und Ausbildung der Keimstellen (Aperturen) sind ein wichtiges Hilfsmittel für die Klassifizierung der Pollen. Bei den Pollenarten ohne Keimstellen (inaperturate Pollenkörner) platzt die Exine an einer nicht präformierten Stelle auf und entläßt den Keimschlauch. Die Oberfläche der Exine kann glatt oder ornamentiert sein, z. B. genetzt, gewarzt oder bestachelt.

Schließlich sei noch die Pollenfarbe als − weniger wichtiges − Bestimmungsmerkmal genannt. Dabei ist zu unterscheiden zwischen der Farbe der Exine selbst und der Farbe des bei vielen Pollenarten aufgelagerten Öls (auch Pollenkitt genannt).

Nomenklatur zur Pollenbeschreibung
Für die Beschreibung der Pollenkörner sind detaillierte Nomenklaturen entwickelt worden. Eine gute Übersicht findet sich in der Morphologic Encyclopedia of Palynology (KREMP 1965).

Anzahl der unterscheidbaren Pollenarten
Die Anzahl der Pollenarten, die sich in einem Honig findet, ist zunächst einmal von zwei technischen Faktoren abhängig. Zum einen vom Grad der Aufschlüsselung bei der Bestimmung der gefundenen Arten: verzichtet der Untersucher auf die maximal mögliche Aufschlüsselung bei Familien, die für die Herkunftsbestimmung des Honigs unwichtig sind, ergibt sich eine niedrigere Anzahl der unterschiedenen Pollenarten.

Zum anderen − eine festgelegte Verfahrensweise bei der Aufschlüsselung vorausgesetzt − wächst die Zahl der unterschiedlichen Formen mit der Gründlichkeit der Durchsicht. Deshalb muß im Untersuchungsprotokoll vermerkt werden, ob die Durchsicht des Präparats orientierend war oder ob ein Präparat Bahn für Bahn vollständig durchgesehen wurde. Bei der orientierenden Durchsicht von 294 Honigen aus dem östlichen Mittelmeergebiet waren z. B. im Durchschnitt 22 unterscheidbare Pollenarten zu registrieren. Die vollständige Durchsicht erbrachte im Durchschnitt 32 unterscheidbare Pollenarten (OUSTUANI 1976).

Farbtafeln 5 und 6

Das **Pollenspektrum** ägyptischer Honige als Beispiel für die Bestimmung der geographischen Herkunft. Das Spektrum basiert auf der Untersuchung von 60 authentischen Honigen (Nour et al. 1989).

Das **Grundspektrum** (alle Pollenarten, die in wenigstens 75 % der Honige des Herkunftsgebiets vorkommen) umfaßt fünf Pollenarten:

1. *Trifolium alexandrinum* (Alexandrinerklee, Barsim), er findet sich in der Teilabbildung b (alle Körner mit Ausnahme des zentralen *Citrus*-Pollenkorns), ferner in c (unten rechts), in e (oben rechts), in f (3× mit Ausnahme des zentralen Pollenkorns von *Casuarina*), in g (alle Pollenkörner mit Ausnahme des zentralen Pollenkorns), in h (oberer Bildabschnitt), in j (unten rechts), in k (oberer Bildabschnitt rechts), in l (unten rechts), in m (unten links), in n (alle Pollen mit Ausnahme des zentralen PK von *Cucumis* und dem angeschnittenen PK von *Eucalyptus*) und in o (oben rechts).
2. Myrtaceae der *Eucalyptus*-Gruppe, abgebildet in Teilabbildung a (rechts und links vom zentralen Pollenkorn einer Brassicacee, ferner in e (unten links), in d (zwischen den beiden großen Pollenkörnern, unscharf) und nur noch teilweise im Bild n (linker Bildrand).
3. *Phoenix dactylifera* (Dattelpalme), abgebildet in Teilabbildung c (Mitte).
4. *Convolvulus arvensis*-Gruppe (Winde) in d (rechtes Pollenkorn, optischer äquatorialer Schnitt).
5. *Citrus* (Agrumen, Citrusfrüchte) abgebildet in b (zentrales Pollenkron).

Zum **Ergänzungsspektrum** werden die Pollenarten gestellt, die in 74–50 % der Honigmuster auftreten.

Das Ergänzungsspektrum umfaßt nach Nour et al. (1989) sieben weitere Pollenarten:

1. *Zea mays* (Mais), wegen der Größe des Pollenkorns nur teilweise abgebildet in e (optischer Schnitt durch die Keimpore mit antretendem Polleninhalt mit zahlreichen Leukoplasten) und in d am linken Bildrand.
2. Apiaceae (Doldenblütler), A-Form. Sie wurden zwar in 38 der 60 ausgewerteten Honige gefunden, aber meist mit sehr niedrigen Prozentsätzen (hier nicht abgebildet).
3. *Casuarina* (Casuarinaceae). Der Pollen ist abgebildet in f (zentrales Pollenkorn, Pollage) und in g (zentrales Pollenkorn, Seitenlage).
4. Asteraceae (Compositae) T (*Taraxacum*-Form) zu sehen in h (unteres Pollenkorn).
5. Asteraceae H der *Helianthus* (Sonnenblumen)-Gruppe, in Teilabbildung i (4×).
6. Poaceen der Wildgras-Gruppe wurden in 32 von 60 Honigen mit sehr geringen Häufigkeiten gefunden (hier nicht abgebildet), die Pollenkörner entsprechen in ihrem Typ denen von Mais, sind aber kleiner (unter 37 µm).
7. *Lippia* (Verbenaceae) in j (zentrales Pollenkorn).

Baumwolle (*Gossypium* spp.) wird in Ägypten zwar in großem Stil angebaut, erscheint in den Pollenspektren der Honige des Landes jedoch nur selten und gehört daher weder zum Grund- noch zum Ergänzungsspektrum. Teilweise abgebildet in k (optischer äquatorialer Schnitt im oberen Bildabschnitt, im unteren Bildteil Aufsicht auf die Keimporen in der typischen Anordnung in Reihen). Die *Vicia faba* (Dicke Bohne, Foul), ist eines der ägyptischen Grundnahrungsmittel, gehört aber trotz der großen Anbauflächen nicht zum Grund- und Ergänzungsspektrum; in l (oberes Pollenkorn). Die typischen zusammengesetzten Pollenkörner (Polyaden) der echten Akazien (z. B. *Acacia nilotica*) finden sich vergleichsweise selten und gehören daher nicht zum charakteristischen Spektrum der Pollen, die in wenigstens 50 % der Honige auftauchen. *Acacia nilotica* ist ein beliebter Schattenbaum und wächst spontan an den Bewässerungskanälen. Das Pollenbild der ägyptischen Honige wird durch kultivierte Pflanzen und Unkräuter geprägt. Die Wildflora ist weitgehend verdrängt. Zwei seltenere Pollen von Kulturpflanzen sind in den Teilabbildungen n und o abgebildet: *Cucumis sativus* (Gurke, n, zentrales Pollenkorn) und *Sesamum indicum* (Sesam, o).

Die Vergrößerung ist in allen Teilabbildungen gleich. Eine Einheit des mitfotografierten Maßstabs (in a) entspricht 10 µm. Die mikroskopischen Präparate der Honigsedimente, die hier ausschnittsweise wiedergegeben sind, wurden ohne Acetolyse nach dem Verfahren von Louveaux et al. (1978) hergestellt.

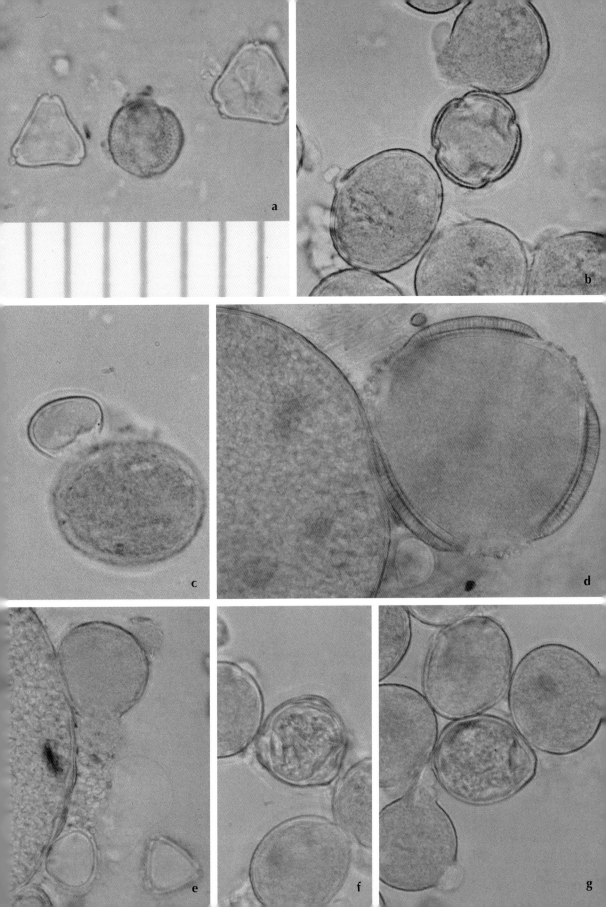

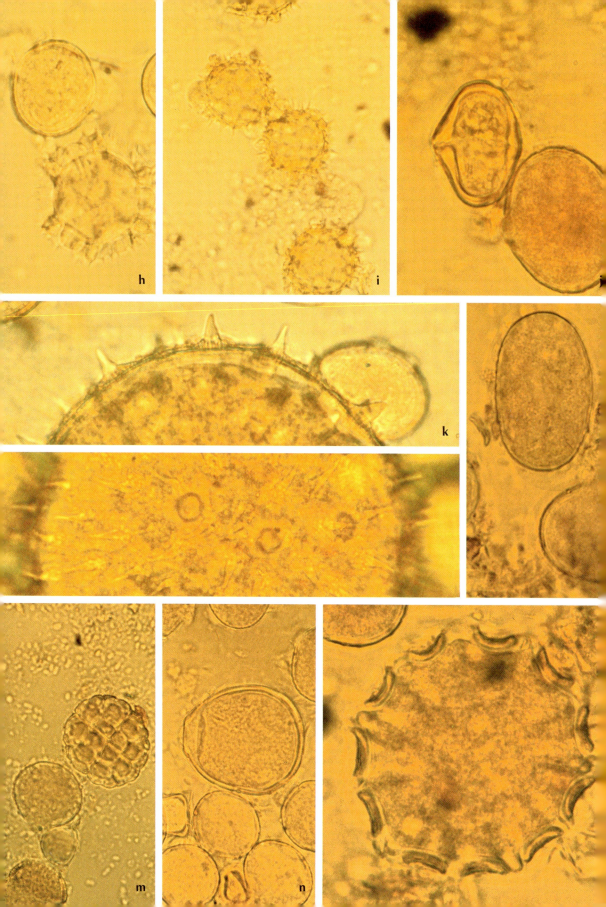

Mit jedem weiteren Präparat, das von der gleichen Honigprobe angefertigt und durchgesehen wird, kann sich die Zahl der unterscheidbaren Arten nochmals geringfügig vergrößern, bis schließlich der Artbestand der Probe erschöpfend erfaßt ist.

Aber auch bei festgelegter Untersuchungstechnik erweisen sich die Honige als unterschiedlich artenreich. Besonders vielseitig sind die Honige aus dem Hochgebirge. Hier können die Bienen verschiedene Vegetationsstufen nützen. In Honigen aus Südtirol und aus dem Trentino fanden sich bis zu 93 (im Durchschnitt 65) unterscheidbare Arten (VORWOHL 1972). Hingegen fallen die Honige der zentralen Provinzen Kanadas durch Artenarmut auf, bedingt durch eine großflächige auf wenige Monokulturen beschränkte Landwirtschaft. Auch die Mischung von Honigen verändert den Artenreichtum. Honig aus einem einzelnen Volk ist artenärmer als Honig, der aus mehreren Völkern gewonnen wurde. Die Vereinigung von Honigen mehrerer Standorte steigert wieder die Anzahl der unterscheidbaren Arten. Werden schließlich Honige aus verschiedenen Regionen z. B. Australien und tropisches Amerika gemischt, kommt es zu extrem vielseitigen Pollenspektren. In einem Honigtauhonig (Waldhonig) aus dem Handel, der Honiganteile aus Neuseeland, Australien, USA, Spanien, Türkei und aus der Tschechoslowakei enthielt, fanden wir (im Jahre 1988) 79 unterscheidbare Formen; etwa 15 % der ausgezählten Pollenformen waren namentlich nicht bekannt, wären sie bestimmbar gewesen, hätten sie die Pollenliste nochmals verlängert.

Sonstige geformte Bestandteile, die Honigtauanzeiger, Hefen
Neben den Pollenarten werden auch die übrigen geformten Bestandteile im mikroskopischen Präparat notiert. Die wichtigsten unter diesen sind die Honigtauanzeiger.
Pilze, Algen, Hefen: Als Honigtauanzeiger sind die Sporen und Hyphen von Rußtaupilzen zu werten. Bei guten Wachstumsbedingungen, insbesondere ausreichender Wasserversorgung und reichlicher Honigtauproduktion durch die Trägerpflanze, bilden sich auf Blättern und Nadeln schwärzliche, mit bloßem Auge sichtbare Beläge von Rußtaupilzen, die epiphytisch wachsen, d. h. die Pflanze nur als Unterlage nutzen, ohne sie nennenswert zu schädigen. Wenn die Bienen Honigtautropfen von Blättern oder Nadeln ablecken, nehmen sie Sporen oder Hyphen des Rußtaubelages mit auf.

Rußtauelemente markieren auch den extrafloralen Nektar von Gummibäumen (*Hevea brasiliensis*), der im Verbreitungsgebiet dieser Kultur Sortenhonige liefern kann (siehe Abschnitt 1.2.1.2).

In der routinemäßigen Honiguntersuchung werden die Rußtaupilze im allgemeinen nur als Sammelgruppe aufgeführt und ihre Häufigkeit geschätzt oder gezählt. Auf die Benennung der Arten wird im allgemeinen verzichtet. Unsere Kenntnisse auf diesem Gebiet sind im Vergleich mit der Pollenkunde bescheiden. Die genauere Bestimmung verlangt im allgemeinen, daß man die Pilze auf geeigneten Nährböden kultiviert.

Bisher wurden die folgenden Gattungen und Arten als Bestandteile der Rußtauflora benannt: *Cladosporium, Alternaria, Aureobasidium* (HUDSON 1971, STADELMANN 1976, TUBAK und YOKOYAMA 1971). Auf den Südbuchen (*Nothofagus*-Arten) in Neuseeland entwickelt sich der Rußtau besonders üppig. Näher bestimmt wurden *Acrogenotheca elegans* (FRASER, CIFFERI und BATTISTA), *Euantenaria* (HUGHES), *Antennatula* (HUGHES), *Ophicocapnocoma bastia* (HUGHES), *Metacapnodium fraserai* (HUGHES), *Capnophialophora* und *Capnocyte* (HUGHES 1966, 1967, SMITH 1980).

In Polen haben sich BOROWSKA und DEMIANOWICZ mit der Rußtauflora auf der Weißtanne und im Weißtannenhonig befaßt. Sie fanden als typische Bestandteile *Capnophialophora pinophila* und *Triposporium pinophilum* zusammen mit *Fumago vagans, Cladosporium herbarum, Aureobasidium pullulans* und einer Hefe (*Torula*) (BOROWSKA 1973, DEMIANOWICZ 1980).

Wie weit dies auch für Tannenhonige anderer Regionen typisch ist, wurde noch nicht untersucht. Zur Charakterisierung anderer Honigtauhonigsorten und zur geographischen

Herkunftsbestimmung wurden die Rußtaupilze bisher kaum herangezogen.

Die Suche nach sortenspezifischen Pilzarten wäre wichtig, da sich die Unterscheidung der verschiedenen Honigtausorten, sofern sie überhaupt möglich ist, noch weitgehend auf den Sinnenbefund stützen muß.

Bei der geographischen Herkunftsbestimmung von Honigtauhonigen ist man im wesentlichen auf die Pollen angewiesen, die ja auch in Honigtauhonigen vorhanden sind, und kann daher auf Kenntnisse über die geographische Zuordnung von pilzlichen Elementen eher verzichten.

Zu den Honigtauelementen sind auch die Algen zu zählen, die als Einzelzellen oder als kleine Zellkomplexe in den Sedimenten von Honigtauhonigen oder Honigen mit Honigtauanteilen auftreten. Auf die Artbestimmung wird bei Routineanalysen auch hier im allgemeinen verzichtet. Am häufigsten sind *Pleurococcus*, *Chlorococcus*- und *Cystococcus*-Arten in Honigtauhonigen vertreten (MAURIZIO 1985). Die Häufigkeit der Algenzellen ist unterschiedlich je nach Honigherkunft. In den Honigtauhonigen aus den sommertrockenen Mittelmeergebieten finden sie sich seltener als z. B. in Honigtauhonigen aus dem Schwarzwald. Die Algen wachsen wie die Rußtaupilze epiphytisch. Die Bäume dienen nur als Unterlage.

Gelegentlich finden sich in Honigtauhonigen auch Bruchstücke von Flechten, die als Knäuel von Pilzfäden mit eingelagerten Algenzellen erscheinen.

Nicht alle Pilzelemente, die sich im Honig finden, sind als Honigtauanzeiger zu werten; es geraten auch Sporen von phytopathogenen Pilzen in den Honig, die im allgemeinen als Parasiten im Pflanzengewebe wachsen und daraus ihre Nährstoffe beziehen.

Die Bienen sammeln gelegentlich Uredosporen von Rostpilzen *(Uredinales)* in Form von leuchtend orangegelben Höschen. Im Honigsediment fallen die Sporen durch den meist dottergelben Protoplasten auf, der von einem hellen Rand gesäumt wird.

Auch Sporen von Brandpilzen *(Ustilaginales)* geraten gelegentlich in den Honig. Sie werden von den Bienen beim Pollensammeln auf befallenen Blüten mitgehöselt oder auch gezielt gesammelt. Hyphen und Sporen des Pilzes *Ascosphaera apis* (= *Pericystis alvei*) lassen sich auch im Honig nachweisen. Der Pilz ist in Bienenvölkern ubiquitär verbreitet und kann als sogenannte Kalkbrut (Ascosphaerose) auch pathogen auftreten.

Botanisch werden auch die Hefen zu den Pilzen gerechnet. Hefezellen gehören zu den regelmäßig auftretenden Bestandteilen des Sediments von Blüten- und Honigtauhonigen. Bei hohem Wassergehalt des Honigs können sie sich stark vermehren, was zum Gären desselben führt.

Einige Hefen sind auf das Leben im Nektar spezialisiert, z. B. die Kreuzhefe *Metchnikovia reukauffii*. Andere sind mehr oder minder allgegenwärtig und werden durch den Wind verweht und gelangen auf diese Weise in den Nektar oder den Bienenstock. Schließlich dient Trockenhefe auch als Pollenersatzmittel und kann über diesen Weg in den Honig gelangen. Für die genauere Bestimmung der Hefearten ist in der Mehrzahl der Fälle eine Kultivierung auf Nährboden notwendig. Bei der Routineanalyse wird deshalb im allgemeinen nur die Anwesenheit notiert und die Menge und Anzahl geschätzt. Tab. 26 listet einige Hefearten auf, die in jüngerer Zeit in Honigen bestimmt wurden.

Tab. 26. Hefearten, die in Honigen oder Nektar identifiziert wurden

Species	Autor
Nematospora ashbya gossypii	
Saccharomyces bisporus	
Saccharomyces torulosus	
Schwanniomyces occidentalis	
Zygosaccharomyces japonicus	
Zygosaccharomyces rouxii	(FARRIS et al. 1985)
Torulopsis spec.	(KURLETTO 1980)
Candida blankii	(SANDHU und
Dekkera intermedia	WARAICH 1985)

Wachswolle: Unter den honigtauerzeugenden Insekten bilden besonders einige Schildläuse Wachswolle aus, hauchdünne Fäden, die die Schildläuse wie Wattebäusche bedecken können. Bogenförmig gekrümmte Wachswollpartikel sind typisch für die Honigtauhonige von *Marchalina hellenica*, die auf *Pinus brutia* im östlichen Mittelmeergebiet lebt und zu den wirtschaftlich bedeutenden Honigtauerzeugern gehört. Weniger auffällig sind die Wachswollpartikel in den Honigtauhonigen der Lecanien (*Physokermes* spec.).

Feinkörnige und feinkristalline Masse

In vielen Honigen findet sich – meist mit bestimmten botanischen Herkünften verknüpft (Honige von Bärenklau und anderen Doldenblütlern, Heidehonige von *Calluna vulgaris*) – sogenannte feinkörnige Masse, die im Extremfall den Raum zwischen den Pollenkörnern flächendeckend ausfüllen kann. Da sie auch die Pollenkörner bedeckt, wird deren Bestimmung erschwert. Über die chemische Beschaffenheit der feinkörnigen Masse ist nichts bekannt. Durch Lösung des Honigs in verdünnter Schwefelsäure oder verdünnter Kalilauge oder durch Acetolyse läßt sie sich eliminieren (LOUVEAUX et al. 1978). Die Teilchenabmessungen bewegen sich in der Größenordnung von 1 Micrometer. Auch die feinkristalline Masse ist für bestimmte Honigtauhonige (z. B. von Eiche, *Quercus* spp.) typisch. Es handelt sich um kleine, kubische oder prismenförmige Kristalle, meist in der Größenordnung von 1 bis 3 Micrometern. Typisch für Lindenhonige sind drusenförmige Kristallaggregate.

Verunreinigungen: Ferner finden sich in den mikroskopischen Präparaten Verunreinigungen, wobei zwischen unvermeidbaren und vermeidbaren zu unterscheiden ist. Zu den in der Menge immer geringfügigen unvermeidbaren Verunreinigungen zählen Bienenhaare, Pflanzenhaare, Stärkekörner sowie Ruß- und Staubteilchen. Letztere finden sich besonders in Honigtauhonigen und in Honigen aus regenarmen Ländern mit Bewässerungswirtschaft (z. B. Ägypten). Zu den vermeidbaren Bestandteilen gehören Muskelfasern und Tracheenstückchen, die auf unsauberes Arbeiten hinweisen (Zerquetschen von Bienen bei der Honiggewinnung oder Schleudern von Waben mit Bienenbrut). Kleine Partikel von verkohltem Pflanzenmaterial können auf zu starke Rauchanwendung bei der Honigentnahme hindeuten.

Die übermäßige Verfütterung von Eiweißfutterteigen kann zum Auftreten von Sojamehlpartikeln im Honig führen. Trockenhefe aus der gleichen Quelle fällt weniger auf, weil sie sich von den honigeigenen Hefen nicht immer unterscheiden läßt (VORWOHL 1966).

Die Anwendung von „Sineacar", einem Varroa-Bekämpfungsmittel, das in die Bienenvölker gestäubt wird und das Stärke als Trägersubstanz enthält, kann zu einer Erhöhung der Anzahl von Stärkekörnern im Honig führen.

Zählungen

Nach der Aufstellung des Pollenspektrums erfolgt eine Quantifizierung durch die Bestimmung der relativen Häufigkeit der einzelnen Pollenarten, indem man in einer größeren Anzahl von über das Präparat verteilten Blickfeldern die Pollen bestimmt und zählt, bis man die gewünschte Anzahl von Pollen erreicht hat. Die Häufigkeit der einzelnen Pollenarten wird dann in Prozenten der insgesamt ausgezählten Pollen bestimmt. Die Prozentsätze der einzelnen Arten streuen bei wiederholter Auszählung des gleichen Honigsediments erheblich.

Bei einer 30mal wiederholten Auszählung von 100 Pollenkörnern im mikroskopischen Präparat eines französischen Blütenhonigs mit Esparsette ergaben sich für deren Pollen Prozentsätze zwischen 28 und 43 % bei einem Mittelwert von 35,8 %. Es müssen ungefähr 1200 Pollenkörner ausgezählt werden, wenn eine Streuung von 6 bis 7 % erreicht werden soll. Wollte man das Ergebnis auf 1 % genau, müßten 40 000 Pollenkörner ausgezählt werden, was nicht mehr praktikabel ist.

Für die Routineanalyse wird die Auszählung von 300 Pollenkörnern als Minimum angesehen. Unter diesen Umständen ist die Angabe der Häufigkeitsklassen realistischer als die Angabe von Prozentzahlen:

Leitpollen: über 45 %
Begleitpollen: 16 bis 45 %
Wichtige Einzelpollen: 3 bis 15 %
Einzelpollen: unter 3 %

Die Häufigkeitsklassen werden für die Pollen nektarliefernder Pflanzen bestimmt. Von der Gesamtsumme der ausgezählten Pollen zieht man vor der Berechnung die Anzahl der Pollen nektarloser Pflanzen ab.

Auch die Honigtauelemente werden mitgezählt und das Zahlenverhältnis Pollen nektarliefernder Pflanzen zu Honigtauanzeigern berechnet. Mehrzellige Pilz- oder Algenkomplexe werden als ein Element notiert.

Nach Aufstellung der Artenliste und nach der Durchführung der nötigen Zählungen muß das Ergebnis interpretiert werden.

7.1.4 Die Bestimmung der botanischen Herkunft

Als man mit der mikroskopischen Kontrolle von Sortenhonigen begann, ging man davon aus, daß der Pollen der Pflanze, von der der Honig überwiegend stammte, auch im mikroskopischen Präparat dieses Honigs den dominierenden Pollen stellt. Dies ist in vielen Fällen auch richtig, aber nicht in allen. Das Grundproblem der botanischen Herkunftsbestimmung ist die unterschiedliche Repräsentierung der verschiedenen Trachtpflanzen durch ihre Pollen. Es gibt den Fall der normalen Repräsentation, d. h. der Pollenprozentsatz im mikroskopischen Bild entspricht annähernd dem Prozentsatz mit dem die fragliche Pflanze zum Honig beigetragen hat. Es gibt den Fall der Überrepräsentierung, bei dem der Pollenprozentsatz im Sediment erheblich höher liegt, als der mengenmäßige Beitrag der Trachtpflanze zum untersuchten Honig, und es gibt den Fall der Unterrepräsentierung: der Nektar der in Frage stehenden Pflanzen hat in erheblichem Umfang zur Entstehung des Honig beigetragen, ihr Pollen erreicht aber bei der Auszählung nur niedrige Prozentsätze. Um diese Phänomene zu verstehen, muß man sich darüber im klaren sein, wie der Pollen in den Honig gelangt.

DEMIANOWICZ hat die Termini primäre, sekundäre und tertiäre Einstäubung eingeführt.

Unter **primärer Einstäubung** versteht man die Markierung des Nektars mit Pollen der Blüten, in denen er entsteht. Der Grad der Kontaminierung des Nektars mit Pollen ist abhängig von mehreren Faktoren:

Blütenbau: Die räumliche Anordnung der Staubgefäße und Nektarien entscheidet darüber, ob die Pollenkörner leicht oder nur mit geringer Wahrscheinlichkeit in den Nektar gelangen können. Beim Vergißmeinnicht z. B. bürstet die durch die enge Blütenröhre eindringende Zunge der besuchenden Biene den Pollen aus den Staubgefäßen in den Nektar. Als entgegengesetztes Extrem kann *Asphodelus* betrachtet werden. Die Staubgefäße dieses Liliengewächses stehen weit aus der Blüte heraus. Die Wahrscheinlichkeit, daß Pollenkörner, die sich aus den Staubbeuteln lösen, auf den Blütengrund mit den Nektarien geraten, ist gering. Besuchende Insekten können den Nektar aufsaugen, ohne die Staubbeutel zu berühren (BATTESTI 1990). Entsprechend gering ist die Anzahl der *Asphodelus*-Pollen im Nektar und dem daraus entstehenden Honig.

Maximale Nektarerzeugung und Öffnung der Antheren laufen nicht immer synchron. Die weiblichen Blüten von getrenntgeschlechtlichen und von zweihäusigen Pflanzen können zwar Nektar ausscheiden, Pollen zur Markierung steht aber nicht zur Verfügung.

Eliminierung von Pollenkörnern in der Honigblase: Der Honigmagen der Biene dient als Sammelbehälter während des Trachtfluges und als Zwischenlagerungsgefäß während der Honigreifung im Bienenstock. Der Honigmagen ist durch den Ventiltrichter mit dem Mitteldarm verbunden (siehe Abschnitt 3.1.1). Der vierklappige Kopf des Ventiltrichters ragt in die Honigblase und kann durch schnappende Bewegungen geformte Partikel aus dem flüssigen Honigblaseninhalt herausfangen und in den Mitteldarm hinüberschlucken. Bei längerer Verweildauer des Sammelgutes im Honigmagen führt dies zu einer Verminderung des Pollengehalts. Die Reduzierung der Anzahl der Pollenkörner erfolgt mit unterschiedlicher

Intensität je nach Größe und Ornamentierung der Pollenkörner. Große und bestachelte Pollenarten werden schneller eliminiert als kleine Pollenkörner mit glatter oder wenig ornamentierter Exineoberfläche.

Blütenbau und der Ventiltrichtermechanismus bedingen einen unterschiedlichen **Repräsentierungsgrad** der verschiedenen Pollenarten im Nektar.

Dazu hat DEMIANOWICZ Experimente gemacht. Sie erzeugte Einartenhonige, indem sie kleine Flächen mit bestimmten Trachtpflanzen bestellte und während der Blütezeit mit einem bienendichten Flugzelt überwölbte. Ein kleines Bienenvolk ohne Futtervorrat wurde ins Zelt gestellt. Auf diese Weise konnten kleine Honigmengen gewonnen werden, die garantiert nur von einer Pflanzenart stammten. Der Honig wurde mit Pipetten aus den Zellen gesaugt und die Pollenkörner pro Gewichtseinheit gezählt. Die Tabelle 27 (Seite 124 f.) zeigt die Ergebnisse der aufwendigen Arbeit.

Ziel der Untersuchungen war es, Korrekturquotienten zu gewinnen, mit denen die im mikroskopischen Präparat festgestellten Pollen-Prozentsätze in Nektaranteile umgerechnet werden könnten (DEMIANOWICZ 1961). In der Untersuchungspraxis bewährte sich das Verfahren jedoch nicht. DEMIANOWICZ selbst fand, daß die Anzahl der Pollenkörner in den experimentellen Einartenhonigen keine konstante Größe ist. Müssen die Bienen in kurzer Zeit viel Nektar zu Honig verarbeiten, eliminieren sie weniger Pollen aus dem Trachtgut als bei mäßiger Tracht, die zu einer längeren Verweildauer des Sammelguts in den Honigmägen führt. Vollends verwässert wird das Interpretationskonzept von DEMIANOWICZ durch das Phänomen der sekundären und tertiären Einstäubung des Honigs.

Unter **sekundärer Einstäubung** versteht man die Anreicherung des Honigs mit Pollen im Bienenstock.

Im Haarkleid der Bienen haften Pollen, die abfallen und in offene Honigzellen geraten können. Als Protein- und Vitamin-Quelle für die Larven und die Jungbienen sammelt das Bienenvolk Pollen direkt von den Blüten und legt davon auch Vorräte in Form von „Bienenbrot" an, indem es die eingesammelten Pollenkügelchen („Höschen" genannt) in Wabenzellen einstampft (siehe Abschnitt 3.2.3). Dieses Bienenbrot wird von den Jungbienen gefressen. Zwischen den Bienen eines Stockes herrscht ein ständiger Futteraustausch, der einmal der Futterversorgung und zum anderen auch dem Informationsaustausch dient. Haben die pollenfressenden Jungbienen Kontakt mit Stockinsassen, die sich mit der Honigreifung befassen, so kann Pollen, der an ihren Mundwerkzeugen haftet, in den unreifen Honig gelangen. Im Honig gibt sich die sekundäre Einstäubung durch den manchmal erheblichen Prozentsatz von Pollen nektarloser Pflanzen zu erkennen, die – wenn die Einstäubung des Honigs nur primär erfolgte – nicht zu erwarten wäre. LOUVEAUX (1958) konnte durch einen Fütterungsversuch in einem Gewächshaus Zahlen für das Ausmaß der sekundären Einstäubung gewinnen. Er verfütterte pollenfreie Zuckerlösung und bot an einem anderen Platz im Glashaus eine Pollenmischung zum Höseln an. In dem am Ende des Versuchs geernteten Zuckerfütterungshonig fanden sich 900 Pollenkörner pro Gramm.

Die sekundäre Einstäubung kann gleichsinnig zur primären verlaufen.

Beispiel: die Bienen sammeln hauptsächlich Apfelnektar und nutzen gleichzeitig die Apfelblüten als Hauptpollenquelle. Folge: die absolute Zahl der Apfelpollenkörner pro Gewichtseinheit Honig steigt, der Apfelpollen bleibt die prozentual dominierende Form. Die sekundäre Einstäubung kann sich aber auch gegenläufig zur primären Einstäubung auswirken.

Beispiel: Die Bienen sammeln hauptsächlich Nektar von der Sonnenblume, haben aber vorher in der Edelkastanientracht große Pollenvorräte angelegt. Auf dem sekundären Weg kommt daher Edelkastanienpollen in den hauptsächlich von der Sonnenblume stammenden Honig. Der „markierende" Sonnenblumenpollen wird prozentual zurückgedrängt. Die Edelkastanie kann zum Leitpollen (über 45 % des Pollenbestandes im Präparat) aufsteigen und die tatsächliche Trachtquelle „maskieren".

Tab. 27. Absolute Zahl der Pollenkörner in verschiedenen Einartenhonigen

Familie und Art	Jahr	Anzahl der Pollenkörner je 10 g Honig	Gewonnene Honigmenge [g]
I Labiatae = Lamiaceae			
1) *Salvia nemorosa*	1961	2 040	32
2) *Hyssopus officinalis*	1960	2 756	8
3) *Lamium album*	1963	3 570	136
4) *Dracocephalum moldavica*	1959	3 450	121
Dracocephalum moldavica	1958	4 090	111
5) *Salvia officinalis*	1961	5 870	60
6) *Leonurus cardiaca*	1960	18 610	90
7) *Marrubium vulgare*	1961	26 060	125
II Compositae = Asteraceae			
1) *Centaurea jacea*	1963	1 950	175
2) *Echinops exaltatus*	1963	2 420	188
3) *Helianthus annuus*	1961	2 830	4
4) *Centaurea cyanus*	1954	5 420	12
Centaurea cyanus	1958	9 780	52
5) *Solidago gigantea* var. *serotina*	1963	6 820	94
6) *Taraxacum officinale*	1963	13 980	18
7) *Helenium autumnale*	1963	43 480	34
III Papilionaceae = Fabaceae			
1) *Robinia pseudoacacia*	1954	1 220	8
2) *Onobrychis viciifolia*	1957	12 390	98
3) *Trifolium repens*	1963	16 510	48
Trifolium repens	1958	17 600	12
Trifolium repens	1952	17 950	4
4) *Melilotus albus*	1959	55 060	62
Melilotus albus	1956	63 700	142
5) *Lotus corniculatus*	1963	194 600	55
IV Boraginaceae			
1) *Borago officinalis*	1959	2 510	109
2) *Anchusa officinalis*	1963	5 770	42
3) *Echium vulgare*	1957	44 370	80
4) *Cynoglossum officinale*	1963	4 603 950	198
5) *Myosotis sylvatica*	1963	173 090 000	39
V Hydrophyllaceae			
1) *Phacelia tanacetifolia*	1959	77 280	224
Phacelia tanacetifolia	1955	113 000	11
VI Umbelliferae = Apiaceae			
1) *Coriandrum sativum*	1959	31 750	129
2) *Angelica archangelica*	1959	299 690	123
VII Cruciferae = Brassicaceae			
1) *Sinapis alba*	1951	4 260	3
Sinapis alba	1957	11 130	12
2) *Brassica napus* ssp. *napus*	1958	79 600	73

Fortsetzung Tab. 27.

Familie und Art	Jahr	Anzahl der Pollenkörner je 10 g Honig	Gewonnene Honigmenge [g]
VIII Rosaceae			
1) *Malus domestica*	1956	19 390	49
2) *Rubus idaeus*	1956	88 020	80
Rubus idaeus	1957	56 150	50
Rubus idaeus	1958	97 400	40
IX Saxifragaceae			
1) *Ribes rubrum*	1957	4 150	2
X Asclepiadaceae			
1) *Asclepias syriaca*	1962	0	350
XI Onagraceae			
1) *Epilobium angustifolium*	1961	660	59
Epilobium angustifolium	1963	1 620	
XII Tiliaceae			
1) *Tilia cordata*	1954	1 860	15
XIII Scrophulariaceae			
1) *Scrophularia nodosa*	1960	2 270	40
2) *Digitalis purpurea*	1959	18 220	112
XIV Liliaceae			
1) *Allium cepa*	1958	10 870	11
XV Polemoniaceae			
1) *Polemonium caeruleum*	1958	6 670	135
XVI Geraniaceae			
1) *Geranium pratense*	1963	11 420	92
XVII Rutaceae			
1) *Ruta graveolens*	1963	46 020	297
XVIII Polygonaceae			
1) *Fagopyrum esculentum*	1963	58 010	14
XIX Resedaceae			
1) *Reseda lutea* u. *R. luteola*	1959	319 240	69
XX Lythraceae			
1) *Lythrum salicaria*	1963	177 090	138
XXI Cucurbitaceae			
1) *Cucumis sativus*	1961	860	4
XXII Malvaceae			
1) *Althaea officinalis*	1960	2 250	45

Die sekundäre Einstäubung kann rechnerisch eliminiert werden, sofern es sich um Pollen nektarloser Pflanzen handelt (Gräser, Getreide, Mais, Wegerich, Holunder, Mädesüß, Ampfer usw.). Man berechnet die Prozentsätze der Pollen der nektarliefernden Pflanzen nach Abzug der nektarlosen.

Beispiel: Ausgezählt wurden insgesamt 300 Pollenkörner. 30 davon stammen von Pflanzen, die nur Pollen, aber keinen Nektar erzeugen. 100 der insgesamt ausgezählten Pollen stammen von der Sonnenblume. Bezogen auf die Basis von 270 Pollen nektarliefernder Pflanzen sind dies 37 %. Bezogen auf die Anzahl der Pollen insgesamt wären es nur 33 %.

Unter der **tertiären Einstäubung** versteht man die Anreicherung des Honigs mit Pollen zum Zeitpunkt der Aberntung des Honigs durch den Imker. Die Anreicherung kann erfolgen: beim Entdeckeln der Waben, besonders bei der maschinellen Entdeckelung, bei der die Wabe tiefer abgetragen wird als bei der Entdeckelung von Hand, mit der Gabel oder dem Messer.

In allen Fällen kann eingelagertes Bienenbrot angekratzt werden, so daß es beim Schleudern in den Honig gerät. Normalerweise ist das Bienenbrot so fest gestampft, daß es beim Schleudern in den Zellen sitzen bleibt. Es kann jedoch vorkommen, daß in den Pollenzellen noch Höschen sitzen, die noch nicht festgedrückt sind, weil die Bienen durch die Entnahme der Wabe beim Einlagern gestört wurden. Solche frisch deponierten Höschen können in der Schleuder durch die Zentrifugalkraft erfaßt und damit in den Honig geraten. Werden zur Einlagerung des Honigs Waben benutzt, die sich vorher im Brutnest befanden, so enthalten diese meist „Pollenkränze". Die Bienen lagern Blütenstaub bevorzugt am Rande des Brutnestes ab. Je mehr Bienenbrotzellen in einer Wabe sitzen, um so mehr Pollen kann beim Entdeckeln gelöst und dem Honig einverleibt werden. Bei der Füllung der Waben mit Honig wird das eingelagerte Bienenbrot oft mit Honig überschichtet. An der Grenze zwischen Honig und Bienenbrot löst sich Pollen aus der eingestampften Masse und wird dann mit dem Honig abgeschleudert. Ob viele Waben mit Bienenbrot als Honigwaben Verwendung finden, hängt vom Beutentyp und der Betriebsweise des Imkers ab. Beutenart und Betriebsweise können damit auch, je nach dem, die Tendenz zur tertiären Einstäubung verstärken oder verringern.

Extreme tertiäre Einstäubung findet beim Pressen des Honigs statt. Beim Pressen werden die Waben zerstört, das Bienenbrot wird gleichfalls zerdrückt und kommt in Kontakt mit dem freigesetzten Honig. Der Unterschied zeigt sich schon in der Sedimentmenge von Preßhonig und Blütenhonig. Deckt man das gesamte Sediment eines Preßhonigs unter einem Deckgläschen 18 × 18 mm ein, liegen die Pollen meist so dicht, daß die Identifizierung und das Auszählen unmöglich werden. Es muß dann entweder ein neues Präparat von einer geringeren Honigmenge gemacht werden, oder man bringt die Hauptmenge des Sediments unter ein Deckglas und macht auf dem Objektträger einen zweiten Ausstrich mit einem kleinen Teil des Bodensatzes.

Weniger ausgeprägt, aber unter Umständen von beträchtlichem Einfluß auf das Pollenbild ist die tertiäre Einstäubung beim „Stippen" des Heidehonigs (Honig von der Besenheide, *Calluna vulgaris*, siehe Abschnitt 4.3). Heidehonig ist normalerweise geleeartig steif, rührt man ihn, wird er kurzzeitig zähflüssig. Er muß daher vor der Schleuderung „gelöst" werden. Die Stippgeräte bestehen aus feinen Stahlstiften, die so angeordnet sind, daß beim Aufsetzen des Geräts auf die Wabe je ein Stift in eine Zelle eindringt. Er rührt den Zellinhalt quasi um. Befindet sich in einer Zelle Bienenbrot, wird dieses durch die Stahlstifte oberflächlich auch angekratzt und gelockert. Der gelockerte Teil fliegt beim Schleudern aus der Zelle heraus und kontaminiert den Honig.

Folge der tertiären Einstäubung: Weiterer Anstieg der absoluten Pollenzahl pro Gewichtseinheit Honig.

Wie bei der sekundären Einstäubung kann die Auswirkung auf das Pollenbild gleichsinnig zur primären (und sekundären) Kontamination sein oder gegenläufig.

Die Untersuchungspraxis liefert hierfür ein klassisches Beispiel. Heidehonig aus der Lüneburger Heide macht bei der mikroskopischen Untersuchung im allgemeinen keine Probleme. Im mikroskopischen Präparat von Sortenhonigen dominiert der *Calluna*-Pollen. In der Lüneburger Heide ist während der Tracht die Heide selbst der wichtigste Pollenspender. Unmittelbar vor der Heidetracht gibt es keinen überragenden Pollenlieferanten. Die tertiäre Einstäubung beim Stippen erfolgt daher meist mit *Calluna*-Pollen. Die tertiäre Anreicherung läuft gleichsinnig zur primären (sekundären). *Calluna* ist und bleibt daher dominierender Pollen.

Als in den 60er Jahren verstärkt französischer Heidehonig aus den Landes bei Bordeaux eingeführt wurde, gab es bei der Beurteilung Schwierigkeiten. Im mikroskopischen Bild dominierte oft die Edelkastanie. Bei buchstabengemäßer Auslegung der Interpretationsregeln konnte man diese Honige nicht als Heidehonige anerkennen. Die Ursache des irritierenden Phänomens war die Wanderpraxis im südwestlichen Frankreich. Die Mehrzahl der Völker, die im August in der Heidetracht eingesetzt werden, stehen vorher in den Pyrenäen, in denen die Edelkastanie weit verbreitet ist. Sie ist ein ausgezeichneter Pollenspender. Entsprechend legen die Bienen Vorräte von Edelkastanienpollen an. Beim Stippen des Heidehonigs wird Bienenbrot von der Edelkastanie mobilisiert. Da die Edelkastanie kleine Pollenkörner hat, werden mit einer vergleichsweise kleinen Menge Edelkastanien-Bienenbrot viele Edelkastanienpollenkörner in den Honig eingeschleppt. 1 mm^3 Bienenbrot von Edelkastanie enthält überschlagsmäßig berechnet 109 000 Pollenkörner! Verteilen sich diese in 10 g Heidehonig, erscheint im mikroskopischen Bild die Edelkastanie als dominierender Pollen!

Wie bei der sekundären Einstäubung läßt sich auch die tertiäre rechnerisch eliminieren, sofern sie mit Pollen nektarloser Pflanzen erfolgte.

Primäre Markierung von Honigtau
Honigtau ist durch Pilzsporen und Hyphen sowie durch Algen markiert, die epiphytisch auf Nadeln, Blättern und der Zweigrinde wachsen. Wenn die Bienen den Honigtau ablecken, nehmen sie auch Pilze und Algen auf. Zu den primären Markierern des Honigtaus gehören auch in der Luft schwebende Pollen, die am klebrigen Honigtau haften bleiben. Als zusätzlicher Markierer kann Wachswolle auftreten, besonders bei Honigtau liefernden Schildläusen. Da die Wachswolle ein niedriges spezifisches Gewicht hat, geht sie bei der Herstellung der mikroskopischen Präparate nur teilweise ins Sediment. Einige Honigtauarten sind durch feinkristalline Masse gekennzeichnet.

Im Gegensatz zum Pollen werden Pilz- und Algenbeläge von den Bienen nicht gehöselt und zu Bienenbrot verarbeitet. Eine Ausnahme bilden Rostsporen, also phytopathogene Pilze. Im Gegensatz zu den harmlosen epiphytischen Rußtaupilzen werden sie gezielt gesammelt. Die Rostpilzsporen sind als „Spiegelei-Sporen" leicht zu erkennen. Werden Blüten von phytopathogenen Pilzen befallen, kann der von den Bienen abgesammelte Pollen reichlich Sporen enthalten. Auch eine sekundäre Kontamination des Honigs mit Pilzelementen, die in der Luft schweben, ist denkbar. Insgesamt besteht bei den Honigtauelementen keine Gefahr, daß der primäre Bestand durch sekundäre Zufuhr überdeckt wird. Im tertiären Bereich geschieht praktisch nichts.

Durch die sekundäre und tertiäre Kontamination mit Pollen wird zwar das Zahlenverhältnis zuungunsten der Pilzelemente verschoben. Die absolute Zahl der HTE pro Gewichtseinheit und auch die sich daraus ergebende Anzahl der HTE im mikroskopischen Blickfeld bleibt unverändert.

Schlußfolgerung für die botanische Herkunftsbestimmung
Wegen der möglichen Maskierung der primären Markierung durch die sekundäre und tertiäre Einstäubung sollte die botanische Herkunftsbestimmung nicht allein am Ergebnis der mikroskopischen Untersuchung aufgehängt werden. Auch der Sinnenbefund und die Ergebnisse der physikalischen und chemischen Untersuchung müssen zur Beurteilung herangezogen werden.

Generelle Beurteilungsregeln wie sie von ZANDER ins Auge gefaßt wurden, die für alle Honige weltweit gelten sollen, sind problematisch. Vielmehr ist zu empfehlen, für die marktgängigen Sortenhonige z. B. französischen Lavendelhonig, chinesischen Lindenhonig usw. an Hand von authentischem Material das typische Pollenspektrum auszuarbeiten. Unter authentischem Material sind dabei Honige zu verstehen, deren botanische Herkunft durch Feldbeobachtungen vor Ort und durch den typischen Sinnenbefund abgesichert sind.

7.1.5 Geographische Herkunftsbestimmung

Die Probleme, die sich aus der unterschiedlichen Repräsentierung und der sekundären und tertiären Einstäubung für die botanische Herkunftsbestimmung ergeben, spielen bei der geographischen Herkunftsbestimmung keine Rolle. Die primäre, sekundäre und die tertiäre Einstäubung des Produkts erfolgt in jedem Fall mit dem vor Ort produzierten Pollen.

Findet man in einem Honig, der eine bestimmte geographische Deklaration trägt, Pollen einer Pflanzenart – besser mehrerer –, die im angegebenen Herkunftsgebiet nicht gedeihen kann, muß man den Schluß ziehen, daß der Honig, ganz oder teilweise, nicht aus der deklarierten geographischen Einheit stammt. Da die Verordnung über Honig vorschreibt, daß der Honig ausschließlich aus dem deklarierten Gebiet stammen muß, ist die Frage des Anteils der Fremdherkunft ohne großen Belang. Auch die genauere Herkunft des unrichtig deklarierten Anteils hat in diesem Fall nur sekundäres Interesse. Das „Ausschlußverfahren" wurde besonders von ZANDER entwickelt, indem er die Pollenarten in einheimischen Honigen sorgfältig studierte und dadurch Honige mit abweichendem Artenbestand als ganz oder teilweise nicht einheimisch erkennen konnte.

Erfaßt man das Pollenspektrum der Honige eines bestimmten Gebiets anhand von genau lokalisierten Honigproben, ergibt sich eine typische Pollenkombination, die auch über viele Jahre hin konstant bleibt. Ausnahmen ergeben sich durch Veränderungen der landwirtschaftlichen Nutzung.

Sonnenblumenpollen in Kombination mit Phazelie in als „deutsch" deklarierten Honigen, galten früher als Verdachtsmoment für osteuropäische Herkunft. Durch den vermehrten Anbau von beiden Kulturpflanzen in der Bundesrepublik ist diese Kombination jetzt auch in einheimischen Honigen öfter anzutreffen (VORWOHL 1990). Die typischen Pollenkombinationen der gängigen geographischen Herkünfte sind aus Laborerfahrung bekannt, die – leider höchst unzureichend – veröffentlicht sind. Zum Teil gibt es auch Spezialuntersuchungen über die Pollenspektren der Honige bestimmter Gebiete. Neben der Präsenz ist auch noch wichtig, mit welchen Häufigkeiten die verschiedenen Pollenarten in den einzelnen Honigproben auftreten können.

Verfügt man über ausgearbeitete Pollenspektren für eine bestimmte Region und ist die Herkunft eines Honigs zu überprüfen, der aus diesem Gebiet stammen soll, so vergleicht man das Pollenspektrum des zu prüfenden Honigs mit dem am authentischen Material erarbeiteten Spektrum. In einer Einzelprobe wird man logischerweise nicht alle Pollen des Vergleichsspektrums wiederfinden, aber im allgemeinen zwei, drei oder mehr der gelisteten Arten. Darüber hinaus werden sich wenige Arten finden, die im ausgearbeiteten Spektrum fehlen. Beruht das ausgearbeitete Vergleichsspektrum auf einem großen Probenmaterial und wurden die mikroskopischen Präparate erschöpfend durchgesehen, dürfte die Anzahl der nicht gelisteten, aber in den Honigen des Gebiets möglichen Pollenarten gering sein.

Die Pollen von Pflanzenarten, die aus dem Ausland stammen, aber bei uns im Freiland wachsen können, gelten natürlich nicht als Auslandspollen.

Der Einfluß der „Exoten" auf das Pollenbild einheimischer Honige wird gern überschätzt. Oft ist die Bestandsgröße dieser Pflanzen so gering, daß ihre Pollen bei der mikroskopischen Honiguntersuchung gar nicht gefunden werden (VORWOHL 1980). Die Tabelle 28 listet

Tab. 28. Spezialliteratur zur geographischen Herkunftsbestimmung nach Ländern und Regionen

Länder/Regionen	Autoren	Länder/Regionen	Autoren
Deutschland	Spitzl 1990, Vorwohl 1990	Spanien	Louveaux und Vergeron 1964, Weber 1982
Schweiz	Maurizio 1941, 1958, Wille et al. 1989		Perez de Zabalza 1989, Luis Villota et al. 1990
Luxemburg	Maurizio 1971	Italien	Vorwohl 1972, Ferrazzi 1982
Belgien	Martens et al. 1964		
Niederlande	Kerkvliet, v. d. Putten 1973	Östliches Mittelmeergebiet	Oustuani 1976
Österreich	Fossel 1974, Ruttner 1961, 1964 Sturm 1988	Ägypten	Nour 1988
		Nordafrika	Louveaux und Abed 1984, Vorwohl 1973, Ricciardelli D'Albore 1980, Straka 1975
CSFR	Kubisova-Kropacova und Nedbalova 1974, 1976		
Jugoslawien	Maurizio 1960	Afrika südlich der Sahara	Vorwohl 1976, Vorwohl 1981, Banda 1989
Albanien	Ricciardelli D'Albore 1985		
Bulgarien	Petkova-Atanasova 1984	Ostasien	Focke 1968, Loveaux 1970, Sawyer 1988
Ungarn	Hazlinsky 1952		
Rumänien	Pelimon 1960, Tone und Coteanu 1969	Indien, Sri Lanka	Suryanarayana et al. 1981, Chanda und Ganguly 1981
Polen	Poszwinski und Warakomska 1969	Australien	Pattersion und Bach 1968, Louveaux 1970, Sawyer 1988
Norwegen	Maurizio 1979		
Dänemark	Ravn et al. 1975	Canada, USA	Lieux 1972, Louveaux 1966, Feller Delmalsy 1983, Vorwohl 1970
Finnland	Varis et al. 1982		
Vereinigtes Königreich	Sawyer 1981, 1988	Iberoamerika	Persano-Oddo und Ricciardelli D'Albore 1986, Rogel Villanueva 1984, Telleria 1988
Frankreich	Louveaux 1968, Battesti 1990		
Portugal	Santos 1961		

die wichtigste Literatur zur geographischen Herkunftsbestimmung von Honigen auf. Vollständigkeit würde den Rahmen dieses Buches sprengen. Oft sind nur jüngere Veröffentlichungen genannt, aus denen sich die ältere Literatur erschließen läßt.

7.2 Sinnenprüfung und äußere Beschaffenheit

7.2.1 Konsistenz

Untersuchungsverfahren

Die Konsistenz des Honigs wird meist nach dem Augenschein und nach dem Gefühl beschrieben, das er auf der Zunge hervorruft. Angegeben wird der Grad der Flüssigkeit (dickflüssig, dünnflüssig), bei kandierten (= kristallisierten) Honigen die Größe der Kristalle, die Festigkeit des Kristallgefüges und die Einheitlichkeit oder die Uneinheitlichkeit in der Verteilung der Kristalle. Auch Schaum auf der Oberfläche und Luft- und Gaseinschlüsse werden unter der Rubrik Konsistenz notiert. Es gibt auch Meßverfahren, die zur Objektivierung des Sinnenbefunds herangezogen werden können. Ein einfaches Gerät zur Bestimmung der Zähigkeit und Festigkeit eines Honigs besteht aus einem leichten und einem schweren Kegel (für flüssigen bzw. festen Honig). Die Kegel werden auf die Honigoberfläche aufgesetzt. Danach mißt man die Einsinkgeschwindigkeit und bewertet diese nach einer empirischen Skala.

LOUVEAUX (1968) hat ein Verfahren zur Beurteilung des geleeartigen thixotropen Heide-(*Calluna*)-Honigs ausgearbeitet, das sich mit einfachen Mitteln durchführen läßt und eine wertvolle Hilfe bei der Charakterisierung dieses Honigs liefert:

Man füllt drei Reagenzgläser mit 15 mm innerem Durchmesser etwa zur Hälfte mit dem zu prüfenden Honig. In einem Wärmeschrank oder Wasserbad wird der Honig auf 65 °C erwärmt, bis etwa vorhandene Kristalle aufgelöst sind und der Honig sich in der unteren Hälfte des Röhrchens gesammelt hat. Wenn möglich zentrifugiert man den Honig noch warm (Hand- oder Tischzentrifuge). Durch das Zentrifugieren wird das Aufsteigen der im Honig verteilten Luftbläschen beschleunigt. Die entstandene Schaumschicht wird sorgfältig abgenommen. Die Röhrchen werden luftdicht verschlossen (wichtig, damit die Honigoberfläche nicht antrocknet). Man bringt nun die Röhrchen für 12 Stunden in einen Wärmeschrank (65 °C). Durch die Erwärmung wird die Viskosität des Honigs maximal entwickelt. Anschließend läßt man die Röhrchen 24 Stunden bei Zimmertemperatur erschütterungsfrei stehen. Dann legt man sie auf eine waagerechte Unterlage. Enthalten die Röhrchen normalen Blüten- oder Honigtauhonig, so paßt sich der Honig in weniger als 5 Minuten der neuen Lage an; er fließt aus. Bei Heidehonig verändert der Meniskus des Honigs seine Lage in den ersten 5 Minuten nicht oder nur unwesentlich. Der Wassergehalt des Heidehonigs ist ohne Einfluß auf diese Verhaltensweise, sofern er im zulässigen Bereich, also bei maximal 23 % liegt.

Ferner kann die Zähigkeit (Viskosität) durch ein Viskosimeter gemessen werden. Dafür sind besonders Rotationsviskosimeter geeignet (CHATAWAY 1932).

Das Vorhandensein feinster Kristalle läßt sich durch polarisiertes Licht nachweisen (WHITE und MAHER 1951, ANONYMUS 1991).

Beurteilung

Honig soll entweder klar dickflüssig oder feinsteif kristallisiert (kandiert) sein. Grobe Kandierung gilt als Qualitätsmangel, desgleichen abgesetzte Kandierung, also die Trennung in einen festen Bodensatz von Kristallen, der von einer flüssigen Schicht überlagert wird. Abgesetzte Kandierung ist meist mit erhöhtem Wassergehalt verbunden.

Honig soll schaumfrei sein und auch frei von Lufteinschlüssen. Bei Heidehonig werden Luftblasen geduldet, weil seine Zähigkeit das Aufsteigen verhindert. Schaum auf dem Honig und Gasbläschen im Honig können − aber müssen nicht − ein Hinweis auf Gärung sein. Zur Verifizierung ist der Geruch und Geschmack und das mikroskopische Bild (Hefen!) heranzuziehen.

Oft begegnet man der Meinung, daß aus der Konsistenz Rückschlüsse auf die Reinheit und Unverfälschtheit des Honigs gezogen werden könnten. Das ist jedoch nur sehr bedingt möglich.

Kandierter Honig wird oft verdächtigt, durch Zuckerzusatz verfälscht zu sein, wobei nicht bedacht wird, daß es die honigeigenen Zucker (Glucose, gegebenenfalls Melezitose) sind, die auskristallisieren (siehe Abschnitt 6.2.1 und 6.2.3.2). Zuckerfütterungshonig zeigt zudem keine Tendenz zu besonders rascher Kandierung.

Rückschlüsse vom Kristallisationsverhalten auf die Honigsorte sind möglich. Rapshonig wird binnen weniger Tage nach dem Schleudern fest. Honigtauhonige (mit Ausnahme der stark melezitosehaltigen, die schon in der Wabe fest werden können: Zementhonig), kandieren erst nach Monaten. Sortenreine Robinien- oder Tupelobaum-Honige bleiben auf Dauer flüssig.

7.2.2 Geschmack und Geruch
Untersuchungsverfahren
Diese beiden eng miteinander verknüpften Eigenschaften werden vorteilhaft auch miteinander abgehandelt. Die Geruchsempfindung tritt am deutlichsten unmittelbar nach dem Öffnen des Probengefäßes hervor. Auf Eigengeruch der Gefäße, z. B. der Deckeleinlagen, ist zu achten; sie können Aromadefekte vortäuschen. Löst man den Honig in lauwarmem Wasser, wird der Geruch besonders gut wahrnehmbar. Es wird jedoch empfohlen, den Geruch des unveränderten Honigs zu prüfen.

Der Geruch und der Geschmack einer Honigsorte lassen sich nicht so beschreiben, daß eine Person ohne Geschmackserfahrung eine Sorte nur an Hand der Beschreibung identifizieren könnte. Gemeinsame Schulung am Objekt ist möglich. Besonders in Frankreich und Italien werden regelmäßig Honigverkostungen auf der Basis der Honigsensorik von GONNET und VACHE durchgeführt und Experten herangebildet, die eine Honigsorte sensorisch beurteilen und erkennen können.

Die Untersuchung der Aromastoffe ist heute mit Hilfe der Gaschromatographie leicht möglich. Doch sind die Aromakomponenten so zahlreich, daß das Verfahren zur Honigbeurteilung kaum eingesetzt wird (Abschnitt 6.7).

Eine Ausnahme macht das Methylanthranilat, das zur Charakterisierung von *Citrus*-Honigen herangezogen wird. Zur Messung des Gehalts an Methylanthranilat wird kein Gaschromatograph benötigt.

Beurteilung
Geruch und Geschmack des Honigs müssen seiner botanischen Herkunft entsprechen. Sorteneigentümlichkeiten sind zu tolerieren. Es empfiehlt sich, bei Honigen mit ungewöhnlichem Aroma die Sorte zu deklarieren, damit Konsumenten, die diese Geschmacksrichtung schätzen, eine Orientierungshilfe erhalten. Bestimmte Honigsorten sind deutlich bitter: Bracatinga-Honig (von *Mimosa scabrella*), Brasilien; Eß-(Edel-)kastanienhonig (*Castanea sativa*) Mittelmeergebiet, West- und Mitteleuropa; Bitterweed (*Helenium tenuifolium*), Nordamerika, und ausgeprägt bei Corbezzolo (von *Arbutus*), Italien, besonders Sardinien. Buchweizenhonig hat einen eigentümlichen „Stallgeruch", der schon zu – unberechtigten – Beanstandungen weil „ekelerregend" geführt hat.

Bei beginnender Gärung wird das Aroma des Honigs erst fruchtig; bei fortschreitender Gärung wird der Geruch und Geschmack bierartig. Solche Honige sind nur noch als Back- und Industriehonig verkehrsfähig. Auch bei vergleichsweise niedrigen Wassergehalten (unter 18 % refraktometrisch nach CHATAWAY) kann bei längerer Lagerung durch die Aktivität osmophiler Hefen eine Aromaveränderung erfolgen, die als Feigen- oder Dattelgeschmack charakterisiert wird.

Karamelgeschmack weist auf übermäßige Erhitzung hin. Sehr alte Honige entwickeln einen sirupartigen Geschmack, der an Rübenkraut erinnert.

Übermäßige Rauchanwendung kann das Honigaroma beeinflussen. Rauchige Geschmacksnoten finden sich vergleichsweise oft bei afrikanischen Honigen, weil die Aggressivität der Völker den Einsatz von reichlich Rauch bei der Honiggewinnung mit sich bringt. Honig, der in ungeschützten Eisenfässern gelagert wurde, schmeckt oft deutlich nach Metall. Ebenso kann die Anwendung von streng riechenden Chemikalien zur Vertreibung der Bienen aus den Honigräumen (z. B. Karbollappen, Benzaldehyd) den Honiggeschmack beeinflussen.

Fremdgeruch und -geschmack sind zu beanstanden. Die Beanstandung sollte sich aber nicht nur auf die subjektive Geschmacks- und Geruchsempfindung stützen, sondern durch objektive Befunde (Mikroskopie, chemische Nachweise) abgestützt sein.

7.2.3 Farbe

Untersuchungsverfahren

Beim Handel mit einheimischem Honig in den deutschsprachigen Ländern wird Farbe im allgemeinen nach dem Augenschein beschrieben. Im internationalen Handel wird stark nach Farbe verkauft, was eine Objektivierung der Farbbeschreibung erfordert. Das klassische Instrument dazu ist der Pfund-Color-Grader, der in den USA entwickelt wurde.

Das Gerät besteht aus einem keilförmigen Glasgefäß, in das der Honig eingefüllt wird. Diese keilförmige Küvette kann durch einen Schraubenmechanismus an einem Beobachtungsfenster vorbeigeschoben werden. Das Ausmaß der Verschiebung wird in Millimetern abgelesen. Im Beobachtungsfenster vergleicht man die Farbe des Honigs mit der Farbe eines braun gefärbten Glases. Die Küvette wird so lange verschoben, bis der Farbton des Vergleichsglases und der des Honigs so weit wie möglich übereinstimmt. Zur Kennzeichnung der Farbe werden die in Tab. 29 aufgeführten Bezeichnungen verwendet.

Die Messung mit dem Pfund-Color-Grader ist vergleichsweise umständlich und zeitaufwendig. Das Tintometer „Lovibond" gestattet raschere Messungen, weil es mit normalen Küvetten arbeitet und einer Palette von Farbstandards. TOWNSEND hat die Verwendung eines Photometers vorgeschlagen, das die subjektiven Faktoren beim Farbvergleich bei den beiden vorgenannten Verfahren vermeidet.

Für Farbbestimmungen, die keine große Genauigkeit verlangen, kann eine Vergleichsreihe von Honigmustern dienen.

Tab. 29. Farbkennzeichnung von Honigen

Farbangaben		Pfund-Grade [mm]
englisch	deutsch	
water white	wasserweiß oder wasserklar	0 – 8
extra white	extra weiß oder extra hell	8 – 16,5
white	weiß oder hell	16,5 – 34
extra light amber	extra hell bernsteinfarben	34 – 50
light amber	hell bernsteinfarben	50 – 85
amber	bernsteinfarben	85 – 114
dark	dunkel	über 114

Beurteilung

Die Farbe ist ein wichtiges Charakteristikum der verschiedenen Honigsorten, sie muß aber in Zusammenhang mit anderen Merkmalen gesehen werden. Nicht jeder dunkle Honig ist ein Honigtauhonig. Es gibt auch z. B. mehrere Honigsorten, die in kandiertem Zustand fast weiß sind: etwa Weißklee, Steinklee, Alpenrose, Raps, Himbeere und *Citrus* (Orange, Zitrone usw.). Ist ein Honig dunkler, als es nach den übrigen Sortenmerkmalen (Geruch, Geschmack, mikroskopischer Befund) zu erwarten ist, so kann das meist als Hinweis auf Veränderung der Farbe durch Erhitzung oder hohes Alter gedeutet werden (siehe Abschnitt 6.7 und 6.11).

7.2.4 Sauberkeit

Untersuchungsverfahren

Im allgemeinen wird durch Augenschein festgestellt, ob der Honig frei von Wachsteilchen, Schmutz- und Insektenteilchen, insbesondere Bienenbrut sowie anderen Verunreinigungen ist. Auch bei der Mikroskopie finden sich Anhaltspunkte für unsauberes Arbeiten. Man kann jedoch auch eine bestimmte Menge Honig auflösen, durch Siebe, Filter, Fritten oder Gaze bekannter Maschen- bzw. Porenweite geben und die wasserunlöslichen Verunreinigungen durch Wägung bestimmen. Eine Normung des Verfahrens im Rahmen des DIN-Programms ist vorgesehen.

Beurteilung

Bei grober Verunreinigung oder beim Vorhandensein von Bienenbrut und starker Schimmelbildung gilt Honig als verdorben.

Prinzipiell ist der Gehalt an wasserunlöslichen Stoffen auf höchstens 0,1 % festgelegt. Preßhonige dürfen bis zu 0,5 % wasserunlösliche Bestandteile enthalten. Überschreitungen dieser Werte kommen praktisch kaum vor.

Die Prüfung auf äußere Merkmale, Aufmachung, Geruch, Geschmack, Konsistenz und Sauberkeit spielt bei der Bewertung des Honigs bei Honigwettbewerben eine große Rolle. Als Beispiel sei auf die Ausstellungsordnung des Deutschen Imkerbundes hingewiesen.

7.3 Messung des Wassergehalts

Untersuchungsverfahren

Die Bestimmung des Wassergehalts ist eines der wichtigsten Untersuchungsverfahren. Sie kann direkt oder indirekt erfolgen.

Direkte Verfahren:

Das naheliegende Verfahren ist die Trocknung des Honigs und die Bestimmung des Gewichtsunterschiedes vor und nach der Trocknung. Der Honig gibt Wasser nur zögernd ab, deshalb muß man dafür sorgen, daß die Oberfläche der zu trocknenden Probe groß ist, was etwa durch Aufstreichen auf Tonscherben, Vermischen mit Sand und ähnliche Maßnahmen geschieht. Die Trocknungsverfahren sind langwierig und arbeitsaufwendig und werden daher fast nur dann angewandt, wenn es darum geht, Vergleichswerte zu Ergebnissen zu beschaffen, die mit anderen indirekten Verfahren erzielt wurden. Verfahren zur Bestimmung des Wassergehalts im Honig durch Trocknung wurden von verschiedenen Autoren beschrieben (CHATAWAY 1932, FULLMER et al. 1934, Schweiz. Lebensmittelbuch 1967, AOAC 1984).

Eine weitere direkte Bestimmung des Wassergehalts ist auf chemischem Wege möglich durch die Anwendung der sogenannten Karl-Fischer-Titration.

Man gibt die zu untersuchende Probe dabei in eine Lösung von Schwefeldioxid in wasserfreiem Pyridin. Das vorhandene Wasser setzt sich mit dem Schwefeldioxid zu schwefliger Säure um. Diese wird mit einer Lösung von Jod in Methanol titriert.

Indirekte Verfahren:

Der Wassergehalt des Honigs steht in Beziehung zu anderen Eigenschaften, z. B. zum spezifischen Gewicht bzw. der Dichte und zur Lichtbrechung. Da die genannten Eigenschaften mit weniger Zeit- und Arbeitsaufwand gemessen werden können, als für die unmittelbare Wasserbestimmung aufgewandt werden muß, hat man sie in großem Umfang eingesetzt, um den Wassergehalt des Honigs zu bestimmen.

Das gilt besonders für die sogenannte refraktometrische Wasserbestimmung, die als die am weitesten verbreitete und praktisch bewährte Methode gelten kann. Zur Messung des Brechungsindex n im Honig verwendet man meist Abbé-Refraktometer, von denen es größere Tischgeräte gibt und kleine, weniger kostspielige Handrefraktometer. Die modernen Tischgeräte sind im allgemeinen so eingerichtet, daß die Prismen, zwischen denen der Honigtropfen eingeschlossen wird, durch einen Thermostaten auf eine bestimmte Temperatur eingestellt werden können (siehe Abschnitt 5.11).

Der Vorgang der refraktometrischen Wassergehaltsmessung sei hier eingehender beschrieben. Das Verfahren ist zwar im Grunde außerordentlich einfach. Es muß aber sorgfältig gearbeitet werden, wenn Meßfehler vermieden werden sollen. Da Honig an der Luft je nach der herrschenden relativen Feuchtigkeit Wasser aufnimmt oder abgibt, ist die zu messende Honigprobe in einem gut schließenden Gefäß aufzubewahren, das nicht länger als nötig offen stehen bleibt. Die Probe wird vor der Messung gründlich durchgerührt. Klarflüssige Honige können direkt gemessen werden. Ist der Honig ganz oder teilweise kandiert, muß er vollständig verflüssigt werden, wozu man eine kleinere Honigmenge in ein dicht schließendes Gefäß gibt, das man im Wasserbad oder im Wärmeschrank erhitzt, bis der Honig flüssig ist. Die Temperatur soll 60 °C nicht überschreiten, da sich die Zucker im Honig bei höheren Temperaturen zersetzen. Das Probegefäß sollte so weit gefüllt werden, daß zwischen Honig und Verschluß kein großer Luftraum verbleibt, damit möglichst wenig Wasser aus dem Honig in den darüberliegenden Luftraum verdampft. Nach der Verflüssigung bleibt das Probegefäß verschlossen, bis es auf Zimmertemperatur abgekühlt ist. Vorteilhaft stellt man es vor dem Öffnen auf den Kopf. Der Honig bespült dann die freien Wandflächen und Kondenswasser, das sich dort möglicherweise abgesetzt hat, wird wieder aufgenommen. Zur Messung wird das Probegefäß geöffnet und der Inhalt durchgerührt. Zur Wasserbestimmung bringt man einen Tropfen Honig zwischen die sauberen und trockenen Prismen des Refraktometers, wobei die Prismen mit dem Glasstab oder Spatel nicht berührt werden sollen, weil sie sonst mit der Zeit zerkratzt werden.

Dann erfolgt die Ablesung entsprechend der jeweiligen Gerätevorschrift. Die Ableseskalen der größeren Geräte geben den Refraktionsindex n an und haben meist zusätzlich noch eine Skala, die die Ablesung der Konzentration von Rohrzuckerlösungen in Prozent gestattet (siehe Abschnitt 5.11). Die Handrefraktometer verfügen oft nur über eine Skala zur Ablesung der Rohrzuckerkonzentration. Es sind jedoch auch Geräte im Handel, die über eine weitere Skala zur direkten Ablesung des Wassergehalts des Honigs verfügen.

Im Rahmen der Qualitätsrichtlinien des Deutschen Imkerbundes ist die Verwendung der Rohrzuckerskala des Refraktometers für die Wasserbestimmung vorgeschrieben. Der Wassergehalt ergibt sich aus der Differenz des Trockensubstanzgehaltes — abgelesen auf der Saccharoseskala — zu 100.

Beispiel: Man liest auf der Skala 81,5 % Trockenmasse ab, daraus ergibt sich ein Wassergehalt von (100 − 81,5) = 18,5 %.

International ist es üblich, den Wassergehalt über den Brechungsindex des Honigs zu bestimmen. Dazu gibt es Tabellen, die den Brechungsindex in Beziehung zum Wassergehalt setzen. Allgemein eingebürgert hat sich die Tabelle von CHATAWAY (1932), die durch WEDMORE (1955) ergänzt wurde. Es gibt eine weitere Tabelle von FULLMER (1934), die etwas von der CHATAWAYschen abweicht. Die Abweichung beträgt 0,6 % mehr Wasser bei gleichem Brechungsindex. Die Differenz zwischen den über den Brechungsindex mit Hilfe der CHATAWAY-Tabelle ermittelten Werten und den von der Saccharoseskala abgelesenen Werten beträgt etwa 1,7 %. Hat sich nach der Rohrzuckerskala ein Wassergehalt von 20 % ergeben, beträgt der Wassergehalt nach CHATAWAY 18,3 %. Bei älteren Refraktometern (vor dem Jahre 1974) beträgt die Differenz nur etwa 1,5 %. Die Änderung beruht auf einer Korrektur der Rohrzuckerskala durch die ICUMSA (International Commission for United Methods of Sugar Analysis — siehe VON DER OHE und DUSTMANN 1992). Die Messungen müssen bei 20 °C durchgeführt werden. Wird bei höheren oder niedrigeren Temperaturen gemes-

Farbtafel 7
Farbtafel, mit deren Hilfe der Leser die Farbe seines Honigs bestimmen kann. Die Millimeter-Angaben beziehen sich auf ein in internationalen Gebrauch befindliches Honigfarben-Meßgerät, den sogenannten Pfund-Color-Grader (siehe Text Seite 132).

 1 = Anfang wasserweiß
 2 = Mitte − Ende wasserweiß
 3 = Anfang − Mitte extraweiß
 4 = Ende extraweiß
 5 = Mitte weiß
 6 = Ende weiß
 7 = Anfang extra hell bernsteinfarben
 8 = Mitte extra hell bernsteinfarben
 9 = Ende extra hell bernsteinfarben
10 = Anfang hell bernsteinfarben
11 = Mitte hell bernsteinfarben
12 = Ende hell bernsteinfarben
13 = Anfang bernsteinfarben
14 = Mitte bernsteinfarben
15 = Ende bernsteinfarben
16 = Anfang dunkel
17 = Mitte − Ende dunkel

1 =	1 mm
2 =	6 mm
3 =	11 mm
4 =	15 mm
5 =	27 mm
6 =	32 mm
7 =	38 mm
8 =	44 mm
9 =	50 mm
10 =	61 mm
11 =	72 mm
12 =	80 mm
13 =	90 mm
14 =	98 mm
15 =	110 mm
16 =	117 mm
17 =	131 mm

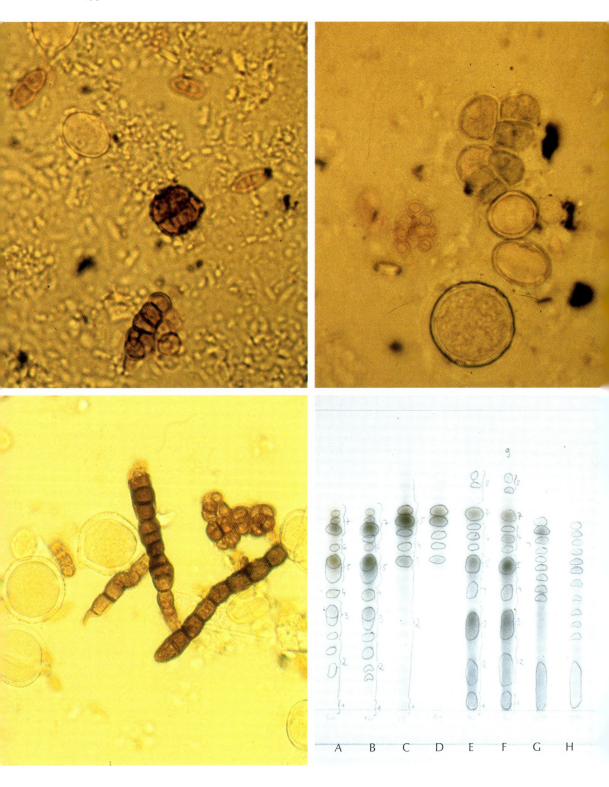

sen, ist der Fehler an Hand von Korrekturtabellen, Formeln oder am Gerät vorhandenen Korrekturvorrichtungen zu berichten.

Die refraktometrische Bestimmung des Wassergehalts wird genormt (DIN 10 752).

Zu den indirekten Meßverfahren gehört auch das „Spindeln", d. h. die Bestimmung des spezifischen Gewichts der Honige mit geeigneten Schwimmern (Aräometern). Das spezifische Gewicht steht wieder in Zusammenhang mit dem Wassergehalt (siehe Abschnitt 5.7).

Farbtafel 8
Oben links: Ausschnitt aus dem mikroskopischen Präparat eines Honigtauhonigs. Zweizellige und mehrzellige Pilzsporen von Rußtaupilzen. Links oben zwei Edelkastanienpollen, eines in Pol- und in Seitenlage. Im Hintergrund feinkörnige und feinkristalline Masse, wie sie für einige Honigtauherkünfte, besonders Blatthonigen typisch ist. Unter Blatthonigen versteht man Honigtauhonige von Laubbäumen.
Oben rechts: Ausschnitt aus dem mikroskopischen Präparat eines Honigtauhonigs. Agglomeration von braunen Sporen von Rußtaupilzen und ein grünlicher Komplex von Algenzellen. In der rechten Bildhälfte zwei Edelkastanien (klein, gelblich) und ein Wegerichpollen (kugelig mit Keimporen rundum). Der Wegerich gehört zu den Windblütlern, deren in der Luft flottierenden Pollenkörner leicht an den Honigtaubezügen auf Nadeln und Blättern hängen bleiben und sich daher in Honigtauhonigen häufiger finden als in Blütenhonigen.
Unten links: Pilzhyphen und Sporenkomplexe aus einem ostmediterranen Honigtauhonig. Diese Honige enthalten ungewöhnlich große Pilzelemente. Im Zentrum Pollen von *Smilax* und *Asparagus acutifolius*.
Unten rechts: Dünnschichtchromatogramm der angereicherten Oligosaccharide (Dextrine) verschiedener Honig- und Siruplösungen. A, B: 2 Honigtauhonige; C, D: 2 Blütenhonige; E, F: 2 Hochfructosesirupe; G, H: 2 konventionell hergestellte Sirupe; I: Maltooligosaccharidstandard (Maltose, oben bis Maltoundecaose). Oben erscheinen die Einfachzucker (Fructose, bräunlich), weiter unten die (höher polymerisierten) Mehrfachzucker. Die Honigdextrine unterscheiden sich von den Sirupdextrinen in Farbe und Laufhöhe; nach Lipp 1989.

Es verändert sich — wie der Brechungsindex — mit der Temperatur. Die Skalen der Geräte gelten für 20 °C. Wegen der Zähigkeit des Honigs dauert das Einsinken des Aräometers längere Zeit. Man muß also mit der Ablesung wenigstens zwei Stunden warten. Das Gefäß, in dem die Messung durchgeführt wird, muß genügend hoch sein. Der einsinkende Schwimmer darf nicht auf dem Boden aufsitzen (Vorwohl 1989).

Beurteilung
Nach der Honigverordnung und dem EU-Standard darf Honig höchstens 21 % Wasser enthalten. Für Heidehonig sowie Kleehonig sind bis zu 23 % zulässig. Der Deutsche Imkerbund begrenzt den Wassergehalt auf 20 % (nach internationalem Maßstab 18,3 %). Für Heidehonig gelten 23 % (nach internationalem Maßstab also 21,3 %). Dem Kleehonig wird keine Ausnahmestellung zugebilligt.

Bei Honigprämierungen wird die höchste Punktzahl erst bei 18,5 % Wasser oder weniger vergeben (nach internationalem Maßstab also bei Werten von 16,8 und weniger).

7.4 Nachweis von Wärme- und Lagereinflüssen

Die Untersuchung auf Wärme- und Lagereinflüsse hat im Rahmen der Honigbeurteilung eine zentrale Bedeutung. Die folgenden Nachweismöglichkeiten werden z. Z. besonders häufig genützt.

7.4.1 Nachweis von Hydroxymethylfurfural (= HMF)

Allgemeines
Frisch geschleuderter Honig enthält kein oder nur sehr wenig HMF (White 1978). Wird der Honig hingegen bei höheren Temperaturen gelagert, erwärmt oder erhitzt, so bildet sich aus den im Honig enthaltenen Zuckern, insbesondere aus dem Fruchtzucker, durch Wasserab-

spaltung HMF. Dabei ergibt sich ein Aldehyd, das die nachstehende Strukturformel hat.

Die Menge des im Honig gebildeten HMF hängt ab von der Höhe der Temperatur, der der Honig ausgesetzt wird, und von der Zeit, während der diese Temperatur einwirkt.

Bei durchschnittlichen Temperaturen zwischen 12 °C und 14 °C ist die jährliche Zunahme des HMF-Gehalts nach den Erfahrungen der Praxis gering; etwa 3 ppm bei Honigtauhonigen, etwa 5 bis 6 ppm bei Blütenhonigen. Neben der Temperatur spielt der pH-Wert eines Honigs für die Geschwindigkeit der HMF-Bildung eine Rolle. Die Abb. 60 zeigt das Verhalten zweier hinsichtlich ihrer pH-Verhältnisse extremer Honige, eines von Natur ungewöhnlich „sauren" Gamanderhonigs (pH 2,8) und eines weniger sauren Honigtauhonigs (pH 4,7) bei der Erhitzung auf 70 °C. Der pH-Wert ist aber offensichtlich nicht der ein-

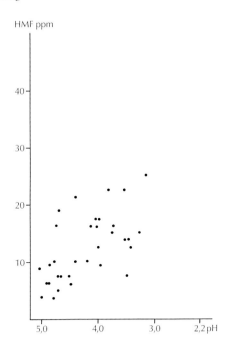

Abb. 61. HMF-Entwicklung in Honigen in Abhängigkeit vom pH-Wert (Erwärmung 20 h auf 70 °C), nach Untersuchungen der Landesanstalt für Bienenkunde, Hohenheim.

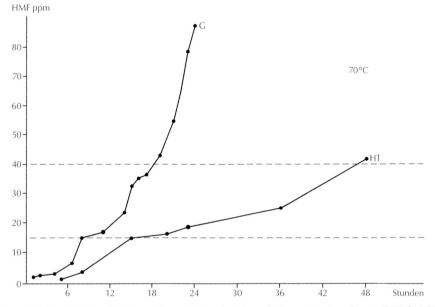

Abb. 60. HMF-Entwicklung in einem Gamanderhonig (G) und einem Honigtauhonig (HT) bei 70 °C, nach Untersuchungen der Landesanstalt für Bienenkunde, Hohenheim.

zige Faktor, der die HMF-Entstehung beeinflußt. Auch bei gleichem pH-Wert ist die Bildungsgeschwindigkeit des HMF noch recht verschieden (siehe Abb. 61).

Untersuchungsverfahren
Zum Nachweis des HMF im Honig wird das kolorimetrische Verfahren nach WINKLER (1955) am meisten verwendet. Das HMF reagiert mit dem Nachweisreagenz unter Bildung eines roten Farbstoffes, der sich mit bloßem Auge wahrnehmen läßt. Man kann das Verfahren daher auch, wenn kein Kolorimeter zur Messung verfügbar ist, zum qualitativen Nachweis des HMF und zur groben Abschätzung des HMF-Gehalts verwenden.

Inzwischen wurden aber so viele Daten über die Giftigkeit des für die Bestimmung benötigten p-Toluidins bekannt, daß man dem interessierten Imker diesen Test nicht mehr empfehlen kann und die Durchführung der HMF-Bestimmung den chemischen Labors überlassen sollte. Neben dem Verfahren nach WINKLER ist auch eine Bestimmung nach WHITE möglich. Das Verfahren beruht auf der direkten photometrischen Bestimmung des HMF-Gehalts im UV-Bereich (284 und 336 nm) nach Zugabe von Natriumhydrogensulfit. Beide Verfahren sind genormt (DIN 10 751, Teil 1 und 2).

7.4.2 Messung der Diastaseaktivität

Untersuchungsverfahren
Die Messung der Diastaseaktivität ist im Prinzip sehr einfach. Stärke färbt sich bei Zusatz von Jodlösung tief dunkelblau; wird die Stärke durch Diastase abgebaut, verschwindet die Blaufärbung, wobei zwischenzeitlich violette und rote Farbtöne auftreten.

Zur Demonstration und zur groben Abschätzung der Diastaseaktivität kann das folgende Verfahren werden, das hier kurz geschildert sei: 4 g Honig werden abgewogen (Briefwaage) und in einem kleinen Becherglas mit 20 ml Wasser aufgelöst. Die Lösung wird in einem Reagenzglas in ein Wasserbad von 40 °C gebracht. In einem zweiten Reagenzglas wärmt man frisch angesetzte 1%-Stärkelösung vor (lösliche Stärke Merck, Darmstadt, in Fachgeschäften erhältlich). Haben beide Lösungen 40 °C erreicht, mischt man 2 ml der Lösungen, gibt sie in ein Reagenzglas und fügt 2 Tropfen Jodlösung zu (1 g Jod, doppelt sublimiert, 2 g Kaliumjodid, neutral p. a. gelöst in 300 ml Wasser). Nach kurzem Schütteln beobachtet man die Farbe. Man wiederholt den Vorgang alle 2 Minuten (wenn der Stärkeabbau sehr langsam erfolgt, in größeren Zeitabständen). Die Farben der Jodproben werden normalerweise entsprechend dem Abbau der Stärke immer heller. Sie laufen von Blau über Violettblau, Rötlichviolett, Rosabraun, Braungelb, Hellgelb.

Der braungelbe Farbton soll bei einwandfreien Honigen nach 10 Minuten, also nach Entnahme der fünften Probe, erreicht sein. Die Färbung der Stärke und ihrer Abbauprodukte verblaßt beim Stehen. Erneute Zugabe von Jodlösung macht sie wieder sichtbar. Die Jodlösung ist öfters frisch anzusetzen und in brauner Flasche aufzubewahren.

Das klassische Verfahren zur Bestimmung der Diastaseaktivität ist die Gothe-Methode. Heute wird durchweg das Verfahren von SCHADE, MARSH und ECKERT (1958) angewandt, das inzwischen genormt vorliegt (DIN 10 750, Juli 1990).

Als Einheit der Diastase gilt nach SCHADE et al. (1958) die Enzymmenge, die 10 mg Stärke bis zu einem willkürlich festgesetzten Endpunkt (50 % Lichtdurchlässigkeit) abbaut. Die Diastasezahl nach SCHADE (= Schade-Zahl) gibt an, wieviel Gramm Stärke von der Diastasemenge abgebaut werden, die in 100 g Honig enthalten sind. Die Schade-Zahlen und die Gothe-Zahlen sind gleich definiert (siehe Kapitel 6, Tab. 17).

7.4.3 Invertasemessung

Untersuchungsverfahren
Die Invertase (Saccharase, α-Glucosidase) spaltet Rohrzucker und andere Zucker oder Glucoside mit α-glucosidischer Bindung.

Setzt man einer Honiglösung Rohrzucker zu, so spaltet das Enzym den nicht reduzierenden Zucker Saccharose zu reduzierendem

Trauben- und Fruchtzucker. Gleichzeitig ändert sich die Drehung des polarisierten Lichts in der Honiglösung von rechts nach links (siehe Abschnitt 5.12).

Die Verfahren zur Messung der Zunahme der reduzierenden Zucker werden heute nur noch selten angewandt.

Die polarimetrische Invertasebestimmung verläuft im Prinzip wie folgt: Honiglösung (10 g in 25 ml Pufferlösung) und Rohrzuckerlösung (50 ml, 40%ig, + 25 ml Wasser) werden gemischt. Die Reaktionstemperatur beträgt 40 °C, der pH-Wert 5,8. In Abständen von 10 bis 20 Minuten wird der Reaktionsmischung eine Probe entnommen. Die Wirkung der Honiginvertase wird in dieser Probe durch Zusatz von Natriumcarbonat – oder von Quecksilberacetat – und Zinksulfatlösung gestoppt. Die entnommenen Proben bleiben stehen, bis die Mutarotation abgeschlossen ist (3 bis 4 Stunden), dann wird ihre optische Drehung im Polarimeter gemessen. Die Abnahme der Drehung in einer Stunde ist das Maß für die Aktivität der Invertase des untersuchten Honigs. Die erzielten Meßwerte – normalerweise vier Werte – werden entweder rechnerisch ausgewertet oder auf Millimeterpapier als Funktion der Reaktionszeit eingetragen. Die Punkte sollen auf einer Geraden liegen. Der Schnittpunkt der nach rückwärts verlängerten Geraden mit der Ordinate gibt die optische Drehung des Reaktionsgemisches in dem Moment an, in dem die Invertase zu wirken beginnt. Aus der Graphik (siehe Abb. 62) bestimmt man die Veränderung der optischen Drehung binnen 60 Minuten. Dieser Wert wird mit $\Delta\alpha$ bezeichnet. Daraus ergibt sich die Invertase- oder Saccharase-Zahl, wenn man $\Delta\alpha$ mit 6,68 bzw. 7,34 multipliziert. Die erstgenannte Zahl gilt, wenn das Polarimeter mit einer Quecksilberlampe arbeitet, die zweite bei Verwendung einer Natriumlampe. Die Sac-

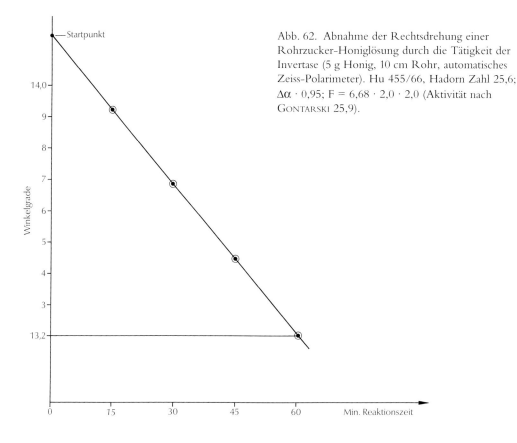

Abb. 62. Abnahme der Rechtsdrehung einer Rohrzucker-Honiglösung durch die Tätigkeit der Invertase (5 g Honig, 10 cm Rohr, automatisches Zeiss-Polarimeter). Hu 455/66, Hadorn Zahl 25,6; $\Delta\alpha \cdot 0{,}95$; F = 6,68 · 2,0 · 2,0 (Aktivität nach GONTARSKI 25,9).

charase-Zahl gibt an, wieviel Gramm Rohrzucker von den Enzymen gespalten werden, die in 100 g Honig enthalten sind, und das im Verlauf einer Stunde (siehe Kapitel 6, Tab. 17). Nach dem Verfahren von GONTARSKI (1957) wird die Rohrzuckermenge gemessen, die von 50 g Honig in 2 Stunden invertiert wird. Gegenüber dem polarimetrischen Verfahren ist also die Reaktionszeit verdoppelt und die Honigmenge halbiert. Theoretisch besteht zwischen der Invertasezahl nach HADORN (HADORN und ZÜRCHER 1966) und der Gontarski-Zahl kein Unterschied in der Definition. Praktisch ergibt sich bei Messung des gleichen Honigs nach beiden Methoden eine annähernde Übereinstimmung (zur Beurteilung der Invertaseaktivität siehe Abschnitt 6.3.1.1).

SIEGENTHALER entwickelte 1977 ein Verfahren, mit dem der Invertasenachweis erheblich vereinfacht wurde. Dem Enzym wird kein Rohrzucker zur Spaltung vorgelegt, sondern ein künstliches Substrat: p-Nitrophenyl-1-D-glucopyranosid. Die Invertase spaltet die Verbindung zwischen der Glucose und dem p-Nitrophenol. In alkalischer Lösung ist das Nitrophenol gelb gefärbt und läßt sich leicht photometrisch erfassen.

DUSTMANN et al. (1984) haben eine Formel für die Umrechnung der Siegenthaler-Einheiten in Gontarski-Einheiten entwickelt. Danach errechnen sich die Gontarski-Einheiten aus den Siegenthaler-Einheiten nach der Formel $E_G = 2,5 + 0,2 \cdot E_S$.

SIEGENTHALER selbst macht Angaben zur Umrechnung der Meßwerte seiner Methode in Saccharase-Zahlen nach HADORN.

Die Siegenthaler-Methode und nicht das polarimetrische Verfahren wurden in das Normungsprogramm des DIB aufgenommen.

Messung der Glucoseoxidase und der inhibitorischen Wirkung
Untersuchungsverfahren
Die Messung erfolgt kolorimetrisch nach WHITE, SUBERS und SHEPARTZ (1963; siehe auch DUSTMANN 1967a, b), wobei das von der Glucoseoxidase gebildete Wasserstoffsuperoxid durch eine Farbreaktion nachgewiesen wird.

Beurteilung von Wärme- und Lagereinflüssen
In der Verordnung über Honig (1976) wird gefordert, daß Honig mindestens eine Diastase-Zahl von 8 aufweist und höchstens 40 mg/kg Hydroxymethylfurfural (HMF, siehe Abschnitt 7.4.1) enthält. Back- oder Industriehonig, der zur Weiterbearbeitung bestimmt ist, braucht diese Bestimmungen nicht zu erfüllen.

Es gibt natürlich fermentschwache Honige, die auch im frisch geschleuderten Zustand nur eine Diastaseaktivität von 8 nach SCHADE oder weniger (nicht unter 4) aufweisen (Robinienhonige, Gamanderhonig, *Citrus*-Honig). In diesem Fall muß man verlangen, daß der HMF-Gehalt 15 mg/kg nicht überschreitet.

Da die Diastase widerstandsfähiger ist als die Saccharase, nimmt die Saccharase bei Erwärmung des Honigs rascher ab als die Diastaseaktivität. Dadurch verändert sich der Quotient Saccharasezahl (nach HADORN) zu Diastasezahl (nach SCHADE). Für authentische frische Honige liegt diese Kennziffer über 0,5; in der Mehrzahl der Fälle zwischen 0,5 und 1,3. Beim Vorliegen von Wärmeschäden sind Werte unter 0,5 zu erwarten.

Der Deutsche Imkerbund und die CMA (Centrale Marketing Agentur) haben für Honige mit ihrem Zeichen strengere Maßstäbe gesetzt. Der HMF-Gehalt darf maximal 15 mg/kg erreichen. Die Saccharase (= Invertase) muß mindestens 10 Einheiten nach GONTARSKI betragen. Der HMF-Grenzwert gewährt noch mehr als ausreichenden Spielraum. Umfangreiche Auswertungen (VORWOHL 1980b, HORN 1992) zeigen, daß die Mehrzahl der Honige in der Praxis weit niedrigere HMF-Gehalte aufweisen. Bei Honigprämierungen nach den vom Deutschen Imkerbund (DIB) und der Deutschen Landwirtschaftsgesellschaft (DLG) festgelegten Richtlinien wird konsequenterweise die höchste Punktzahl erst bei HMF-Werten von 0 bis 5 mg/kg vergeben. Liegen diese zwischen 5,1 und 15 mg/kg, erfolgen Punktabzüge.

Honige, die nicht unter dem Zeichen des DIB und der CMA vertrieben werden und deren Deklarationen auf eine besonders sorgfältige Behandlung hinweisen, sollten mindestens eine Hadorn-Zahl von 7 und einen HMF-Gehalt unter 15 mg/kg aufweisen.

Bei Honigen, die als „fermentreich" bezeichnet werden, erwartet man eine Hadorn-Zahl von mindestens 10.

7.5 Nachweis der verschiedenen Zucker im Honig

Die klassischen Untersuchungsverfahren gestatten nur die Bestimmung von Zuckergruppen: reduzierende Zucker (Fruchtzucker, Traubenzucker, Malzzucker u. a.) und nicht reduzierende Zucker (insbesondere der Rohrzucker). Der Nachweis des Rohrzuckers erfolgte durch Hydrolyse, d. h. man spaltete den Rohrzucker durch Säureeinwirkung in Frucht- und Traubenzucker. Der Rohrzuckergehalt ergab sich aus der Differenz der reduzierenden Zucker vor und nach der sauren Hydrolyse. Die Zunahme der reduzierenden Zucker wurde entweder chemisch bestimmt oder polarimetrisch erfaßt (Abnahme der Rechtsdrehung). Von der sauren Hydrolyse wird nicht nur die Saccharose erfaßt, sondern auch andere Disaccharide (= Doppelzucker) und Trisaccharide (= Dreifachzucker) des Honigs. Die berechnete Saccharosemenge fällt daher höher aus, als es der tatsächlich vorhandenen Rohrzuckermenge entspricht. Man spricht daher von „scheinbarer Saccharose".

Die verschiedenen chromatographischen Untersuchungsverfahren wie Papierchromatographie, Dünnschichtchromatographie, Säulenchromatographie, die Gaschromatographie und besonders die Hochdruckflüssigkeitschromatographie gestatten heute eine bessere Bestimmung der einzelnen Zucker. Die Normung eines HPLC-Verfahrens ist im Rahmen des DIN-Programms vorgesehen.

Beurteilung

Die Honigverordnung und der EU-Standard schreiben vor, daß Blütenhonige mindestens 65 % und Honigtauhonig mindestens 60 % reduzierenden Zucker enthalten sollen.

Der Gehalt an scheinbarer Saccharose ist bei Blütenhonig auf maximal 5 % und bei Honigtauhonig auf 10 % begrenzt. Die 10 %-Grenze gilt auch für Mischungen von Honigtauhonigen mit Blütenhonigen. Desgleichen gilt für Akazien(Robinien)-Honig, Lavendelhonige und für die Honige von *Banksia menziesi* (einer australischen Proteacee) das 10 %-Limit. Bei Massentrachten von saccharosereichen Nektaren kommt es vor, daß die Bienen mit dem Invertieren des einströmenden Zuckers nicht nachkommen, so daß größere Mengen Restsaccharose übrigbleiben.

7.6 Sonstige Untersuchungen

Bestimmung des Aschegehalts und der elektrischen Leitfähigkeit

Die Bestimmung des Aschegehalts wird zur Zeit genormt (DIN 10 755). Die Veraschung des Honigs ist ein zeitraubender Prozeß, weil die Temperatur dabei 650 °C nicht überschreiten darf.

Messung der spezifischen elektrischen Leitfähigkeit

Auch dieses Verfahren befindet sich im Normungsprozeß (DIN 10 753), läßt sich wesentlich einfacher und rascher durchführen. Die elektrische Leitfähigkeit und der Aschegehalt sind eng miteinander korreliert. Zur Messung der spezifischen elektrischen Leitfähigkeit stellt man eine 20%ige wäßrige Honiglösung her (bezogen auf die Trockenmasse des Honigs) und mißt mit einer Elektrode mit bekannter Konstante und einem entsprechenden Gerät den elektrischen Widerstand bzw. dessen reziproken Wert, die Leitfähigkeit. Die Honigverordnung begrenzt den Aschegehalt bei Honig auf höchstens 0,6 %. Honigtauhonige und Honigtaublütenmischhonige dürfen bis zu 1 % enthalten.

Für die spezifische elektrische Leitfähigkeit setzt die Verordnung keine Werte fest. Zusammen mit der Mikroskopie, dem Sinnenbefund und dem Zuckerspektrum wird die elektrische Leitfähigkeit zur Charakterisierung der Honigtauhonige herangezogen. Sortenreine Honigtauhonige haben durchweg Leitfähigkeitswerte von 1000 Mikrosiemens · cm^{-1} und mehr (VORWOHL 1964). Der Deutsche Imkerbund hält in Ausnahmefällen, also bei befriedigenden übrigen Befunden 950 Mikrosiemens · cm^{-1} für ausreichend. TALPAY (1985) fordert bei ausländischen Honigtauhonigen 800 Mikrosiemens · cm^{-1} als Mindestwert. Sehr niedrige Werte gelten als Verdachtsmoment für Verfälschungen durch Zuckerfütterung (siehe Abschnitt 8.5).

Bestimmung des Gehalts an freien Säuren

Das Prinzip der Messung beruht darauf, daß man eine Honiglösung mit verdünnter Natronlauge neutralisiert und dabei den Verbrauch an Natronlauge mißt (siehe Kapitel 6, Tab. 17). Das Verfahren wird zur Zeit im Rahmen des DIN-Programms genormt (DIN 10 756). Der Gehalt an freien Säuren soll 40 Milliäquivalente pro kg nicht überschreiten.

Der Säuregrad eines Honigs darf nicht künstlich verändert werden. Solche Manipulationen würden bei der Säuretitration auffallen. Die verschiedenen Sortenhonige werden auch durch unterschiedliche Säuregrade charakterisiert.

Bestimmung des Prolingehalts

Unter den freien Aminosäuren im Honig dominiert bei weitem das Prolin. Das Meßverfahren befindet sich in der Normung (DIN 10 754). Offizielle Grenzwerte wurden bisher nicht festgesetzt. Verfälschende Zusätze zum Honig führen zu niedrigen Prolingehalten.

Nachweis von Verfälschungen

Die Möglichkeiten zum Nachweis von Verfälschungen werden in anderen Kapiteln schon ausführlich behandelt, so daß hier nicht mehr näher darauf eingegangen werden muß.

Die Deutsche Honigverordnung von 1976 legt fest, daß dem Honig weder Stoffe zugesetzt noch honigeigene Bestandteile entzogen werden dürfen. Jeder Honig, der Zusätze enthält oder dem Bestandteile entzogen wurden oder der nicht aus den natürlichen Honigrohstoffen entstanden ist, gilt als verfälscht und darf nicht mehr gewerbsmäßig in den Verkehr gebracht werden. In ähnlichem Sinne urteilen alle nationalen oder internationalen Standards für Honig.

Bestimmung von Rückständen

Durch die Verbesserung und Verfeinerung der Nachweistechniken war es in den letzten Jahrzehnten möglich, die Rückstandsuntersuchungen an Honig erheblich auszuweiten.

Im Mittelpunkt standen dabei seit dem Tschernobyl-Unfall die Untersuchungen auf radioaktiven Fallout, Rückstände von Tierarzneimitteln, insbesondere der Varroazide und in bescheidenerem Umfang die Kontamination mit Pestiziden und Schwermetallen.

Radioaktive Stoffe

Hier wurde hauptsächlich das Cäsium-137 erfaßt, das einen beträchtlichen Anteil am Tschernobyl-Fallout hatte (HORN und VORWOHL 1986, 1987, 1988, BUNZL et al. 1988, DUSTMANN und VON DER OHE 1988). Die EU hatte 1986 Richtlinien für die radioaktive Belastung von Lebensmitteln erlassen, die in den Bereich der EU importiert werden und die zunächst bis Ende 1987 gelten sollten. Der zulässige Höchstwert liegt bei Lebensmitteln allgemein bei 600 Bq · kg^{-1} und bei Milchprodukten bei 370 Bq · kg^{-1}. Die radioaktiven Kontaminationen, die im Honig gefunden wurden, liegen in der ganz überwiegenden Zahl der Fälle weit unter diesen Werten (siehe Abschnitt 5.14).

Tierarzneimittel: Varroazide Medikamente, Mittel gegen die amerikanische Faulbrut

Die meisten der Mittel lassen sich gaschromatographisch oder mit HPLC erfassen (STRIKKER et al. 1989, BOGDANOV 1988). Für die Ameisensäure stehen auch enzymatische Verfahren zur Verfügung (BOEHRINGER).

Für Brompropylat (Wirkstoff von Folbex VA neu) und Chlordimeform wurden durch das Bundesgesundheitsamt zulässige Höchstwerte festgelegt (100 bzw. 10 ppb). Für die übrigen Mittel geht man im allgemeinen von 10 ppb als höchstzulässigem Wert aus (WACHENDÖRFER und KEDING 1988). Die Rückstände der Ameisensäure sind vergleichsweise unproblematisch. Der natürliche Gehalt des Honigs an Ameisensäure kann bis zu 1000 ppm betragen. Bei ordnungsgemäßer Anwendung im Spätsommer und Herbst bleiben die zu erwartenden Kontaminationen weit unter dieser Größenordnung. Ähnlich liegen die Verhältnisse bei der Milchsäure (STOYA et al. 1987), die ebenfalls zur Bekämpfung der Varroamilbe eingesetzt werden kann. Zur Bekämpfung der amerikanischen Faulbrut werden insbesondere Sulfathiazol und Oxytetracylin (= Terramycin) verwendet. Zum Nachweis von Rückständen sei auf GILLIAM et al. (1979) und JURGEN (1981 und 1982) verwiesen, sowie auf SPORNS et al. (1986) und ROTH et al. (1986).

Zum Nachweis von Pestiziden liegt bereits eine umfangreiche Literatur vor, von der hier nur einige Arbeiten zitiert werden können (GAYGER und DUSTMANN 1985, FIEDLER und DRESCHER 1984, REXELIUS 1984).

Zulässige Höchstmengen für Pestizide im Honig sind im allgemeinen nicht festgelegt. Die Beurteilung wird erschwert durch die Tatsache, daß Honig formal ein tierisches Lebensmittel ist, dessen Charakter aber stark von den pflanzlichen Rohstoffen geprägt wird, weshalb auch die Zuordnung zu den pflanzlichen Lebensmitteln sinnvoll erscheint (WACHENDÖRFER und KEDING 1988).

Alle Untersuchungen über Schwermetalle im Honig, insbesondere Blei und Cadmium, haben bisher gezeigt, daß der Honig vergleichsweise wenig belastet ist (BOGDANOV et al. 1985, TONG et al. 1975, VORWOHL und ARNDT 1982, KULIKE und VOGET 1983, BALESTRA et al. 1992). Dies gilt für Honige, die ordnungsgemäß gewonnen, gelagert und abgefüllt werden. Lagerung in ungeeigneten Gefäßen oder Abfüllung durch Rohrsysteme aus Metallen, die durch Honig angegriffen werden, kann zu überhöhten Werten führen, die dann zu beanstanden sind (siehe Abschnitt 6.8).

8 Nachweis von Honigverfälschungen

Honig ist ein in seiner Produktion begrenztes Naturprodukt. Sowohl aus finanziellen Gründen als auch zur Vermeidung von Versorgungsengpässen kommt es immer wieder vor, daß Honig mit billigeren Produkten „gestreckt" und somit verfälscht wird. Zur Erkennung von Honigverfälschungen ist es günstig, Stoffe im verfälschten Honig zu finden, die von Natur aus nicht im Honig enthalten sein können. Anhand solcher „Marker" können dann schon geringe Mengen einer Verfälschung erkannt werden. Im anderen Fall − und das ist der weitaus häufigere − werden nur Stoffe im verfälschten Honig sein, die auch ein unverfälschter aufweist. Bei Verschnitten wird dann ein Verdünnungseffekt beobachtet, dessen Erscheinungsbild sich allerdings mit den natürlichen Schwankungen der natürlich in Honig vorkommenden Stoffe decken könnte. Der erfahrene Honigkenner wird allein schon über Geruch und Geschmack die Art und den Grad der Verfälschung abschätzen können.

8.1 Verfälschung mit Kunsthonig

Durch das Kochen von Zucker entstehen bei der Kunsthonigherstellung beträchtliche Mengen an Hydroxymethylfurfural (HMF), welches normalerweise nur in geringen Konzentrationen in natürlichem Honig vorkommt und auch durch die HVO limitiert ist (siehe Kapitel 9). Stark erhitzte oder überlagerte Honige können jedoch ebenfalls viel HMF enthalten und geraten gelegentlich zu Unrecht in den Verdacht, mit Kunsthonig verfälscht zu sein. In diesen Zweifelsfällen läßt sich anhand des HMF-Wertes allein nicht entscheiden, ob ein Honig durch Wärmeschäden verdorben oder durch Kunsthonig verfälscht ist. Der HMF-Nachweis wird heutzutage meist nach der Winkler-Methode oder mittels HPLC durchgeführt (siehe Abschnitt 7.4.1). Positiver HMF-Nachweis kann sich auch ergeben, wenn dem Honig Karamel, Rübenkraut oder Melasse beigemengt wird, alles Produkte mit erheblichem HMF-Gehalt. Auch in einigen der im Handel befindlichen, zur Bienenfütterung bestimmten Zuckerteigen läßt sich HMF nachweisen (VORWOHL 1966).

Die Beimengung von Kunsthonig zum Honig verändert neben dem HMF-Gehalt eine Anzahl weiterer Eigenschaften und Meßgrößen; bei großer Erfahrung ergibt sich schon beim Schmecken des Honigs ein Verdachtsmoment. Kunsthonig enthält keine Pollen; durch den Zusatz von Kunsthonig zum Honig vermindert sich daher im Gemisch die Anzahl der Pollenkörner pro Gewichtseinheit. Wird pollenreichem Preßhonig Kunsthonig zugesetzt, erscheint unter Umständen die Anzahl der Pollenkörner normal, jedoch ergibt sich eine mangelhafte Übereinstimmung zwischen dem Sinnenbefund und dem Pollenspektrum. Da Kunsthonig keine Enzyme enthält, führt sein Zusatz zu Honig zur Herabsetzung der Amylase-, Saccharase-, Glucoseoxidase-, Phosphatase- und Katalase-Aktivität. In diesen Fällen, wie auch beim Eiweiß- und Aminosäurengehalt tritt ein Verdünnungseffekt auf, da in Kunsthonig im Vergleich zu Naturhonig viel weniger Aminosäuren und Proteine enthalten sind. Die Lundsche Probe und die Formoltitration liefern daher niedrige Werte.

8.2 Zusatz von Rohrzucker (Saccharose)

Der Verbraucher vermutet manchmal, kandierter Honig sei deshalb kristallin, weil ihm Zucker, also unser normaler Handelszucker aus Rüben oder Zuckerrohr beigesetzt sei. Kandierter Honig wird manchmal als „verzuckert" bezeichnet – ein wenig glücklicher Ausdruck, der solche Verdächtigungen nahelegt. Diese Art der Honigverfälschung kommt indessen in der Praxis äußerst selten vor. Sie ist auch leicht nachzuweisen. Infolge des niedrigen Wassergehalts des Honigs kann zugefügte Saccharose durch die Honigenzyme nicht oder nur zu einem kleinen Teil invertiert werden. Es bleibt also ein ungewöhnlich hoher Saccharoseanteil, der sich durch eines der zahlreichen chromatographischen Verfahren leicht feststellen läßt (siehe Abschnitt 7.5). Da der Handelszucker außer Saccharose kaum andere Bestandteile enthält, würde sein Zusatz auch die schon geschilderten Verdünnungseffekte hervorrufen (Abnahme der absoluten Pollenzahl, der Enzymwerte, des Aschegehalts usw.), die als zusätzliche Nachweise für die Beimengung von Handelszucker herangezogen werden könnten.

Wegen der in Abschnitt 1.2.1.1 geschilderten Tatsachen kann die von Zuckerrohr (C_4-Pflanze!) stammende Saccharose auch durch ihren erhöhten Gehalt des stabilen Isotops ^{13}C massenspektrometrisch nachgewiesen werden, während die Saccharose aus der Zuckerrübe (C_3-Pflanze!) auf diesem Wege unentdeckt bleibt. Auch Sirup, der aus C_4-Pflanzenmaterial (z. B. Mais, Zuckerrohr!) gewonnen wurde, läßt sich mit dieser Methode im Honig nachweisen. Honige, die $\delta^{13}C$-Werte von mehr (positiver) als -22 ‰[1] aufweisen, gelten allgemein als verfälscht (WHITE und DONER 1978). Dieses Verfahren wird zur Erkennung von mittels Zucker oder Sirup ausgeführten Honigverfälschungen in der Wissenschaft häufig angewandt, ist für den Imker allerdings von geringer Bedeutung.

8.3 Zusatz von konventionell hergestelltem Stärkesirup und von Hochfructosesirup (Invertzuckersirup)

Stärkesirupe (Stärkehydrolysate) werden entweder säurehydrolytisch (Spaltung der Stärke in Glucose unter verdünnter Säure in der Hitze) oder enzymatisch (Spaltung der Stärke in Glucose mittels Enzymen) aus Pflanzenstärke gewonnen. Der säurehydrolytische Abbau bedingt häufig im Sirup einen erhöhten HMF-Gehalt, womit eine Verfälschung nachgewiesen werden kann (siehe Kapitel 9). Seit einigen Jahren wird immer mehr Stärke enzymatisch zu Glucosesirup oder Hochfructosesirupen (HFS) abgebaut. Letztere zeichnen sich durch niedrige HMF-Werte, niedrige Asche- und Farbgehalte und hohe DE-Werte[2] (DE 95 bis 98) aus (LUENSER 1987). Die Hochfructosesirupe (HFS) besitzen damit eine Süßkraft, welche mit der von Saccharose vergleichbar ist. Aus diesem Grund und wegen des niedrigen Preises (ein Drittel des Zuckerpreises) werden diese Sirupe oft anstelle von Zucker vor allem in der Getränkeindustrie (Coca- und Pepsi-Cola!) eingesetzt. In ihrem Monosaccharidgehalt sind diese Sirupe dem Honig sehr ähnlich und deswegen zu seiner Verfälschung geeignet. Die enzymatische Herstellung von konventionellen Glucosesirupen und Hochfructosesirupen sei im folgenden kurz beschrieben.

---

[1] $\delta^{13}C$-Wert [‰]: Die Abweichung der Konzentration des stabilen Isotops ^{13}C (in ‰) von einem international festgelegten Standard. Als solcher wird der ^{13}C-Wert einer kalkhaltigen Felsformation in Pee Dee (South Carolina) verwendet, der auf ±0 ‰ festgesetzt ist. Die Berechnung erfolgt nach:

$$\delta^{13}C\ [‰] = \left[\frac{^{13}C/^{12}C \text{ des Standards}}{^{13}C/^{12}C \text{ der Probe}} - 1\right] \cdot 1000$$

[2] DE-Wert: Dextrose-Equivalent-Wert: DE-Wert bedeutet das empirisch ermittelte Reduktionsvermögen einer Lösung reduzierender Zucker, bezogen auf das Reduktionsvermögen von wasserfreier Glucose (= Dextrose).

Die Stärke wird zunächst mit thermostabiler α-Amylase aus bestimmten Bakterienkulturen (z. B. *Bacillus subtilis, Bacillus licheniformis* oder *Bacillus stearothermophilus*) im sogenannten Jet-Cooker bei Temperaturen über 100 °C verflüssigt (REINIKAINEN et al. 1986). Die so erhaltenen Dextrine mit einem DE-Wert von 12 bis 20 werden mit Glucoamylase z. B. aus *Aspergillus oryzae, Aspergillus niger,* oder *Rhizopus delemar,* Kulturen mehrere Stunden auf 60 °C erwärmt (UHLIG 1988). Man erhält einen Glucosesirup, der mindestens 95 % Glucose enthält (konventioneller Glucosesirup). Die Reinigung dieses Sirups erfolgt durch Filtration, Aktivkohle (Entfärbung) und Ionenaustausch (Demineralisation). Bei der Hochfructosesirup-Herstellung wird dieser gereinigte Sirup über Säulen mit immobilisierter Glucose-Isomerase z. B. aus *Streptomyces albus, Lactobacillus-, Pseudomonas-, Pasteurella-, Leuconostoc-* oder *Aerobacter-*Arten geschickt, wobei eine Isomerisierung zu 42 % Fructose stattfindet (Invertzucker-Sirup). Dieser Sirup wird nochmals über Aktivkohle gereinigt und mittels Ionenaustauschsäulen demineralisiert (LONG 1986, TEGGE 1984a).

Der 90 % Fructose enthaltende HFS wird aus 42 % HFS durch Fraktionierung der Fructose an Chromatographiesäulen hergestellt (TEGGE 1979). 55 % HFS entsteht durch Mischen von 42 % und 90 % HFS. Die geschätzte Produktion von HFS aus Mais betrug 1986 weltweit etwa 6,4 Mio. Tonnen. Daran ist Japan mit 700 000 t, die EU mit 181 000 t, die USA mit 4,9 Mio. t beteiligt (HODKIN 1986, TEGGE 1984b). Da solche Sirupe außer Zucker fast nichts mehr enthalten, verändern sie im Gemisch mit Honig dessen chemische und physikalische Eigenschaften (Verdünnungseffekt!). Untersuchungen auf Geschmack, Konsistenz, Farbe, Diastaseaktivität, Saccharaseaktivität, Wassergehalt, HMF-Gehalt, Aschegehalt, elektrische Leitfähigkeit, Dextrine, pH-Wert, Prolin- und Pollengehalt sind deshalb von Bedeutung und vor allem dazu geeignet, Art, Herkunft und Qualität des Honigs im Sinne der HVO zu beschreiben. Diese Untersuchungen betreffen jedoch ausschließlich Substanzen, die in naturbedingt unterschiedlicher Quantität in Honigen vorliegen. Geringe Zugaben moderner Stärkesirupe werden deshalb anhand dieser Analytik nicht mehr nachzuweisen sein.

In den Sirupen befinden sich allerdings noch geringe Mengen an Stärkedextrinen (Polymere von etwa 7 bis 20 Glucoseeinheiten), die beim Abbau der Stärke gewissermaßen „übrigbleiben" bzw. in sehr geringem Umfang durch die Tätigkeit der bakteriellen Enzyme auch neu aufgebaut werden können (Gleichgewicht zwischen Abbau und Aufbau!). Solche höheren Oligosaccharide sind normalerweise im Honig nicht enthalten. Aufgrund dieser Tatsache ist es über solche höheren Zucker möglich, Sirupzugaben höchst sensitiv zu erfassen. Dazu seien ein paar Methoden dargestellt.

Im allgemeinen müssen die Stärkedextrine vor dem Nachweis über Aktivkohlesäulen (z. B. mit Aktivkohle-Kieselgur 1:1-Gemisch gefüllte 20-ml-Plastikspritzen) angereichert werden. Dazu gibt man etwa 10 ml einer 10%igen Honiglösung über die Säulen (Vakuum am Säulenausgang anlegen!) und spült mit 100 ml Wasser nach. Die folgende Spülung mit 50 ml 50%igem Ethanol wird aufgefangen, getrocknet (Rotationsverdampfer!) und wiederum mit 5 ml Wasser versetzt.

Während die konventionell hergestellten Sirupe (KHS) oft noch einen höheren Anteil an Dextrinen enthalten, ist dieser bei den HFS minimal. So lassen sich KHS in Honig bisweilen noch mit der Jodreaktion nachweisen: 5 ml einer 20%igen Honiglösung (oder besser 2 ml oben beschriebener angereicherter Lösung) werden mit 0,25 ml Jodlösung versetzt. Rotbraune Färbung (Dextrine!) deutet auf Zugaben von Stärkesirup (KHS) hin. Nach FIEHE (1909) fallen die Stärkedextrine im Gegensatz zu den dextrinähnlichen Bestandteilen des Honigs aus, wenn man die Honiglösung (oder besser die angereicherte Lösung!) mit Salzsäure ansäuert und dann mit Alkohol versetzt (weißlicher Niederschlag!). Weitaus sensitiver reagieren die beiden folgenden Methoden Dünnschicht (DC)- und Hochdruckflüssigchromatographie (HPLC).

Stärkesirupe, und zwar KHS und HFS, lassen sich mit Hilfe der Dünnschichtchromatographie (DC) nachweisen: Je ein Tropfen der 20%igen Honig- bzw. Siruplösungen oder besser der oben beschriebenen angereicherten Oligosaccharidlösung wird auf der Startlinie einer Dünnschichtplatte (Kieselgel 60, Merck) punktförmig aufgetragen. Die Platte wird dann in eine Chromatographiekammer gestellt, die 100 ml eines Gemisches aus iso-Butanol/Essigsäure/Wasser (50/25/25) oder auch n-Butanol/Pyridin/Wasser (20/19/11) enthält. Nach etwa 5 Stunden, wenn das Laufmittel den oberen Rand der Platte erreicht hat, wird diese herausgenommen und getrocknet (Fön!). Dann wird sie mit wenigen ml des folgenden Gemisches besprüht (Abzug!): 100 ml Aceton + 1,0 ml Anilin + 1 g Diphenylamin + 10 ml 85%ige Phosphorsäure. Nach Entwickeln der Platte im Ofen bei 120 °C, sind die Zucker als Banden auf der Platte zu erkennen: Die Glucosedextrine (Sirupzucker) liefern blaue Flecken,

Abb. 63. Hochdruckflüssigchromatogramme der höhermolekularen Zucker (Oligosaccharide, Dextrine). A = Blütenhonig; B = Honigtauhonig; C = Hochfructosesirup; D = konventionell hergestellter Sirup. Anhand solcher Peaks, die nur im Sirup und nicht im Honig erscheinen, kann bei Mischungen die Sirupverfälschung im Honig erkannt werden (nach LIPP 1989).

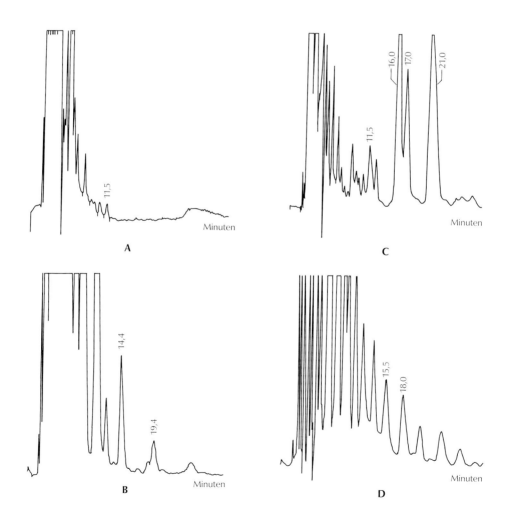

während die Honigdextrine sich braun oder grau anfärben (siehe Farbtafel 8).

Während diese Methode vom engagierten Imker oder Honiginteressierten mit geringem Kostenaufwand durchgeführt werden kann, ist die nachfolgend dargestellte HPLC-Methode der Wissenschaft vorbehalten. Es kann deshalb nur kurz darauf eingegangen werden. Die angereicherte (und gegebenenfalls gefilterte) Zuckerprobe (siehe oben) wird in einem Laufmittel (z. B. Wasser mit 0,1 % Essigsäure und 0,05 % Methanol) unter Druck über eine Chromatographiesäule (Reversed phase, RP 18) gepumpt (1 ml·min^{-1}), an welcher die verschiedenen Zuckerkomponenten getrennt werden. Die Erkennung der Zucker erfolgt üblicherweise an ihrem Brechungsindex im speziellen Detektor, der direkt an die Säule angeschlossen ist. Über einen an diesen angeschlossenen Integrator werden im Falle der Änderung des Brechungsindex (= Zucker) Signale aufgezeichnet und deren Fläche gemessen. Im Sirup tauchen Peaks (= Zucker) auf, die sich mit den Peaks in Wald- und Blütenhonig zeitlich nicht überlagern (siehe Abb. 63). Anhand solcher „Marker-Peaks" (Glucosedextrin) kann der Anteil des Sirups im Honig erkannt und quantitativ erfaßt werden (siehe LIPP 1989, LIPP et al. 1988).

8.4 Zusatz von Melasse

Durch Kristallisation kann der überwiegende Teil der im eingedickten Zuckerrüben- oder Zuckerrohrsaft enthaltenen Saccharose isoliert werden. Die Melasse ist die übrigbleibende zähflüssige, braunschwarze Masse mit etwa 45 bis 50 % Saccharosegehalt und einem relativ großen Anteil an anorganischen Komponenten. Da bei der Aufbereitung des Zuckerrüben- oder Zuckerrohr-Dicksaftes Chloride und Sulfate verwendet werden, finden sich diese in der Melasse wieder. Zur Erkennung von Melasse in Honig werden 5 ml einer 20%igen wäßrigen Honiglösung mit 2,5 g Bleiacetat und 22,5 ml Methanol versetzt. Bei Anwesenheit von Melasse treten schwere weiße Niederschläge auf (Bleichchlorid oder Bleisulfat). Melasse besitzt außerdem erhöhte HMF-Gehalte, die allerdings auch bei anderen Verfälschungen auftreten und somit unspezifisch für den Melassenachweis sind.

8.5 Zuckerfütterung

Reiner Zuckerfütterungshonig (ZFH) kann leicht nachgewiesen werden. Da Zucker oder die oft verwendeten Zuckerteige kaum Begleitstoffe enthalten, zeichnen sich ZFH durch meist helle Farbe, erhöhte Saccharosegehalte, faden Geschmack, eine niedrige absolute Pollenzahl, niedrigen Aschegehalt, niedrigen Aminosäurengehalt (Prolin!), niedrige elektrische Leitfähigkeit, niedrige Werte bei der Formoltitration und niedrige Acidität aus. Durch die oft rasche Verarbeitung großer Mengen von Zuckerlösung seitens der Biene ergeben sich niedrige Enzymwerte, ein hoher Wassergehalt und ein hoher Prozentsatz an Restsaccharose. Es kann aber durchaus vorkommen, daß, je nach Trockenheitsgrad der Zuckerquelle, einzelne der genannten Größen (z. B. Saccharase-Aktivität) im „normalen" Bereich, ja sogar hoch liegen (DEIFEL 1986, siehe Abschnitt 3.2). Es ist augenfällig, daß die Erkennung von ZFH in natürlichem Honig um so schwieriger wird, je höher im Gemisch der Anteil an letzterem ist. Der Nachweis von Zuckerfütterung kann nur dann als erbracht gelten, wenn die genannten Erkennungszeichen gehäuft auftreten. Ein Einzelmerkmal ist nicht beweiskräftig. Schwache Amylase und Saccharase kommen, wie bereits erwähnt, auch natürlicherweise vor. Manche Honige enthalten nach der Schleuderung vergleichsweise viel Rohrzucker (Saccharose). Einige helle Blütenhonige (Weißklee, Robinie usw.) haben in Aschegehalt und elektrischer Leitfähigkeit ähnlich niedrige Werte wie ZFH (0,75 bis 1,04 · 10^{-4} S · cm^{-1} in ZFH-Lösung 20 % TS), so daß eine Verfälschung mit ZFH bei diesen Honigen über die Messung der elektrischen

Tab. 30. Verminderung der spezifischen Leitfähigkeit von Honigen durch die Beimengung von Zuckerfütterungshonig (ZFH = 20%ige Honiglösungen; nach VORWOHL 1964)

Zusammensetzung des Honiggemisches	spezif. Leitfähigkeit 10^{-4} [S · cm^{-1}]
Heidehonig unvermischt	6,29
Heidehonig 97,5 %, ZFH 2,5 %	6,10
Heidehonig 95,0 %, ZFH 5,0 %	5,99
Heidehonig 50,0 %, ZFH 50,0 %	3,45
Heidehonig 20,0 %, ZFH 80,0 %	1,80
ZFH unvermischt	0,82
Weißtannenhonig unvermischt	13,60
Weißtannenhonig 50 %, ZFH 50 %	7,10
Weißtannenhonig 30 %, ZFH 70 %	4,40
Weißtannenhonig 10 %, ZFH 90 %	1,84
Waldhonig unvermischt	9,45
Waldhonig 99 %, ZFH 1 %	9,15
Waldhonig 98 %, ZFH 2 %	9,03
Waldhonig 95 %, ZFH 5 %	8,67
Waldhonig 90 %, ZFH 10 %	8,12
Waldhonig 80 %, ZFH 20 %	7,39
Waldhonig 70 %, ZFH 30 %	6,60
Waldhonig 60 %, ZFH 40 %	5,94
Waldhonig 50 %, ZFH 50 %	4,98
ZFH unvermischt	1,04

Leitfähigkeit kaum nachgewiesen werden kann. Immerhin kann eine Verminderung der spezifischen Leitfähigkeit von Sortenhonigen mit herkunftsgemäß hoher spezifischer Leitfähigkeit (über $5 \cdot 10^{-4}$ S · cm^{-1}) durch die Beimengung von Zuckerfütterungshonig erkannt werden (VORWOHL 1964). Bei Kenntnis der Leitfähigkeit des reinen Sortenhonigs ist es möglich, die Verfälschung prozentual zu bestimmen (siehe Tab. 30). Im Zucker und Zuckersirup sind, wie bereits erwähnt, geringe Mengen an Glucoseoligomeren enthalten (siehe Abschnitt 8.3), die sich nach Fütterung an die Bienen auch im ZFH wiederfinden (LIPP 1989). Diese Zucker werden also anscheinend nicht oder nur kaum durch die Bienenenzyme abgebaut. Da diese Art von oligomeren Zuckern im Naturhonig normalerweise nicht vorkommt, ist es möglich, das Vorliegen einer Verfälschung durch ZFH anhand solcher Zucker nachzuweisen. Hierzu müssen diese Zucker (wie oben beschrieben) angereichert und dünnschicht- oder besser hochdruckflüssigchromatographisch nachgewiesen werden (siehe Abschnitt 8.3). Dieses Verfahren zum Nachweis von ZFH in natürlichem Honig bedarf allerdings noch weiterer wissenschaftlicher Aufklärung. Der sicherste Nachweis einer Verfälschung mit ZFH kann bislang mit einer Pollenanalyse und mit dem sensorischen (organoleptischen) Befund erbracht werden.

Gelegentlich erfolgen Honigverfälschungen durch übermäßige Verfütterung von Futterteigen an die Bienen. Manche dieser Futterteige enthalten HMF, welches dann zur Erkennung einer Verfälschung herangezogen werden kann. Unproblematisch gestaltet sich der Nachweis, wenn Zuckerteige aus vergälltem Zucker (Eisenoxid, Octosan u. a.) hergestellt wurden oder wenn sie Pollenersatzstoffe enthalten (Sojamehl, Hefen), die sich mikroskopisch nachweisen lassen (VORWOHL 1966). Jeder verantwortungsbewußte Imker wird allerdings die Winterfütterung so bemessen, daß sich im Frühjahr vor der ersten Schleuderung kein oder kaum Zuckerfütterungshonig in den Waben befindet.

8.6 Zusatz von Salzen, Alkali und Säuren

Der höhere Preis, der vor allem in den deutschsprachigen Ländern für Waldhonig gegenüber Blütenhonig erzielt wird, könnte Anlaß zu einer Verfälschung mit Salzen, Alkali oder Säuren geben. Derart behandelte Honige müssen nach der Leitfähigkeitsmethode nach Vorwohl als Honigtauhonige bezeichnet werden, da der Zusatz dieser Stoffe (z. B. KCl, KOH, HCl) eine erhöhte Leitfähigkeit und einen erhöhten Aschegehalt bedingt, was unter anderem charakteristisch für Honigtauhonige ist (siehe Abschnitt 6.8). Eine quantitative Untersuchung der Anionen und Kationen zeigt, ob eine Veränderung des natürlichen Bestandes durch Zusätze erfolgt ist. So ist z. B. bei einer Chloridkonzentration, die außerhalb der Schwankungsbreite liegt, der Verdacht einer Verfälschung nahe. Solche Analysen sind indessen nicht ganz einfach durchzuführen und bedürfen eines relativ aufwendigen und teuren Instrumentariums (z. B. HPLC). Es gibt jedoch – außer Leitfähigkeit und Aschegehalt – noch viele andere Merkmale, die einen Honigtauhonig vom Blütenhonig unterscheiden. Der Honigkenner wird aufgrund der Sensorik und des charakteristischen Geschmacks Honigtauhonige sehr wohl von Blütenhonigen abzugrenzen wissen. Auch ist das mikroskopische Bild eines Honigtauhonigs von demjenigen eines Blütenhonigs verschieden (siehe Abschnitt 7.1). Hinzu kommt, daß Honigtauhonige höhermolekulare Zucker (Oligosaccharide) enthalten, die – soweit bekannt – in Blütenhonigen nicht oder nur kaum vorkommen (siehe Farbtafel 8, Abb. 63). Diese Zucker, die nicht mit den Dextrinen der Sirupe identisch sind, können nach Anreichung über Aktivkohle/Kieselgur dünnschichtchromatographisch oder mittels HPLC nachgewiesen werden. Durch Kombination der Leitfähigkeits- und der Oligosaccharid-Methode ist es vielleicht möglich, einen echten Honigtauhonig von einem vermeintlichen, verfälschten Honigtauhonig juristisch einwandfrei zu unterscheiden. Es muß allerdings zuvor abgeklärt werden, ob höhermolekulare Zucker generell im Honigtau vorkommen und ob Blütenhonig bzw. Nektar generell frei von solchen Zuckern ist.

8.7 Farbzusätze

Der Zusatz erfolgt wie im zuvor genannten Fall gemeinhin in der Absicht, einem Honig äußerlich Eigenschaften zu verleihen, die ihm tatsächlich nicht zukommen, z. B. hellen Blütenhonig dunkel zu färben, so daß er äußerlich wie Waldhonig erscheint. Der Widerspruch zwischen Geschmack, Geruch und Farbe eines Honigs sowie die Unvereinbarkeit von mikroskopischem Befund und Honigfarbe liefern erste Hinweise auf das Vorliegen einer Verfälschung. Als weitere Vorprobe kann das Kochen eines Wollfadens in der Honiglösung dienen. Wasserunlösliche oder schwerlösliche Farbstoffe machen sich bei dessen mikroskopischer Untersuchung bemerkbar. Im einzelnen muß zu Spezialverfahren zum Nachweis des verwendeten Farbstoffes gegriffen werden.

8.8 Zusatz von Wasser

Der Wassergehalt kann leicht refraktometrisch gemessen werden, so daß die Verfälschung schnell auffällt und erkannt wird. Verwässerter Honig tritt außerdem schnell in Gärung über; die Verfälschung zeigt sich also gewissermaßen selbst an.

8.9 Verschleierung von Verfälschungen

Es wäre denkbar, daß man versucht, bei Verfälschungen mit künstlichem Invertzucker, Stärkesirup oder Zuckerfütterungshonig durch Zusatz von Pollen, Enzymen, Mineralstoffen, organischen Säuren, Eiweiß- und Aminosäuren den Tatbestand zu verschleiern. Theoretisch läßt sich das machen, praktisch ist es sehr schwierig. Es kommt z. B. nicht nur darauf an, daß der Honig Pollen enthält, es muß auch die richtige Menge sein; ferner enthält der Honig nicht nur eine Pollenart, sondern ein ganzes „Spektrum" von Pollenarten, die teils häufiger, teils seltener vorkommen. Die künstliche Herstellung eines solchen Spektrums würde einen großen Aufwand erfordern. Aber auch wenn man diesen Aufwand leistete, bliebe immer noch der Widerspruch zwischen dem richtigen Pollenbild und dem abweichenden Sinnenbefund. Auch Enzyme ließen sich dem Honig künstlich zusetzen. Enzympräparate sind im Handel. Sie unterscheiden sich aber in bestimmten Eigenschaften von den Enzymen, die die Bienen dem Honig zusetzen (z. B. pH-

Optimum). Ähnliches gilt von den übrigen Eiweißen, die von der Biene dem Honig zugesetzt werden.

Immerhin kommt es bisweilen vor, daß reiner Stärkesirup mit Pollen versetzt wird und z. B. als „argentinischer Blütenhonig" nach Deutschland importiert wird. Um solche Produkte nicht auf den Ladentisch wandern zu lassen, wird die Importware von den großen Honigfirmen einer strengen Gesamtanalyse unterzogen, welche die Routineanalytik (Pollen, HMF, Enzyme, Säure usw.) sowie die oben beschriebene HPLC-Analyse auf Sirupzusätze umfaßt.

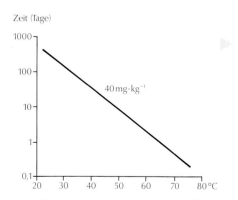

Abb. 64. Entstehung von Hydroxymethylfurfural (HMF) in Honig in Abhängigkeit von Temperatur und Zeit (nach WHITE 1978).

9 Substanzveränderungen von Honig während der Lagerung und unter Hitzeeinwirkungen

Die Veränderungen, die durch Erhitzen verursacht werden, finden bei längerer Lagerung von über 5 °C ebenfalls statt. Abhängig von Lagerzeit und Hitzebehandlung dunkelt Honig nach (siehe Tab. 14). Diese Erscheinung wird hauptsächlich auf Maillard-Reaktionen zwischen reduzierenden Zuckern und Aminosäuren zurückgeführt, wobei dunkel erscheinende Farb- und Aromastoffe gebildet werden (siehe Abschnitt 6.7.1). Während diese nichtenzymatischen Bräunungsreaktionen (Maillard-Reaktionen) in ihren Anfängen im Honig noch durchaus erwünschte Veränderungen wie Farb- und Aromabildung verursachen, zeigen die fortgeschrittenen Stadien der Maillard-Reaktion vor allem negative, unerwünschte Wirkungen, wie Dunkelfärbung und Aromaverschlechterung.

Als analytische Indikatorsubstanz für diese Reaktionen gilt Hydroxymethylfurfural (HMF). Es bildet sich aus Fructose und Glucose unter Säure- und Wärmeeinwirkung (siehe Abschnitt 7.4.1). Während der HMF-Gehalt in frisch geschleudertem Honig noch annähernd Null ist, nimmt er mit zunehmender Lagerzeit in Abhängigkeit von der Temperatur zu (siehe Abb. 64). Auch drastische Erhitzungsvorgänge, z. B. beim unsachgemäßen Verflüssigen von kristallisiertem Honig, zeigen sich in einem erhöhten HMF-Gehalt.

Nach der EU-Honigverordnung gilt ein höchstzulässiger HMF-Gehalt für Speisehonig von 40 mg pro Kilogramm. Honige mit höheren Werten können nur noch als Back- oder Industriehonige in den Handel gebracht werden.

Lange gelagerter oder erhitzter Honig zeigt auch eine deutliche Abnahme seiner Enzym-

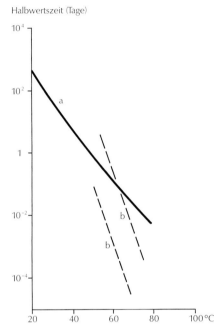

Abb. 65. Halbwertszeiten der Aktivitäten von a = Saccharase und b = Glucoseoxidase (aus zwei Honigen) in Abhängigkeit von der Temperatur (nach WHITE 1978).

aktivität, die auf den Zerfall und die Denaturierung der Proteine zurückzuführen ist. Im Kapitel 6 werden die Halbwertszeiten der Honigamylase und -saccharase in Abhängigkeit zur Temperatur dargestellt (siehe Tab. 21). In Abb. 65 werden die (temperaturabhängigen) Halbwertszeiten der Saccharase mit denjenigen der Glucoseoxidase aus zwei verschiedenen Honigen verglichen. Hier zeigt sich deutlich der Verlust an Enzymaktivität während der Lagerung: Zum Beispiel hat ein Honig mit der Ausgangs-Saccharaseaktivität von 100 u · kg^{-1}

nach einer Lagerung von 200 Tagen bei 25 °C noch eine Saccharaseaktivität von etwa 50 u · kg^{-1}. Insbesondere bei der Glucoseoxidase wurden verschiedene Bereiche hinsichtlich ihrer Stabilität bestimmt. So beträgt die Aktivitätsabnahme während 10 Minuten Erhitzung auf 70 °C bei den meisten Honigen zwischen 85 und 95 %. Manche Honige verlieren unter diesen Bedingungen aber nur zwischen 6 und 71 %, andere 100 % ihrer Glucoseoxidase-Aktivität (WHITE und SUBERS 1964a). Der große Empfindlichkeitsbereich gegenüber Erhitzung läßt die Glucoseoxidase als ungeeignet in der Qualitätskontrolle erscheinen. Auch durch Licht kann eine Zerstörung der Glucoseoxidase erfolgen (siehe Abschnitt 6.3.1.3).

Das Zuckerspektrum verändert sich während längerer Lagerung bei Raumtemperatur in der Weise, daß reduzierende Disaccharide und höhere Oligosaccharide auf Kosten von Monosacchariden (vor allem Glucose) gebildet werden. Abbildung 66 zeigt am Beispiel eines frisch geernteten, saccharosereichen Honigs die Veränderungen während einer zehnmonatigen Lagerung. Während der Saccharosegehalt

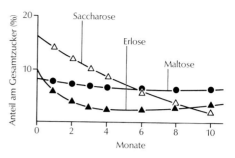

Abb. 66. Verhalten der Zucker im Verlaufe der Honiglagerung bei 30 °C (nach DEIFEL 1989).

kontinuierlich abnimmt, nehmen Maltose- und Erlosegehalt im Verlaufe der Lagerung leicht zu. Dieser Befund wird durch Saccharase-(α-Glucosidase-)Tätigkeit sowie durch Säurereversion erklärt (WHITE 1978). Der niedrige Wassergehalt des Honigs bedingt, daß Glucose nicht auf Wasser, sondern auf andere Zuckermoleküle übertragen wird. Die Abnahme der Glucose führt zum Zusammenbruch des Gitterwerks der Traubenzuckerkristalle, und es kommt zur partiellen Verflüssigung, die bei alten Honigen oft zu beobachten ist.

10 Honig in der Medizin

10.1 Vorbemerkungen zur richtigen Beurteilung der medizinischen Wirkungen

Einige Vorbemerkungen sind erforderlich, um die wiedergegebenen Einzelheiten richtig zu bewerten, vor allem aber, um irreführende Darstellungen und Folgerungen zu vermeiden, die der Sache des Honigs nur schaden würden:

- Viele der Wirkungen gelten nur für Honig, wie er in der verschlossenen Bienenwabe vorliegt. Schon bei der Gewinnung kann Honig durch Wärme leicht Schaden in seiner biologischen Zusammensetzung erleiden, da verschiedene sehr wärmeempfindliche Stoffe ihre Wirksamkeit teilweise oder ganz verlieren.
- Honig ist nicht gleich Honig. Einige der Wirkstoffe kommen schon von Natur aus von Honig zu Honig in stark schwankender Menge vor. Damit wird die in der ärztlichen Literatur häufig beklagte Tatsache verständlich, daß der eine Untersucher Wirkung fand, der nächste nicht. Gleiche Wirkungen können nur erhofft werden, wenn gleiche Wirkstoffmengen vorliegen.
- Im Honig dürfte zudem häufiger ein Zusammenwirken verschiedener Inhaltsstoffe vorliegen, von denen jeder für sich allein nicht zum Ziele führen würde, weil die Dosis nicht ausreicht.
- Oft zeigen sich positive Wirkungen bei Infusionen von verdünnten Honiglösungen, während die orale Einnahme von Honig keine Erfolge bringt. Auch ist eine Übertragung von in vitro-Untersuchungen auf in vivo-Tests und umgekehrt offensichtlich nicht ohne weiteres möglich, da zuweilen sogar von einer stärkeren In-vivo-Wirkung des Honigs berichtet wird (EFEM 1988).
- Pseudowissenschaftliche Veröffentlichungen, die weltweit erscheinen und den Honig allgemein als Allheilmittel darstellen, dürfen nicht ernstgenommen werden. Sie haben dem Image des Honigs eher geschadet, betrachtet man das relativ geringe Interesse der modernen medizinischen Forschung am Honig als Heilmittel in einigen Bereichen. Es wäre wünschenswert, vor allem für den Bereich der menschlichen Organe, neue Untersuchungen zur Wirkung des Honigs anzustellen – wegen der oft sehr unterschiedlichen Zusammensetzung verschiedener Honige stets unter genauer Angabe von Zustand, Herkunft, Zusammensetzung, verwendeter Menge und Verwendungsweise (VORWOHL 1977).

10.2 Die antibakterielle Wirkung des Honigs

Schon die alten Ägypter, Assyrer, Chinesen, Griechen und Römer verwendeten Honig zur Heilung von Wunden und Darmerkrankungen. So wurden z. B. ägyptische Hieroglyphen aus 2600 bis 2200 v. Chr. gefunden, die eine genaue Rezeptur für die Mischung einer Wundsalbe geben (GROSSMAN 1986, MAJNO 1975).

Was die antibakterielle Wirkung des Honigs betrifft, so zeigt sich auch in der modernen Medizin Interesse am Naturstoff Honig. Zahlreiche neuere Untersuchungen berichten von positiven Ergebnissen. Aber: Nicht alle Honige wirken gegen alle Arten von Bakterien. Die das Wachstum von Mikroorganismen hemmenden Substanzen sind hauptsächlich gegen gramnegative Bakterien und einige Pilze wirksam (TOMLINSON und WILLIAMS 1985, RADWAN et al. 1984). Besonders häufig werden z. B. genannt: *Salmonella, Shigella, Klebsiella*, pathogene *Escherichia coli*-Stämme, *Staphylococcus aureus, Streptococcus fecalis, S. pyogenes, Vibrio cholerae, Penicillium*-Arten, *Aspergillus niger* sowie *Candida albicans*. Toxigene, aflatoxin-produzierende *Aspergillus*-Stämme wachsen und sporulieren zwar in verdünnten Honiglösungen, aber keine der geprüften Pilzkulturen produzierte nachweisbare Mengen an dem Gift Aflatoxin (WELLFORD et al. 1978).

Als Ursache für die antibakterielle Wirkung werden immer wieder Inhibine im Honig genannt (SMITH et al. 1969, WHITE et al. 1963). Inhibine entstehen durch die Aktivität der Glucoseoxidase, die Glucose zu Gluconsäure und Wasserstoffperoxid oxidiert, welches bakterienhemmende und bakterientötende Eigenschaften aufweist (siehe Abschnitt 6.3.1.3, WHITE 1978). Wasserstoffperoxid (H_2O_2) ist sicher vielen in verdünnter Form, z. B. als Gurgelmittel bei Halsentzündungen bekannt. Der alte Hinweis „Wer Honig aus gesundheitlichen Gründen anwenden will, denke daran: Erhalte ihn, wie ihn die Biene gab!" enthält einen versteckten Hinweis auf die Hitze- und Lichtempfindlichkeit der Glucoseoxidase (siehe Abschnitt 6.3.1.3); Honig als antibakterielles Mittel muß deshalb kühl und dunkel gelagert bzw. frisch verwendet werden.

Neben der H_2O_2-produzierenden Glucoseoxidase konnte für die antibakteriellen Eigenschaften des Honigs auch noch ein hitzestabiler Stoff, das Pinocembrin (5,7-Dihydroxyflavanon) mitverantwortlich gemacht werden.

Dieser Stoff kommt im Honig in Spuren vor und stammt vermutlich aus dem Bienenkittharz (DEIFEL 1989). In neuerer Zeit wurden mehrere flüchtige Verbindungen mit bakterizider und fungizider Wirkung im Honig identifiziert. Es handelt sich dabei um Pinen, Camphen, Limonen, Eukalyptol, Linalool, Benzylalkohol, Farnesol und Eicosan (siehe auch Abschnitt 6.7). Diese Verbindungen üben einen stark hemmenden Einfluß auf das Wachstum von gramnegativen Bakterien und den Pilz *Candida albicans* aus (TÓTH et al. 1987).

Ebenso wird die antibakterielle Wirkung des Honigs zurückgeführt auf seinen niedrigen pH-Wert von etwa 3,6 und die hygroskopische (wasserziehende) Wirkung: Wunden sind oft von Ödemen umgeben, aus denen durch den aufgetragenen Honig das Wasser gezogen wird (EFEM 1988). Die hohe Zuckerkonzentration im Honig verursacht unter anderem den Austritt von Lymphe aus den entzündeten Gewebeteilen. Die Gewebeflüssigkeit schwemmt einen Teil der in den Wundfalten oder -höhlen befindlichen Bakterien mit aus. Gegen Neuinfektionen von sterilisierten Wunden wirkt aufgetragener frischer Honig: Allein schon durch seine Zähflüssigkeit stellt er eine undurchdringbare Grenze für viele Bakterien dar.

Allgemeine Aussagen über eine besonders starke antibakterielle Wirkung von bestimmten Honigen oder Honigsorten lassen sich (noch) nicht machen. Die in der medizinischen Literatur verwendeten Honige sind von verschiedenster Herkunft und können hier nicht im einzelnen aufgeführt werden.

Die Honignutzung als antibakterielles Mittel in der Medizin findet vor allem in folgenden Bereichen Anwendung: In der lokalen Behandlung von Wunden, Verbrennungen und Dekubital-Geschwüren (diese entstehen durch langes Aufliegen von Patienten) und bei Erkältungskrankheiten (Edit. 1989, EFEM 1988).

10.2.1 Wundbehandlung

Obwohl die beschleunigende Wirkung des Honigs in der Wundheilung schon sehr lange bekannt ist, erschienen nur vereinzelte Berichte über die Nutzung des Honigs bei Verbrennungen, Dekubitus-Geschwüren, infizierten und offenen Wunden. Eine umfassende und großangelegte klinische Untersuchung dazu wurde erstmals von EFEM (1988) veröffentlicht. Durch tägliches Auftragen von 15 bis 39 ml frischem unbehandeltem Honig konnten infektiöse Wunden bereits nach einer Woche bis zur Heilung von veschiedensten Bakterien befreit werden. Schorf, nekröses und absterbendes Gewebe löste sich langsam und wurde bei tiefen Wunden durch Granulationsgewebe ersetzt, die fortschreitende Neubildung von Haut konnte anschließend beobachtet werden. Am Rande von Geschwüren befindliche Ödeme wurden absorbiert. Auf diese Weise konnten sogar Amputationen vermieden werden. Dies alles ist um so bemerkenswerter, als der Großteil (80 %) der Patienten ohne Erfolg schon mit konventionellen medizinischen Mitteln behandelt worden war.

10.2.2 Erkältungskrankheiten

Wohl jedem bekannt sind alte Hausmittel der Volksmedizin wie die warme Honigmilch oder der stündliche Löffel Honig bei Erkältungskrankheiten. Die desinfizierende Wirkung durch die ätherischen Öle und durch die Bildung von H_2O_2 (siehe oben) sowie die hohe Zuckerkonzentration im Honig sind für die Wirkung verantwortlich zu machen.

Eine groß angelegte Studie (15 000 Patienten) aus Bulgarien beschäftigte sich mit neuen Apitherapiemethoden in der Behandlung einiger akuter und chronischer unspezifischer Leiden der Atemwege (Rhinitis, Pharyngitis, Laryngitis, Tracheitis und Bronchitis). Die Untersuchung ergab, daß unter Einfluß des Magen- und Zwölffingerdarmsaftes die bakteriziden Eigenschaften des Honigs nachließen, so daß nach Methoden gesucht wurde, die den Therapiewert nicht herabsetzten. Dies wurde durch Anwendung der Aerosolmethode, der topischen Methode und der oralen Einnahme erreicht (MLADENOFF und MLADENOWA 1985).
Topische Methode: Sie wird bei Behandlung akuter Formen von Entzündungen im HNO-Bereich angewendet. Am besten eignen sich kristallisierte Honige. Dem Patienten wird mit Hilfe eines dünnen Glasstabes eine geringe Honigmenge (bohnengroß) in die Nasenhöhle eingeführt. Unter der Körperwärme taut der Honig auf und wird auf seinem Wege zum Rachen von der Schleimhaut aufgesogen. Diese Methode wird zweimal täglich im Verlaufe von 10 bis 15 Tagen angewandt.
Aerosolbehandlung: Die Aerosollösung besteht aus einer 30%igen flüssigen Honigaufschwemmung in destilliertem Wasser. Mit Hilfe eines üblichen Zerstäubers atmet der Patient über eine Dauer von 20 bis 30 Minuten das Aerosol durch die Nase ein und durch den Mund wieder aus. Diese Behandlung wird 10 bis 30 Tage lang durchgeführt.
Orale Einnahme: Die orale Einnahme erfolgt parallel zu den zwei oben genannten Behandlungsmethoden. Alle drei Stunden nimmt der Patient ein Löffelchen Honig zu sich. Um die bakteriziden Stoffe durch die Schleimhaut aufzunehmen, wird der Honig möglichst lange im Munde belassen. Daneben wird das Gurgeln mit einer 30%igen Honiglösung empfohlen.

In 92 % der Fälle waren die Ergebnisse oben genannter Therapiemethoden zufriedenstellend und dauerhaft. Die meisten konventionellen Behandlungen hatten indessen weitaus weniger Erfolg (MLADENOFF und MLADENOWA 1985).

10.2.3 Harnwegs- und Darminfektionen

Bei einer Untersuchung mit neun verschiedenen Keimarten aus dem Urin von Patienten mit Harnwegsinfektionen waren Honiglösungen in Konzentrationen zwischen 30 und 50 % besser wirksam als die Antibiotika Cefaloridin, Ampicillin, Gentamicin, Nitrofurantoin, Nalidixinsäure und Co-trimoxazol (ZUMLA und LULAT 1989).

Breiter angelegte, klinische Studien, die genaue Anwendungsmöglichkeiten des Honigs klären würden, fehlen jedoch hier wie auch die Therapie von Darminfektionen betreffend. Eine Studie mit von Gastroenteritis betroffenen Kindern zeigt die Gleichwertigkeit von Honig gegenüber Glucose-Elektrolytlösungen zur Verbesserung des Mineralstoffhaushalts.

10.3 Honig und Karies

Eine besondere, zahnkariesfördernde Wirkung, wie sie dem Honig mehrfach nachgesagt worden ist, muß als gänzlich falsche und irreführende Meinung abgelehnt werden (vgl. auch im folgenden DUSTMANN 1987, DUSTMANN und BEHRENS 1987).

Um am Zahn überhaupt haften zu können, bilden die Karies erzeugenden Bakterien vor allem aus Rohrzucker zunächst die sogenannte Plaque, einen gelatineartigen Belag aus Polysacchariden, ohne den Karies nicht möglich ist. Nun kann der Zahnschmelz durch Gärungssäuren angegriffen werden, die die Bakterien aus Einfachzuckern (Monosacchariden) bilden. Während dieser Prozeß relativ langsam abläuft, kann die darunterliegende Schicht, das Zahnbein, dann sehr rasch durch die Säuren zerstört werden. Der hohe Verzehr an Kohlenhydraten in der heutigen Zeit wird als besonders förderlich für die Plaque- und somit Kariesbildung angesehen. Eine eminente Bedeutung ist somit der gründlichen Zahnpflege nach den Mahlzeiten beizumessen. Wie in Labortests nachgewiesen werden konnte, bietet jedoch Honig im Vergleich zu saccharosereichen Substraten als rohrzuckerarmes, zum Teil sogar rohrzuckerfreies Substrat für das kariogene Bakterium *Streptococcus mutans* keine geeignete Voraussetzung für Bildung von Plaque. Außerdem erwiesen sich die in naturbelassenem Honig vorhandenen Inhibine als wachstumshemmend für Karies erzeugende Bakterien.

Die Freude am Genuß eines so wohlschmeckenden Produkts wie Honig sollte man sich also nicht verderben lassen. Beim Verzehr von inhibinfreien Honigen und bereits am Zahn vorhandener Plaque (der durch Zähneputzen vorgebeugt werden kann) wird man natürlich eine Kariesbildung nicht ausschließen können.

10.4 Wirkungen auf menschliche Organe und Blutbildung

Es gibt sehr alte Untersuchungen über die positive Wirkung des Honigs auf Herz (rhythmisierend, Erweiterung der Venengefäße und Verbesserung des Koronarkreislaufs durch Acetylcholin), Leber (Auffüllung des Glykogens nach Krankheit oder Operation), Niere (dialytische Wirkung), den Verdauungstrakt (bei Magenübersäuerung, Stuhlträgheit, Völlegefühl und Blähungen) und die Blutbildung. Diese Erkenntnisse werden in der neueren Literatur heftig kritisiert und vom wissenschaftlichen Standpunkt aus angezweifelt, ohne jedoch das Gegenteil je bewiesen zu haben (z. B. bei HEITKAMP und BUSCH-STOCKFISCH 1986).

Zur systematischen Erfassung von Anwendungsmöglichkeiten des Honigs in diesen Bereichen müssen breit angelegte klinische Untersuchungen durchgeführt werden. Was die Blutbildung betrifft, so hat der relativ hohe Eisengehalt im Honig auf die Hämoglobin-Synthese aller Wahrscheinlichkeit nach positive Wirkungen (vgl. Kapitel 11), die jedoch nicht überbewertet werden dürfen: Schließlich kommt Eisen in anderen Lebensmitteln (Fleisch, Getreideprodukte) in weitaus höheren Mengen vor.

11 Wert und Verwendung des Honigs

In wohl keinem anderen Gebiet klaffen volkstümliche und wissenschaftliche Meinung so weit auseinander wie auf dem Honigsektor. Weltweit erscheinen immer wieder pseudowissenschaftliche Artikel und Bücher, die den Honig generell als besonders wertvolles Nahrungsmittel hervorheben. Dagegen sind sich heute viele Wissenschaftler darüber einig, daß solche allgemeinen Aussagen zur Qualität des Honigs so nicht getroffen werden können. Dazu ein Beispiel: Zwar enthält Honig lebenswichtige Mineralstoffe wie Natrium, Calcium und Magnesium; um den Tagesbedarf abzudecken, müßte ein Mensch jedoch – je nach Honig (siehe Tab. 24) – zwischen 3 und 30 kg Honig am Tag verzehren! Bei dem heutigen Überangebot von Natrium in der Nahrung hat der Honig allerdings eher als natriumarmes Lebensmittel Bedeutung.

Honig ist ein Süßungsmittel, dessen Besonderheit sowohl im hohen Glucose- und Fructosegehalt liegt als auch im Gehalt von Spurenelementen, die sich je nach Honig verschieden zusammensetzen. Honigtau- und Heidehonige weisen häufig erhöhte Spurenelementgehalte (besonders Eisen und Zink) auf, so daß sie in diesem Zusmmenhang im Rahmen einer gesunden und ausgewogenen Ernährung von Bedeutung sind (vgl. Tab. 24, siehe Abschnitt 6.8). Chronischer Eisenmangel ist Ursache für die einzige in Mitteleuropa häufig vorkommende Mangelkrankheit! Die Ursache hierfür ist, daß nur rund 10 % des in der Nahrung aufgenommenen Eisengehaltes im Darm resorbiert werden. Da der Mensch täglich etwa 1,8 mg neues Eisen pro Tag benötigt, muß er mit der Nahrung täglich mindestens 18 mg Eisen aufnehmen. Dieser Bedarf kann durch den Verzehr „normaler" Honigmengen gedeckt werden (siehe Tab. 24). Zink ist ein beim Aufbau und der Wirkungsweise von menschlichen Enzymen wichtiges Element. Die im Bereich von etwa 15 mg pro Tag liegende Zinkzufuhr ist beim Verzehr kleinerer Mengen Honig ausreichend (siehe Tab. 24). Mangelnde Zinkzufuhr würde bei Tier und Mensch zu schweren Ausfallerscheinungen bei den Anhangsgebilden der Haut (Haare, Fingernägel) führen.

Einem Mineralstoff- oder Spurenelement-Mangel ausgerechnet durch Honig entgegenzuwirken ist allerdings nicht zu empfehlen, da der Gehalt an Mineralen in anderen Lebensmitteln (Milch, Getreide, Fleisch) wesentlich höher ist. Honig kann in diesem Sinne nur als Teil einer gesunden Ernährung aufgefaßt werden.

Der Vitamingehalt ist im allgemeinen so gering, daß er für die menschliche Ernährung von keinem besonderen Interesse ist (siehe Tab. 25). Bei eventuellen Honigdiäten ist deshalb auf eine ausreichende Vitaminzufuhr (vor allem Vitamine C und B) zu achten. Jedoch gibt es auch hier Ausnahmen: Über besonders Vitamin-C-reiche Honige wird in Abschnitt 6.9 berichtet.

Als schnelle Energiequelle ist Honig bei Sportlern beliebt – zum einen, weil der Traubenzucker schnell ins Blut aufgenommen wird, zum andern wegen der lang anhaltenden Wirkung der Fructose, die zunächst in der Leber in Reserve-Glykogen umgewandelt und bei Bedarf freigesetzt wird. Honig hat einen durchschnittlichen Energiewert von etwa 310 kcal (1300 J) pro 100 Gramm, was dem Energiegehalt von einer Halben Bier etwa entspricht.

11.1 Diäten für Kinder und ältere Menschen

Über die Zugabe von Honig in die Milchnahrung von Kleinkindern liegen zahlreiche Untersuchungsergebnisse vor: Honig verbessert die Gewichtszunahme, befreit von Verstopfung, verstärkt aber Durchfall. Weiterhin verbessert Honig die Calciumaufnahme ins Blut und wirkt sich somit positiv auf die Calciumausnutzung aus (Knott et al. 1941, Vignec und Julia 1954). Droese und Stolley (1979) raten, Säuglinge bis zu einem Alter von 12 Monaten keinen Honig zu geben, da im Honig *Clostridium botulinum*-Sporen nachgewiesen wurden. Diese können den sogenannten Säuglings-Botulismus hervorrufen, bei welchem im Darm die Toxinbildung erfolgt. Neuere Studien zeigen jedoch, daß nur sehr wenige Honige solche Sporen enthalten. Die Krankheit wurde ebenso bei voll gestillten Säuglingen beobachtet (Edit. 1987).

Auch für ältere Menschen ist Honig durch seinen hohen Fructoseanteil bei bestimmten Krankheiten von besonderem Nutzen. Diabetiker, Patienten mit Hemiplegie oder solche, die sich von einem Schlaganfall oder Herzinfarkt erholen, können Glucose im Gegensatz zur Fructose nur schwer verwerten (Albanese et al. 1954, 1968).

11.2 Honig und Diabetes

Gefährlich sind unwissenschaftliche Veröffentlichungen, die besagen, daß Honig für Diabetiker völlig ungefährlich sei. Es konnte gezeigt werden, daß Honig wegen seines Acetylcholingehalts den Blutzuckerspiegel senkt. Diese Ergebnisse lassen sich jedoch nicht auf die normale Nahrungsmittelzufuhr übertragen. Fructose nimmt im diabetischen Stoffwechsel zwar eine Sonderstellung ein, weil sie relativ insulinunabhängig verwertet wird. Der im Vergleich zu Zucker zwar geringere, absolut gesehen aber immer noch beträchtliche Gehalt an Glucose im Honig (siehe Tab. 17) erfordert auch bei stabilisierten Diabetikern eine genaue Absprache mit dem Arzt. Allenfalls zu empfehlen wäre „Tupelo"-Honig mit einem durchschnittlichen Anteil von nur 25 % Glucose.

11.3 Honig als Nahrungsmittel

Honig als Nahrungsmittel wird zum größten Teil direkt bei Tisch als Brotaufstrich und Süßungsmittel verwendet. Der Gebrauch von Honig bei Backwaren, fertigen Getreide-Frühmahlzeiten („Cornflakes", „Crisp", „Müsli" o. ä.), Müsli-Riegeln, Süßwaren und Fruchtsäften ist in den 70er Jahren zurückgegangen. Dies lag zum einen an der Preissteigerung des Honigs, zum anderen an der Einführung billiger fructosehaltiger Sirupe, die den funktionellen Werten des Honigs recht nahekommen (siehe Abschnitt 8.3). In neuester Zeit kommt es bei diesen Lebensmitteln wieder zu einer verstärkten Verwendung von Honig. Das hat seinen Grund darin, daß das Wort „Honig" im Zuge der Vollwerternährung naturnahe Geschmacksvorzüge verspricht und deshalb eine hohe Werbewirksamkeit besitzt. Man konnte für diverse Back- und Süßwaren mit Honigzusatz (gegenüber Sirupzusatz) außerdem einige Vorteile bezüglich ihrer Textur, der Haltbarkeit und des Schutzes vor Austrocknung nachweisen (White 1978). Ein bestimmter Prozentsatz von Honig (am besten 10 bis 20 %) in Nahrungsmitteln (z. B. Nougat, Speiseeis) verbessert häufig nachweislich deren Aroma und Geschmack (White 1978). Der moderate Säuregehalt sowie die enzymatische Tätigkeit des Honigs führen zu einer häufig erwünschten Inversion der im Lebensmittel enthaltenen Saccharose. In der Nahrungsmittelindustrie werden einige Mischungen verwendet, welche Honig in Trockenform enthalten. Von Turkot et al. (1960) wird ein Trocknungsverfahren für reinen Honig beschrieben. Das solchen Honig enthaltende Produkt ist stark hygroskopisch, jedoch bezüglich Farbe und Geschmack sehr lange haltbar. Durch Zugabe von Saccharose wird der Schmelzpunkt des Honigs erhöht, er bleibt länger trocken. Dies führt wiederum zu verbesserter Lagerfähigkeit des Produkts. Wie Tests zeigen, bewirkt die Zugabe von reinem Trockenhonig in fertige Backmischungen trotz der starken Hygroskopizität keine Verklumpung.

Abgesehen von diesen mehr technischen Verwendungsmöglichkeiten ist Honig heute ein Lebensmittel, dem aufgrund seiner Farbe und seines Aromas ein besonderer Genußwert zukommt. In Vollwert-Backbüchern werden zahllose Rezepte unter Beteiligung von Honig empfohlen, auf die hier nicht im einzelnen eingegangen werden kann.

11.3.1 Ein Met-Rezept

Der Name Met geht wahrscheinlich auf das indogermanische „medhu" zurück, was soviel wie Honigwein oder Honiggeist bedeutet. Er war den alten Germanen bereits seit mehr als 3000 Jahren bekannt. Nach altisländischer Sage verdankt der Göttervater Odin sein Leben, seine Kraft und Weisheit dem Honigsaft. Die Priester können den Göttern besser dienen, wenn sie beschwingt sind vom Rauschtrank aus Honig. Met ist Ehrengabe des Fürsten an seine Mannen. Er muß immer vorhanden sein (HEROLD 1988).

Met gab den Ahnen Kraft und Mut.
Er tut uns heute auch noch gut!

Die Met-Rezepte der Germanen wurden von den Römern übernommen, die rauschende Met-Feste organisierten. Ein solches Met-Rezept, das vom Verfasser mehrfach ausprobiert und modifiziert wurde, sei an dieser Stelle wiedergegeben. Es handelt sich um einen Gewürz-Met, der je nach individueller Dosierung der verwendeten Gewürze kräftiger oder schwächer ausfällt.

Zutaten (für 25 l):
15 l entmineralisiertes Wasser (destilliertes Wasser oder Regenwasser);
10 l Leitungswasser (der Härtegrad sollte zwischen 10 und 20 Grad deutscher Härte liegen);
7 kg Honig;
5 Handvoll Gewürzblütentee (Holunderblüten, Zitronenmelisse, Pfefferminze, Brombeerblätter und -blüten etc.);
1 Handvoll Nelken;
1 Handvoll Lorbeerblätter;
1 Eßlöffel Muskat;
5 Zimtstangen;
Saft zweier gepreßter Orangen;
100 ml Zitronensaft;
100 ml Milchsäure (80 %);
6 Hefe-Nährtabletten (Ammoniumdiphosphat-Ammoniumphosphat, z. B. „Kitzinger Hefe-Nährsalztabletten");
1 Fläschchen Reinzucht-Hefe („Madeira", „Malaga" oder „Portwein").

Zubereitung:
− Das Wasser in einen oder zwei große Töpfe geben und erhitzen; unter zeitweisem Rühren den Honig zugeben; den sich bildenden Schaum mit einem Löffel von Zeit zu Zeit abschöpfen und verwerfen; die Honiglösung etwa 2 Stunden kochen, bis keine Schaumbildung mehr auftritt.
− Dann vom Feuer nehmen, in einen 30-l-Glas-Ballon schütten (Trichter!) und noch in heißem Zustand Gewürz-Blütentee zugeben.
− Auf Zimmertemperatur abkühlen lassen (kann ruhig 1 bis 2 Tage stehen).
− Nelken, Lorbeerblätter, Muskat, Zimtstangen, Orangensaft, Zitronensaft, Milchsäure und Hefe-Nährtabletten zugeben.
− In einen dunklen und 20 bis 25 °C warmen Raum stellen.
− Hefe zusetzen.
− Gärglas in einem Gummi- oder Korkstopfen aufsetzen. Wegen der oft stürmisch einsetzenden Gärung sollte man den Stopfen mit einer Schnur am Glas-Ballon gut festbinden.

Nach etwa zwei Wochen setzt die Gärung ein (Glas-Ballon beobachten!). Drei Monate später wird die Lösung klar, die Hefe setzt sich am Boden ab. Jetzt wird es Zeit zu einer ersten Kostprobe, die man am besten mit Hilfe eines Schlauches aus dem Ballon abzieht. Ist der gewünschte Süßungsgrad erreicht, wird der Met ohne die Bodenhefe in Flaschen abgefüllt. Man kann ihn jedoch einer Nachgärung im Glas-Ballon oder in den Flaschen unterziehen, indem man die Hefe aufschüttelt und mit abfüllt. Bei dieser Nachgärung (etwa halbes Jahr) verliert er noch einen Teil seiner anfänglichen Süße und erhält einen besonders feinen Geschmack.

11.4 Andere Verwendungsmöglichkeiten

Außer der Verwendung von Honig in Nahrungsmitteln ist vor allem der Gebrauch in der Pharmaindustrie zu erwähnen. Es gibt eine Reihe von erfolgreichen Hustenmitteln, die Honig enthalten. In der medizinischen Literatur wird von Erfolgen in der Wundbehandlung (z. B. Schürfungen, Verbrennungen) berichtet. Schon längst ist auch der Honig in der Kosmetikindustrie bei der Herstellung von Körpercremes und Parfumes ein viel verwendetes Medium. Dort wird er hauptsächlich wegen der Verbesserung der Textureigenschaften und wegen Verleihung einer einzigartigen Aromanote geschätzt.

12 Gesetzliche Bestimmungen über Honig

Im Zuge des EU-Zusammenschlusses sind Änderungen bzw. Vereinheitlichungen bei den gesetzlichen Bestimmungen über Honig zu erwarten. Es sollen deshalb hier nur die wichtigsten Verordnungen der deutschsprachigen Länder sowie der derzeitige EU-Honigstandard vorgestellt werden. Der EU-Honigstandard wird derzeit überarbeitet, um den Interessen der einzelnen Länder am besten Rechnung zu tragen. Es bleibt abzuwarten, inwieweit die einzelnen Länder den Honigstandard entsprechend ihrer Marktlage modifizieren und z. B. höhere Qualitätsanforderungen stellen als sie in dem EU-Standard vorgeschrieben sind. An die Honige des DIB wurden schon immer recht hohe Anforderungen gestellt, die die internationalen und nationalen Anforderungen übertreffen (siehe dazu Abschnitt 1.4.2).

12.1 Deutsche Honigverordnung und Bestimmungen des Deutschen Imkerbundes (DIB)

Honigverordnung
(Stand: vom 13. Dezember 1976)

(BGBl. I S. 3391), geändert durch die ZZul.VO vom 13. 12. 1979 (BGBl. I S. 2328) und Art. 24 Nr. 8 der VO zur Neuordnung lebensmittelrechtlicher Kennzeichnungsvorschriften v. 22. 12. 1981 (BGBl. I S. 1625/1684) Aufgrund des § 19 Nr. 1, 3 und 4 Buchstaben a, b und c des Lebensmittel- und Bedarfsgegenständegesetzes vom 15. August 1974 (Bundesgesetzbl. I S. 1946), zuletzt geändert durch Artikel 6 des Gesetzes zur Neuordnung des Arzneimittelrechts vom 24. August 1976 (Bundesgesetzbl. I S. 2445) wird im Einvernehmen mit den Bundesministern für Ernährung, Landwirtschaft und Forsten und für Wirtschaft mit Zustimmung des Bundesrates verordnet:

§ 1

(1) Honig im Sinne dieser Verordnung sind die in Anlage 1 definierten Erzeugnisse. Sie unterliegen dieser Verordnung, soweit sie dazu bestimmt sind, als Lebensmittel gewerbsmäßig in den Verkehr gebracht zu werden.
(2) Die in Anlage 1 aufgeführten Bezeichnungen sind den dort definierten Erzeugnissen vorbehalten.
(3) Die Bezeichnungen anderer Lebensmittel dürfen durch das Wort „Honig" ergänzt werden, wenn diese Lebensmittel Honig enthalten, mit Honig nicht verwechselt werden können und die Ergänzung der allgemeinen Verkehrsauffassung entspricht.

§ 2

(1) Honig muß in seiner Beschaffenheit den Anforderungen der Anlage entsprechen und darf
1. – abgesehen von unvermeidbaren geringen Mengen – keine organischen Verunreinigungen wie Insektenteile oder Brut und keine anorganischen Verunreinigungen wie Sandkörner enthalten,
2. keinen künstlichen veränderten Säuregrad besitzen,

3. nicht in Gärung (Treiben) übergegangen sein,
4. keinen artfremden Geruch oder Geschmack aufweisen.

(2) Absatz 1 Nr. 3 und 4 sowie Anlage 2 Nr. 7 gelten nicht für Backhonig und Industriehonig.

(3) Honig dürfen weder Stoffe zugesetzt noch honigeigene Bestandteile entzogen werden.

§ 3

(1) Die Packungen und Behältnisse von Honig müssen mit folgenden Angaben versehen sein:
1. der Bezeichnung „Honig" oder einer anderen nach Anlage 1 für das Erzeugnis vorgesehenen Bezeichnung; bei Erzeugnissen nach Anlage 1 Nr. 2.2.1, 2.2.2 und 2.3.2 muß die dort vorgesehene Bezeichnung verwendet werden; die Bezeichnung darf in allen Fällen durch weitere Angaben ergänzt werden, soweit § 4 oder andere Rechtsvorschriften nicht entgegenstehen,
2. dem Namen oder der Firma und der Anschrift oder dem Sitz des Herstellers oder Verpackers oder eines Verkäufers, der sich in einem Mitgliedstaat der Europäischen Wirtschaftsgemeinschaft niedergelassen hat.

(2) Bei Packungen und Behältnissen mit einem Füllgewicht von mindestens 10 Kilogramm, die nicht im Einzelhandel in den Verkehr gebracht werden, brauchen die Angaben nach Absatz 1 Nr. 2 und 3 nur in den Begleitpapieren vermerkt zu werden.

(3) Die Angaben nach Absatz 1 sind an einer in die Augen fallenden Stelle leicht lesbar und unverwischbar anzubringen. Die Bezeichnung nach Absatz 1 Nr. 1 muß in deutscher Sprache, die übrigen Angaben müssen in einer Amtssprache der Europäischen Wirtschaftsgemeinschaft erfolgen.

§ 4

(1) Die Bezeichnung nach § 3 Abs. 1 Nr. 1 darf nur dann durch die Angabe bestimmter Blüten oder Pflanzen ergänzt werden, wenn der betreffende Honig überwiegend den genannten Blüten oder Pflanzen und entsprechende sensorische, physikalisch-chemische und mikroskopische Merkmale aufweist.

(2) Der Gebrauch eines regionalen, territorialen oder topographischen Namens ist nur dann zulässig, wenn der damit bezeichnete Honig ausschließlich die angegebene Herkunft aufweist.

§ 5

Gewerbsmäßig dürfen nicht in den Verkehr gebracht werden
1. Lebensmittel, die mit der Bezeichnung „Honig" oder einer anderen in Anlage 1 aufgeführten Bezeichnung versehen sind, ohne der betreffenden Begriffsbestimmung zu entsprechen; § 1 Abs. 3 bleibt unberührt,
2. Honig, dessen Beschaffenheit den Anforderungen des § 2 nicht entspricht,
3. Honig, dessen Bezeichnung entgegen § 4 Abs. 1 durch die Angabe bestimmter Blüten oder Pflanzen ergänzt ist,
4. Honig, der entgegen § 4 Abs. 2 mit einer Herkunftsangabe versehen ist.

§ 6

(1) Nach § 52 Abs. 1 Nr. 11 des Lebensmittel- und Bedarfsgegenständegesetzes wird bestraft, wer Lebensmittel entgegen einem Verbot des § 5 gewerbsmäßig in den Verkehr bringt. Wer eine in Satz 1 bezeichnete Handlung fahrlässig begeht, handelt nach § 53 Abs. 1 des Lebensmittel- und Bedarfsgegenständegesetzes ordnungswidrig.

(2) Ordnungswidrig im Sinne des § 54 Abs. 1 Nr. 2 des Lebensmittel- und Bedarfsgegenständegesetzes handelt, wer vorsätzlich oder fahrlässig Honig gewerbsmäßig in den Verkehr bringt, der entgegen § 3 nicht oder nicht in der vorgeschriebenen Weise gekennzeichnet ist.

§ 7

Die Lebensmittel-Kennzeichnungsverordnung in der Fassung der Bekanntmachung vom 25. Januar 1972 (Bundesgesetzbl. I S. 85), zuletzt geändert durch § 18 der Hackfleisch-Verordnung vom 10. Mai 1976 (Bundesgesetzbl. I S. 1186), wird wie folgt geändert:
In § 1 Abs. 1 Nr. 7 wird das Wort „Honig" gestrichen.

§ 8
Diese Verordnung gilt nach § 14 des Dritten Überleitungsgesetzes vom 4. Januar 1952 (Bundesgesetzbl. I S. 1) in Verbindung mit Artikel 11 des Gesetzes zur Gesamtreform des Lebensmittelrechts vom 15. August 1974 (Bundesgesetzbl. I S. 1945) auch im Land Berlin.

§ 9
(1) Diese Verordnung tritt am 1. Januar 1977 in Kraft.
(2) Zum gleichen Zeitpunkt treten außer Kraft
1. die Verordnung über Honig vom 21. März 1930 (Reichsgesetzbl. I S. 101), geändert durch Artikel 23 der Verordnung vom 16. Mai 1975 (Bundesgesetzbl. I S. 1281),
2. der Runderlaß des Reichsministers des Innern vom 9. Oktober 1934 (Ministerialblatt für die innere Verwaltung S. 1252c),
3. der Runderlaß des Reichsministers des Innern vom 4. März 1941 (Ministerialblatt für die innere Verwaltung S. 425).

Anlage 1
(zu § 1)

Bezeichnungen und Begriffsbestimmungen

1. **Honig**
   flüssiges, dickflüssiges oder kristallines Lebensmittel, das von Bienen erzeugt wird, indem sie Blütennektar, andere Sekrete von lebenden Pflanzenteilen oder auf lebenden Pflanzen befindliche Sekrete von Insekten aufnehmen, durch körpereigene Sekrete bereichern und verändern, in Waben speichern und dort reifen lassen;

2. **Honigarten**
   2.1 unterschieden nach den Ausgangsstoffen
   2.1.1 Blütenhonig
   überwiegend aus Blütennektar stammender Honig;
   2.1.2 Honigtauhonig
   Honig, der überwiegend aus anderen Sekreten lebender Pflanzen oder aus auf lebenden Pflanzen befindlichen Sekreten von Insekten stammt; seine Farbe kann von hellbraun oder grünlich-braun bis fast zu schwarz hin reichen;
   2.2 unterschieden nach der Art der Gewinnung oder Zusammensetzung
   2.2.1 Wabenhonig oder Scheibenhonig
   Honig, der sich noch in den verdeckelten, brutfreien Zellen der von Bienen selbst frisch gebauten, ganzen oder geteilten Waben befindet;
   2.2.2 Honig mit Wabenteilen
   Honig, der ein oder mehrere Stücke Wabenhonig enthält;
   2.2.3 Tropfhonig
   durch Austropfen der entdeckelten, brutfreien Waben gewonnener Honig;
   2.2.4 Schleuderhonig
   durch Schleudern der entdeckelten, brutfreien Waben gewonnener Honig;
   2.2.5 Preßhonig
   durch Pressen der brutfreien Waben ohne oder mit geringer Erwärmung gewonnener Honig;
   2.3 unterschieden nach dem Verwendungszweck
   2.3.1 Speisehonig
   vollwertiger, zum unmittelbaren Genuß bestimmter Honig;
   2.3.2 Backhonig oder Industriehonig
   genießbarer, aber nicht vollwertiger Honig, der zur Weiterverarbeitung bestimmt ist.

Anlage 2
(zu § 2)

Beschaffenheit von Honig

1. Gehalt an reduzierenden Zuckern, berechnet als Invertzucker
   a) Blütenhonig mindestens 65 %
   b) Honigtauhonig, allein oder gemischt mit Blütenhonig mindestens 60 %
2. Scheinbarer Gehalt an Saccharose
   a) im allgemeinen höchstens 5 %
   b) Honigtauhonig, allein oder gemischt mit Blütenhonig; Akazien- und Lavendelhonig sowie Honig aus *Banksia menziesii* höchstens 10 %
3. Gehalt an Wasser

a) im allgemeinen höchstens 21 %
b) Heidehonig (*Calluna*) und Kleehonig (*Trifolium* sp.) höchstens 23 %
4. Gehalt an wasserunlöslichen Stoffen
   a) im allgemeinen höchstens 0,1 %
   b) Preßhonig höchstens 0,5 %
5. Gehalt an Mineralstoffen (Asche)
   a) im allgemeinen höchstens 0,6 %
   b) Honigtauhonig, allein oder gemischt mit Blütenhonig höchstens 1 %
6. Gehalt an freien Säuren höchstens 40 Milliäquivalent pro kg
7. Diastasezahl und Gehalt an Hydroxymethylfurfurol (HMF)
   a) im allgemeinen Diastasezahl nach SCHADE mindestens 8 HMF höchstens 40 mg/kg
   b) Honig mit einem geringen natürlichen Gehalt an Enzymen (zum Beispiel Zitrushonig) Diastasezahl nach SCHADE mindestens 3 HMF höchstens 15 mg/kg

Leitsätze für Honig des Deutschen Lebensmittelbuches

vom 6./7. Juli 1977
(BAnz. Nr. 82a vom 29. 4. 1978), geändert im BAnz. Nr. 100a vom 26. 5. 1984
Die Leitsätze für Honig vom 15./16. März 1972 wurden nach Inkrafttreten der Honigverordnung vom 13. Dezember 1976 (BGBl. I S. 3391) am 1. Januar 1977 durch Bekanntmachung des Bundesministers für Jugend, Familie und Gesundheit vom 31. März 1977 − 414 − 6584 (BAnz Nr. 67 vom 6. April 1977, Gemeinsames Ministerialblatt Nr. 14 S. 225) mit Ausnahme von Abschnitt III Nr. 5, 6 und 7 rückgängig gemacht.

Für den Verkehr mit Honig sind jedoch noch die Beschreibungen in Abschnitt III Nr. 5, 6 und 7 der Leitsätze für Honig von Bedeutung. Die dort genannten Bezeichnungen können auch weiterhin verwendet werden, wenn die dafür geforderten Voraussetzungen vorliegen.

Aus Gründen einer besseren Übersichtlichkeit wird der verbleibende Teil der Leitsätze für Honig nach Anhörung der Deutschen Lebensmittelbuch-Kommission wie folgt neu bekanntgemacht:

**Leitsätze für Honig
Qualitätsvorhebende Angaben**

1. Zusätzliche Angaben wie „Auslese", „Auswahl" beziehen sich auf durch besondere Auswahl erzielte überdurchschnittliche äußere Eigenschaften wie Farbe, Aussehen und Konsistenz sowie auf den Geschmack.
2. Angaben wie „kalt geschleudert", „mit natürlichem Fermentgehalt", „wabenecht" werden nur bei besonders sorgfältiger Gewinnung, Lagerung und Abfüllung des Honigs verwendet. In diesen Fällen können auch Angabe wie „feinste", „beste" verwendet werden.
   Honige dieser Art weisen folgende Qualitätsmerkmale auf:
   − Saccharase:
     mindestens HADORN-Zahl 7 oder ein entsprechender Wert nach einer anderen vergleichbaren Methode[1]
   − Hydroxymethylfurfurolgehalt (HMF-Gehalt):
     nicht über 20 ppm (= 20 mg/kg) nach WINKLER oder einer anderen vergleichbaren Methode[2].
3. Erreicht die Saccharasezahl den Wert 10 und mehr (nach HADORN[1]), so kann bei diesem Honig auf den hohen Enzymgehalt durch die Angabe „fermentreich"[3] hingewiesen werden.

Richtlinie für Invertzuckercreme
(Schriftenreihe des BLL, Heft 91, 1979)
Vorbemerkung
Gemäß § 1 Abs. 3 der Honig-Verordnung vom 13. 12. 1976, der seinerseits auf die Richtlinie des Rates der Europäischen Gemeinschaft zur Angleichung der Rechtsvorschriften der Mitgliedstaaten betreffend Honig vom 22. 7. 1974 zurückgeht, sowie nach Aufhebung der Verordnung über Kunsthonig ist es für die Zukunft ausgeschlossen, die bisher gebräuchliche Bezeichnung „Kunsthonig" weiter zu benutzen. Damit hat sich die Notwendigkeit ergeben, für die nachstehend beschriebenen, teilweise auch

neuen Erzeugnisse eine Bezeichnung zu verwenden, die ihre Beschaffenheit beschreibt. Hierzu ist die Bezeichnung „Invertzuckercreme" geeignet.

A) Allgemeines

1. Definition
   „Invertzuckercreme" ist ein aus überwiegend invertierter Saccharose mit oder ohne Verwendung von Glukosesirup und anderen Stärkezuckerungserzeugnissen, mit oder ohne Honig hergestelltes, aromatisiertes, auch gefärbtes Erzeugnis, das von seiner Herstellung her organische Nichtzuckerstoffe und anorganische Stoffe enthalten kann.
2. Konsistenz
   „Invertzuckercreme" ist je nach Art ihrer Herstellung und oder Lagerung eine zähflüssige bis feste Masse und kristallisiert häufig bei längerem Lagern.

B) Anforderungen

1. „Invertzuckercreme" entspricht in der Zusammensetzung den folgenden Anforderungen:
   a) Invertzucker[4]   min. 50,0 v. H. i. Tr.
   b) Saccharose   max. 38,5 v. H. i. Tr.
   c) Stärkezuckerungs-
      erzeugnisse   max. 38,5 v. H. i. Tr.
   d) Asche   max. 0,5 v. H. i. Tr.
   e) Wasser   max. 22,0 v. H. i. Fertigerzeugnis
   f) pH-Wert nicht unter 2,5 (bei Verdünnung auf das doppelte Gewicht)
2. Zur Herstellung von „Invertzuckercreme" werden verwendet:
   a) farbgebende Stoffe[5]
   b) organische Genußsäuren, vorwiegend Milchsäure, Weinsäure und Zitronensäure
   c) andere geschmackgebende Stoffe[6]

C) Bezeichnungen und Angaben

1. Das unter A) definierte Erzeugnis wird als „Invertzuckercreme" bezeichnet.
2. Wird „Invertzuckercreme" unter Anwendung eines Zusatzes von Honig hergestellt, so wird auf diesen Zusatz nur hingewiesen, wenn der Anteil an Honig im fertigen Erzeugnis mindestens 10 v. H. beträgt. Der Hinweis erfolgt nur in unmittelbarem Zusammenhang mit der Produktbezeichnung[7] durch Angabe des Honiganteiles in von Hundertteilen.

Bestimmungen zu den Warenzeichen des Deutschen Imkerbundes e.V.
(Stand: 19. 10. 1991)

I. Verbandszeichensatzung

§ 1 Verbandszeichen

Für den Deutschen Imkerbund e.V. (DIB) sind zum Schutz der Erzeugnisse und der Tätigkeit des deutschen Imkers die folgenden Warenzeichen eingetragen:
1. Bildzeichen: Imkerhonigglas
   Wz. Nr. 661917
2. Bildzeichen: Gewährverschluß grün
   Wz. Nr. 656643
3. Bildzeichen: Dosengewährverschluß grün
   Nr. 741299
4. Bildzeichen: Zeidler Wz. Nr. 656641
5. Kennmarke mit Motiv „Adler"
   Wz. Nr. 656642
6. Bildzeichen „Adlermarke"
   DBWZ 350439

---

[1] Deutsche Lebensmittel-Rundschau, 62, 195–201 (1966).
[2] Zeitschrift für Lebensmitteluntersuchung und Forschung, 102, 161 (1955).
[3] Diese Angabe bedeutet nicht, daß dieser Honig besonders gesundheitsfördernde Eigenschaften aufweist, die ihn von anderem Honig beachtlich unterscheiden.
[4] Als Hilfsstoffe zur Inversion sind nach der Zusatzstoff-Zulassungs-Verordnung zugelassen: Salzsäure, Schwefelsäure, Natriumcarbonat, Natriumhydrogencarbonat, Natriumhydroxid und Calciumhydroxid; Säuren und Neutralisationsmittel entsprechen den Reinheitsanforderungen der Zusatzstoff-Verkehrsordnung; die Inversion kann auch mit Ionenaustausch oder Enzymen erfolgen.
[5] Werden Farbstoffe verwendet, z. B. Zuckerkulör, so ist die Zusatzstoff-Zulassungs-Verordnung zu beachten.
[6] Werden Essenzen (Aromen), z. B. Honigaroma oder Fruchtaroma, verwendet, so ist die Essenzen-Verordnung zu beachten.
[7] Bei Produkten, die mit Honig verwechselbar sind (§ 1 Abs. 3 Honig-VO), darf der Hinweis (Honig) nicht in der Produktbezeichnung erfolgen.

§ 2 Verband

für die Aufrechterhaltung der Zeichen nach den gesetzlichen Bestimmungen sorgt der DIB. Er wird gerichtlich und außergerichtlich durch seinen Präsidenten, bei dessen Verhinderung durch den 2. Bundesleiter, vertreten. Der DIB ist ein freiwilliger Zusammenschluß der deutschen Imker-/Landesverbände und dient der Förderung der deutschen Bienenzucht und Bienenwirtschaft auf allen Gebieten.

§ 3 Verwendung der Verbandszeichen

Die Verbandszeichen dienen zur Kennzeichnung und zum Schutz von Honig aus der Bundesrepublik Deutschland (Ziff. 1, 2 und 3). Sie dürfen nur für vollwertigen, einwandfrei gewonnenen und behandelten, reinen und reifen Honig verwendet werden. Der DIB kann dazu Richtlinien mit den qualitativen Mindestanforderungen herausgeben. Der Honig ist mit Hilfe ordnungsgemäßer Abfüllvorrichtungen in hygienisch einwandfreier Weise abzufüllen.

Es sind die vom Deutschen Imkerbund herausgegebenen Deckeleinlagen zu verwenden.

Die Verbandszeichen dürfen nur zur Kennzeichnung der vom DIB herausgegebenen oder zugelassenen Warenverpackungen benutzt werden. Mit den Verbandszeichen versehene Warenverpackungen und Gewährverschlüsse dürfen nur zusammen in den Verkehr gebracht werden. Die zu Kontrollzwecken numerierten Gewährverschlüsse sind vom Verband zu beziehen. Die lose Abgabe von Gewährverschlüssen ist nicht zulässig. Der Benutzungsberechtigte hat die vom DIB vorgeschriebenen Aufzeichnungen über die Verwendung der Gewährverschlüsse zu führen. An den Verbandszeichen dürfen außer Namens- oder Firmenzusätzen keinerlei Veränderungen vorgenommen werden. Die Verwendung zusätzlicher Etiketten ist nur als Rückenetikett möglich, wobei diese überwiegend Informationen über Qualität und/oder Herkunft geben dürfen. Diese Etiketten dürfen eine Fläche von 22 qcm nicht übersteigen, sie dürfen nicht länger als 7 cm in ihrer längsten Ausdehnung sein und müssen jeweils in gleichen Abständen von den waagerechten Enden des Verbandszeichens angebracht sein. Die Verwendung der Rückenetiketten bedarf der schriftlichen Zustimmung des DIB. Ausnahmeregelungen gelten nur für die Centrale Marketing Gesellschaft der Deutschen Agrar Wirtschaft GmbH, 53173 Bonn-Bad Godesberg (CMA).

Der Benutzungsberechtigte ist dafür verantwortlich, daß die Verbandszeichen nur von ihm selbst oder unter seiner persönlichen Kontrolle benutzt werden. Die Benutzung der Verbandszeichen „Adler" (Ziff. 5), „Zeidler" (Ziff. 4) zu Werbezwecken auf Geschäftspapieren, Werbedrucksachen usw. ist dem Benutzungsberechtigten gestattet, soweit sich diese auf den Handel von in der Bundesrepublik Deutschland erzeugten Honig beziehen. Der Benutzungsberechtigte ist in diesem Fall verpflichtet, der Geschäftsstelle des DIB je zwei Exemplare solcher Drucksachen zur Kenntnisnahme vorzulegen.

Die Benutzung des Verbandszeichens „Adler" (Ziff. 5) ist außerdem mit besonderer Erlaubnis des Verbandes zur Kennzeichnung von Bienenfutterzucker und anderer der Bienenzucht und Bienenwirtschaft dienenden Gegenstände gestattet.

§ 4 Verleihung des Benutzungsrechts

Das Benutzungsrecht für die Verbandszeichen wird durch den DIB widerruflich verliehen. Der DIB besitzt das alleinige Verfügungsrecht über die Verbandszeichen.

Die Verleihung erfolgt auf Antrag. Anträge auf Verleihung sind an den DIB zu richten. Die Verleihung ist an eine schriftliche Erklärung des Antragstellers gebunden, daß er diese Verbandszeichensatzung und ihre Durchführungsbestimmungen anerkennt.

Das Benutzungsrecht wird nur verliehen, wenn gesichert erscheint, daß der Antragsteller Honig nur in der Weise abfüllen und mit den Verbandszeichen in Verkehr bringen wird, daß er den Anforderungen des § 3 entspricht.

Gegen die Versagung der Verleihung steht dem Antragsteller die Beschwerde zu. Sie ist innerhalb von zwei Wochen bei der Geschäftsstelle des DIB mit einer schriftlichen Begründung einzureichen.

Benutzungsberechtigt ohne Antrag ist jeder Imker, der Mitglied eines dem DIB über den zuständigen Landesverband angeschlossenen Imkerverein ist, soweit er die Verbandszeichen nur für den von ihm selbst geernteten Honig verwendet. Der Zukauf von Honig ist nur unter folgenden Voraussetzungen zulässig:
a) Es muß sich ausschließlich um in der Bundesrepublik Deutschland erzeugten Honig handeln.
b) Der Erzeuger muß Mitglied in einem dem Landesverband des DIB angeschlossenen Orts-/Kreisvereins sein.
c) Die Zukaufmenge darf im laufenden Kalenderjahr den Durchschnitt der eigenen Erzeugung der letzten 5 Jahre nicht übersteigen. Der Nachweis der erzeugten Menge hat durch den Benutzungsberechtigten in nachvollziehbarer Weise zu erfolgen.
d) Der Benutzungsberechtigte hat vom Zeitpunkt der Übernahme an alle Verpflichtungen nach den „Bestimmungen zu den Warenzeichen des Deutschen Imkerbundes e.V." zu erfüllen.
e) Imker, deren Mitgliedschaft in einem dem jeweiligen DIB-Imker-/Landesverband angeschlossenen Imkerverein nach dem 1. Januar 1993 beginnt, sind nur dann benutzungsberechtigt, wenn sie an einer vom Imker-/Landesverband oder in seinem Auftrag durchgeführten Honig-Schulung teilgenommen haben.

Der Imker hat bei der Bestellung oder dem Empfang der zur Kennzeichnung dienenden Gewährverschlüsse die Anzahl der von ihm bewirtschafteten Bienenvölker anzugeben und sich zur Einhaltung dieser Verbandszeichensatzung und ihrer Durchführungsbestimmungen schriftlich zu verpflichten. Das Benutzungsrecht kann vom Vorstand aus wichtigem Grund mit sofortiger Wirkung widerrufen werden.

§ 5 Überwachung

Der DIB überwacht die Benutzung der Verbandszeichen.

Jeder Benutzungsberechtigte unterwirft sich der Aufsicht des DIB hinsichtlich der satzungsgemäßen Verwendung der Verbandszeichen und verpflichtet sich, den mit der Überwachung Beauftragten auf Verlangen nach bestem Wissen und Gewissen alle zweckdienlichen Auskünfte zu erteilen, schriftliche Unterlagen vorzulegen, insbesondere die Herkunftsnachweise, Rechnungen, Verwendungsnachweise sowie eine Besichtigung seines Betriebes zu gestatten und lose Proben zu kostenlosen Untersuchungen durch eine anerkannte Untersuchungsstelle entnehmen zu lassen.

Die Kosten für die Durchführung der Kontrollen trägt der DIB. Bei Feststellung von Verstößen des Benutzungsberechtigten gegen die Bestimmungen zu den Warenzeichen des DIB können die Kosten der Untersuchung und der Probenziehung sowie die durch Wiederholungskontrollen entstehende Kosten dem Benutzungsberechtigten auferlegt werden.

Jeder Benutzungsberechtigte ist verpflichtet, ihm zur Kenntnis gelangende Mißbräuche der Verbandszeichen und Verstöße gegen die Zeichensatzung oder die Durchführungsbestimmungen unverzüglich dem DIB anzuzeigen.

§ 6 Verfolgung von Mißbräuchen

Der Vorstand des DIB kann jeden Benutzungsberechtigten wegen mißbräuchlicher Verwendung der Verbandszeichen
a) verwarnen,
b) mit einer Verbandsstrafe bis zu DM 20 000,– im Einzelfall belegen.

Er kann außerdem
c) ihm das Benutzungsrecht vorübergehend sperren,
d) ihm in schweren Fällen das Benutzungsrecht dauernd entziehen,
e) seinen Ausschluß als Mitglied herbeiführen.

Die Entscheidungen des DIB sind dem Betroffenen durch eingeschriebenen Brief zuzustellen und schriftlich zu begründen.

Für die Strafe a) bis c) stehen dem Betroffenen Beschwerde an den erweiterten Vorstand, gegen die Strafen d) und e) Berufung an die Vertreterversammlung des DIB zu. Beschwerde oder Berufung sind innerhalb von zwei Wochen nach Zustellung der Entscheidung bei der Geschäftsstelle des DIB mit schriftlicher Begründung einzureichen. Die Beschwerde und die Berufung haben keine aufschiebende Wirkung.

§ 7 Warenzeichenänderung und Umtausch

Der DIB ist berechtigt, seine Warenzeichen innerhalb einer angemessenen Frist, die gem. § 8 Satz 1 bekanntzumachen ist, zurückzuziehen und bereits ausgegebene Verbandszeichen umzutauschen. Nach Ablauf der Frist dürfen die Verbandszeichen nicht mehr benutzt werden; sie sind auf Kosten des Benutzungsberechtigten unentgeltlich an den DIB zurückzusenden.

§ 8 Schlußbestimmungen

Alle mit dem Verbandszeichen zusammenhängenden Bestimmungen sind in den regelmäßig erscheinenden Bekanntmachungen des DIB zu veröffentlichen. Auch rechtskräftig verhängte Strafen nach § 6 können veröffentlicht werden.

Ansprüche irgendwelcher Art gegen den DIB können aus der zeitweiligen oder dauernden Entziehung des Benutzungsrechtes der Verbandszeichen oder aus der Versagung der Verleihung nicht hergeleitet werden. Änderungen dieser Zeichensatzung werden wirksam mit der Anmeldung zur Warenzeichenrolle. Gerichtsstand für alle aus der Warenzeichenbenutzung sich ergebenden Streitigkeiten ist der Sitz des Verbandes.

II. Qualitätsanforderungen für deutschen Honig unter den Warenzeichen des DIB

§ 1

Aufgrund § 3 der Verbandszeichensatzung darf mit dem Warenzeichen des DIB „Bildzeichen Gewährverschluß grün" nur Honig in den Verkehr gebracht werden, der über die Bestimmungen der Lebensmittelgesetze, insbesondere der Verordnung über Honig vom 13. Dezember 1976, hinaus folgenden Mindestanforderungen genügt:

1. Der Honig muß „naturbelassen" sein: Das ist im allgemeinen der Fall, wenn folgende Voraussetzungen erfüllt sind:
   a) Die Invertaseaktivität muß mindestens zehn Einheiten nach GONTARSKI betragen (oder eine entsprechende Aktivität nach einer anderen vergleichbaren Methode erreichen).
   b) Der Hydroxylmethylfurfural-Gehalt (HMF-Gehalt) darf 15 mg pro kg Honig (nach Winkler oder einer vergleichbaren anderen Methode) nicht überschreiten.
   c) Bei natürlich fermentschwachen Honigen (z. B. Gamander- oder Robiniensortenhonig) können Unterschreitungen der Invertasemindestaktivität toleriert werden.
   d) Die Festsetzung einer Diastasemindestaktivität, die über die Anforderungen hinausgeht, die üblicherweise aufgrund der Verordnung über Honig gestellt werden, erübrigt sich, da die Messung der Invertaseaktivität und des HMF-Gehalts Wärme- oder Lagerungseinflüsse empfindlicher anzeigt, als dies durch die Bestimmung der Diastasezahl möglich ist.

2. Der Wassergehalt des Honigs darf nicht mehr als 20 % betragen. Diese refraktometrisch zu messenden Grenzwerte (durch Ablesen der Wasser-/Trockensubstanzprozente auf der Rohrzuckerskala des Instruments) entsprechen den tatsächlichen Wassergehalten von 18,5 bzw. 21,6 % gemäß der AOAC-Meßmethode, die der Honigverordnung zugrunde liegt.

3. Der Honig darf auch im mikroskopischen Bild keine nennenswerten Mengen vermeidbarer, nicht arteigener Bestandteile (z. B. Pollenersatzmittel, Schmutzpartikel) enthalten.

4. Kandierter Honig muß eine einheitliche feine Körnung mit matter Oberfläche aufweisen. Eine feine weiße Schicht an der Oberfläche von kandiertem Honig und sog. „Blütenbildung" sind keine qualitätsmindernden Merkmale (zur „Blütenbildung" siehe Seite 74).

§ 2
Honig entspricht in der Regel den Voraussetzungen des § 1:
1. wenn er aus überwiegend gedeckelten Waben geschleudert wird und bei der Stoßprobe nicht mehr aufspritzt.
2. wenn er nicht während einer Volltracht geschleudert wird.
3. wenn er dickflüssig und zäh aus der Schleuder fließt, so daß der Honigstrahl kegelbildend auf das Sieb fällt.
4. wenn alle zur Honiggewinnung benutzten Geräte völlig trocken, sauber und rostfrei sind.
5. wenn er in trockene Gefäße gefüllt wird.
6. wenn er nicht länger als zwei Jahre in einem geruchfreien, möglichst trockenen und abgedunkelten Raum gelagert wird. Die Temperatur sollte 15 °C auch nicht kurzzeitig und geringfügig überschreiten. Auf möglichst gleichmäßige Lagerungstemperatur ist zu achten. Für längere Lagerung sind luftdicht schließende Behälter zu verwenden.
7. wenn er durch Abschäumen so lange geklärt wird, bis die Oberschicht völlig schaumfrei, glatt und glänzend ist.
8. wenn er zur Erzielung einer einheitlichen Kandierung regelmäßig bis zu einem fortgeschrittenen Stadium der Kristallbildung sachgemäß gerührt wird.
9. wenn er ohne Erwärmung abgefüllt wird (also vor der völligen Erstarrung durch Kandierung).
10. wenn er bei einer notwendig werdenden Wiederverflüssigung nicht über 40 °C erwärmt wird und die Erwärmung so kurz wie möglich erfolgt.

Im Zweifelsfall ist vom Imker vor dem Abfüllen und Inverkehrbringen des Honigs eine Nachprüfung über die Erfüllung der Mindestanforderung gemäß § 1 bei einer vom DIB anerkannten Untersuchungsstelle zu veranlassen. Die Abfüllstellen sind dafür verantwortlich, daß der von ihnen in den Verkehr gebrachte Honig diesen Anforderungen entspricht. Imker und Abfüllstellen sind berechtigt, Untersuchungen vom DIB vornehmen zu lassen.

§ 3 entfällt

§ 4
Für Honige, die mit dem Verbandswarenzeichen des DIB in den Verkehr gebracht werden, gelten ferner die folgenden Bestimmungen:
1. Sie dürfen nicht als deutscher Honig angeboten werden, wenn die Bienen mit ausländischem Honig gefüttert wurden oder die betreffenden Honige Trachtanteile ausländischer Herkunft enthalten.
2. Zutreffende Deklarationen der botanischen, regionalen oder jahreszeitlichen Herkunft (z. B. Frühtracht, Sommerhonig) sind nach Maßgabe der einschlägigen Bestimmungen der Honigverordnung zulässig, jedoch nur in Abstimmung mit den Richtlinien des DIB. Sonstige Deklarationswünsche (z. B. Bayerischer Waldhonig usw.) sind dem DIB zur Genehmigung vorzulegen.
3. Die Aufbewahrung und der Versand von deutschem Honig, der mit dem Verbandswarenzeichen angeboten werden soll, darf nur in sauberen, rost- und geruchfreien, säurebeständigen Gefäßen erfolgen.

III. Verwendungsbestimmungen für Prägezangen und Eimeretiketten mit dem Warenzeichen des Deutschen Imkerbundes e.V.

Die vom DIB zur Kennzeichnung des deutschen Honigs herausgegebenen Verschlüsse für Honigeimer mit dem gesetzlich geschützten Verbandswarenzeichen dürfen nur entsprechend den nachstehenden Bestimmungen verwendet werden:
1. Der Eimerverschluß besteht aus Bleiplombe und Etikett für verschiedene Eimergrößen. Die Bleiplombe wird mittels einer Prägezange angebracht, wobei beim Verschließen gleichzeitig das Verbandszeichen und eine Kennziffer eingeprägt werden. Jeder Benutzungsberechtigte erhält eine bestimmte Kennziffer, welche auch in die Eimeretiketten eingestanzt wird. Plombe und Etikett dürfen nur zusammen verwendet werden.

Beide müssen die gleiche Kennziffer des Benutzungsberechtigten tragen.
2. Eimerverschlüsse können auf Antrag an alle nach § 4 der Verbandszeichensatzung Benutzungsberechtigten abgegeben werden, wenn die dort genannten Voraussetzungen erfüllt sind.
Honigeimerverschlüsse dürfen vom Benutzungsberechtigten nur für selbst geerntetem Honig verwendet werden, soweit nicht eine besondere Genehmigung als Abfüllstelle vorliegt. Etiketten, welche an Abfüllstellen zur Kennzeichnung von nicht selbst geerntetem deutschen Honig geliefert werden, sind mit einer weiteren fortlaufenden Kontrollnummer versehen, über welche die vorgeschriebenen Verwendungsnachweise geführt werden müssen.
3. Prägezangen und Etiketten sind vom DIB zu beziehen. Die mit dem Verbandszeichen und der Kennziffer versehenen Einsätze in den Prägezangen bleiben Eigentum des DIB und sind nach Erlöschen des Benutzungsrechtes an diesen wieder zurückzugeben.
4. Zum Verschließen der Eimer darf nur Spiraldraht verwendet werden, damit die Plombe nicht abgestreift werden kann. Zur Sicherung des Deckels muß der Eimer mit Sicherungsring oder seitlicher, einbiegsamer Krampe versehen sein.
5. Der zur Abfüllung kommende deutsche Honig muß den Qualitätsanforderungen gemäß Ziffer II entsprechen.
6. Jeder Benutzungsberechtigte, der selbstgeernteten Honig mit Eimerverschlüssen in Verkehr bringen will, ist verpflichtet, jährlich mindestens eine Probe seines Honigs vorher zur Untersuchung an eine vom DIB anerkannte Untersuchungsstelle einzusenden. Der DIB kann die Abgabe der Etiketten von der Vorlage eines Untersuchungsbefundes abhängig machen.
Für Honiguntersuchungen, die von den Abfüllstellen zu veranlassen sind, gilt § 3 der Richtlinien für Abfüllstellen.
7. Für die Benutzung von Eimerverschlüssen gelten im übrigen die Bestimmungen der Verbandszeichensatzung des DIB.

IV. Richtlinien für die Verleihung des Benutzungsrechts an Abfüllstellen

§ 1 Voraussetzungen für die Verleihung

Das Recht zur Benutzung der Verbandszeichen des DIB gemäß § 4 der Zeichensatzung für nicht selbst geernteten deutschen Honig kann nur bei Erfüllung folgender Voraussetzungen verliehen werden:
1. Persönliche Voraussetzungen:
   a) Kenntnisse des Inhabers oder des für die Abfüllung Verantwortlichen über Honig und Honigbehandlung (mehrere Jahre einschlägige Tätigkeit als Honighändler oder Imker).
   b) Ausreichende Kreditfähigkeit, damit eine ordnungsgemäße Bezahlung der liefernden Imker gewährleistet ist, für die die Verleihung des Abfüllrechtes einen Vertrauensbeweis darstellt.
   c) Schriftliche Verpflichtung über die Anerkennung der verbandlichen Bestimmungen für das Verbandszeichen (Zeichensatzung und ihre Durchführungsbestimmungen, insbesondere Bestimmungen des § 3 dieser Richtlinien) in der jeweils gültigen Fassung durch den verantwortlichen Firmeninhaber.
2. Sachliche Voraussetzungen:
   d) Vorliegen eines einschlägigen Fachgroßhandels (Honig- oder Lebensmittelgroßhandel) nach gewerblicher und steuerlicher Anmeldung (handelsgerichtliche Eintragung ist nicht erforderlich).
   Einzelhandelsgeschäfte können nur zugelassen werden, wenn mehrere Filialen vorhanden sind, die eine eigene Abfüllung umsatzmäßig rechtfertigen.
   e) Ein hygienisch einwandfreier, sauberer, kühler und möglichst trockener Raum. Der deutsche Honig ist von ausländischem Honig deutlich erkennbar getrennt zu lagern.
   f) Eine Honigauflöseeinrichtung mit einwandfrei arbeitender Temperatursteuerung in einem hygienisch einwandfreien, sauberen Raum.

g) Eine Honigabfülleinrichtung, die eine ordnungsgemäße Reinigung des Honigs und eine saubere Abfüllung ermöglicht.
h) Entrichtung einer Lizenzgebühr an den DIB in der vom Vorstand festgesetzten Höhe.

§ 2 Verleihung und Widerruf

Die Verleihung des Benutzungsrechtes durch den DIB erfolgt gemäß § 4 der Zeichensatzung grundsätzlich auf die Dauer eines Kalenderjahres; das Benutzungsrecht verlängert sich jeweils um ein Jahr, wenn es nicht unter Einhaltung einer Kündigungsfrist von 6 Monaten gekündigt wird.

Über die Verleihung wird eine Urkunde erteilt.

Die vom DIB zu beziehenden Gewährverschlüsse bleiben bis zu ihrer Verwendung Eigentum des DIB. Ein Widerruf kann erfolgen, wenn
1. ein Mißbrauch der Verbandszeichen festgestellt wurde (§ 6 der Zeichensatzung),
2. die persönlichen oder sachlichen Voraussetzungen gem. § 1 nicht mehr gegeben sind,
3. die Zeichensatzung und ihre Durchführungsbestimmungen, insbes. die in § 3 angegebenen besonderen Verpflichtungen der Abfüllstellen nicht eingehalten wurden.

Das Benutzungsrecht erlischt ohne besonderen Widerruf, wenn
1. die Abfüllstelle ganz oder teilweise auf eine andere Person als den Antragsteller übergeht,
2. die Gewährverschlüsse nach Aufforderung und Fristsetzung nicht rechtzeitig bezahlt wurden,
3. der Antrag auf Erneuerung nicht rechtzeitig vor Ablauf des Benutzungsrechts gestellt wird.

§ 3 Verpflichtungen

Der benutzungsberechtigte Abfüllstelleninhaber ist verpflichtet,
1. die Zeichensatzung und ihre Durchführungsbestimmungen einzuhalten, insbesondere nur solchen deutschen Honig mit dem Verbandszeichen des DIB in den Verkehr zu bringen, welcher den Qualitätsanforderungen entspricht,
2. Abfüll- und Lagerraum stets sauber und trocken zu halten, insbesondere aus hygienischen Gründen alle Vorkehrungen zu treffen, welche das Eindringen von Bienen in die Lager- und Abfüllräume ausschließen,
3. die zugelassenen Räumlichkeiten nur zur Lagerung und Abfüllung von deutschem Honig zu benutzen, insbesondere ausländischen Honig getrennt zu lagern,
4. Verkaufspackungen von ausländischem Honig so zu kennzeichnen, daß eine Irreführung oder Verwechslung mit dem Einheitsglas des DIB ausgeschlossen ist,
5. die gemäß § 3 der Zeichensatzung vorgeschriebenen Aufzeichnungen über den Einkauf und die Abfüllung des Honigs sowie über die Verwendung der Gewährverschlüsse in der vom DIB vorgeschriebenen Form zu führen,
6. vom Lieferanten eine schriftliche Garantieerklärung darüber zu erheben, daß es sich um deutschen Honig im Sinne der Warenzeichensatzung handelt, der, falls der Lieferant Imker ist, von ihm selbst gewonnen wurde, und daß er Mitglied der dem DIB angeschlossenen Landesverbände bzw. deren Vereine ist,
7. über den Einkauf des zur Abfüllung bestimmten Honigs im Durchschreibeverfahren Anlieferungsaufzeichnungen in vierfacher Ausfertigung herzustellen; sie müssen mit fortlaufenden Nummern versehen sein. Es sind folgende Angaben aufzunehmen: Namen und Anschrift des Abfüllstelleninhabers und des Verkäufers sowie des Landesverbandes, dem er angehört, Anzahl der von ihm bewirtschafteten Bienenvölker, Menge des Honigs, Datum der Übergabe. Weiter kann die Erklärung nach Ziffer 6 aufgenommen werden.

Eine Durchschrift ist dem Verkäufer auszuhändigen. Zwei Durchschriften sind monatlich, spätestens bis zum 5. des folgenden Monats, dem DIB zu übersenden, der seinerseits eine Durchschrift dem Landesverband weitergibt, in dessen Bezirk der Verkäufer seinen Wohnsitz hat.

Das Original hat der Inhaber der Abfüllstelle mindestens 3 Jahre aufzubewahren.

8. aus jeder eingehenden Honiglieferung eine Probe (mindestens 50 g) zu entnehmen und so lange möglichst kühl aufzubewahren, bis angenommen werden darf, daß der in den Verkehr gebrachte Honig verkauft ist,
9. bei Differenzen über die Herkunft oder die Qualität eines Honigs sich dem Gutachten einer vom DIB anerkannten Untersuchungsanstalt zu unterwerfen,
10. an die mit der Überwachung und Kontrolle beauftragten Personen des DIB nach bestem Wissen jede von ihnen geforderte zweckdienliche Auskunft zu erteilen und dem DIB auf Anforderung die gem. Ziffer 5 vorgeschriebenen Nachweise vorzulegen,
11. im Falle des Widerrufs des Benutzungsrechtes die noch im Besitz befindlichen Gewährverschlüsse und sonstigen mit dem Verbandszeichen versehenen Verkaufspackungen sowie die Verleihungsurkunde herauszugeben.

§ 4 Veröffentlichung
Die Verleihung oder der Widerruf des Benutzungsrechtes wird in den regelmäßig erscheinenden Bekanntmachungen des DIB veröffentlicht, welche von den Abfüllstellen zu beziehen sind.

12.2 Schweizerische Honigverordnung (Auszug)

Aus: Schweizerische Lebensmittelverordnung vom 26. Mai 1936 (Stand 1. Juli 1990) für Honig und Kunsthonig

Art. 217[8)]
[1] Unter der allgemeinen Bezeichnung „Honig" ist Bienenhonig zu verstehen, d. h. der reife süße Stoff, den die Bienen aus dem Nektar der Blüten oder aus anderen natürlichen Pflanzenabsonderungen eintragen, verarbeiten und in den Waben aufspeichern.

[2] Die Bezeichnung „kontrolliert" ist inländischem Bienenhonig vorbehalten, der die Kontrolle durch vom Bundesamt für diesen Zweck anerkannte, schweizerische Imkerorganisationen bestanden hat.

[3] Zur Reinigung darf Honig mit einem grobmaschigen Sieb (lichte Maschenweite nicht kleiner als 0,2 mm) filtriert werden. Durch die Filtration dürfen die Pollen nicht entfernt werden.[9)]

Art. 218
[1] Ausländischer Honig ist in Inseraten, Reklamen usw. ausdrücklich als solcher zu bezeichnen.

[2] Gefäße, in welchen ausländischer Honig feilgehalten oder verkauft wird, müssen entweder die Angabe „ausländischer Honig" oder die des Ursprungslandes tragen. Diese Angaben müssen mit der Sachbezeichnung „Honig" gleichzeitig sichtbar, in mindestens gleich großen Buchstaben und ebenso deutlich lesbar angebracht sein.

[3] Mischungen von ausländischem Honig mit Schweizerhonig sind wie ausländischer Honig zu behandeln.

Art. 219
Bei der Begutachtung von Honig ist auch auf das Aussehen, den Geruch und den Geschmack (Degustation durch Kenner) Rücksicht zu nehmen.

Art. 220
[1] Honig mit mehr als 20 Prozent Wassergehalt darf nicht in den Kleinverkehr gebracht werden.

[2] Französischer Heidehonig („miel français de bruyère" oder „de callune") darf einen Wassergehalt von höchstens 23 Prozent aufweisen. Auf der Packung muß die Sachbezeichnung „Französischer Heidehonig" angebracht sein.[10)]

Art. 221
In Gärung befindlicher, saurer, zu dünner oder ungenügend gereinigter Honig darf nur zu Backzwecken verwendet werden, muß nötigenfalls aber vorher geklärt werden.

Art. 222 [11]
Zuckerfütterungshonig und Mischungen von solchen mit Honig dürfen nicht in den Verkehr gebracht werden.

Art. 223
[1] Honig, der so stark erhitzt worden ist, daß die fermentativen Eigenschaften oder die aromatischen Bestandteile verlorengegangen sind, muß als überhitzter Honig bezeichnet werden.
[2] Diese Bestimmung gilt auch für Gemische von überhitztem Honig mit Honig.

Art. 224
[1] Als Wabenhonig zum direkten Genuß darf nur Honig in unbebrüteten und auch sonst in keiner Weise verunreinigten Waben feilgeboten oder verkauft werden.
[2] Die Bestimmungen der Artikel 218 bis 222 gelten auch für Wabenhonig.

Art. 225
[1] Zuckerhaltige Erzeugnisse, die in Aussehen und Konsistenz dem Honig ähnlich sind, müssen entweder als Kunsthonig oder aber ihrer Art entsprechend als Tafelmelasse, Tafelsirup, eingedickter Birnensaft usw. bezeichnet werden. Mischungen der letztgenannten Erzeugnisse mit Honig sind als Kunsthonig zu betrachten. Die Bezeichnung solcher Mischungen darf keinen Hinweis auf den Honigzusatz enthalten.
[2] Den in Absatz 1 genannten Erzeugnissen dürfen weder mineralische noch stärkemehlhaltige Stoffe zugesetzt werden.
[3] Bezeichnungen wie Tafelhonig, Schweizerhonig, Alpenhonig usw. sind, sofern es sich nicht um reinen Honig handelt, verboten.
[4] Bezeichnungen wie Birnenhonig, Apfelhonig, Feigenhonig usw. sind überhaupt verboten.

[5] Die Hervorhebung einer besonderen Qualität durch Bezeichnungen wie Tafelkunsthonig usw. ist verboten. [12]

Art. 226 [13]
Kunsthonig darf bis zu 40 mg/kg aus den Rohstoffen stammende schweflige Säure enthalten.

Art. 227
[1] Kunsthonig darf nicht mehr als 20 Prozent Wasser enthalten. Der Gehalt an Mineralstoffen darf 0,4 Prozent nicht übersteigen.
[2] Für die in Artikel 225 Absatz 1 vorgesehenen, dem Honig ähnlichen, jedoch ihrer Art entsprechend und nicht als Kunsthonig deklarierten Erzeugnisse, wie Fruchtsaftkonzentrate u. dgl., gelten in bezug auf Gehalt an Wasser, an Mineralstoffen und Konservierungsmitteln die für solche Produkte von Natur aus gegebenen oder in dieser Verordnung festgelegten Werte. Wird dagegen „Kunsthonig" in der Sachbezeichnung verwendet, so muß das Produkt in bezug auf den Wassergehalt der Vorschrift von Absatz 1 entsprechen. [14]

Art. 228 [15]
Kunsthonig und ähnliche Erzeugnisse, die in Gärung geraten oder sauer geworden sind, haben als verdorben zu gelten.

Art. 229 [15]
[1] Die Gefäße, in denen Kunsthonig feilgehalten oder verkauft wird, müssen an leicht sichtbarer Stelle in mindestens 2 cm hohen (für Gewichte über 2 kg) und mindestens 1 cm hohen (für Gewichte bis zu 2 kg) dunkeln Buchstaben auf hellem Grund die deutliche Aufschrift „Kunsthonig" tragen.
[2] Die gleiche Vorschrift gilt sinngemäß auch für die übrigen in Artikel 225 Absatz 1 erwähnten Erzeugnisse (Tafelmelasse, Tafelsirup, eingedickter Birnensaft usw.).

Art. 230
[1] Wer gewerbsmäßig Kunsthonig herstellen will, hat davon der kantonalen Gesundheitsbehörde Anzeige zu machen und sämtliche für diesen Betrieb bestimmten Räume anzugeben.

² In diesen Betrieben muß ein Fabrikationsbuch geführt werden. Die Gesundheitsbehörden sind berechtigt, hiervon jederzeit Einsicht zu nehmen.
³ Diese Betriebe müssen von der Gesundheitsbehörde periodisch inspiziert werden, wobei die Kontrolle auch auf das Rohmaterial, die Fabrikation, die Räumlichkeiten und die Geräte auszudehnen ist.

Art. 231
Mischungen von Stoffen zur Erzeugung von Kunsthonig (Honigpulver usw.) sind verboten.

12.3 Österreichische Honigverordnung
(Auszug)

Verordnung der Bundesministerien für Land- und Forstwirtschaft und für Handel und Wiederaufbau vom 18. November 1954 über den Verkehr mit Honig und Kunsthonig

Aufgrund des § 32 des Bundesgesetzes vom 26. September 1923, BGBl. Nr. 531, gegen den unlauteren Wettbewerb wird verordnet:

§ 1
(1) Honig, der aus dem Ausland in das Bundesgebiet eingeführt wird, darf nur unter der Bezeichnung „Ausländischer Honig" oder mit der Angabe des Ursprungslandes gewerbsmäßig verkauft, feilgehalten oder sonst in Verkehr gesetzt werden.
(2) Eine Mischung von ausländischem und inländischem Honig darf nur unter der Bezeichnung „Mischhonig" in Verbindung mit dem Wort „ausländisch" oder in Verbindung mit der Angabe des ausländischen Ursprungslandes gewerbsmäßig verkauft, feilgehalten oder sonst in Verkehr gesetzt werden.

§ 2
Honig, der durch Bienen aus Zucker oder zuckerhaltigen Zubereitungen gewonnen wurde, sowie Honig, der mit solchem Honig vermischt wurde, darf, wenn er mehr als 10 % Saccharose enthält, nur unter der Bezeichnung „Zuckerfütterungshonig", Honig, der auf mehr als 45 °C erhitzt wurde, sowie Honig, der mit solchem Honig vermischt wurde, darf nur unter der Bezeichnung „überhitzter Honig" gewerbsmäßig verkauft, feilgehalten oder sonst in Verkehr gesetzt werden.

§ 3
(1) Zuckerhaltige Erzeugnisse, die in Aussehen und Konsistenz dem Honig ähnlich sind, sowie Mischungen von Honig mit solchen Erzeugnissen dürfen nur unter der Bezeichnung „Kunsthonig" oder je nach ihrer Art unter Bezeichnung wie „Tafelsirup" u. dgl. gewerbsmäßig verkauft, feilgehalten oder sonst in Verkehr gesetzt werden.
(2) Verboten ist es
a) für die Bezeichnung der im Abs. 1 genannten Erzeugnisse − von dem Worte „Kunsthonig" abgesehen − Ausdrücke zu verwenden, in denen das Wort „Honig" vorkommt (zum Beispiel „Honigbutter", „Ambrosiahonig", „Nektarhonig");
b) in der Bezeichnung der im Abs. 1 genannten Erzeugnisse auf eine pflanzliche Gewinnung oder eine besondere diätetische Wirkung hinzuweisen;
c) auf Umhüllungen oder Bezettelungen oder bei der Anpreisung der im Abs. 1 genannten Erzeugnisse in Wort und Bild auf Bienen, bienenähnliche Insekten, Bienenzucht oder Honiggewinnung hinzuweisen.
(3) Die Bestimmungen des Abs. 2 gelten sinngemäß auch für Waren, die unter Verwendung der im Abs. 1 genannten Erzeugnisse hergestellt werden (zum Beispiel Honigzuckerl, Honigkuchen).

§ 4
Die in den §§ 1 bis 3 vorgeschriebenen Bezeichnungen müssen auf den Gefäßen, in denen Honig oder ein im § 3 Abs. 1 genanntes Erzeugnis gewerbsmäßig verkauft, feilgehalten oder sonst in Verkehr gesetzt wird, sowie auf den Umhüllungen und Verpackungen unaus-

löschlich, deutlich sichtbar und in ungetrenntem Zusammenhange so angebracht sein, daß das Wort „Honig" nicht hervorspringt.

§ 5

(1) Diese Verordnung tritt am 1. Feber 1955 in Kraft.
(2) Im Kleinhandel dürfen die vorhandenen Vorräte noch bis 30. Juni 1955 ohne Einhaltung der Bezeichnungsvorschriften der §§ 1 bis 4 gewerbsmäßig verkauft, feilgehalten oder sonst in Verkehr gesetzt werden.

Codexkapitel B 3 „Honig, Kunsthonig, Met"

(Angleichung an den europäischen Regionalstand der FAO/WHO Codex Alimentarius Commission für Honig)

Das Bundesministerium für Gesundheit und Umweltschutz hat mit Erlaß an alle Herren Landeshauptmänner vom 31. August 1978, ZI. III−52.050/14−5b/78, anher folgendes eröffnet:
„Das Bundesministerium für Gesundheit und Umweltschutz gibt aufgrund des Beschlusses der Kommission zur Herausgabe des Österr. Lebensmittelbuches (Codexkommission) bekannt, daß die nachstehenden Grenzwerte für Wasser, Saccharose und Hydroxymethylfurfural des europäischen Regionalstandards der FAO/WHO Codex Alimentarius Commisison für Honig in Österreich zu gelten haben:
1. Wassergehalt: nicht mehr als 21 %
   Heidehonig (*Calluna*): nicht mehr als 23 %
2. Scheinbarer
   Saccharosegehalt: nicht mehr als 5 %
   Honigtauhonig, Mischungen von Honigtauhonig und Blütenhonig, Akazienhonig, Lavendelhonig und Honig aus *Banksia menziesii*:   nicht mehr als 10 %
3. Diastaseaktivität und Hydroxymethylfurfural-Gehalt
   Bestimmt nach Verarbeitung und Mischung Diastasezahl nach der Gotheskala:
                           nicht weniger als 8
   vorausgesetzt der Hydroxymethylfurfural-Gehalt ist   nicht mehr als 40 mg/kg

Honige mit niedrigem natürlichem Enzymgehalt, z. B. Zitrus, Diastasezahl nach Gotheskala: nicht weniger als 3
vorausgesetzt der Hydroxymethylfurfural-Gehalt ist   nicht mehr als 15 mg/kg
Ergänzend wird darauf hingewiesen, daß mit Ausnahme der obzitierten Kriterien alle anderen Bestimmungen des Kapitels B 3 „Honig, Kunsthonig, Met" des Österr. Lebensmittelbuches III. Auflage, bis zu der Gesamtneufassung dieses Codexkapitels in Geltung bleiben.
Die Aufsichtsorgane gem. § 35 LMG 1975 werden hievon in Kenntnis gesetzt.

12.4 Der EU-Honigstandard

Richtlinie des Rates vom 22. Juli 1974 zur Angleichung der Rechtsvorschriften der Mitgliedstaaten betreffend Honig (74/409/EWG)

Der Rat der Europäischen Gemeinschaften . . .

gestützt auf den Vertrag zur Gründung der Europäischen Wirtschaftsgemeinschaft, insbesondere auf Artikel 43 und 100,
auf Vorschlag der Kommission,
nach Stellungnahme des Europäischen Parlaments,
in Erwägung nachstehender Gründe:

---

[8] Fassung gemäß Art. 1 des BRB vom 19. April 1940 (AS **56** 369).
[9] Eingefügt durch Ziff. I des BRB vom 20. Jan. 1971 (AS **1971** 158).
[10] Eingefügt durch Ziff. I der V vom 30. Aug. 1972 (AS **1972** 1772).
[11] Aufgehoben durch Art. 1 des BRB vom 19. April 1940 (AS **56** 369). Fassung gemäß Ziff. I des BRB vom 20. Dez. 1963 (AS **1963** 1149).
[12] Eingefügt durch Art. 1 des BRB vom 19. April 1940 (AS **56** 369).
[13] Fassung gemäß Ziff. I der V vom 31. Okt. 1979, in Kraft seit 1. Jan. 1980 (AS **1979** 1760).
[14] Eingefügt durch Art. 4 der Vf Nr. 16 des EDI vom 15. Juli 1943 (AS **59** 572).
[15] Fassung gemäß Art. 1 des BRB vom 19. April 1940 (AS **56** 369).

Die Rechts- und Verwaltungsvorschriften der Mitgliedstaaten definieren den Begriff Honig, bestimmen, welches seine verschiedenen Arten sind und legen die Merkmale fest, denen er entsprechen muß, sowie ferner die Kennzeichnungsvermerke auf den Behältnissen oder Etiketten.

Die gegenwärtig zwischen diesen Vorschriften bestehenden Unterschiede behindern den freien Warenverkehr mit dem genannten Erzeugnis und können ungleiche Wettbewerbsbedingungen schaffen.

Es ist daher notwendig, auf Gemeinschaftsebene den Begriff Honig zu definieren, die verschiedenen Arten zu benennen, die unter entsprechenden Bezeichnungen in den Verkehr gebracht werden können, die allgemeinen und spezifischen Merkmale der Zusammensetzung festzulegen und die hauptsächlichen Kennzeichnungsvermerke zu bestimmen.

Die Bestimmung der Art und Weise der Probenahme sowie der Analysemethoden zum Nachweis und der Zusammensetzung der Merkmale von Honig sind technische Durchführungsmaßnahmen; es ist daher zweckmäßig, ihren Erlaß der Kommission zu übertragen, um das Verfahren zu vereinfachen und zu beschleunigen.

In allen Fällen, in denen der Rat der Kommission Zuständigkeiten für die Durchführung der lebensmittelrechtlichen Vorschriften überträgt, ist ein Verfahren vorzusehen, durch das im Rahmen des durch den Beschluß 69/414 des Rates vom 13. 11. 1969 eingesetzten Ständigen Lebensmittelausschusses eine enge Zusammenarbeit zwischen den Mitgliedstaaten und der Kommission herbeigeführt wird.

Artikel 3 dieser Richtlinie beinhaltet das Verbot, das Wort „Honig" für nicht der Definition des Artikels 1 Absatz 1 entsprechende Erzeugnisse zu verwenden; die unmittelbare Anwendung dieses Verbots würde jedoch Störungen auf den Märkten hervorrufen, wo der Ausdruck „Kunsthonig" und Kunsthonning durch die früheren einzelstaatlichen Rechtsvorschriften zugelassen ist, um ein anderes Erzeugnis als Honig zu kennzeichnen; es ist deshalb eine angemessene Übergangsfrist vonnöten, um die notwendigen Anpassungen zu ermöglichen.

Bis zu einer allgemeinen Gemeinschaftsregelung über die Kennzeichnung von Lebensmitteln sollten vorübergehend verschiedene Bestimmungen der Mitgliedstaaten beibehalten werden.

Gegenwärtig wird auf den Märkten einiger Mitgliedstaaten Honig mit unterschiedlichen analytischen Merkmalen angeboten. Es dürfte deshalb schwierig sein, auf diese sämtliche im Anhang zu dieser Richtlinie festgesetzten Kriterien anzuwenden. Eine gründlichere Untersuchung müßte jedoch eine Überprüfung zu einem späteren Zeitpunkt ermöglichen.

Hat folgende Richtlinie erlassen:

Artikel 1

(1) Im Sinne dieser Richtlinie ist „Honig" ein Lebensmittel, das von Honigbienen aus Blütennektar oder aus von lebenden Pflanzenteilen stammenden oder sich auf diesen befindlichen Sekreten gewisser Insektenarten erzeugt wird, indem sie dieselben aussaugen, mit eigenen spezifischen Stoffen verbinden und umwandeln und in den Waben des Bienenstockes aufspeichern und reifen lassen. Es kann flüssig, dickflüssig oder kristallin sein.

(2) Die hauptsächlichen Honigarten sind:

a) nach Herkunft

Blütenhonig: der hauptsächlich aus Nektariensäften von Blüten stammende Honig;

Honigtauhonig: der hauptsächlich aus Sekreten lebender Pflanzenteile oder sich auf solchen befindlichen Sekreten stammende Honig; seine Farbe reicht von hell- oder grünlichbraun bis zu einem fast schwarzen Ton;

b) nach der Art der Gewinnung

Wabenhonig oder Scheibenhonig: der von den Bienen in den gedeckelten, brutfreien Zellen von diesen selbst frisch gebauter Waben aufgespeicherte Honig, der in ganzen oder geteilten Waben gehandelt wird;

Honig mit Wabenteilen: Honig, der ein oder mehrere Stücke Wabenhonig enthält;

Tropfhonig: der durch Austropfen der entdeckelten, brutfreien Waben gewonnene Honig;

Schleuderhonig: der durch Schleudern der entdeckelten, brutfreien Waben gewonnene Honig;

Preßhonig: der durch Pressen der brutfreien Waben ohne Erwärmen oder mit gelindem Erwärmen gewonnene Honig.

Artikel 2

Die Mitgliedstaaten tragen dafür Sorge, daß Honig nur in den Verkehr gebracht werden kann, wenn er den Definitionen und Bestimmungen dieser Richtlinie und ihres Anhangs entspricht.

Artikel 3

(1) Die Bezeichnung „Honig" ist dem in Artikel 1 Absatz 1 definierten Erzeugnis vorbehalten und ist beim gewerbsmäßigen Inverkehrbringen unbeschadet der Bestimmungen des Artikels 7 Absatz 1 Buchstabe a) und Absatz 2 zur Bezeichnung dieses Erzeugnisses zu verwenden.

(2) Die in Artikel 1 Absatz 2 genannten Bezeichnungen sind den dort definierten Erzeugnissen vorbehalten.

Artikel 4

Abweichend von Artikel 3 Absatz 1 kann in Dänemark noch die Bezeichnung „Kunsthonning" und in Deutschland die Bezeichnung „Kunsthonig" während eines Zeitraums von 5 Jahren nach Bekanntgabe dieser Richtlinie verwendet werden, um ein anderes Erzeugnis als Honig gemäß den zum Zeitpunkt der Bekanntgabe dieser Richtlinie für dieses Erzeugnis geltenden einzelstaatlichen Vorschriften zu kennzeichnen.

Artikel 5

Dem Honig, der als solcher gehandelt wird, darf nichts anderes als Honig zugefügt werden.

Artikel 6

(1) Honig muß beim gewerbsmäßigen Inverkehrbringen den im Anhang aufgeführten Merkmalen hinsichtlich seiner Zusammensetzung entsprechen. Die Mitgliedstaaten können jedoch abweichend von Absatz 2 zweiter Gedankenstrich des gennannten Anhangs für ihr Gebiet folgendes zulassen:

a) den Handel mit Heidehonig mit einem Wassergehalt von höchstens 25 %, sofern dieser Gehalt die Folge der natürlichen Erzeugungsbedingungen ist,

b) den Handel mit „Backhonig" oder „Industriehonig" mit einem Wassergehalt von höchstens 25 %, sofern dieser Gehalt die Folge der natürlichen Erzeugungsbedingungen ist.

(2) Im übrigen

a) muß der Honig nach Möglichkeit frei von organischen und anorganischen Fremdstoffen wie Schimmel, Insekten und Insektenteilen, Brut und Sandkörnern sein, wenn er als solcher gewerbsmäßig in den Verkehr gebracht wird oder in einem beliebigen, für den menschlichen Verzehr bestimmten Erzeugnis verwendet wird;

b) darf der Honig nicht

i) einen fremden Geschmack oder Geruch aufweisen;

ii) in Gärung oder Schäumen übergegangen sein;

iii) so stark erhitzt worden sein, daß seine natürlichen Enzyme zerstört oder stark geschwächt sind;

iv) einen künstlich veränderten Säuregrad besitzen;

c) darf der Honig keinesfalls irgendwelche Stoffe in einer solchen Menge enthalten, daß sie eine Gefahr für die menschliche Gesundheit darstellen können.

(3) Abweichend von den Absätzen 1 und 2 darf unter der Bezeichnung „Backhonig" oder „Industriehonig" jedoch ein Honig gewerbsmäßig in den Verkehr gebracht werden, der zwar genußtauglich ist, aber

a) nicht den in Absatz 2 Buchstabe b) Ziffern i, ii und iii genannten Anforderungen entspricht oder

b) einen Diastaseindex oder einen Gehalt an Hydroxymethylfurfural aufweist, die nicht den im Anhang genannten Merkmalen entsprechen.

In dem unter Buchstabe b) genannten Fall kann ein Mitgliedstaat jedoch auf diese obligatorische Bezeichnung verzichten und die Bezeichnung „Honig" zulassen. Der Rat entscheidet auf Vorschlag der Kommission binnen 5 Jahren nach Bekanntgabe dieser Richtlinie über Bestimmungen zur Einführung von identischen Vorschriften für die gesamte Gemeinschaft.

Artikel 7

(1) Für die Verpackungen, Behältnisse und Etiketten von Honig sind nur die nachstehend aufgeführten Angaben vorgeschrieben, die gut sichtbar, deutlich lesbar und unverwischbar angebracht sein müssen:

a) Die Bezeichnung „Honig" oder eine der in Artikel 1 Absatz 2 genannten Bezeichnungen; jedoch müssen „Wabenhonig" oder „Scheibenhonig" und „Honig mit Wabenteilen" als solche gekennzeichnet werden; in den in Artikel 6 Absatz 1 Unterabsatz 2 Buchstabe b) und Absatz 3 Unterabsatz 1 genannten Fällen lautet die Bezeichnung „Backhonig" oder „Industriehonig";

b) das in g oder kg ausgedrückte Nettogewicht;

c) der Name oder die Firma und die Anschrift oder der Sitz des Erzeugers, des Verpackers oder eines in der Gemeinschaft niedergelassenen Verkäufers.

(2) Die Mitgliedstaaten können in ihrem Hoheitsgebiet die Bezeichnung „Honigtauhonig" verbindlich für solchen Honig vorschreiben, der überwiegend aus Honigtauhonig besteht, der dessen organoleptische, physikalisch-chemische und mikroskopische Merkmale aufweist und nicht mit einer Angabe über die Herkunft aus bestimmten Pflanzen wie z. B. „Tannenhonig" versehen ist.

(3) Abweichend von Absatz 1 können die Mitgliedstaaten die einzelstaatlichen Rechtsvorschriften beibehalten, welche die Angabe des Ursprungslandes fordern; diese Angabe darf jedoch nicht mehr für aus der Gemeinschaft stammenden Honig gefordert werden.

(4) Die in Absatz 1 Buchstabe a) genannte Bezeichnung „Honig" oder eine der in Artikel 1 Absatz 2 enthaltenen Bezeichnungen dürfen unter anderem ergänzt werden

a) durch eine Angabe betreffend die Herkunft aus bestimmten Blüten oder Pflanzen, wenn das Erzeugnis überwiegend der angegebenen Herkunft entstammt und wenn es deren organoleptische, physikalisch-chemische und mikroskopische Merkmale aufweist,

b) durch einen regionalen, territorialen oder topographischen Namen, wenn das Erzeugnis insgesamt der angegebenen Herkunft entstammt.

(5) Befindet sich Honig in Verpackungen oder in Behältnissen mit einem Nettoinhalt von mindestens 10 kg und wird er nicht im Einzelhandel gewerbsmäßig in den Verkehr gebracht, so brauchen die in Absatz 1 Buchstabe b) und c) genannten Angaben nur auf den Begleitpapieren vermerkt zu sein.

(6) Die Mitgliedstaaten sehen davon ab, die Art und Weise, in der die nach Absatz 1 vorgeschriebenen Angaben anzubringen sind, näher zu regeln, als dies in Absatz 1 vorgesehen ist. Die Mitgliedstaaten können jedoch in ihrem Gebiet den Verkehr mit Honig untersagen, wenn die Angaben nach Absatz 1 Buchstabe a) nicht in der oder den Landessprachen auf einer der Flächen seiner Verpackung oder seines Behältnisses angebracht sind.

(7) Bis zum Ende der Übergangszeit, in der die Verwendung der in Anhang II der Richtlinie 71/354/EWG des Rates vom 18. Oktober 1971 über die Einheiten im Meßwesen enthaltenen Maßeinheiten des britischen Maßsystems in der Gemeinschaft zulässig ist, können die Mitgliedstaaten vorschreiben, daß das Gewicht auch in den Maßeinheiten des britischen Maßsystems angegeben wird.

(8) Die Absätze 1 bis 7 gelten unbeschadet der von der Gemeinschaft auf dem Gebiet der Lebensmittelkennzeichnung künftig erlassenen Bestimmungen.

Artikel 8
(1) Die Mitgliedstaaten treffen alle erforderlichen Maßnahmen, damit der Verkehr mit den in Artikel 1 genannten Erzeugnissen, die den in dieser Richtlinie und ihrem Anhang vorgesehenen Definitionen und Bestimmungen entsprechen, durch die Anwendung der nicht harmonisierten einzelstaatlichen Bestimmungen über die Zusammensetzung, die Herstellungsmerkmale, die Aufmachung oder die Kennzeichnung dieser Erzeugnisse bzw. der Lebensmittel im allg. nicht behindert wird.
(2) Absatz 1 findet keine Anwendung auf die nicht harmonisierten Vorschriften, die gerechtfertigt sind zum Schutze
   − der Gesundheit,
   − vor Täuschung, sofern diese nicht bewirken, daß die Anwendung der in dieser Richtlinie vorgesehenen Definitionen und Bestimmungen beeinträchtigt wird,
   − des gewerblichen und kommerziellen Eigentums, der Herkunftsbezeichnung und Ursprungsangaben sowie vor unlauterem Wettbewerb.

Artikel 9
Die Art und Weise der Probenahme sowie die zum Nachweis der Zusammensetzung und der Merkmale von Honig erforderlichen Analysemethoden werden nach dem Verfahren des Artikels 10 geregelt.

Artikel 10
(1) Soll das in diesem Artikel festgelegte Verfahren angewandt werden, so befaßt der Vorsitzende den durch Beschluß des Rates am 13. November 1969 eingesetzten Ständigen Lebensmittelausschuß − im folgenden „Ausschuß" genannt − von sich aus oder auf Antrag des Vertreters eines Mitgliedstaats.

(2) Der Vertreter der Kommission unterbreitet dem Ausschuß einen Entwurf der zu treffenden Maßnahmen. Der Ausschuß nimmt zu diesem Entwurf innerhalb einer Frist Stellung, die der Vorsitzende nach der Dringlichkeit der betreffenden Frage bestimmen kann. Die Stellungnahme kommt mit einer Mehrheit von einundvierzig Stimmen zustande, wobei die Stimmen der Mitgliedstaaten nach Artikel 148 Absatz 2 des Vertrages gewogen werden. Der Vorsitzende nimmt an der Abstimmung nicht teil.
(3) a) Die Kommission trifft die in Aussicht genommenen Maßnahmen, wenn sie der Stellungnahme des Ausschusses entsprechen.
   b) Entsprechen die in Aussicht genommenen Maßnahmen nicht der Stellungnahme des Ausschusses oder ist keine Stellungnahme ergangen, so schlägt die Kommission dem Rat unverzüglich die zu treffenden Maßnahmen vor. Der Rat beschließt mit qualifizierter Mehrheit.
   c) Hat der Rat nach Ablauf einer Frist von drei Monaten, nachdem ihm der Vorschlag übermittelt worden ist, keinen Beschluß gefaßt, so werden die vorgeschlagenen Maßnahmen von der Kommission getroffen.

Artikel 11
Artikel 10 gilt für achtzehn Monate von dem Zeitpunkt an, zu dem der Ausschuß erstmals aufgrund von Artikel 10 Absatz 1 befaßt wird.

Artikel 12
Diese Richtlinie berührt nicht die einzelstaatlichen Rechtsvorschriften über Gewichtsklassen, in denen Honig gehandelt werden muß; der Rat legt auf Vorschlag der Kommission vor dem 1. Januar 1979 die hierfür geltenden gemeinschaftlichen Rechtsvorschriften fest.

Artikel 13
Diese Richtlinie gilt nicht für die zur Ausfuhr aus der Gemeinschaft bestimmten Erzeugnisse.

Artikel 14
Innerhalb eines Jahres nach Bekanntgabe dieser Richtlinie ändern die Mitgliedstaaten, soweit erforderlich, ihre Rechtsvorschriften, um dieser Richtlinie nachzukommen, und teilen dies unverzüglich der Kommission mit. Die geänderten Rechtsvorschriften werden auf die Erzeugnisse angewandt, die zwei Jahre nach dieser Bekanntgabe in der Gemeinschaft in den Verkehr gebracht werden.

Artikel 15
Diese Richtlinie ist an die Mitgliedstaaten gerichtet.

Literaturverzeichnis

ALBANESE, A. A.; HIGGONS, R. A.; BELMONT, A., und DiLALLO, R.: Effect of age on the utilization of various carbohydrates by man. Metab.; Clin. Exp. 3, 154–159, 1954.

ALBANESE, A. A.; LORENZE, E. J., und ORTO, L. A.: Effect of strokes on carbohydrate tolerance. Geriatrics 23, 142–150, 1968.

ALDCORN, D. L.; WANDLER, E., und SPORNS, P.: Diastase (α- and β-amylase) and α-Glucosidase (sucrase) activity in western canadian honeys. Can. Inst. Food Sci. Technol. J. 18, 268, 1985.

Anonymus: Grading your honey. Amer. Bee J. 9, 557–558, 1991.

AOAC: Official Methods of Analysis of the Association of Official Analytical Chemists. WILLIAMS, S., Inc. 14th edition, section 31 115–31 167. Arlington, USA, 1984.

ATKINS, E. L.: Injury to honey bees by poisoning from the hive and the honey bee. (Eds.) Dadant & Sons, Inc. Hamilton, IL, USA: Dadant & Sons, Inc. 665–693, 1975.

BACON, J. S. D.; DICKINSON, B.: The origin of melezitose: a biochemical relationship between the lime tree (Tilia ssp.) and an Aphid (Eucallipterus tiliae L.). Biochem. J. 66, 289–299, 1957.

BAGAVATHI, S. R.; INAMDAR, J. A.: Nectaries in *Bignonia illicium* L. – Ontogeny, structure and functions. Proc. Indian Acad. Sci. (Plant Sci.) 96, 135–140, 1986.

BAKER, H. G.; BAKER, I.: Studies of nectar-constitution and pollinator-plant coevolution. In: Coevolution of Animals and Plants (GILBERT, L. E.; RAVEN, P. H., eds.), Univ. Texas Press, Austin, TX., 100–140, 1975.

– Amino-acids in nectar and their evolutionary significance. Nature 241, 543, 1973.

– Floral nectar sugar constituents in relation to pollinator type. Handbook of experimental pollination biology. (Eds.) JONES, C. E., and LITTLE, R. J.: Scientific and Academic Edition. New York: Van Nostrand Reinhold Co., 117–141, 1983.

– Sugar ratios in nectars. Phytochem. Bull. 12, 43–45, 1979.

– The occurrence and significance of amino acids in floral nectar. Plant Systematics and Evolution 151, 175–186, 1986.

BALESTRA, V.; CELLI, G., und PORRINI, C.: Bees, honey, larvae and pollen in biomonitoring of atmospheric pollution. Aerobiologia 8, 122–126, 1992.

BANDA, A. S. M.: Determining sources of forage for bees in Malawi through the identification of pollen in Malawi honeys. P. Phil. Thesis Univ. Wales Cardiff UK, 1989.

BANKS, C. J.; MACAULAY, E. D. M.: The ingestion of nitrogen and solid matter from *Vicia faba* by *Aphis fabae* Scop. Ann. Appl. Biol. 55, 207–218, 1965.

BARBIER, E. C.: Les lavandes et l'apiculture dans le Sud-Est de la France. Ann. Abeille 6, 85–158, 1963.

BARKER, R. J.; LEHNER, Y.: Acceptance and Sustenance value of naturally occuring sugars fed to newly emerged adult workers of honey bees (*Apis mellifera* L.). J. Exper. Zool. 187, 277–286, 1974.

BATTESTI, M. J.: Contribution à la mèlissopalynologie mediteranèenne. Les miels Corses. Thèse, Université d'Aix-Marseille III, 1990.

BECKMAN, R. L.; STUCKY, J. M.: Extrafloral nectaries and plant guarding in *Ipomoea pandurata* (L.) G. F. W. Mey (*Convolvulaceae*). Am. J. Bot. 66, 72–70, 1981.

BEHLEN: Die Honigabsonderung der Pflanzen und ihre Ursachen. Leipz. Bienenzeitung 26, 163−179, 1911.

BELITZ, H.-D.; GROSCH, W.: Lehrbuch der Lebensmittel-Chemie. Springer-Verlag Berlin, Heidelberg, New York, London, Paris, Tokyo, 1987.

BENTLEY, B. L.: Extrafloral nectaries and protection by pugnacious bodyguards. Ann. Rev. Ecol. Syst. 8, 407−427, 1977.

BERGNER, K.-G.; HAHN, H.: Zum Vorkommen und zur Herkunft der freien Aminosäuren in Honig. Apidologie 3, 5−34, 1972a.

− Isolierung und Bestimmung der freien Aminosäuren in Honig. Deutsche Lebensmittel-Rundschau 68, 5−12, 1972b.

BEUTLER, R.: Biologisch-chemische Untersuchungen am Nektar von Immenblumen. Z. vgl. Physiol. 12, 72−176, 1930.

− Nectar. Bee World 34, 106−116, 128−136, 156−162, 1953.

BIRCH, G. G.; LINDLEY, M. G.: Structural functions of taste in the sugar series: Effects of aglycones on the sensory properties of simple glycoside structures. J. Food Sci. 3, 665−667, 1973.

BOGDANOV, S.: Bestimmung von Honigprotein mit Coomassie Brilliantblau G 250. Mitt. Lebensmittelunters. Hyg. 72, 411, 1981.

− Bestimmung von Amitraz und seiner Metaboliten in Honig durch HPLC. Mitt. d. Sektion Bienen Liebefeld 3, 1988.

BOGDANOV, S.; RIEDER, K., und RÜEGG, M.: Neue Qualitätskriterien bei Honiguntersuchungen. Apidologie 18, 276−278, 1987.

BOGDANOV, S.; ZIMMERLI, B., und ERARD, M.: Schwermetalle in Honig. Mittl. Lebmitunters. Hyg. 77, 153−158, 1985.

BONAGA, G.; GIUMANINI, A. G., und GLIOZZI, G.: Chemical composition of chesnut honey: Analysis of the hydrocarbon fraction. J. Agr. Food Chem. 34, 319−326, 1986.

BOROWSKA, A.: *Tripospermum pinophilum* (NEGER) comb. nov. Acton Mycologica 9, 101−104, 1973.

BORY, G.; CLAIR-MACZULAJTYS, D.: Composition du nectar et rôle des nectaires extrafloraux chez l'Ailanthus glandulosa. Can. J. Bot. 64, 247−253, 1986.

BOSI, G.: A rapid method of determination by gas chromatrography of nectar glucids. Apidologie 4, 57−64, 1973.

BRAUN, H. J.; SAUTER, J. J.: Phosphatase-Aktivität in den Siebzellen der Koniferennadeln. Naturwiss. 51, 170, 1964.

BRISCOE, D. A.: Toxic honeydew of the North Island. Honeydew Seminar 10 August 1978 Christchurch, 71−80, 1978.

Bundesministerium für Ernährung, Landwirtschaft und Forsten (Hrsg.): Statistisches Jahrbuch über Ernährung, Landwirtschaft und Forsten der BRD. Landwirtschaftsverlag GmbH, Münster-Hiltrup 1988, 1992.

BUNZL, K.; KRACKE, W., und VORWOHL, G.: Transfer of Chernobylderived ^{134}Cs, ^{137}Cs, ^{131}I and ^{103}Ru from flowers to honey and pollen. J. Environ. Radioactivity 6, 261−269, 1988.

BUNZL, K.; KRACKE, W.: $^{239/240}$Pu, ^{137}Cs, ^{90}Sr and ^{40}K in different types of honey. Health Physics 41, 554−558, 1981.

CALDWELL, D. L.; GERHARDT, K. O.: Chemical analysis of peach extrafloral nectary exudate. Phytochemistry 25, 411−413, 1986.

CHANDA, S.; GANGULY, P.: Comparative analysis of the pollen content of Indian honeys with reference to eutomophily and aneomophily. IV. Int. Palynol. Conf. Lucknow (1976−1977) 3, 485−490, 1981.

CHAPMAN R. F.: The Insects: Structure and Function. Harvard Univ. Press., Cambridge, MA., 919 pp., 1982.

CHATAWAY, H. D.: The determination of moisture in honey. Canad. J. Res. 6, 532−547, 1932.

Chinese Encyclopaedia: Great (section on bees and honey). In Chinese 1727. In: CRANE, E.: Honey. Heinemann Verlag, London 1976, 1. Auflage.

CRANE, E.: Honey. Heinemann Verlag, London 1976, 1. Auflage.

CREMER, E.; RIEDMANN, M.: Identifizierung von gaschromatographisch getrennten Aromastoffen in Honigen. Z. Naturforsch. 19b, 76−77, 1964.

- Gaschromatographische Untersuchungen zur Frage des Honigaromas. Monatshefte für Chemie 96, 364–368, 1965.
CULL, D. C.; VAN EMDEN, H. F.: The effect on *Aphis fabae* of diet changes in their food quality. Physiol. Ent. 2, 109–115, 1977.
DAFNI, H.; LENSKY, Y., und FAHN, A.: Flower and nectar characteristics of nine species of Labiatae and their influence on honeybee visits. J. Apic. Res. 27, 103–114, 1988.
DARWIN, F.: On the glandular bodies on *Acacia sphaerocephala* and *Cecropia peltata* serving as food for ants, with an appendix on the nectarglands of the common brake fern, Pteris aquilina. J. Linn. Soc. Bot. 15, 398–409, 1877.
DAVIES, A. M. C.: Aminoacid analysis of honeys from eleven countries. J. apic. Res. 14, 29–39, 1975.
DAVIES, A. M. C.; HARRIS, R. G.: Free amino acid analysis of honeys from England and Wales: Application to the determination of the geographical origin of honeys. J. Apic. Res. 21, 168–173, 1982.
DE BOER, H. W.: Kristallisatie van honig en het verhitten van gekristalliseerden honig. Chem. Weekblad 28, 282–286, 1931.
DEHN, M. VON: Untersuchungen zur Ernährungsphysiologie der Aphiden. Die Aminosäuren und Zucker im Siebröhrensaft einiger Krautgewächse und im Honigtau ihrer Schmarotzer. Z. vgl. Physiol. 45, 88–108, 1961.
DEMIANOWICZ, Z.: Pollenkoeffizienten als Grundlage der quantitativen Pollenanalyse des Honigs. Pszczenicze Zeszyty Nankowe 5 (2), 95–107, 1961.
- Kriterien zur Bestimmung der polnischen Honigtauhonige. Pszczenicze Zeszyty Nankowe 24, 43–49, 1980.
DEIFEL, A.: Zur Kenntnis der Saccharose im Honig. Dissertation Univ. Hohenheim 1985.
- Detection of honey adulteration by sugarfeeding. In: Proceedings of the XXXth International Congress of Apiculture, Nagoya, 1985. Apimondia 294–296, 1986.
- Die Chemie des Honigs. Chemie in unserer Zeit 23, 25–33, 1989.

Deutsche Gesellschaft für Ernährung (Hrsg.): Ernährungsbericht. Frankfurt am Main 1984.
Deutscher Imkerbund (Hrsg.): Honig unter dem Gewährverschluß des Deutschen Imkerbundes e. V. (DIB) (Warenzeichensatzung).
DONER, L. W.: The sugar of honey – a review. J. Sci. Food Agr. 28, 443, 1977.
DROESE, W.; STOLLEY, H.: Honig. Welche Bedeutung hat Honig als Kohlenhydrat-Nahrungsmittel und warum wird er bei Kleinkindern besonders empfohlen? Dtsch. Med. Wochensch. 104, 1031, 1979.
DURKEE, L. T.: The floral nectaries of *Passiflora*. II. The extrafloral nectary. Am J. Bot. 69, 1420–1428, 1982.
DUSTMANN, J. H.: Messungen von Wasserstoffperoxid in Bienenhonig aus Edelkastanientracht (*Castanea sativa* M.). Z. Lebensmittelunters.-Forsch. 134, 20, 1967a.
- Messung von Wasserstoffperoxid und Enzymaktivität in mitteleuropäischen Honigen. Z. Bienenforsch. 9, 66–73, 1967b.
- Über die Katalaseaktivität in Bienenhonig aus der Tracht der Heidekrautgewächse (*Ericaceae*). Z. Lebensmittelunters.-Forsch. 145, 292, 1971.
- Über den Einfluß des Lichtes auf den Peroxid-Wert (Inhibin) des Honigs. Z. Lebensmittelunters.-Forsch. 148, 263–268, 1972.
- Honig und Karies. Nordwestdeutsche Imkerzeitung 39, 125–127, 1987.
DUSTMANN, J. H.; BEHRENS, I.: Effect of honey on the cariogenic bacterium *Streptococcus mutans*. Apidologie 18, 348–350, 1987.
DUSTMANN, J. H.; VON DER OHE, W.: Radioaktivitätsmessungen in Honig aus niedersächsischen Trachtgebieten. Nordwestdeutsche Imkerzeitung 40, 129–131, 1988.
DUSTMANN, J. H.; VAN PRAAGH, J. P., und BOTE, K.: Zur Bestimmung der Invertase in Bienenhonig. Allg. deutsch. Imkerz. 4, 117–120, 1984.
- Zur Bestimmung von Diastase, Invertase und HMF in Honig. Apidologie 16, 19, 1985.

ECHIGO, T.; ARAGHI, M., und YAMAGAMI, Y.: Granulation of honey. Honeybee Science 8, 54–58, 1987.

ECHIGO, T.; TAKENAKA, T.: Production of organic acids in honey by honeybees. J. Agr. Chem. Soc. Japan 48, 225–230, 1974.

EDELHÄUSER, M.; BERGNER, K.-G.: Proteine des Bienenhonigs. VIII. Honigsaccharase. Isolierung, chromatographisches Verhalten und Eigenschaften. Z. Lebensmittelunters. Forsch. 184, 189–194, 1987.

EDELHÄUSER, M.: Zur Kenntnis der Saccharase in Honigen. Dissertation Univ. Stuttgart 1983.

Editorial: Honey not the main cause of infant botulism. Amer. Bee J. 127, 321, 1987.

Editorial: Honig in der Medizin. Der Arzneimittelbrief 23, 79, 1989.

Editorial: Wanderung von Radionukliden im Boden. Naturwiss. Rdsch. 41, 114, 1988.

EFEM, S. E. E.: Clinical observations on the wound healing properties of honey. Br. J. Surg. 75, 679–681, 1988.

EHRENDORFER, F.: Spermatophyta, Samenpflanzen. In: Lehrbuch der Botanik (E. STRASBURGER et al.). Gustav Fischer Verlag Stuttgart, New York 1983.

EHRHARDT, P.: Untersuchungen zur Stoffwechselphysiologie von *Megoura viciae* Buckt., einer phloemsaugenden Aphide, Z. vergl. Physiol. 46, 169–211, 1962.

– Die anorganischen Bestandteile des Honigtaus von *Megoura viciae* Buckt. Experientia 21, 472–473, 1965.

– Untersuchungen zum Nahrungsbedarf einer siebröhrensaugenden Aphide und die Bedeutung ihrer Endosymbionten für die Ernährung. XXII. Internat. Bienenzüchterkongr. München, 401–404, 1969.

EMDEN, H. F. VAN: Insects and secondary plant substances – an alternative viewpoint with special reference to aphids. In: Biochemical aspects of plant and animal coevolution. Ed. by J. B. HARBONE. Proc. Phytochem. Soc. Symp. Reading 1977, 309–323, 1978.

ESCHRICH, W.: Untersuchungen über den Ab- und Aufbau der Callose. Z. Bot. 49, 153–218, 1961.

– Beziehungen zwischen dem Auftreten von Callose und der Feinstruktur des primären Phloems bei *Cucurbita ficifolia*. Planta 59, 213–216, 1963a.

– Der Phloemsaft von *Cucurbita ficifolia*. Planta 60, 216–224, 1963b.

FAHN, A.: Secretory tissues in plants (London: Academic Press) 1979.

FAHN, A.; RACHMILEWITZ, T.: Ultrastructure and nectar secretion in *Lonicera japonica*. In: New Research in Plant Anatomy, Suppl. J. Linn. Soc. Proc. eds. N. K. B. Robson, D. F. Cutler, M. Gregory, Academic Press, London, 51–56, 1970.

– The floral nectary of *Tropaeolum majus* L. The nature of secretory cells and the manner of nectar secretion Ann. Bot. 39, 721–728, 1975.

FAO (Food and Agriculture Organization of the United Nations): Year book. Rome 1988, 1989, 1992.

FARRIS, G. A.; FATICHIENTI, F.; DEIANA, P., und FORTELEONI, M.: Ulteriore contributo alla conoscenza della composizione microbiologica dei mieli della Sardegna. Apicoltore Moderno 76 (4), 133–140, 1985.

FELLER DEMALSY, M. J.: Le spectre pollinique des miels du Quebec. Apidologie 14 (3), 147–174, 1983.

FERRAZZI, PAOLA: Flora d'interesse apicolo della Val Sangone. Apicoltore moderna 73, 89–99, 1982.

FIEDLER, L.; DRESCHER, W.: Nachweis von Insektizidrückständen in kleinen Nektarmengen. Chemosphere 13, 985–990, 1984.

FIEHE, J.: Beitrag zur Kenntnis deutscher Honige. Zeitschrift f. Unters. der Lebensmittel 52, 244, 1926.

FIEHE, J.: Über die Erkennung von Stärkesirup und Stärkezucker in Honig und Fruchtsäften, Z. Unters. Nahrungs- u. Genußmittel 18, 30, 1909.

FINDLAY, N.; MERCER, F. V.: Nectar production in *Abutilon*. I. Movement of nectar through the cuticle. Australian Journal of Biological Science 24, 647–656, 1971.

FOCKE, E.: Das Pollenbild chinesischer Honige. Z. Bienenforsch. 9 (5), 196–205, 1968.

FONTA, C.; PHAM-DELÈGUE, M.; MARILLEAU, R., und MASSON, C.: Rôle des nectars de tournesol dans le comportement des insectes pollinisateurs et analyse qualitative et quantitative des éléments glucidiques de ces sécrétions. Acta Oecologia/Oecologia Applicata 6, 175–186, 1985.

FORBES, R. J.: Sugar and its substitutes in antiquity. Chapter 2 from Studies in ancient technology. Vol V. E. J. Brill. Leiden, 80–111, 1966. In: CRANE, E.: Honey. Heinemann Verlag, London 1976, 1. Auflage.

FOSSEL, A.: Die Bienenweide der Ostalpen. Dargestellt am Beispiel des steirischen Enztals. Mitt. nat.wissensch. Ver. Steiermark 104, 87–118, 1974.

FRISCH, K. VON: Duftgelenkte Bienen im Dienste der Landwirtschaft und Imkerei. Springer Verlag, Wien 1947.

FULLMER, E. J.; BOSCH, W.; PARK, O. W., und BUCHANAN, J. H.: The analysis of the water content of honey by use of the refractometer. Amer. Bee J. 74, 208–209, 1934.

FUSSNEGGER, B.: Aminozucker in Honig. Lebensmittelchem. Gerichtl. Chem. 39, 6–21, 1985.

GAUHE, A.: Über ein glucoseoxydierendes Enzym in der Pharynxdrüse der Honigbiene. Z. vgl. Physiol. 28, 211–253, 1941.

GAYGER, J.; DUSTMANN, J.: Rückstandsuntersuchungen von Bienenprodukten. Wachs, Honig und Pollen. Arch. Lebensmitt. Hyg. 36, 93–96, 1985.

GIETL, C.; ZIEGLER, H.: mRNA in phloem exudates? Naturwissenschaften 66, 523–524, 1979.

GILBERT, J.; SHEPHERD, M. J.; WALLWORK, M. A., und HARRIS, R. G.: Determination of the geographical origin of honeys by multivariate analysis of gas chromatographic data on their free amino acid content. J. Apic. Res. 20, 125–135, 1981.

GILLIAM, M.; TABER, S. III, und ARGAUER, R. J.: Degradation of oxytetracycline in sugar sirup and honey stored by honey bee colonies. J. Apicult. Res. 18 (3), 208–211, 1979.

GIRI, K. V.: Chemische Zusammensetzung und Enzymgehalt von indischem Honig. Madras Agr. J. 26, 68, 1938.

GONNET, M.; LAVIC, P.: Study of the adhesiveness of crystallized honey to the walls of glass vessels. 19th Internat. Beekeep. Congress, Prag, Pap. No. 38, 1963. In: WHITE, J. W. 1978.

GONTARSKI, H.: Eine Halbmikromethode zur quantitativen Bestimmung der Invertase in Bienenhonig. Z. Bienenforsch. 4, 41–45, 1957.

GÖLZ, H.: Der Melezitosegehalt im Honigtau verschiedener Lachnidenarten. Diplomarbeit Stuttgart-Hohenheim 1981.

GRANT, W. D.; BEGGS, J. R.: Carbohydrate analysis of beech honeydew. New Zealand J. Zool. 16, 283–288, 1989.

GRAY, R. A.; FRAENKEL, G.: Fructomaltose, a recently discovered trisaccharide isolated from honeydew. Science 118, 304–305, 1953.

– The cabohydrate components of honeydew. Physiol. Zool. 27, 56–65, 1954.

GRAY R. A.: Composition of honeydew excreted by pineapple mealybugs. Science 115, 129–133, 1952.

GREEN, G. W.: The granulation of honey and its relation to the laws of crystallization. 14th Int. Beekeep. Congr. Leamington, England, Pap. No. 18, 1951, in: WHITE J. W. 1978.

GRIEBEL, C.: Vitamin-C-enthaltender Honig. Z. Unters. Lebensm. 75, 417–420, 1938.

GROSSMAN, R.: The other medicines: the penicillin of bees. Pan Books 177, 1986.

HADISOESILO, S.; FURGALA, B.: The effect of cultivar, floral stage and time of day on the quantity and quality of nectar extracted from oilseed sunflower (*Helianthus annuus* L.) in Minnesota. American Bee Journal 126, 630–632, 1986.

HADORN, U.; ZÜRCHER, K.: Eine verbesserte Methode zur Saccharasebestimmung in Honig. Dtsch. Lebensmittelrundsch. 62, 195–201, 1966.

– Zuckerspektrum und Kristallisationstendenz von Honigen. Mitt. Gebiete Lebensmittel Hygiene 65, 421–426, 1974.

HAHN, H.: Zum Gehalt und zur Herkunft der freien Aminosäuren in Honig. Diss. Stuttgart 1970.

HANNEY, B. W.; ELMORE, C. D.: Amino acid composition of cotton nectar. J. Agric. Food Chem. 22, 476−478, 1974.

HASE, S.; AIDA, Y.; KAWAMURA, U., und SATO, M.: Honey quality and analytical methods. V. Qualities of recent market honey samples. Report of the national Food Research Institute 33, 89−108, 1978.

HAZSLINKY, B.: Qualitative und quantitative Untersuchungen ungarischer Robinienhonige. Mitt. Biol. Sekt. Ung. Akadem. Wissensch. I (3), 317−417 (ungar., deutsche Zusammenfassung), 1952.

HEIMBACH, U.: Eine Methode zur Quantifizierung der Honigtauproduktion von Lauspopulationen an Laubbäumen. Mitt. dtsch. Ges. allg. angew. Ent. 4, 296−298, 1985.

− Freilanduntersuchungen zur Honigtauabgabe zweier Zierlausarten (Aphidina). Z. für angewandte Entomol. 4, 396−413, 1986.

HEITKAMP, K.; BUSCH-STOCKFISCH, M.: Pro und Kontra Honig − Sind die Aussagen zur Wirkung des Honigs „wissenschaftlich hinreichend gesichert"? Z. Lebensmittelunters. Forsch. 182, 279−286, 1986.

HELVEY, T. C.: Study on some physical properties of honey. Food Res. 19, 282−292, 1954.

HERNANDEZ-PACHECO, E.: Las pinturas prehistoricas de las cuevas de la arana. Mem. Com. Invest. Paleont., Madr. No. 34, 1924.

HEROLD, E.: Heilwerte aus dem Bienenvolk. Ehrenwirth Verlag, München 1988.

HERTEL, R.; KUNKEL, H.: Einige Faktoren, welche die Honigtauzusammensetzung natürlich wie auch holidisch ernährter Aphidenlarven beeinflussen. Apidologie 8, 427−435, 1977.

HERTEL, R.: Einfluß von ATP in einer holidischen Diät auf *Myzus persicae* Sulz (Aphidina). Experientia 30, 775−776, 1974.

HIPPLER, J.: Honig. Von Menschen und Bienen. Edition dia. St. Gallen, Wuppertal 1986.

HO, S. H.: A comparison of the excretion rates of *Aphis fabae* on artificial diet and on bean plants. Ann. appl. Biol. 96, 133−136, 1980.

HODKIN, J. A.: High fructose corn syrup. Product Information. Landell Mills Commodities Studies Ltd. 1986.

HOLLOWAY, P. J.: Structure and biochemistry of plant cuticular membranes: an overview 1−32. In: CUTTLER, D. F.; ALVIN, D. L.; PRICE, C. E. (eds.): The Plant Cuticle. Academic Press, London 1982.

Honigverordnung (HVO) vom 13. Dezember 1976.

HORN, H.: Vergleich der physikochemischen Eigenschaften von Honigen. Untersucht anläßlich der Badischen Honigprämierung 1989 und 1991. Allg. Deutsch. Bienenzeit. 2, 30−33, 1992.

HORN, H.; VORWOHL, G.: Radioaktive Rückstände im Honig. Eine Zwischenbilanz. Allg. deutsch. Imkerz. 11, 345−348, 1986.

− Caesium 137 in den Honigen des Jahres 1987. Allg. deutsch. Imkerz. 22 (8), 296−298, 1988.

− Radioaktive Rückstände im Honig. Belastung mit Caesium 137 im Verlauf der Honigsaison 1986. Bienenpflege 7/8, 202−207, 1987.

House, H. L.: Nutrition, 1−62. In: ROCKSTEIN, M. (ed.), The Physiology of Insecta. Academic Press, New York and London 1974.

HUDSON, H. J.: The development of saprophytic fungal flora as leaves senesce and fall. In: PREECE, T. F., and DICKISON, C. H.: Ecology of leave surface organisms, 447−455. Acad. Press, London 1971.

HUGHES, S. J.: New Zealand Fungi. N. Z. J. Bot. 4, 333−354, 1966.

− New Zealand Fungi. N. Z. J. Bot. 5, 504−518, 1967.

International Trade Centre UNCTAD/GATT: Honey: A study of major markets. CH-Geneva 1986.

ISRAEL, R. J.: The promised land of milk and date jam. Nat. Jewish Monthly 87, 26, 1972.

JAMIESON, C. A.; AUSTIN, G. H.: Preference of honeybees for sugar solutions. 10th Internat. Congr. Ent. Montreal 4, 1059, 1958.

JANZEN, D. H.: Coevolution of mutualism between ants and acacias in Central America. Evolution 20, 249−275, 1966.

– Swollen-thorn Acacias of Central America. Smithson. Contrib. Bot. 31, 131, 1974.

JONES, K. C.: Honey as an indicator of heavy metal contamination. Water, Air, and Soil Pollution 33, 179–189, 1987.

JURGEN, H.: Zur hochdruckchromatografischen Analyse von Arzneimitteln in Honig. 1. Tetracyclin. Z. Lebensmitt. Unters. Forsch. 173, 356–358, 1981.

– 2. Chlorampenicol und Sulfathiazol. Z. Lebensmitt. Unters. Forsch. 174, 208–210, 1982.

KANEMATSU, H.; AOYAMA, M.; MARUYAMA, T., und NIIYAN, I.: Amino acid analysis of honeys with different geographical and floral origin. J. Jap. Soc. Nutr. Food Sci. 35, 297–303, 1982.

KAPOULAS, V. M.; MASTRONICOLIS, S. K., und GALANOS, D. S.: Identification of the lipid components of honey. Z. Lebensmittelunters. Forsch. 163, 96, 1977.

KENNEDY, J. S.; FOSBROOKE, J. H. M.: The plant in the life of an aphid (1973). In: Insect/plant relationships. Ed. by H. F. VAN EMDEN. Roy. Ent. Soc. Symp. 6, 129–140, 1971.

KENRICK, J. R.; MARGINSON, G. B., und KNOX, R. B.: Birds and pollination in *Acacia terminalis*. In: WILLIAMS, E. G.; KNOX, R. B.; GILBERT, J. H.; BERNHARDT, P. (eds.) Pollination. Proc. Symp. Univ. Melbourne, Victoria, Australia, Nov. 24, 102–109, 1982.

KERKVLIET, J. D.; VAN DER PUTTEN, A. P. J.: Pollenanalyse van Nederlandse honing. Warenchemicus 3 (23), 61–96, 1973.

KERNER, U. von: Pflanzenleben. Leipzig und Wien 1890.

KEULARTS, J. L. W.; LINSKENS, H. F.: Acta Botan. Neerl. 17, 267, 1968.

KIMURA, A.; GOSHIDA-KITAHARA, F., und CHIBA, S.: Characteristics of transglucosylation of honeybee α-glucosidase I. Agric. Biol. Chem. 51, 1859, 1987.

KLEBER, E.: Hat das Zeitgedächtnis der Bienen biologische Bedeutung? Z. vgl. Physiol. 22, 221–262, 1935.

KLOFT, W.; EHRHARDT, P.: Studies on the assimilation and excretion of labelled phosphate in Aphis. Radioisotopes and Radiation in Entomology, 181–190, Internat. Atomic Energy Agency, Vienna 1962.

KLUGE, M.; ZIEGLER, H.: Der ATP-Gehalt der Siebröhrensäfte von Laubbäumen. Planta 61, 167–177, 1964.

KLUGE, M.: Untersuchungen über die Zusammensetzung von Siebröhrensäften. Diss. Darmstadt 1964.

KNOTT, M. E.; SHUKERS, C. F.; SCHLUTZ, F. W.: The effect of honey upon calcium retention in infants. J. Pediatr. 19, 485–494, 1941.

KNOX, R. B.; KENRICK, J.; BERNHARDT, P.; MARGINSON, G.; BERESFORD, G.; BAKER, I., and BAKER, H. G.: Extrafloral nectaries as adaptions for bird pollination in *Acacia terminalis*. Am. J. Bot. In Press. 1985.

KOLATTUKUDY, P. E.: Cutin, suberin and waxes, 571–645. In. P. K. STUMPF and E. E. CONN (eds.), The Biochemistry of Plants, 4: Lipids: Structure and Function. Academic Press, New York 1980.

KOLBE, W.: 200 Jahre Pflanzenschutz im Zukkerrübenbau (1784–1984). 2. Aufl. Rheinischer Landwirtschaftsverlag GmbH. Bonn 1986.

KOPTUR, S.: Facultative mutualism between weedy vetches bearing extrafloral nectaries and weedy ants in California. Am. J. Bot. 66, 1016–1020, 1979.

KREMP, G. O. W.: Morphologic Encyclopedia of Palynology. University of Arizona Press, Tucson 1965.

KUBIŠOVÁ-KROPÁČOVÁ, S.; NEBDBALOVA, V.: Pollen analyses of the Slovak sorts of honey. Polnohospodarstvo 22 (10), 943–960, 1976.

– Die Pollenanalysen von Honig Nordostböhmens (in Tschechisch). Acta Univers. Agriculturae Brno 22, 719–729, 1974.

KULIKE, H.; VOGET, M.: Bienenhonig als biologischer Indikator für die Blei- und Cadmium-Immision aus der Luft. Allg. deutsch. Imk.zeitg. 17 (10), 323–324, 1983.

KUNKEL, H.; HERTEL, R.: Kotabgabe von holidisch ernährten *Myzus persicae*-Larven (Aphidina, Homoptera) bei unterschiedlichen Experimentalbedingungen. Ent. Exp. Apl. 19, 82–95, 1976.

KUNKEL, H.; KLOFT, W.: Die Honigtauerzeuger des Waldes. In: Waldtracht und Waldhonig in der Imkerei (Ed. W. KLOFT et al.). Verlag Ehrenwirth, München 1985, 48–83.

— Fortschritte auf dem Gebiet der Honigtau-Forschung. Apidologie 8, 369–391, 1977.

KUNKEL, H.: Über das Verhalten der Aphiden und verwandter Honigtauerzeuger bei der Abgabe von Honigtau. XII. Internat. Bienenzüchterkongr. München, 477–481, 1969.

KURLETTO, S.: Patologia do mel. Anais 5° Congr. Brasileiro Apicultura, Viscosa MG, Brasil 1980.

LAMB, K. P.: Composition of the honeydew of the aphid *Brevicoryne brassicae* (L.) feeding on sweedes (*Brassica napobrassica* DC.). J. Ins. Physiol. 3, 1–13, 1959.

LEIMPEITL, F.: Bienen halten. Verlag Eugen Ulmer, Stuttgart 1988.

LAMPEITL, F.: Ertragreich imkern. Verlag Eugen Ulmer, Stuttgart 1987.

LENSKY, Y.: Les échanges de nourriture liquide entre abeilles aux températures élevées. Ins. Soc. 8, 361–368, 1961.

LERNER, F.: Aber nur die Biene findet die Süßigkeit. Econ Verlag Düsseldorf, Wien 1963.

LIEBIG, G.: Gaschromatographische und enzymatische Untersuchungen des Zuckerspektrums des Honigtaus von *Buchneria pectinatae* (Nördl.). Apidologie 10, 213–225, 1979.

LIEUX, M. H.: A melissopalynological study of 54 Louisiana (USA) honeys. Rev. Palaeobot. Palynol. 13, 94–124, 1972.

LINDHARD: *Trifolium pratense* L. bei natürlicher und künstlicher Zuchtwahl. Zeitschr. f. Pflanzenzüchtung 8, 114, 1921.

LLEWELLYN, M.: The effects of the lime aphid *Eucallipterus tiliae* L. (Aphididae) on the growth of the lime *Tilia* × *vulgaris* Hayne I. Energy requirements of the aphid population. J. Appl. Ecol. 9, 261–282, 1972.

LIPP, J.: Zur Zusammensetzung des Honigs und Verfahren zum Nachweis von Honigverfälschungen. Dissertation TU München 1989.

— Der Honig. Produktion, Entstehung und Inhaltsstoffe. Naturwiss. Rdsch. 41, 185–189, 1988.

— Nachweis und Herkunft von Abscisinsäure und Prolin in Honig. Apidologie 21, 249–259, 1990.

— Detection of ABA and Proline in Pollen. Biochem. Biophys. Pfl. 187, 211–216, 1991.

LIPP, J.; ZIEGLER, H., und CONRADY, E.: Detection of high fructose- and other syrups in honey using high-pressure liquid chromatography. Z. Lebensmittelunters. Forsch. 187, 334, 1988.

LLEWELLYN, M.; RASHID, R., und LECKSTEIN, P.: The ecological energetics of the willow aphid *Tuberolachnus salignus* Gmelin honeydew production, J. Animal Ecol. 43, 19–29, 1974.

LOMBARD, A.; BUFFA, M.; MANINO, A., und PATETTA, A.: Identification of raffinose in honeydew. Experientia 40, 178–180, 1984.

LONG, J. E.: High fructose corn syrup. Cereal Foods World 31, 862, 1986.

LOPER, G. M.; WALLER, G. D.: Honeybee (*Apis mellifera* L.) selection among alfalfa flowers (*Medicago sativa*). Agr. Abstr. Ann. Meeting, Amer. Soc. Agron. Detroit, Mich. 1969.

— Alfalfa flower aroma and flower selection by honey bees. Crop Sci. 10, 66–68, 1970.

LOTHROP, R. E.; PAINE, H. S.: The colloidal constituents of honey and their influence on color and clarity. Amer. Bee. J. 71, 280–281, 1931.

LOUVEAUX, J.: Essai de caractérisation des miels de Callune (Caluna vulgaris Salisb.). Ann. Abeille 9, 351–358, 1966.

— Recherches sur l'origine dans le miel du pollen de plantes depourvues de nectaires. Ann. Abeille 2, 89–92, 1958.

— Pollenanalyse einiger kanadischer Honige. Z. Bienenforsch. 8 (5), 195–202, 1966.

— Die französischen Heidehonige. Z. Bienenforsch. 9, 211–215, 1968.

— Atlas photografique d'analyse pollinique des miels. Annexes microphotographiques aux méthodes officiels d'analyse, Tome III. Service de la répression des fraudes et du contrôle de la qualité, Paris 1970.

LOUVEAUX, J.; VERGERON, P.: Etude du spectre pollinique de quelques miels espagnoles. Ann. Abeille 7 (4), 329–347, 1964.

LOUVEAUX, J.; MAURIZIO, A., und VORWOHL, G.: Methods of melissopalynology. Bee World 59 (4), 139–157. Reprint M 95 International Bee Research Association, Cardiff 1978.

LOUVEAUX, J.; ABED, L.: Les miels d'Afrique du Nord et leur spectre pollinique. Apidologie 15 (2), 145–170, 1984.

LUENSER, S.: Application of microbial enzymes to produce high fructose corn syrup and other corn sweeteners. Brewer's Digest 62, 36, 1987.

LÜTTGE, U.: Über die Zusammensetzung des Nektars und den Mechanismus seiner Sekretion. I, II, III Planta 56, 189–212, 1961; 59, 108–114, 1962a; 59, 175–194, 1962b.

– Die Nektarsekretion. Dt. Bienenwirtsch. 15, 238–243, 1964.

– Aktiver Transport. Springer Verlag, Wien 1969.

VILLOTA DE PILAR, L.; VORWOHL, G., und GOMEZ FERRERAS, C.: Estudio palinológico de las mieles asturianas. Vida apicola 43, 38–45, 1990.

MACGREGOR, J. L.: Poisoning of bees by *Rhododendron* nectars. Scott. Beekpr. 36, 52–54, 1960.

MAEDA, S.; MUKAI, A.; KOSUGI, N., und OKADA, Y.: On the tasting components of honey. J. Food Sci. Technol. 9, 270–274, 1962.

MAGA J. A.: Honey flavor. Lebmit. Wiss. und Technol. 16, 65, 1983.

MAIER, M.: Isolierung und Eigenschaften der Honigamylase. Dissertation Univ. Stuttgart 1983.

MAJAK, W.; NEUFELD, R., und CORNER, J.: Toxocity of *Astragalus miser* var. *serotinus* to the honeybee. J. apic. Res. 19, 196–199, 1980.

MAJNO, G.: The healing hand: Man and wound in the ancient world. Harvard University Press, Cambridge 1975.

MARGINSON, R.; SEDGLEY, M.; DOUGLAS, T. J., und KNOX, R. B.: Structure and secretion of the extrafloral nectaries of australian Acacias. Israel J. of Botany 34, 91–102, 1985.

MARQUARDT, P.; VOGG, G.: Vorkommen, Eigenschaften und chemische Konstitution des cholinergischen Faktors im Honig. Arzneimitt. Forsch. 2, 152–155, 205–211, 1952.

MARQUARDT, P.; SPITZNAGEL, G.: Über den Gehalt des Honigs an Acetylcholin. Fette, Seifen 58, 863–865, 1956.

MARTENS, N.; VAN LAERE, O., und PELLERENTS, C.: Studie van de bijenflora in Belgie door pollenanalyse. Biol.book 32, 292–325, 1964.

MAURIZIO, A.: Schweizerische Honigtypen der Edelkastanie. Schweiz.Bien.Z. 64, 351–362, 409–417, 1941.

– Tipi di mieli della Svizzera Italiana. Riv.Sviz. di Apicoltura 41, 20–27, 1958.

– Das mikroskopische Bild jugoslawischer Importhonige. Z. Bienenforsch. 5, 8–22, 1960.

– Das Zuckerbild blütenreiner Sortenhonige. Ann. Abeille 7, 289–299, 1964.

– Le spectre pollinique des miels luxembourgois. Apidologie 2 (3), 221–238, 1971.

– Beitrag zur Kenntnis des Pollenspektrums norwegischer Honige. Apidologie 10 (4), 359–393, 1979.

– Honigtau-Honigtauhonig. In: KLOFT/MAURIZIO/KAESER: Waldtracht und Waldhonig in der Imkerei. Verlag Ehrenwirth, München 1985, 268–289.

– How bees make honey. Honey: a comprehensive survey. In: (ed.) CRANE, E., London: Heinemann in cooperation with International Bee Research Association 1975.

MAURIZIO, A.; GRAFL, I.: Das Trachtpflanzenbuch. Verlag Ehrenwirth, München 1969.

MILLER, I. M.; SCOTT, A., und GARDNER, I. C.: The development, structure and function of dendroid colleters in *Psychotria kirkii* Heirn (*Rubiaceae*). Annals of Botany 51, 621–630, 1983.

Milum, V. G.: Honey discoloration and loss of delicate flavour in processing and storage. Amer. Bee J. 79, 390–392 und 416, 1939.

Mittler, T. E.: Amino-acids in phloem sap and their excretion by aphids. Nature 172, 207, 1953.

– Studies on the feeding and nutrition of *Tuberolachnus salignus* (Gmelin) (Homoptera, Aphididae). 1. The uptake of phloem sap. J. Exp. Biol. 34, 334–341, 1957. 2. The nitrogen and sugar composition of ingested sap and excreted honeydew. J. Exp. Biol. 35, 74–84, 1958a. 3. The nitrogen economy. J. Exp. Biol. 35, 626–638, 1958b.

– What affects the amount of honeydew excreted by aphids? XIth. Internat. Congr. Ent., Vienna 1960, 2, 540–541, 1962.

Mladenoff, St.; Mladenowa, D.: Neue Apitherapiemethoden in der Behandlung einiger akuter und chronischer unspezifischer Leiden der Atemwege. Der 30. internationale Bienenzüchterkongress, Nagoya 1985, Japan. Apimondia-Verlag Bukarest 12, 1939 ff.; 1986.

Mohan, J. S. S.; Inamdar, J. A.: Ultrastructure and secretion of extrafloral nectaries of Plumeria rubra L., Annals of Botany 57, 389–401, 1986.

Morse, R. A.; Lisk, D. J.: Elemental analysis of honeys from several nations. Am. Bee J. 120, 522–523, 1980.

Mostowska, I.: Amino acids in nectar and honey. Zesz. Nauk. W. S. R. Olsztyn 20, 417–432, 1965.

Müller, B.; Göke, G.: Beitrag zur gaschromatographischen Bestimmung von Zuckern und Zuckeralkoholen in Lebensmitteln. Deutsche Lebensmittel-Rundschau 68, 222, 1972.

Nour, M. E.: Some factors affecting quality of Egyptian honey. PhD Thesis, Cairo University 1988.

Österreichisches Statistisches Zentralamt (Hrsg.): Statistisches Jahrbuch für die Republik Österreich. Styria, Graz 1987, 1988, 1989, 1990, 1991, 1992.

Von der Ohe, W.; Dustman, J.: Refraktometrische Bestimmung des Wassergehalts im Honig. Allg. dt. Imkerz. 26 (3), 12–13, 1992.

Oustuani, A. M.: Das mikroskopische Bild der Honige des östlichen Mittelmeergebiets. Dissertation, Stuttgart-Hohenheim 1976.

Park, O. W.: The storing and ripening of honey by honeybees. J. econ. Ent. 18, 405–410, 1925.

– How bees make honey. The Hive and the Honeybee, 125–152, Dadant & Sons, Hamilton Ill. 1949.

Patterson, C. W., Bach, A.: Contrasting land use reflected in pollen grain content of honeys from two Tasmanian districts. J. Austr. Inst. Agric. Science 91–92, 1968.

Peel, A. J.; Weatherley, P. E.: Composition of sieve-tube sap. Nature 184, 1955–1956, 1959.

Pelinow, C.: L'analyse pollinique des miels de la R. P. Roumaine. Ann. Abeille 3, 339–347, 1960.

Peng, Y. S.: Tolerance of lactose by free-flying adult honeybees. J. Apic. Res. 20, 89–93, 1981.

Perez de Zabalza, A.: Estudio palinico de las mieles de Navarra. Tesis doctoral Universidad de Navarra 1989.

Perkiewicz, E.: Ein gutes Honigrührgerät. Biene 105, 208–209, 1969.

Persano-Oddo, L.; Ricciardelli d'Albore, G.: Spettro pollinico di alcuni mieli dell America tropicale. Apicoltura 2, 25–66, 1986.

Pershad, Sh.: Analyse de différents facteurs conditionnant les échanges alimentaires dans une colonie d'abeeiles *Apis mellifica* L. au moyen du radi-isotope P^{32}. Ann. Abeille 10, 139–197, 1967.

Petkova-Atanasova, O.: Palynological studies of honey and pollen in the region of Smoljan and Bedenski Bani. Diss. Sofia 1984.

Pickett, C. D.; Clark, W. D.: The function of extrafloral nectaries in *Opuntia acanthocarpa* (*Cactaceae*). Am. J. Botany 66, 618–625, 1979.

Poszwinski, L., und Warakomska, Z.: Analyse pollinique des miels du colza et de la callune dans le département de Varsovie. Pszczenicze Zeszyty Nankowe 13, 147–157, 1969.

Power, M. S.; Skog, J. E.: Ultrastructure of the extrafloral nectaries of Pteridium aquilinum. American Fern Journal 77, 1–15, 1987.

Radwan, S. S.; El-Essawy, A A.; Sarhan, M. M.: Experimental evidence for the occurrence in honey of specific substances active against microorganisms. Zbl. Mikrobiol. 139, 249–253, 1984.

Rahmanian, M.; Khouhestani, A.; Ghavifekr, H.; Ter-Sarkissian, N., und Olszyna-Marzys; A. O.: High ascorbic acid in some Iranian honeys. Nutrition and Metabolism 12, 131–135, 1970.

Ravn, D.; Hammer, B., und Bartels, H.: An investigation of the sugar chemistry and an analysis of the pollen content in some types of Danish honeys. Tidskrift Planteavl 79, 13–36, 1975.

Reinikainen, P.; Suortti, T.; Olkku, J.; Mälkki, Y., und Linko, P.: Extrusion cooking in enzymatic liquefaction of wheat starch. Stärke 38, 20, 1986.

Rexillius, L.: Rückstände von Pflanzenbehandlungsmitteln in Rapshonig der Ernte 1984 aus Schleswig-Holstein. Nachrichtenbl. Deutsch. Pflanzenschutzdienst 38, 49–56, 1986.

Ricciardelli d'Albore, G.: Contributo alla conoscenza della flora nettarifera del Marocco sulla base dell' analisi mcroscopica del mielé. Riv. Agric. subtrop. torp. 74 (1–2), 57–72, 1980.

– Lo spectro pollinico dei mieli di Albania. Apicoltura 1, 1–33, 1985.

Robinson, F. A.; Oertel, E.: Sources of nectar and pollen. In: The hive and the honey bee. (Eds.) Dadant & Sons, Inc. Hamilton, IL, USA: Dadant & Sons, Inc. 1975, 283–302.

Rogel Villanueva, G.: Plantas de importancia apicola en el ejido de Plan del Rio, Veracruz, Mexico. Biotica 9 (3), 279, 1984.

Roth, L. A.; Kwan, S., und Sporns, P.: Use of disc assay system to detect oxytetracline residues in honey. J. Food Protection 49 (6), 436–441, 1986.

Ruttner, F.: Zur pollenanalytischen Diagnose südosteuropäischer Honige. Ann. Abeille 7 (4), 321–327, 1964.

– Der Pollen der Eichenmistel (Loranthus europaeus Jacq.) als Charakterform in österreichischen Honigen. Z. Bienenforsch. 5 (7), 220–226, 1961.

Sandhu, D. K.; Waraich, M. K.: Yeasts associated with pollinating bees and flowers. Microbial Ecology 11, 51–58, 1985.

Santos, C.: Principais tipos de pollen encontrado em algumas amostras de mel. Rev.Agr. 36, 93–96, 1961.

– Pollen identification for beekeepers. University College Cardiff Press, Cardiff 1981.

Sawyer, R.: Honey identification. Cardiff Academic Press, Cardiff 1988.

Schade, J. E.; Marsh, G., and Eckert, J. E.: Diastase activity and hydroxy-methylfurfural in honey and their usefullness in detecting heat alterations. Food Research 23, 446–463, 1958.

Schmid, G.: Expertengruppe soll Lage der Imkerei ausloten. Imkerfreund 44 (6), 232–233, 1989.

Schmucker, Th.: Zur Blütenbiologie tropischer Nymphaea-Arten. II. (Bor als entscheidender Faktor.) Planta 18, 641–650, 1933.

Schnepf, E.: Sekretion und Exkretion bei Pflanzen. Protoplasmatologie, VIII/8 Springer, Wien 1969.

Schulz, A.: Honig-Sachkundenachweis. Ausbildung und Beratung 46, 135, 1993.

Schweizer Lebensmittelbuch. Eidg. Drucksachen und Materialzentrale, Bern. Bd. 2, Kap. 23, 1–35, 1967.

Sharma, O. P.; Raj, D., und Garg, R.: Toxicity of Nectar of Tea (Camellia thea L.) to Honeybees. J. Apic. Res. 25, 106–108, 1986.

Shuel, R. W.: The production of nectar. In: The Hive and The Honey Bee. Dadant & Sons, Inc., Hamilton, IL. 265–282. – Influence of reproductive organs on secretion of sugars in flowers of Streptosolen jamesonii Miers. Plant Physiol. (Lancaster) 36, 265–271, 1961.

– Studies of nectar secretion in excised flowers. IV. Selective transport of sucrose in the presence of other solutes. Can. J. Bot. 45, 1953–1961, 1967.

- World nectar research. Bee World 51, 63–69, 1970.
- The production of nectar. In: The Hive and the Honey Bee. Dadant and Sons, Inc., Hamilton, IL, 1975.

SIDDIQUI, I. R.; FURGALA, B.: Isolation and characterization of oligosaccharides from honey. Part I. Disaccharides. J. of Apicult. Res. 6, 139, 1967.
- Isolation and characterization of oligosaccharides from honey. Part II. Trisaccharides. J. of Apicult. Res. 7, 51, 1968.

SIDDIQUI, I. R.: Constitution of an arabinogalactomannan from honey. Can. J. of Chem. 43, 421, 1965.
- The sugars of honey. Adv. Carbohydr. Chem. and Biochem. 25, 285, 1970.

SIEGENTHALER, U.: Eine einfache und rasche Methode zur Bestimmung der α-Glucosidase (Saccharase) im Honig. Mitt. Gebiete Lebensm.Hyg. 68, 251–258, 1977.

SIGLER, J.: Herkunft und Charakterisierung der Honig-Phosphatasen. Lebensmittelchem. Gerichtl. Chem. 40, 71, 1986.

SMIRLE, M. J.; WINSTON, M. L.: Detoxifying enzyme activity in worker honey bees: an adaptation for foraging in contaminated ecosystems. Can. J. Zool. 66, 1938–1942, 1988.

SMITH, J.: The production of honeydew honey from the New Zealand South Island beech forest. Thesis R.N.Z. Inst. Horticulture, Christchurch 1980.

SMITH, M. R.; MCCAUGHEY, W. F., und KEMMERER, A. R.: Biological effects of honey. J. Apic. Res. 8, 99–110, 1969.

SPEER, K.; MONTAG, A.: Beitrag zum Vorkommen von Benzoesäure und Phenylessigsäure in Honig. Deutsche Lebensmittel-Rundschau 80, 103, 1984.
- Verteilung freier Aminosäuren in Honigen, unter besonderer Berücksichtigung der deutschen und französischen Heidehonige. Deutsche Lebensmittel-Rundschau 82, 248, 1986.
- Abbauprodukte des Phenylalanins als Aromakomponenten in Honig. Deutsche Lebensmittel-Rundschau 83, 103–107, 1987.

SPEER, K.: Studien über charakteristische Inhaltsstoffe des Bienenhonigs. Dissertation Univ. Hamburg 1985.

SPITZL, K.: Das Pollenbild der fränkischen Honige. Apidologie 21, 4, 1990.

SPORNS, P.; KWAN, S., und ROTH, L. A.: HPLC analysis of oxitetracycline residues in honey. J. Food Protection 49 (5), 383, 1986.

STADELMANN, F.: Die Apfel- und Birnen-Phyllosphären-Microflora und ihre Beeinflussung durch biotische und abiotische Faktoren. Diss. Basel. 1976.

STADELMEIER, M.; BERGNER, K.-G.: Proteine des Bienenhonigs. V. Isolierung der Honigamylase. Z. Lebensmittelunters. Forsch. 181, 308–312, 1985.
- Proteine des Bienenhonigs. VI. Isoelektrische Fokussierung der Amylase verschiedener Honigsorten. Z. Lebensmittelunters. Forsch. 182, 25–28, 1986a.
- Proteine des Bienenhongs. VII. Eigenschaften und Herkunft der Honigamylase. Z. Lebensmittelunters. Forsch. 182, 196-199, 1986b.

STADELMEIER, M.: Eigenschaften und Herkunft der Honigamylase. Z. Lebensmittelunters. Forsch. 182, 196, 1986.

STANLEY, R. G.; LINSKENS, H. F.: Pollen. Urs Freund Verlag, Greifenberg 1985.

Statistisches Bundesamt Wiesbaden (Hrsg.): Außenhandel nach Waren und Ländern (Spezialhandel). W. Kohlhammer Verlag GmbH, Stuttgart, Mainz 1987, 1993.

STEEG, E.; MONTAG, A.: Nachweis aromatischer Carbonsäuren in Honig. Z. Lebensmittelunters. Forsch. 184, 17–19, 1987.
- Quantitative Bestimmung aromatischer Carbonsäuren in Honig. Z. Lebensmittelunters. Forsch. 187, 115–120, 1988a.
- Minorbestandteile des Honigs mit Aroma-Relevanz. I. Aromatische Carbonsäuren und Ester aromatischer Carbonsäuren. Deutsche Lebensmittel-Rundschau 84, 103–108, 1988b.
- Minorbestandteile des Honigs mit Aroma-Relevanz. II. Sensorisch aktive Abbauprodukte aromatischer Carbonsäuren und glykosidisch gebundene Aromaten. Deutsche

Lebensmittel-Rundschau 84, 147–150, 1988c.

STEYN, D. G.: In: BIRCH, G. C.; GREEN, L. F. (Ed.): Molecular structure and function of food carbohydrate. Appl. Science Publ., London 1973.

STONE, T. B.; THOMPSON, A. C., und PITRE, H. N.: Analysis of lipids on cotton extrafloral nectar. J. Entomol. Sci. 20, 422–428, 1985.

STOYA, W.; WACHENDÖRFER, G.; KARY, I.; SIEBENTRITT, P., und KAISER, E.: Milchsäure als Therapeuticum gegen Varroatose und ihre Auswirkung auf den Honig. Deutsch. Lebensmitt. Rundschau 83 (9), 283–286, 1987.

STRAKA, H.: Pollenanalyse von Honigen aus den Cañadas von Teneriffa (Kanarische Inseln). Decheniana 127, 129–133, 1975.

STRICKER, O.; GIERSCHNER, K., und VORWOHL, G.: Gaschromatographische Bestimmung von Brompropylat, 4,4'-Dibrombenzophenon, Coumaphos und Fluvalinat in Honig. Deutsch. Lebensmitt. Rundschau 85 (3), 72–75, 1989.

STURM, J.: Beispiele zur Methodik der Honigpollenanalyse (Melissopalynologie) und die Pollenspektren einiger oberösterreichischer Honige. Diplomarbeit Botan. Inst. Univ. f. Bodenkultur, Wien 1988.

SUBRAMANIAN, R. B.; INAMDAR, J. A.: Nectaries in *Bignonia illicium* L. – Ontogeny, structure and functions. Proc. Indian Acad. Sci. (Plant Sci.) 96, 135–140, 1986.

SURYANAYRANA, M. C.; SEETALAKSMI, T. S., und PHADKE, R. P.: Pollen analysis of Indian honeys – 1. Honey from Litchi (*Nephelium litchi*) and Jamun (*Syzigium cumini*). IV. Int. Palyn. Conf. Lucknow (1976–1977) 3, 491–498, 1981.

TAKENAKA, T.; ECHIGO, T.: 4-α-Isomaltosyl sucrose in honey. J. of the Agr. Chem. Soc. of Japan 54, 945, 1980.

TALPAY, B.: Inhaltsstoffe des Honigs – Citronensäure (Citrat). Deutsche Lebensmittel-Rundschau 84, 41–44, 1988.

– Inhaltsstoffe des Honigs – Ameisensäure (Formiat). Deutsche Lebensmittel-Rundschau 85, 143–147, 1989.

TANOWITZ, B. D.; KOEHLER, D. L.: Carbohydrate analysis of floral and extra-floral nectars in selected taxa of Sansevieria (Agavaceae). Annals of Botany 58, 541–545, 1986.

TAUBÖCK, V.: Über Reaktionsprodukte von Flavonolen mit Borsäure und organischen Säuren und ihre Bedeutung für die Festlegung des Bors in Pflanzenorganen. Naturwissenschaften 30, 439, 1942.

TEGGE, G.: Anreicherung und Gewinnung von Fructose aus Isosirup oder Invertzucker. Stärke 31, 409, 1979.

TEGGE, G.: Stärke und Stärkederivate. Behrs Verlag, 1984b.

TEGGE, G.: Zucker aus Stärke – Rückschau und Ausblick. Stärke 36, 77, 1984a.

TELLERIA, M. C.: Analyse pollinique des miels du Nord-Quest de la province de Buenos Aires (République Argentine). Apidologie 19 (3), 275–290, 1988.

THOMPSON, D. A. W. (ed.): Aristoles: Natural history. University Press, Oxford 1910.

THOMSON, R. H. K.: Granulation problems in New Zealand honey. N. Z. J. Sci. Technol. 20, 714–720, 1938.

TOMLINSON, J. T.; WILLIAMS, S. C.: Antibiotic properties of honey produced by the domestic honey bee *Apis mellifera* (Hymenoptera: Apidae). Pan-Pacific Entomologist 61, 346–347, 1985.

TONE, E.; COTEANU, O.: Das Pollenspektrum einiger Sortenhonige. An. Stat. Centr. Apic. Sevic. 9, 39–48 (rumän., deutsch. Zsfg.), 1969.

TONG, S.; MORSE, R.; BACHE, C., und LISK, D.: elemental analysis of honey as an indicator of environmental pollution. Arch. Environm. Health 30, 329–332, 1975.

TOWNSEND, G. F.: Preparation of honey for market. Ont. Dep. Agr. No. 544, 1961, 1970.

TOTH, G.; LEMBERKOVICS, E., und KUTASI-SZABO, J.: The volatile components of some Hungarian honeys and their antimicrobial effects. Amer. Bee J. 127, 96–497, 1987.

TUBAKI, K.; YOKOYAMA, T.: The fungal flora developing on sterilized leaves placed in the litter of Japanese forests. In: PREECE, T. F.,

und DICKISON, C. H.: Ecology of leave surface organisms, 457–461. Acad. Press, London 1971.
TURKOT, V.; ESKEW, R. K., und CLAFFEY, J. B.: A continous process for dehydrating honey. Food Technol. 14, 387–390, 1960.
United Nations: Commodity trade statistics. Publishing Division United Nations, New York 1987, 1990.
UHLIG, H.: Enzyme in der Lebensmittelherstellung. Lebensmitteltechnik 4, (88), 150, 1988.
VALLI, E.; SUMMERS, D.: Honey hunters of Nepal. National Geographic 174, 660–671, 1988.
VARIS, A. L.; HELENIUS, J., und KOIVULEHTO, K.: Pollen spectrum of Finnish honey. J. Scient. Agric. Soc. Finland 54, 403–420, 1982.
VARJU, M.: Mineral content of Hungarian acacia honey varieties and its relationship with the plant and soil. Z. Lebensmittelunters. Forsch. 144, 308–312, 1970.
VIGNEC, J.; JULIA, J. F.: Honey in infant feeding. Am. J. Dis. Child. 88, 443–451, 1954.
VORWOHL, G.: Das mikroskopische Bild der Pollenersatzmittel und des Sediments von Futterteigen. Z. Bienenforsch. 8, 222–228, 1966.
– Die Messung der elektrischen Leitfähigkeit des Honigs und die Verwendung der Meßwerte zur Sortendiagnose und zum Nachweis von Verfälschungen mit Zuckerfütterungshonig, Z. Bienenforsch. 7, 37–47, 1964.
– Das mikroskopische Bild einiger Honige aus Florida. Apidologie 1 (3), 233–269, 1970.
– Das Pollenspektrum von Honigen aus den italienischen Alpen. Apidologie 3, 309–340, 1972.
– Das Pollenbild der tunesischen Honige. Apidologie 4 (1), 178–179, 1973.
– Honeys from tropical Africa. Microscopical analysis and quality problems. Proc. Apiculture in Tropical Climates. Int. Bee Res. Assoc. Gerrards Cross. 93–101, London 1976.
– Pollen und Honig. Imkerfreund 32, 34–38, 1977.
– Der Hydroxymethylfurfuralgehalt in Honigen der Bundesrepublik Deutschland. Auswertung der Messungen in den Jahren 1970–1979. Apidologie 11 (4), 375–383, 1980.
– Pollen spectra of African honeys. IV. Intern. Palyn. Conf. Lucknow (1976–1977) 3, 499–502, 1981.
– Einfache Abschätzung des Wassergehalts des Honigs mit Hilfe eines Schwimmers (Aräometers). Allg. Deutsch. Imkerz. 23 (10), 334–335, 1989.
– Veränderungen im Pollenbild der Honige der Bundesrepublik. Bienenvater 4 (Fossel-Festschrift), 143–147, 1990.
VORWOHL, G.; ARNDT, U.: Über Blei- und Cadmiumgehalt des Honigs. Biene 118 (8), 341–342, 1982.
WACHENDÖRFER, G.; KEDING, H.: Beurteilung von Rückständen im Honig aus der Sicht der amtlichen Lebensmittelüberwachung nach Anwendung von Medikamenten zur Bekämpfung der Varroatose. Allg. deutsch. Imk.zeitg. 12, 245–249, 1988.
WALLER, G. D.: Evaluating responses of honeybees to sugar solutions using an artificial-flower feeder, Ann. of the Entom. Soc. of Amer. 65, 857–862, 1972.
WANNER, H.: Die Zusammensetzung des Siebröhrensaftes: Kohlenhydrate. Ber. Schweiz. Bot. Ges. 63, 162–168, 1953.
WEBER, M.: Die Identifizierung und Repräsentierung des Quercus Pollen in einigen spanischen Orangenhonigen. Apidologie 13 (4), 369–381, 1982.
WEDMORE, E. B.: The accurate determination of the water content of honeys. I. Introduction and results. Bee World 36, 197–206, 1955.
WEILER, E. W.; ZIEGLER, H.: Determination of phytohormones in phloem exudate from tree species by radioimmunoassay. Planta 152, 168–170, 1981.
WELLFORD, T. E. T.; EADIE, T.; LLEWELLYN, G. C.: Evaluating the inhibitory action of honey on fungal growth, sporulation, and aflatoxin production. Z. Lebensmittelunters. Forsch. 166, 280, 1978.

WERGIN, W. P.; ELMORE, D. C.; HANNY, B. W., und INQBER, B.: Ultrastructure of the subglandular cells from the foliar nectaries of cotton in relation to the distribution of plasmodesmata and the symplastic transport of nectar. American Journal of Botany 62, 842–849, 1975.

WHITE, J. W.; HOBAN, N.: Composition of honey. IV. Identification of the disccharides. Arch. of Biochem. Biophys. 80, 386, 1959.

WHITE, J. W.; KUSHNIR, I.; SUBERS, M. H.: Effect of storage and processing temperatures on honey quality. Food Technology 18, 153–156, 1964.

WHITE, J. W.; RIETHOF, M. L.; SUBERS, M. H., und KUSHNIR, I.: Composition of american honeys. US Dept. Agric. Tech. Bull. 1261, 1, 1962.

WHITE, J. W.: Composition of honey. In: Honey: a comprehensive survey. (Ed.) CRANE, E.: Verlag Heinemann, London, in cooperation with International Bee Research Association, 1975.

– Honey. Adv. Food Res. 24, 287–374, 1978.

WHITE, J. W.; DONER, L. W.: Mass spectrometric detection of high-fructose corn sirup in honey by use of $^{13}C/^{12}C$ ratio: collaborative study. J. Ass. Off. Anal. Chem. 61, 746–750, 1978.

WHITE, J. W.; MAHER, J.: Transglucosidation by honey invertase. Arch. Biochem. Biophys. 42, 360–367, 1953.

– Detection of incipient granulation in extracted honey. Amer. Bee J. 91, 376–377, 1951.

WHITE, J. W.; RIETHOF, M. L.: The composition of honey. III. Detection of acetylandromedol in toxic honeys. Arch. Biochem. Biophys. 79, 165–167, 1959.

WHITE, J. W.; RUDYJ, O. N.: Proline content of United States honeys. J. Apic. Res. 17, 89–93, 1978.

WHITE, J. W.; SUBERS, M. H., und SCHEPARTZ, A. I.: The identification of inhibine. The antibacterial factor in honey as hydrogen peroxide and its origin in a honey glucose oxidase system. Biochem. Biophys. Act. 73, 57–70, 1963.

WHITE, J. W.; SUBERS, M. H.: Studies on honey inhibine 2. A chemical assay, J. Apic. Res. 2, 93–100, 1963.

– Studies on honey inhibine 3. Effect of heat. J. Apic. Res. 3, 45–50, 1964a.

– Studies on honey inhibine 4. Destruction of the peroxide accumulation system by light. J. Food Sci. 29, 819, 1964b.

WILLE, M.; WILLE, J., und BOGDANOV, S.: Welche Pollenarten enthalten die Honige aus dem schweizerischen Mittelland. Vergleich der Honige aus den 30er und 80er Jahren. Schweiz. Bienenz. 112 (3), 45–55, 112 (4), 215–225, 1989.

WINKLER, O.: Beitrag zum Nachweis und zur Bestimmung von Oxymethylfurfurol im Honig. Z. Lebensmittelunters.-Forsch. 102, 161–167, 1955.

World Honey Crop Report: Bee World 68, 186–187, 1987.

WYKES, G.: The preferences shown by honeybees for certain nectars. Ann. Appl. Biol. 38, 546, 1951.

– An investigation of the sugars present in the nectar of flowers of various species. New Phytol. 51, 210–25, 1952a.

– The preferences of honeybees for solutions of various sugars which occur in nectar. J. Exp. Biol. 29, 511–518, 1952b.

ZANDER, E.; BÖTTCHER, F. K.: Haltung und Zucht der Biene. Verlag Eugen Ulmer, Stuttgart 1989, 12. Aufl.

ZANDER, E.; KOCH, A.: Der Honig. Verlag Eugen Ulmer, Stuttgart 1927.

ZANDER, E.; MAURIZIO, A.: Der Honig. Verlag Eugen Ulmer, Stuttgart 1984, 2. Auflage.

ZELIKMANN, I. F.: Excessive supersaturation of sugar solutions an the speed of crystallisation. Dklady Akad. Nauk Uzbek. S. S. R. 4, 27–30, 1955.

ZIEGLER, H.: Untersuchungen über die Leitung und Sekretion der Assimilate. Planta 47, 447–500, 1956.

– Die chemische Zusammensetzung des Siebröhrensaftes. XI. Internat. Kongr. Ent. Wien, 1960, 2, 538–540, 1962.

– La seve des tubes cribles. Chauvin, Traité des Biologie de l'Abeille 3, 205–217, 1968a.

- La sécrétion du nectar. Chauvin, Traité de Biologie de l'Abeille 3, 218–248, 1968b.
- Nature of transported substances. In: ZIMMERMANN, M. H.; MILBURN, J. A.: Transport in plants I. Phloem Transport II, 3, Springer, Berlin-Heidelberg-New York 1975.
- Physiologie. In: Lehrbuch der Botanik (E. STRASBURGER et al.). Gustav Fischer Verlag, Stuttgart, New York 1983.

ZIEGLER, H.; HUBER, F.: Phosphataseaktivität in den „Strasburger-Zellen" der Koniferen. Naturwiss. 47, 305, 1960.

ZIEGLER, H.; KLUGE, M.: Die Nucleinsäuren und ihre Bausteine im Siebröhrensaft von *Robinia pseudacacia* L. Planta 58, 144–153, 1962.

ZIEGLER, H.; LÜTTGE, U.: Über die Resorption von ^{14}C-Glutaminsäure durch sezernierende Nektarien. Naturwiss. 47, 305, 1960.

ZIEGLER, H.; MITTLER, T.: Über den Zuckergehalt der Siebröhren- bzw. Siebzellensäfte von *Heracleum mantegazzianum* und *Picea abies*. Z. Naturforsch. 14b, 278–281, 1959.

ZIEGLER, H.; PENTH, S.: Zur Kenntnis der Zusammensetzung des Honigtaues. Apidologie 8, 419–426, 1977.

ZIEGLER, H.; SCHNABEL, M.: Über Harnstoffderivate im Siebröhrensaft. Flora 150, 306–317, 1961.

ZIEGLER, H.; ZIEGLER, I.: Die wasserlöslichen Vitamine in den Siebröhrensäften einiger Bäume. Flora 152, 257–287, 1962.

ZIMMERMANN, M. H.: Papierchromatographische Untersuchungen über die pflanzliche Zuckersekretion. Ber. Schweiz. Bot. Ges. 63, 402–429, 1953.

- Über die Sekretion saccharosespaltender Transglukosidasen im pflanzlichen Nektar. Experientia 10, 145–146, 1954.
- Translocation of organic substances in trees. 1. The nature of the sugars in the sieve tube exudate of trees. Plant Physiol. 32, 288–291, 1957. 3. The removal of sugars from the sieve tubes in the white ash (*Fraxinus americana* L.). Plant Physiol. 33, 213–217, 1958a.
- Translocation of organic substances in the phloem of trees. The Physiology of Forest Trees. Ronald Press, New York, 381–400, 1958b.
- Absorption and translocation: Transport in the phloem. Ann. Rev. Plant. Physiol. 11, 167–190, 1960.
- Movement of organic substances in trees. Science 133, 73–79, 1961a.
- The removal of substances from the phloem. Rec. Adv. Bot. 1227–1229, 1961b.
- Sap movements in trees. Biorheology 2, 15–27, 1964.

ZIMMERMANN, M. H.; ZIEGLER, H.: List of sugars and sugaralcohols in sieve-tube exudates. Appendix III: In: ZIMMERMANN, M. H.; MILBURN, J. A.: Transport in plants I. Phloem transport. Springer Verlag, Berlin, Heidelberg, New York 1975, 480–503.

ZOEBELEIN, G.: Versuche zur Feststellung des Honigtauertrages von Fichtenbeständen mit Hilfe von Waldameisen. Z. ang. Ent. 36, 358–362, 1954.

- Der Honigtau als Nahrung der Insekten. Z. ang. Ent. 38, 364–416; 39, 129–167, 1956.

ZUMLA, A.; LULAT, A.: Honey – a remedy rediscovered. J. of the Royal Soc. of Medicine 82, 384–385, 1989.

Wichtige Anschriften

Institut für Zoologie der Freien Universität Berlin
Abt. Bienenkunde: Prof. Dr. B. Schricker
14195 Berlin, Königin-Luise-Str. 1–3
Tel.: (030) 8383915

Institut für Landwirtschaftliche Zoologie und Bienenkunde
Abt. Bienenkunde: Prof. Dr. W. Drescher
53127 Bonn, Melbweg 42
Tel.: (0228) 285005

Institut für Angewandte Zoologie der Universität Bonn
Direktor: Prof. Dr. W. Kloft
53121 Bonn, An der Immenburg 1
Tel. (0228) 735123

Untersuchungsstelle für Bienenvergiftungen:
Biologische Bundesanstalt für Land- und Forstwirtschaft
38104 Braunschweig, Messeweg 11/12
Tel.: (0531) 399-390

Niedersächsisches Landesinstitut für Bienenkunde
Leitung: Prof. Dr. J. H. Dustmann
29221 Celle, Wehlstr. 4a
Tel.: (05141) 6054

Bayerische Landesanstalt für Bienenzucht
Leitung: Dr. Mautz
91054 Erlangen, Burgbergstr. 70
Tel.: (09131) 20031

Tierhygienisches Institut Freiburg
Leitung: Dr. H. Bölle – Abt. Bienenkunde: Dr. W. Ritter
79108 Freiburg i. Br., Moosweiher 2
Tel.: (0761) 16011–16014

Hessische Landesanstalt für Tierzucht
Leitung: Dr. W. Schlolaut – Abteilung für Bienenzucht: Dr. V. Maul
35274 Kirchhain, Erlenstr. 9
Tel.: (06422) 3083 u. 3084

Obstbauversuchsanstalt Jork der Landwirtschaftskammer Hannover
Leitung: Dr. K. H. Tiermann
Abt. Bienenkunde: H. Hauschildt (nur im Rahmen Pflanzenschutz)
21635 Jork
Tel.: (04162) 7004

Landesanstalt für Bienenzucht – Mayen
Leitung: Dr. A. Schulz
56727 Mayen, Im Bannen 38–54
Tel.: (02651) 2588

Institut für Pflanzenschutz, Saatgutuntersuchung und Bienenkunde der Landwirtschaftskammer Westfalen-Lippe
Leitung: Ltd. Landwirtschaftsdirektor Dr. T. Kock
Wiss. Referent für das Referat Bienenkunde: Dr. W. Pinsdorf
48147 Münster, Nevinghoff 40
Postfach 59 25
Tel.: (0251) 2376-663, 662, 626

Institut für Bienenkunde (Polytechnische Gesellschaft)
Fachbereich Biologie der J. W. Goethe-Universität Frankfurt a. M.
Leitung: Prof. Dr. N. Koeninger
61440 Oberursel 1, Karl-von-Frisch-Weg 2
Tel.: (06171) 21278
Telefax: 49-6171-25769

Landesanstalt für Bienenkunde der Universität Hohenheim
Leitung: Prof. Dr. G. Vorwohl
70599 Stuttgart,
August-von-Hartmann-Str. 13
Tel.: (0711) 459-2661
Telefax: 0711/459/2233

Deutscher Imkerbund e.V.
Hauptstraße 3
53343 Wachtberg-Villip
Tel.: 0228/321006

Institut für Honigforschung – Bremen
Leitung: Dr. C. Lüllmann
28195 Bremen, Schlachte 15/18
Tel.: 0421/12449
Telefax: 0421/170676

Dr. Josef Lipp
Institut für Hydrologie der GSF, Forschungszentrum für Umwelt und Gesundheit
Ingolstädter Landstr. 1
Postfach 11 29
85758 Oberschleißheim
Tel.: 089/3187/2565
Telefax: 089/3187/3361

Institut für Botanik und Mikrobiologie der TU München
Leitung: Prof. Dr. H. Ziegler
Arcisstr. 16,
80333 München
Tel.: 089/2105/2631

Honigverband der Bundesrepublik Deutschland e.V.
Am Wall 146
28195 Bremen 1
Tel.: 0421/3397511

Bildquellen

Schwarzweißabbildungen
Firma Chr. Graze, Endersbach: Abb. 33a, 34, 41; Zeichnungen nach Vorlagen der Firma Chr. Graze, Endersbach: Abb. 32, 33b, 40.
G. Liebig, Landesanstalt für Bienenkunde, Hohenheim: Abb. 12.

Farbtafeln
A. Jenderek, Landesanstalt für Bienenkunde, Hohenheim: Farbtafel 5, 6.
F. Lampeitl, Weissach-Flacht: Farbtafel 1 oben, 2 oben rechts.
Firma Langnese, Bargteheide: Farbtafel 7.
J. Lipp, Rettenbach: Farbtafel 8 unten rechts.
A. Spürgin, Teningen: Farbtafel 1 unten, 2 oben links, unten links und rechts, 3, 4.
G. Vorwohl, Landesanstalt für Bienenkunde, Hohenheim: Farbtafel 8 oben links und rechts, unten links.

Sachregister

Seitenzahlen mit Sternchen verweisen auf Abbildungen oder Tabellen.

Abfüllung 64*, 73
Abkehren der Bienen 57*, 65*
Abschaumhonig 64
Abscisinsäure 103
Absperrgitter 58*
Acetolyse 114, 121
Acetylcholin 102, 160
ADP-Glucose-Synthase 45
Akazienhonig (Robinienhonig)
 17 f.*, 96, 98 f., 165
Aktivkohle/Kieselgur-
 Säulen 45, 147
Aldehyde 71
Algen 112, 119 f., 127, 136*
Alkohole 71
Aloe marlothii 13
Aloe-Honig 13
Alpenrosenhonig 18*, 99
Ameisensäure 103, 144
Aminosäuren 100 ff.
− Chromatogramm 100*
− geographische Herkunft
 101*
− pflanzliche Herkunft 102*
Aminozucker 94
Ammenbiene 49 f.*
Amylase 53, 96, 139
− Amylasegehalt in Honigen 97
− pH-Optimum 97*
− Temperaturoptimum 97*
− Untersuchungsverfahren
 139
− wärmebedingter Zerfall 96
antibakterielle Wirkung des
 Honigs 156
Äpfelsäure 13
Aphididae 40
Araña-Höhle 11*
Aräometer 137
Arbeiterinnenzellen 58*
Arbutin 72
Aromafehler 17
Aromastoffe 104
− honigtypisches Aroma 104
− trachttypisches Aroma 106
Aschengehalt 108, 142
Asphodelus-Honig 122

Assimilate 29
− Wandergeschwindigkeit
 29
Assimilatleitbahnen 13
Atom-Absorptions-
 Spektrometrie 108
Ausblühung 74, 84*
Auslesehonig 22

Backhonig 16, 68, 153
Bärenklauhonig 121
Baumwollhonig 15
Beflugskurve 40*
Begleitpollen 122
Benzaldehyd 107
Benzoesäure 107
Benzylalkohol 156
Bestäubung 28, 32
beta-Oxidation 107*
Bibel 12
Bienenbrot 46, 54, 123
Bienenkittharz 156
Bienenwachs 15, 110
Blattflöhe 40
Blattläuse 40
− Rüssel und Stechborsten 41*
Blutbildung, Wirkungen auf 158
Blütenbau 122
Blütenhonig 13, 165
blütenrein 14
Blütenstetigkeit 14
Bor 110
botanische Herkunft 122 ff.
Brandpilze 120
Brechungsindex 79
Brompropylat 143
Brustspeicheldrüse 49*
Brutraum 11, 56*
Buchweizenhonig 18*, 72, 108

C_3-Pflanzen 13, 146
C_4-Pflanzen 13, 146
CAM-Pflanzen 13
Camphen 156
Carbonsäuren 71
Centose 93
Chlordimeform 143

Cholesteringehalt 110
Cholin 102
Citronensäure 103
Chlostridium botulinum 160
Coca-Cola 146
Cuticula 32*

Darmenzyme 43
DE-Wert 146
Dekubital-Geschwüre 156
delta^{13}C-Werte 13, 146
Desoxyoson 105*
Deutsche
 Honigverordnung 163 ff.
Dextrine 147
− Nachweis 136*, 147 f.*
Dextringehalt 73
Diabetes 160
Diacetyl 105
Diastase siehe Amylase
Diastase-Zahl 89*, 139
Dichte 76
Dioskorides 12
Doppelsieb 63*
Dreikantstab 64, 83*
Drohnenzellen 58 f.*
Druckfiltration 34
Drüsengewbe 33*
dunkle Honige 76
Dünnschichtchromato-
 graphie 136*, 148
Durchschnittspreise 21*

eccrin 31
Eichenzierlaus 41
Eicosan 156
Einfuhrpreise 21*
Einheitsglas 69
Einspeichelung 50
Einspeichelungsgrad 103
Einstäubung 122 ff.
− primäre 122
− sekundäre 123
− tertiäre 126
Einzelpollen 46*, 122
Eisen 109, 159
Eisenmangel 159

Sachregister

elektrische Leitfähigkeit 80f*, 142, 150
– Beurteilung in Honigen 143
– Messung 142
Energiequelle Honig 159
Energiewert des Honigs 159
Entdeckeln 60 ff.*, 66*
Entdeckelungsgeräte 60*
Entpollenisierung 49, 122
Entwicklungsländer 20
enzymatische Hydrolyse 37
enzymatische Reversion 91
enzymatischer Abbau 146
Enzyme 43, 52, 68, 95 ff.*
Enzymgehalt 78, 95 ff.*
Erhitzung 73, 153 f.*
Erkältungskrankheiten 157
– Aerosolbehandlung 157
– orale Einnahme 157
– topische Methode 157
Erlose 44*, 52, 92 f.*
Eschenmanna 30
Esparsettenhonig 18 f.
Ester 70 f.
EU-Binnenmarkt 21
EU-Honigstandard 177 ff.
Eukalyptol 156
eupalyn 114
Exine 46*, 115, 117 f.*
extraflorale Nektarien 15, 31 f.*

Farbe des Honigs 75, 109, 132
– Beurteilung 132
– Farbpalette 135*
– Untersuchungsverfahren 132
Farbstoffe 111
Farnesol 156
Faulbrut 143 f.
feinkristalline Masse 112, 114, 121, 127, 136*
Felszeichnungen 10*
Fenchelhonig 18*
Ferulasäure 107
Fettsubstanzen 110
Filtern von Honig 112
Flavor 18, 104 ff.
Flechten 120
florale Nektarien 33*
– gestaltete 33
– gestaltlose 33
Folbex VA 143
Fritzel-Beute 56*
Fructomaltose 44*, 92*
Fructosamin 94
Fructose 53, 90
Frühlingshonig 75
Frühtracht 16
Futterkette 48, 50*

– Schnelligkeit der Futterweitergabe 50
Futterrinne 48*
Futtersaftdrüsen 49*

Galactose 90
Gärung des Honigs 112, 120
Gärungserscheinungen 90, 151, 130
Gentiobiose 92
geographische Herkunft 128
Geruch 70 ff.
Geruch siehe Geschmack
Geschmack 70 ff, 131 f
– Backhonig 131
– Beurteilung 131
– Bracatinga-Honig 131
– Buchweizenhonig 131
– Eßkastanienhonig 131
– Zitrus-Honig 131
Geschmacksschwellenwerte 71 f.*
Gesetzliche Bestimmungen 163 ff.
– des Deutschen Imkerbundes 167-174
– Deutsche Honigverordnung 163 ff.
– EU-Honigstandard 177 ff.
– Leitsätze für Honig 166
– Österreichische Honigverordnung 176 f.
– Richtlinie für Invertzuckercreme 166 f.
– Schweizerische Honigverordnung 174 f.
Gluconsäure 70, 98*, 103
Glucosamin 94
Glucose 53, 90
Glucose-Fructose-Verhältnis 74
Glucose-Wasser-Verhältnis 74*
Glucosedextrine 148*, 136*
Glucosegehalt 88*
– Bedeutung für die Kristallisation 73
Glucoseoxidase 53, 70, 97, 141, 156
– Gehalt in Honigen 99
– Halbwertszeit 153*
– pH- und Temperaturoptimum 98
– Reaktionsschema 98*
– wärme- und lichtbedingter Zerfall 98
Glykoside 72
Gontarski-Zahl 141
Gothe-Zahl 139
Götterbaumhonig 18*
gramnegative Bakterien 156

granulocrin 31
Großimkerei 55
Gummibaumhonig 119
Gütesiegel 68

Hadorn-Zahl 141
Haltbarkeit des Honigs 53, 90, 104, 153 f.
Hand-Refraktometer 58, 79
Harnwegs- und Darminfektionen 157
Headspace 108
Hederichhonig 18*
Hefen 114, 119 f.
Heidehonig 18*, 63, 72, 98 ff., 108, 121, 166
Heidehonig-Protein 75
helle Honige 76
Herkunftbestimmung 104, 122
– mikroskopische 122-129
– über Aminosäuren 100-102
– von Honigtau 143, 151
Herzinfarkt 160
HMF siehe Hydroxymethylfurfural
Hochdruckflüssigchromatographie 45, 148 f.
– von Dextrinen 148*
Hochgebirgshonig 119
Honig
– chemische Eigenschaften 70 ff.
– Definition 12
– Erntezeit 16
– Farbe 17, 75, 132
– geographische Unterschiede 12
– Geruch und Geschmack 18, 70 ff., 104 ff., 131
– Geschichte 10
– Gewinnung 55 ff.
– in der Medizin 155 ff.
– Inhaltsstoffe 87 ff.
– Konsistenz 17, 72 ff., 130
– Lagerung 153 f.
– mikroskopische Untersuchung 112 ff.
– pflanzliche Unterschiede 13
– physikalische Eigenschaften 70 ff.
– Produktion und Handel 19 ff.
– Rohstoffe 12, 28 ff.
– Verfälschungen 145 ff.
– Vergiftungen 35
– Wert und Verwendung 159 ff.
Honig als Nahrungsmittel 160
Honig in Trockenform 160
Honig-Verflüssigungsgerät 68*
Honigaroma 131*

Honigbereitung 50
- chemische Vorgänge 52*
- Futterkette 50*
- Reifungsprozess 51*
Honigbiene 47
- Drüsen 49*
- Sammelorgane 47*
- Saugrüssel 48*
Honigblase 48 f.*, 122
Honigdextrine 149*
Honigdiät 160
Honigentnahme 58
- Honigraum 56*, 58*
- Zeitpunkt 58
Honighandel 20 ff.*
Honigjahre 22
Honigjäger 10*
Honiglagerung 153 f.
- Verhalten der Enzyme 153*
- Verhalten der Zucker 153*
Honiglieferanten 21*
Honigmagen 122*
Honigmarkt in der Schweiz 26*
Honigmarkt in Deutschland 22*
- Ertrag pro Volk 25*
- Export 24*
- Gesamtverbrauch 25*
- Import 23*
- Pro-Kopf-Verbrauch 25*
- Produktion 25*
- Völkerzahl 25*
Honigmarkt in Österreich 26*
Honigpräparat
  mikroskopisch 113 ff.
- Anfertigung 113
- Markierung von
  Honigtau 127, 136*
- Pollenspektrum 114 ff.*
Honigprobe 112
Honigraum 11, 56*
Honigreifungsprozess 50*
- Eindickungsvorgang 51*
Honigrezepte 10
Honigschleudern 61*
Honigsediment 114, 117 f.*, 136*
Honigtau 14, 40 ff., 108
- Anteile in Blütenhonig 45, 75, 80*, 142 f., 148*, 151*
- Attraktivität für die Biene 45
- Ausscheidung 41
- Erzeuger 14, 40
- Oligosaccharide 43*, 148*
- Phloemsaft-Vergleich 42
- Produktion 42*
- schädliche Stoffe 45
- Stickstoffgehalt 41
- Zuckerspektrum 43
- Zusammensetzung 43

Honigtauanzeiger 119 ff.
Honigtauhonig 14, 108, 119, 121, 151, 165 f.
Honigverfälschungen 145
- mit Farbzusätzen 151
- mit Hochfructosesirup 146 ff.
- mit Kunsthonig 145
- mit Melasse 149
- mit Rohrzucker (Saccharose) 146
- mit Salzen, Alkali und Säuren 150 f.
- mit Stärkesirup 146 ff.
- mit Wasser 151
- mit Zuckerfütterungshonig 149 f.
- Verdünnungseffekte 145 ff.
- Verschleierung 151
Honigwert 37 ff.*
Höschen 53, 120, 123
höseln 46, 49, 53
Hydathoden 15
Hydrochinon 71
Hydroxybenzoesäure 108
Hydroxymethylfurfural 68, 137 ff., 145, 153
- Abhängigkeit von der Temperatur 152*
- Abhängigkeit vom pH-Wert 138*
- in Honigen 138*
- Untersuchungsverfahren 139
hygroskopische Wirkung 156
Hygroskopizität 90

Importhonig 21*
Industriehonig
  siehe Backhonig
Industriestaaten 20
Inhibine 98*, 156
Insektenentwicklung 35, 37
Intine 115
Inversion 80
Invertase siehe Saccharase
Invertzucker 80
Isomaltopentaose 94
Isomaltose 91
Isomaltosylglucose 93
Isomaltosylsucrose 93
Isomaltotetraose 94
Isomaltotriose 93
Isopanose 93
Isotope 13, 82, 146

Kalium 109
Kalkbrut 120

Kaloriengehalt des Honigs 159
Kandierung siehe Kristallisation
Kanisterhonig 20, 84*
Karamel 145
Karies 158
Katalase 53, 99
Kestose 54, 93
Kirschblütenhonig 18*, 99
Klären 63
Kleehonig 18*, 98, 166
Kleinverkauf 25
Ko-Evolution 28
Kohlendioxid 13
Kohlenhydrate 90 ff.
- Disaccharide 91
- Monosaccharide 90
- Pentasaccharide 93
- Polysaccharide 94
- Tetrasaccharide 93
- Trisaccharide 92
Kohlenwasserstoffe 71
Kojibiose 54, 92
kolloidal 94
Kolloidale Proteine 100
kolloidale Substanzen 79
Konkurrenz 21, 25
Konsistenz 64, 72 ff., 130 f.
- in Heidehonig 130
- in Honigtauhonig 131
- in Rapshonig 131
- in Robinienhonig 131
- in Tupelobaumhonig 131
- in Zuckerfütterungs-honig 131
- Untersuchungsverfahren 130
kristalline Masse 112, 114, 121, 127, 136*
Kristallisation 52, 64, 73, 112, 130
Kristallisationseigen-schaften 91
Kristallisationsfähigkeit 93
Kristallisationstendenz 17
Kristallisationsvermögen 74
Kristallsaathonige 73

Lagereinflüsse 137 ff.
- Beurteilung 141
Lagerkübel 63
Lagertemperatur 76*
Lagerung 68, 131, 153 f.*, 137 ff.*
Laminaribiose 92
Latschenhonig 17 f.*
Lavendelhonig 165
Leitpollen 122
Lichtbrechung 79
Limonen 156
Linalool 156

Lindenhonig 18*, 99, 121
Lindenzierlaus 41
linksdrehend 80
Lipide 110
Löwenzahnhonig 18*, 98, 108

Magazin-Beute 56*
Maillard-Reaktion 76, 94, 105*, 111, 153
Maltose 52, 91
Maltosylsucrose 93
Maltotriose 93
Maltulose 92
Mandelsäure 108
Marker-Peaks 149*
Massentracht 50, 52
Melasse 145
Melezitose 44*, 93
Melezitose-Honig 64
Methylanthranilat 131
Met-Rezept 161
Mikroorganismen 53, 93
Mikrowellenöfen 78
Milchsäure 144
Mineralstoffe 108*
Mischblütenhonig 22
Mischhonig 15
Mittelalter 10
Monokulturen 119
Mottenschildläuse 40
Mutterkorn 15
Mutualismus 32
Münchsche Druckstromtheorie 29

Natrium 159
Nektar 31 ff., 120
 − Attraktivität für die Biene 37
 − Sekretion 34
Nektarfluß 14, 16
Nektarien 13, 28, 31 ff.*, 108
 − extraflorale 31 f.*
 − florale 33 f.*
Nektarlieferanten 13, 38 f.*
Nektarproduktion 14, 37 ff.
 − Tagesrhythmik 40*
 − Umweltfaktoren 39
Nektarzusammensetzung 34 ff.
 − schädliche Stoffe 35
 − Stickstoffverbindungen 35
 − Zucker 36*
Nepal 11*
Neuimker 25
nichtenzymatische Bräunung 104 ff.*
Nigerose 92

Oberflächenspannung 78
Oberkieferdrüse 49*

Ödeme 156
Oligosaccharide 151*
Oligosaccharidgehalt 73
Ophrys 28
Organe, Wirkungen auf 158
osmophile Hefen in Honig 90
osmotisches Gefälle 34
oxidierende Wirkung von Honig 70
Oxytetracylin 144

Panose 93
Pestizide 144
Pfund-Color-Grader 17, 132
pH-Wert des Honigs 103, 156
Phacelia-Honig 99
Phagostimulantien 41
Pharmaindustrie 162
Phenol 107
Phenolcarbonsäuren 71
Phenole 71
Phenylacetaldehyd 105
Phenylalanin 105
Phenylbrenztraubensäure 108
Phenylessigsäure 107
Phenylmilchsäure 108
Phenylpropanmetabolismus 106*
Phloem 13, 32, 34
Phloemsaft 28, 108
Phloemsaftverlust 42
Phosphatase 53, 99
Phosphate 109
Phosphoglycerinsäure 13
Pilzsporen 112, 114, 119, 127, 136*
Pinen 156
Pinienhonig 19
Pinocembrin 156*
Plaque 158
Plinius 12
Pollen 45 f.*, 53, 115 f., 152
 − Attraktionswirkungen 46
 − Bestimmungsmerkmale 115
 − Bienen-Rohstoff 46
 − Ergänzungsspektrum 116*
 − Grundspektrum 116*
 − Haltbarkeit 54
 − Honig-Rohstoff 46
 − in Heidehonig 126 f.
 − in Preßhonig 126
 − in Sortenhonigen 124 f.
 − in Zuckerfütterungshonig 123
 − Inhaltsstoffe 46
 − Nomenklatur 115
 − Quantifizierung der Pollenarten 121

 − unterscheidbare Pollenarten 115
 − Zahl je g Honig 46
Pollenersatzmittel 120
Pollenherbar 114
Pollenkörbchen 49
Pollenkränze 126
Pollenschlauch 115
präsekretorische Zellen 32*
Preisentwicklung des Honigs 21*
Preßhonig 15, 145, 166
Pro-Kopf-Verbrauch 12
 − Bundesrepublik 12
 − Österrreich 12
 − Schweiz 12
Prolin 100, 143
Proteine 94

Qualitätsanforderungen 12, 25, 163 ff.
Quetschhahn-Lagerkübel 64*

Radialschleuder 61*
Radioaktivität 82, 143
 − in Blütenhonigen 85*
 − in Heidehonigen 85*
 − in Honigtauhonigen 85*
Rapshonig 17 f.*, 64, 73, 96, 98 f., 108
Räuberei 60
Rauchanwendung 55, 131
Re-Exporte 20, 22, 27
rechtsdrehend 80
reduzierende Wirkung 70
Refraktometer 133
Reklame 25
Repräsentierungsgrad von Pollen 123
Robinienhonig siehe Akazienhonig
Rohrzucker 91
Rohstoffe 28 ff.
Rohstoffsammeln 47 ff.
Rosmarinhonig 18 f.*
Rostpilze 120
Rostpilzsporen 127
Rübenzucker 10
Rückresorption in Nektarien 34
Rückstände in Honig 143
Rühren von Honig 63 ff., 67*, 73, 83*
Rüssellänge der Biene 48
Rußtaupilze 93, 119, 136*

Saathonig 73
Saatkristalle 73
Saccharase 52, 90 ff., 95, 139 ff.
 − Halbwertszeit 153*

- pH-Optimum 96★
- Saccharasegehalt in Honigen 96
- Temperaturoptimum 96★
- Untersuchungsverfahren 139
- wärmebedingter Zerfall 95

Saccharasezahl 89★, 140 f.
Saccharose 53, 91
Sachkundenachweis 25
Salbeihonig 101
Salicylsäure 107
Sauberkeit von Honig 132
- Beurteilung 133
Säuglings-Botulismus 160
Säuregehalt des Honigs 103 f.★
- Bestimmung 143
säurehydrolytischer Abbau 146
Schade-Zahl 139
Scheibenhonig 15
scheinbarer Saccharosegehalt 91, 142
Schildläuse 40, 121, 127
Schlaganfall 160
Schleuderhonig 15
Schleudern 60 ff., 126
Schleuderzeitpunkt 16
Schlunddrüsen der Biene 49★
Schnabelkerfe 14, 40 f.
- Mundteile 41★
Schwermetalle 108 f.★
- ökologische Gutachten 109
sekretorische Zellen 32★
sekundäre Pflanzenstoffe 108
Siebröhrensaft 28 ff., 40
- Aschengehalt 29
- Enzyme 30, 31
- Fettstoffe 30
- Gewinnung 29
- Mineralstoffspektrum 31
- Nucleinsäuren 30
- Organische Säuren 30
- pH-Wert 29
- Phytohormone 31
- Stickstoffgehalt 31
- Transportzucker 30
- Trockengewicht 29
- Vitamine 30
Siebröhrensauger 15, 40 ff.★
Sinapinsäure 107
Sineacar 121
Sinnenprüfung 130 f.
Siruperkennung in Honig 147 ff.
- Methoden 147 ff.
Sirupzucker 136★, 148★
Snelliussches Brechungsgesetz 79
Sommerhonig 75
Sommertracht 16
Sortenhonige 14, 18★, 22, 56

Spaltöffnungen 32★
Spättracht 16
Speichel der Honigbiene 50
Speichelenzym der Blattläuse 43 f.
Speisehonig 16
spezifische Wärme 77★
spezifisches Gewicht 77
Spiegelei-Sporen 127
Spiralrührer 64 ff.★
Spitzengeruch 108
Stärkedextrine siehe Dextrine
Stärkekörner 121
stenopalyn 114
Stippen 63, 126
Stockbiene 50★
Stockmeißel 56
Stoßprobe 57
Strecker-Abbau 105★
Streichfähigkeit 72
Streptococcus mutans 158
Strickleiter 11★
Sulfathiazol 144
Symbionten in Blattläusen 43
Syringasäure 107

Tafelhonig 22
Talmud 12
Tangentialschleuder 61★
Tannenhonig 19
Tannin 35
Tee (Farbe durch Honig) 109
Teenektar 35
Terramycin 144
Theanderose 93
Thixotropie 75
Tierarzneimittel 143
Tierblumen 28
Tracht 14
Trachtangebot 50
Trachtbiene 49 f.★
Trachtwert 37 ff.★
Trachtzeit 16
Transfructosidasen 37
Transfructosidierung 44, 93
Transglucosidasen 37
Transglucosidierung 44, 52, 91, 93
Trehalose 45, 92
Trockenhefe 120
Tropfhonig 15
Tupelo-Honig 160
Turanose 54, 92

Über-Völker 22

Vanillinsäure 107
Varroa 121

Varroamilbe 144
Varroazide 143
Ventiltrichter 49, 122
Verbraucherpreise 21★
Verbrennungen 156
Verdeckeln 52
Verfälschungen 143
Verhalten im polarisierten Licht 79
Verkauf 68
Verkaufsgebinde 69
Verunreinigungen 121
Viskosität 74 f.★, 130
Vitamine 110
Vorratsprodukt Honig 98

Wabe 59★
Wabenhonig 15
Wachswolle 112, 114, 121, 127
Waldhonig (siehe auch Honigtauhonig) 14, 18★, 96 ff.
Wärmeeinflüsse 137 ff., 153 ff.★
- Beurteilung 141
Wärmeleitung 78★
Wärmeschrank 69
Wassergehalt 77, 79, 87 ff., 133 f.
- in Heidehonig 137
- in Kleehonig 137
- Messung 133
Wasserleitbahnen 13
Wasserstoffperoxid 53, 98★, 156
Weidenrindenlaus 41
Weltexport von Honig 20★
Weltimport von Honig 20★
Weltproduktion 19★
Wildbienen 11★
Winterbiene 49
Winterzehrung 67
Wundbehandlung 156 f.
Wunden 156

Xylem 13, 32, 34

Ziesthonig 18★
Zikaden 40
Zimtsäure 106
Zink 109, 159
Zitrus-Honig (z. B. Orangenblüte) 18★, 97, 100, 131, 166
Zucker in Honig 12, 90 ff.★, 142
- Beurteilung in Honigen 142
Zuckerfütterungshonig 12, 81, 96, 100
Zuckerteige 145
Zuckerventile 34
Zuckerwert 37★

EINE STARKE GEMEINSCHAFT:

Honig-Erzeuger-Gemeinschaft "Bienenhäusl"

92266 Leidersdorf/Post Ensdorf · Telefon (0 96 24) 7 29 · Fax 23 28

Eine Gemeinschaft von ca. 1.000 Imkern empfiehlt sich in der HEG "Bienenhäusl" als leistungsstarker Partner für die Belieferung von deutschem Honig.

Wir liefern alle Glasgrößen - für Großabfüller bis 300 kg Fässer.
Fragen Sie uns! - Besuchen Sie uns!

Honigzentrum »Bienenhäusl«

Der imkerliche Treffpunkt in der Oberpfalz

Gaststätte »Zum Bienenhäusl«

- Ideal für Vereins-Ausflüge -

92266 Leidersdorf/Post Ensdorf · Telefon (0 96 24) 7 27 · Fax 23 28

BEI UNS DREHT SICH ALLES UM DIE BIENEN.

Bienenzuchtgeräte,
Königinnenzucht, Imkerei,
Seminare, Deutsche Honige,
Blütenpollen, Gelée Royale, Naturapin®
Honig-Bonbons,
Reiche Auswahl in kosmetischen Artikeln,
Bienenwachs- und Zierkerzen,
Honigwein und Bärenfang
aus deutschem Honig
hergestellt

Spezialitäten aus dem Bienenvolk - Bienchen Oli

HONIG Seit 1847 Müngersdorff

Stammhaus:
An St. Agatha 37 · 50667 Köln
Tel. (02 21) 2 58 02 49
Fax 2 58 02 00

Der imkerliche Treffpunkt in der Domstadt

*seit 1895
alles für den Imker*

Wir bieten Ihnen ein großes Sortiment modernester Imkereigeräte zu attraktiven Preisen:

- **HAMMANN WABEN**
- **NEKTAPOLL**, Futtermittel
- Bienenwohnungen aus Holz u. Kunststoff
- Schutzkleidung, Arbeitsgeräte
- Honigschleudern in großer Auswahl
- Honiggefäße aus EDELSTAHL
- Entdeckelungsgeräte
- Rührgeräte, Auftauschränke
- Honiggläser, Honigeimer
- Königinnenzuchtgeräte und vieles mehr

KATALOG gratis!

HAMMANN

SPEZIALFABRIK FÜR IMKEREIGERÄTE
FABRIKSTRASSE 6   TEL. 06324/3001
FAX: 06324/58543   POSTFACH: 1261
D 67454 HASSLOCH / GERMANY

! Pollensonderaktion !

**Telefon:
0 65 99/13 72**

GROSSIMKEREI

Michael Mehler

Imkermeister · Anerkannter Lehrbetrieb
Neue Straße 3, D-54570 Wallenborn/Eifel
Tel. 0 65 99/13 72, Fax 0 65 99/2 84

Honigmet

14% Alkohol, 0,75 l braune Bauchflaschen, zweimal
auf der Apimondia mit der Goldmedaille prämiert.
ab   8 Flaschen: 6,90 DM
ab   384 Flaschen: 3,99 DM
ab 1200 Flaschen: 3,49 DM

Qualitätshonig

Sorte	DM/kg	Sorte	DM/kg
Raps	7,00	Frühtracht	8,50
Sonnenblumen	7,40	Sommertracht	7,00
Wald	9,40	Linde	8.00
Weißtanne	14,00	Heide	13,90
Akazie	8.00		

Wir liefern auch Propolis-Produkte, Pollen und Gelee Royal.

Lieferbedingungen – Versandkosten und Porto

Seit Jahren bewährt: Eine
GRAZE HONIGSCHLEUDER
bietet Besonderes.

- Material Volledelstahl
- Moderne Elektronik/ Automatik
- Stabile geschweißte Stahlrohrfußgestelle
- 4- und 6-Waben-Selbstwendeschleudern mit freilaufenden Wabenkörben, alternativ Schwenkarmhalterung oder Wabentaschen
- Austauschbare Wabenkörbe: Radial-, Radial-Pendel, Selbstwende-, Tangential-Siebkörbe
- Modelle von 2 bis 52 Waben

KATALOG mit viel Info gratis auf Anforderung!

Wir beraten Sie gerne und ausführlich!

"KOMPETENZ IN SCHLEUDERN"

Fa. Chr. Graze
Strümpfelbacher Str. 21
71384 Weinstadt

Tel. 0 71 51/6 11 47
Fax 0 71 51/60 92 39

ALLES ÜBER BIENEN

→ **Haltung und Zucht der Biene.** Von Prof. Dr. E. Zander und Dr. Friedrich K. Böttcher. 12., neubearb. und erw. Aufl. 1989. 352 Seiten, 220 Abb. (Handbuch der Bienenkunde). ISBN 3-8001-7419-7. In der vorliegenden Neuauflage wurden alle Neuerungen auf dem Gebiet der Bienenhaltung und -zucht eingehend neubearbeitet.
Aus dem Inhalt: Allgemeine Grundlagen. Die Bienenwohnung. Pflege und Vermehrung. Honigernte und Wachsgewinnung. Zucht.

→ **Krankheiten der Biene.** Von Prof. Dr. Enoch Zander und Dr. Friedrich K. Böttcher, unter Mitarbeit von Dr. Walter Kaeser, Prof. Dr. Wolfgang Steche u.a. 7., vollst. neubearb. Aufl. 1984. 408 Seiten, 111 Abbildungen, 9 Tab., 4 Farbtaf. (Handbuch der Bienenkunde). ISBN 3-8001-7413-8. Aus diesem Lehr- und Handbuch kann jeder Nutzen ziehen, der sich für Bienenkrankheiten interessiert.
Aus dem Inhalt: Die Krankheiten der Bienenbrut: Pilzkrankheiten. Bakterienkrankheiten. Viruskrankheiten. Die Krankheiten der erwachsenen Biene: Ansteckende Erscheinungen. Protozoenkrankheiten. Milbenkrankheiten. Gesetzliche Bestimmungen zur Bekämpfung seuchenhafter Bienenkrankheiten: Nichtansteckende Erscheinungen. Bienenvergiftungen. Krankhafte Erscheinungen und Mißbildungen. Schädlinge.

→ **Die Bienenweide.** Von Dr. Bodo Schick und Armin Spürgin. 4., völlig neubearb. und erw. Auflage. Ca. 320 Seiten, 50 Farbf., 120 s/w-Abb. (Handbuch der Bienenkunde). ISBN 3-8001-7418-9.
Aus dem Inhalt: Bau und Funktion der Blüte. Futterstoffe der Trachtpflanzen. Grünland als Bienenweide. Wald als Bienenweide. Nutzpflanzen als Bienenweide. Siedlungsräume als Bienenweide. Brachland und Ruderalfluren als Bienenweide. Trachtziele, Trachtverbesserung. Verbesserung der Bienenweide. Honigtautracht.

Verlag Eugen Ulmer, Stuttgart

SEIP
Partner der Imker

Wir liefern Ihnen in großer Auswahl, in bester Qualität und zu günstigsten Preisen alles was Sie für Ihre Bienen brauchen. Unser Fachkatalog zeigt Ihnen auf über 120 Seiten unser komplettes Herstellungs - und Lieferprogramm. Hier ein Beispiel:

Taunus - Waben
gewalzt oder gegossen

Unsere **Taunus - Waben** werden von uns auf modernsten Anlagen aus allerbestem, seuchenfreiem goldgelbem reinem Bienenwachs hergestellt. Unsere Waben erhalten Sie nicht nur in Deutschland, sondern in vielen Ländern Europas.

Testen Sie unsere Qualitätsmittelwände, testen Sie Taunus - Waben

---

Wir bieten Ihnen aber noch mehr. Unser Lieferprogramm für biologische Produkte umfaßt neben Blütenpollen und Gelée Royale viele weitere natürliche Produkte wie Knoblauchkapseln, Herz-Nerven - Tonika, Heilkräutertees, Kosmetika, biol. angebaute Getreidesorten usw. Fordern Sie bei Interesse unseren kostenlosen 64 seitigen Ratgeber "Gesundheit aus der Natur" an.

W. SEIP Bienenzuchtbedarf - Mittelwändefabrik

Das führende Imkerfachgeschäft in Hessen   Hauptstr. 32 - 36

D-35510 Butzbach-Ebersgöns   Tel.: 06447-6026 • Fax 06447-6816

Geschäftszeiten Verkauf: Mo - Fr. 8.30 - 12.00 Uhr und 13.30 - 18.00 Uhr Sa. 8.30 - 12.00 Uhr.